엔터프라이즈 환경을 위한 마이크로서비스

엔터프라이즈 환경을 위한 **마이크로서비스**

마이크로서비스 아키텍처의 개념 이해부터 적용, 구현까지

카순 인드라시리 · 프라바스 시리와데나 지음 이상근 옮김

i!i
에이콘

에이콘출판의 기틀을 마련하신 故 정완재 선생님 (1935-2004)

카순 인드라시리Kasun Indrasiri

 WSO2의 설계자, 저자, 마이크로서비스 및 통합 에반젤리스트, 통합 아키텍처 디렉터이며, 샌프란시스코 베이 에어리어San Francisco Bay Area에서 벤더 중립적인 마이크로서비스 모임인 '마이크로서비스, API, 통합 밋업 그룹Microservices, APIs, and Integration meetup group'을 설립했다. 『Beginning WSO2 ESB』(Apress, 2017)의 저자이며, 엔터프라이즈 통합 분야에서 쌓은 7년 이상의 경험을 바탕으로 소프트웨어 아키텍트 및 제품 리더로 일했다.

아파치 커미터와 PMC의 멤버로 활동 중이며 샌프란시스코, 런던, 바르셀로나에서 열린 여러 콘퍼런스에서 엔터프라이즈 통합과 마이크로서비스에 관련된 주제를 발표했다. 베이 에어리어 마이크로서비스, 컨테이너, 클라우드 네이티브 밋업에서 강연을 하고 있으며, 마이크로서비스에 대한 블로그와 논문도 게시한다. 다수의 포춘 100대 기업과 협력해 엔터프라이즈 통합 및 마이크로서비스 영역에서 솔루션을 제공한다.

프라바스 시리와데나 Prabath Siriwardena

WSO2의 아이덴티티 에반젤리스트, 저자, 블로거이자 신원 관리 및 보안 담당 부사장이며, 다수의 포춘 100/500대 기업을 포함해 글로벌 기업을 위한 중요한 IAMIdentity and Access Management 인프라 디자인 및 구축 분야에서 11년 이상 경험을 쌓았다. 기술 에반젤리스트로서 다섯 권의 책을 출간했으며 블록체인, PSD2, GDPR, IAM에서 마이크로서비스 보안까지 다양한 주제를 다루는 블로그와 유튜브 채널을 운영한다.

RSA Conference, Identiverse, European Identity Conference, Consumer Identity World USA, API World, API Strategy & Practice Con, QCon, OSCON, WSO2Con 등과 같은 많은 콘퍼런스에서 연설했으며, IAM 커뮤니티에 '복음'을 전하는 워크샵/미팅을 위해 전 세계를 여행했다. 샌프란시스코 베이 에어리어에서 가장 큰 IAM 모임인 실리콘밸리 IAM 사용자 그룹Silicon Valley IAM User Group을 창립했다.

알프 툰치 Alp Tunc

소프트웨어 엔지니어다. 터키 이지미르의 에게Ege 대학교를 졸업했고, 연구 조교로 일하면서 석사 학위를 마쳤다. 다양한 규모의 프로젝트에 개발자/아키텍트/프로젝트 관리자로 참여하면서 20년 동안 경험을 쌓은 소프트웨어 개발자이며, 광범위한 기술 분야에서 실무 경험이 풍부하다.

멋진 사진 속의 순간 포착과 미지의 것, 달리기, 독서를 즐기며, 재즈 애호가이기도 하다. 고양이와 개를 좋아한다.

감사의 글

먼저 이 책의 출간 제안을 검토하고 수락해준 Apress 편집부의 조나단 제닉^{Jonathan Gennick}에게 감사의 마음을 전한다. Apress의 편집 부장인 질 발자노^{Jill Balzano}는 출판 과정 전반에 걸쳐 강한 인내심을 발휘했고 우리에게 무척 관대했다. (질, 지원해주셔서 감사합니다.) Apress의 개발 편집자인 로라 베렌슨^{Laura Berendson}도 끝까지 우리를 도와 줬다. (감사합니다. 로라!) 알프 툰치는 기술 감수를 맡았다. (알프, 정말 수준 높은 감수를 진 행해줘서 감사합니다.)

WSO2의 창립자이자 수석 아키텍트인 산지바 위라와라나^{Sanjiva Weerawarana} 박사는 우 리의 영원한 멘토다. 산지바 박사의 지도, 멘토링, 지원에 진심으로 감사한다. 또한 WSO2의 CEO인 타일러 쥬얼^{Tyler Jewel}과 WSO2의 CTO인 폴 프리맨틀^{Paul Fremantle}에 게도 감사한다. 그들 덕분에 마이크로서비스 영역을 탐색할 수 있었다. 마지막으로, 우리의 가족과 부모님께 감사하고 싶다. 그들의 도움 없이는 결코 아무것도 해낼 수 없었을 것이다.

이상근(brad@lambdalabs.io)

숭실대학교에서 컴퓨터학을 전공하고, 동 대학원에서 공학박사 학위를 받았다. 세부 전공은 분산 처리이며, 주로 분산 컴퓨팅 아키텍처와 워크플로 엔진을 연구했다. 학업을 마친 후 개발자로 일하면서 10년 이상의 다양한 경력을 쌓았고 엔터프라이즈 잡스케줄러, 렌더팜 관리 시스템, 클라우드 데이터베이스 프로비저닝 서비스, 빅데이터 관련 시스템, 클라이언트 사이드 로드 밸런싱 등과 같은 다양한 개발 분야를 두루 경험했다. 최근에는 마이크로서비스 아키텍처와 서비스 메시가 가져올 IT 시스템의 큰 변화에 주목하고 있으며, 현재 애플리케이션 아키텍트로 일하고 있다.

옮긴이의 말

2018년 말에 처음으로 마이크로서비스 아키텍처 프로젝트에 참여하게 됐을 때는 크리스 리처드슨의 저서 『마이크로서비스 패턴』을 통해 마이크로서비스 아키텍처의 개념적인 측면을 이해할 수 있었다. 그러나 마이크로서비스를 실제로 어떻게 구현할지는 흩어져 있는 여러 자료를 찾아보고 코드를 구현해보면서 조금씩 배워나갈 수밖에 없었다.

2019년 7월 무렵, 이 책의 번역을 시작한 후 전체적인 내용을 살펴봤을 때는 뒤통수를 세게 얻어맞은 느낌이 들었다. 내가 그동안 고민해왔던 내용과 앞으로 좀 더 알아보고자 했던 내용이 이 책에 충실히 담겨 있을 뿐 아니라, 2018년 말 즈음에 이미 출간됐었다는 사실이 인상적이었기 때문이다. 개인적으로는 '프로젝트를 시작할 즈음에 이 책의 내용을 접했으면 어땠을까.'라는 아쉬움도 남았다.

책이 출간되고 나서 한참 후에야 번역을 시작한 만큼, 최대한 빠른 시간 내에 번역을 마치고 독자들이 영어의 압박에서 벗어나 이 책을 좀 더 편하게 읽을 수 있도록 하는 것이 목표였다. 비록 출간을 앞두고 냉정히 평가했을 때 그 목표가 제대로 달성되지 못한 것 같아 아쉽지만, 이 책에서 다루는 내용이 한국어판이 출간되는 시점에도 여전히 유효하다는 점에서 위안을 얻는다.

개념이나 디자인 패턴 등과 같은 고수준에서만 본다면, 마이크로서비스 아키텍처는 기존의 서비스 지향 구조 등과 크게 달라 보이지 않는다. 그러나 마이크로서비스 아키텍처를 구현하기 위해 구체적인 기술을 자세히 살펴보면 그 차이를 체감할 수 있다. 이러한 차이를 체감하고 체득하는 데는 많은 노력이 필요하지만, 이 책을 통해 그 기반을 단단히 다질 수 있을 것이다.

이 책은 마이크로서비스 아키텍처의 기본 개념을 기존의 서비스 지향 구조, ESB 등과 비교해서 잘 설명하고 있다. 나아가 개념을 실제 구현에 어떻게 적용하고 어떤 오픈소스를 사용할 수 있는지도 자세히 알려준다.

마이크로서비스 아키텍처는 어렵다. 알아야 할 기술이 너무 많기 때문이다. 이 책은 국내에서 마이크로서비스 아키텍처를 구현하는 데 사용되는 거의 모든 오픈소스를 다루며, 비록 국내에서는 생소하지만 국외에서는 잘 알려진 오픈소스도 소개한다. 이 책에서 설명하는 오픈소스의 개요만 파악해도, 추후 마이크로서비스를 실무에 적용할 때 큰 도움이 될 것이다.

책을 번역하는 과정에서 깃허브에 공개된 예제가 일부 누락된 것을 발견하고, 출판사를 통해 저자들과 소통할 기회가 있었다. 비록 저자들이 너무 바쁘고 소스 코드를 찾지 못한 탓에 완벽하게 업로드해주지는 못했지만, 보완하기 위해 최대한 노력해준 저자들의 노고에 감사한다. 이 책의 소스 코드가 완전하지 않은 부분에 대해서는 저자들을 대신해 양해를 구하고 싶다. 그러나 책의 내용을 끝까지 살펴보면, 저자들이 실제 개발에 도움이 되는 소스를 제공하고자 최선을 다했다는 점을 깨닫게 될 것이다.

이 책을 모두 읽고 나면, 400페이지 남짓한 원서에 많은 내용을 담아낸 저자들의 노력뿐 아니라 남다른 안목과 식견에도 감탄하게 될 것이다. 따라서 다소 힘들더라도 이 책의 모든 내용을 끝까지 한 번은 꼭 읽어볼 것을 권한다.

차례

10장   API, 이벤트, 스트림   367

들어가며

마이크로서비스 아키텍처는 엔터프라이즈 소프트웨어 아키텍처 환경에서 가장 널리 사용되는 아키텍처 스타일 중 하나로 자리매김했다. 그에 따른 이점 덕분에 대부분의 기업은 기존 모놀리식 애플리케이션을 마이크로서비스 아키텍처 기반 애플리케이션으로 전환하고 있다. 따라서 모든 소프트웨어 설계자나 소프트웨어 엔지니어는 마이크로서비스 아키텍처의 주요 개념을 이해하고 실제 비즈니스 사용 사례를 해결하기 위해 실제로 아키텍처 원칙을 사용하는 방법을 이해하는 것이 중요하다.

이 책에서는 마이크로서비스 아키텍처 원칙을 포괄적으로 설명하고, 실제 시나리오에서 이러한 개념을 사용하는 방법을 논의한다. 또한 특정 기술이나 프레임워크에 국한하지 않고 마이크로서비스 아키텍처의 특정 측면에 가장 적합한 광범위한 기술과 프레임워크를 다룬다.

서비스 간 통신, 중앙 집중식 엔터프라이즈 서비스 버스Enterprise Service Bus(ESB)를 사용하지 않는 서비스 통합, 중앙 집중식 API 게이트웨이 없이 API로 마이크로서비스 노출, 마이크로서비스의 범위와 크기 결정, 마이크로서비스 보안 패턴 활용 등 엔터프라이즈 아키텍처 환경에서 마이크로서비스를 구축하는 동안에 고려해야 할 근본적인 문제를 다루는 것도 차별화된 특징이다. 이 책에서 설명하는 모든 개념은 실제 사용 사례에 활용할 수 있고, 이 책이 제공하는 샘플 파일에서도 적용할 수 있다. 이러한 사용 사례의 대부분은 넷플릭스Netflix와 구글 같은 기존 마이크로서비스 구현과 샌프란시스코 베이 에어리어의 다양한 밋업과 콘퍼런스에 참여했던 경험에서 영감을 얻었다.

이 책은 컨테이너 네이티브 배포 기술(도커, 쿠버네티스, Helm), 메시징 표준 및 프로토콜(gRPC, HTTP2, 카프카, AMQP, OpenAPI, GraphQL 등), 반응형 및 능동형 마이크로서비스 통합, 서비스 메시(이스티오^{Istio}와 링커디^{Linkerd}), 마이크로서비스 복원성 패턴(회로 차단기, 타임아웃, 격벽 등), 보안 표준(OAuth 2, JWT, 인증서), API 사용, 이벤트 및 스트림, 로깅, 메트릭, 추적을 사용해 관찰 가능한 마이크로서비스 구축과 같은 마이크로서비스 아키텍처를 실현하는 데 널리 사용되는 최첨단 기술과 패턴을 다룬다.

예제 코드 다운로드

예제 코드는 에이콘출판사의 도서정보 페이지인 http://www.acornpub.co.kr/book/practical-shader-develop에서 다운로드할 수 있다.

또한 https://github.com/Apress/microservices-for-the-enterprise에서도 동일한 예제 코드를 다운로드할 수 있다.

정오표

한국어판의 정오표는 에이콘출판사의 도서정보 페이지 http://www.acornpub.co.kr/book/microservices-enterprise에서 확인할 수 있다.

질문

이 책과 관련해 질문이 있다면 이 책의 옮긴이나 에이콘출판사 편집 팀(editor@
acornpub.co.kr)으로 문의해주길 바란다.

마이크로서비스의 사례

엔터프라이즈 소프트웨어 아키텍처는 기술 환경의 패러다임 변화와 좀 더 빠르고 안정적인 애플리케이션 구축 방식에 대한 열망 때문에 항상 새로운 아키텍처 스타일로 발전한다.

마이크로서비스 아키텍처는 속도와 안전성을 갖춘 소프트웨어 애플리케이션을 구축하기 위한 아키텍처 스타일로 널리 채택되고 있다. 마이크로서비스 아키텍처는 느슨하게 결합된 서로 독립적이며 자율적인(개발, 배포, 확장을 개별적으로 수행 가능한) 서비스들을 모아 소프트웨어 시스템을 구축할 수 있게 한다. 마이크로서비스 아키텍처로 구성된 서비스는 모든 구성 서비스와 기타 시스템을 통합해 단일 소프트웨어 애플리케이션을 구성한다.

1장에서는 마이크로서비스의 개념, 실제 사례로 이해하는 마이크로서비스의 특징, 엔터프라이즈 소프트웨어 아키텍처의 맥락에서 파악한 마이크로서비스의 장단점을 살펴본다.

마이크로서비스의 개념을 더 잘 이해하려면, 마이크로서비스 이전의 아키텍처 스타일들과 마이크로서비스 아키텍처를 채택하기 위한 엔터프라이즈 아키텍처의 진화 방향을 살펴봐야 한다.

모노리스에서 마이크로서비스 아키텍처로

모놀리식 애플리케이션에서 마이크로서비스로 엔터프라이즈 아키텍처의 진화를 탐색하는 것은 마이크로서비스의 주요 동기와 특성을 이해하는 좋은 방법이다. 지금부터 모놀리식 애플리케이션을 살펴보자.

모놀리식 애플리케이션

엔터프라이즈 소프트웨어 애플리케이션들은 수많은 비즈니스 요구 사항을 충족할 수 있게 디자인됐다. 모놀리식 아키텍처 스타일은 모든 비즈니스 기능을 단일 모놀리식 애플리케이션에 통합해 단일 단위로 구축한다.

모놀리식 애플리케이션을 더 자세히 이해하기 위해 실제 예를 살펴보자. 그림 1-1은 모놀리식 아키텍처 스타일의 온라인 소매 애플리케이션을 보여준다.

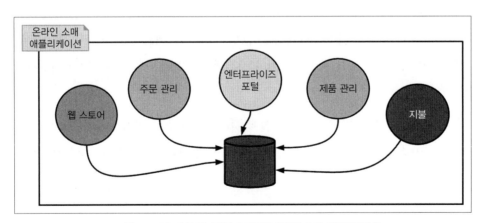

▲ 그림 1-1 모놀리식 아키텍처 스타일의 온라인 소매 애플리케이션

전체 소매 애플리케이션은 주문 관리order management, 지불payment, 제품 관리product management 등과 같은 여러 구성 요소의 모음이다. 소매 애플리케이션의 각 구성 요소는 광범위한 비즈니스 기능을 제공한다. 모놀리식 구조의 특성상 구성 요소에 기능을 추가하거나 기능을 수정하는 것은 매우 큰 비용이 든다. 또한 전반적인 비즈니스 요구 사항을 충족하기 위해서는 각 구성 요소들 간 통신이 필요하다. 구성 요소들 간 통신은 대부분 독점적인 프로토콜 및 표준으로 구성되며 포인트 투 포인트 통신 스타일 기반이다. 따라서 주어진 구성 요소를 수정하거나 교체하는 것도 상당히 복잡하다. 예를 들어 소매 기업이 다른 구성 요소들을 유지하면서 새로운 주문 관리 시스템으로 전환하는 경우, 다른 기존 구성 요소도 많이 변경해야 한다.

모놀리식 애플리케이션의 공통적인 특성을 일반화하면 다음과 같다.

- 단일 단위로 디자인, 개발, 배포된다.
- 실제 업무 사례의 압도적인 복잡성 때문에 새로운 기능의 유지, 업그레이드, 추가가 끔찍할 정도로 난해하다.
- 애자일 개발 및 전달 방법론을 실행하기 어렵다. 애플리케이션이 단일 단위로 구축되므로 애플리케이션이 제공하는 비즈니스 기능 중 대부분은 자체 수명 주기lifecycle를 가질 수 없다.
- 애플리케이션의 일부를 업데이트하기 위해 전체 애플리케이션을 재배포해야 한다.
- 모놀리식 애플리케이션이 커질수록 시작 시간이 늘어날 수 있고, 이것 때문에 전체 비용이 증가한다.
- 단일 애플리케이션 단위로 확장돼야 하므로 서로 상충되는 리소스 요구 사항을 충족시키면서 확장하기 어렵다(예를 들어 모놀리식 애플리케이션은 여러 비즈니스 기능을 제공하므로 하나의 기능이 더 많은 CPU를 필요로 할 때 다른 기능은 더 많은 메모리를 필요로 하는 상황이 발생할 수 있다. 이러한 기능들의 개별적인 요구 사항을 모두 충족시키기는 어렵다).

- 하나의 불안정한 서비스가 전체 애플리케이션을 중단시킬 수 있다.
- 모든 기능이 동일한 기술/프레임워크를 토대로 구축돼야 하기 때문에 새로운 기술과 프레임워크를 적용하기가 매우 어렵다. 예를 들어, 자바를 사용하는 경우 더 나은 대체 기술이 존재하더라도 모든 새로운 프로젝트를 자바 기반으로 진행해야 한다.

모놀리식 애플리케이션 아키텍처의 몇 가지 한계를 해결하기 위해 서비스 지향 아키텍처(SOA)와 엔터프라이즈 서비스 버스(ESB)가 등장했다.

SOA와 ESB

SOA는 모놀리식 애플리케이션의 기능을 서비스라 부르는 재사용 가능하고 결합이 느슨한 엔티티entity로 분리함으로써 대형 모놀리식 애플리케이션의 문제점을 해결하려고 했다. 이 서비스들은 네트워크 호출을 통해 접근할 수 있다.

- 서비스는 잘 정의된 비즈니스 기능을 서비스 단위에서 자체적으로 동작self-contained하며 네트워크를 통해 접근 가능한 형태로 구현한 것이다. SOA의 애플리케이션은 서비스를 기반으로 구축된다.
- 서비스는 잘 정의되고 구현 독립적인 인터페이스를 갖춘 소프트웨어 구성 요소다. SOA의 중요한 측면은 서비스 인터페이스(기능이 무엇인지)를 구현(어떻게 구현할지)으로부터 분리한 것이다.
- 서비스 소비자는 서비스 인터페이스만 염려하고 구현에는 신경 쓰지 않는다.
- 서비스는 (미리 결정된 작업을 수행하면서) 자체적으로 동작되며 (독립성을 위해) 느슨하게 결합된다.
- 서비스들은 동적으로 검색할 수 있다. 서비스 소비자가 서비스의 정확한 위치와 서비스의 다른 세부 사항을 알 필요가 없는 경우가 대부분이다. 소비자들은 서비스 메타데이터 저장소나 서비스 레지스트리를 통해 서비스 메타데이터를

검색할 수 있다. 서비스 메타데이터가 변경되면, 서비스는 서비스 레지스트리에 해당 메타데이터를 업데이트할 수 있다.

- 복합 서비스는 다른 서비스들의 집합으로 구축될 수 있다.

SOA 패러다임을 통해 각 비즈니스 기능은 여러 하위 기능을 포함하는 (큰 덩어리의) 서비스(주로 웹 서비스^{Web Service} 형태)로 구축된다. 구축된 서비스는 애플리케이션 서버 내에 배포된다. 비즈니스 기능을 사용하기 위해서는 앞서 설명한 여러 서비스들과 다른 시스템을 서로 통합/연계(그리고 복합 서비스 생성)해야 한다. ESB는 이러한 서비스, 데이터, 시스템을 통합하는 데 사용된다. 서비스 소비자는 ESB 계층에서 노출된 복합 서비스를 사용한다. 따라서 ESB가 이러한 모든 서비스와 시스템을 연결하는 중앙 버스(그림 1-2 참조)로 사용된다.

예시를 위해 온라인 소매 애플리케이션 사용 사례로 돌아가보자. 그림 1-2는 SOA/웹 서비스를 사용하는 온라인 소매 애플리케이션의 구현을 보여준다. 여기서는 제품, 고객, 쇼핑, 주문, 지불 등과 같은 다양한 비즈니스 기능을 제공하는 여러 웹 서비스들을 정의했다. ESB 계층에서 이러한 비즈니스 기능을 통합하고 소비자에게 노출하는 복합 비즈니스 기능을 만들 수 있다. 또한 ESB 계층에서 원래 인터페이스는 그대로 유지하면서 보안과 같은 공통 중첩^{cross-cutting} 기능이 추가된 기능들을 노출할 수도 있다. 따라서 ESB 계층에는 전체 애플리케이션 비즈니스 로직의 상당 부분이 포함된다. 보안, 모니터링, 분석과 같은 기타 횡단 관심사^{cross-cutting concerns}가 ESB 계층에도 적용될 수 있다. ESB 계층은 모든 개발자가 서비스 통합을 개발/전개하기 위해 동일한 런타임을 공유하는 모놀리식 엔티티다.

API들

비즈니스 기능을 관리 서비스나 API로 노출하는 것은 현대 엔터프라이즈 아키텍처의 핵심 요구 사항이다. 그러나 웹 서비스/SOA는 이러한 요구 사항을 만족하는 이상적인 솔루션이 아닌데, SOAP(서비스 간 통신을 위한 메시지 형식으로 사용됨), WS-Security(서비스 간의 안전한 메시징을 위해 사용됨), WSDL(서비스 계약을 정의하기 위해 사용됨) 등 웹 서비스 관련 기술들이 너무 복잡하고 API를 둘러싼 생태계 구축을 위한 기능(셀프 서비스 등)들이 부족하기 때문이다.

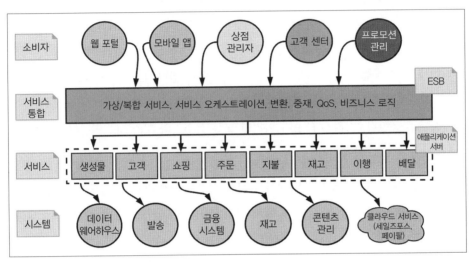

▲ 그림 1-2 SOA/ESB 스타일 기반의 온라인 소매 시스템

따라서 대부분의 조직은 기존 SOA 구현 위에 새로운 API 관리/API 게이트웨이 계층을 추가한다. 이 계층은 API 파사드façade로 알려져 있으며, 특정 비즈니스 기능에 대한 간단한 API를 제공하고 ESB/웹 서비스 계층의 모든 내부 복잡성을 숨긴다. API 계층은 보안, 스로틀링throttling, 캐싱, 상품화에도 사용된다.

예를 들어, 그림 1-3은 ESB 계층 맨 위의 API 게이트웨이를 도입한다. 온라인 소매 애플리케이션에서 제공하는 모든 비즈니스 기능은 이제 '매니지드 API managed API'로 공개된다. API 관리 계층은 단지 매니지드 API로 기능을 공개하는 데 그치지 않고, 비즈니스 기능과 소비자의 전체 생태계를 구축할 수 있다.

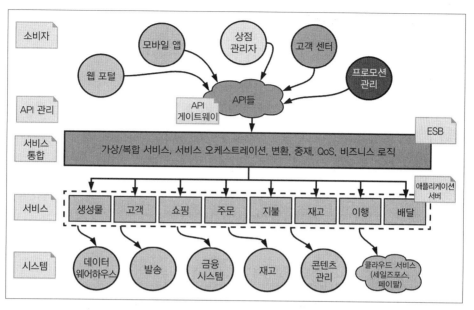

▲ **그림 1-3** API 게이트웨이 계층을 통해 비즈니스 API를 매니지드 API로 노출

복잡한 비즈니스 기능에 대한 수요가 증가했기 때문에 모놀리식 아키텍처는 더 이상 현대 엔터프라이즈 소프트웨어 애플리케이션 개발을 수용할 수 없다. 모놀리식 애플리케이션의 중앙 집중식 특성은 애플리케이션의 독립적인 확장을 불가능하게 하며, 독립적인 애플리케이션 개발 및 배포를 방해하는 애플리케이션 간 종속성 문제와 중앙 집중식 특성으로 인한 안정성 문제가 발생하고, 애플리케이션 개발 과정에서 다양한 기술적 제약을 야기한다. 이러한 한계를 극복하고, 현대적이고 복잡하며 분산된 애플리케이션에 대한 요구를 충족하기 위해서는 새로운 아키텍처 패러다임을 고안해야 한다.

기존의 모놀리식 애플리케이션 아키텍처뿐 아니라 ESB/SOA 아키텍처의 단점을 극복할 수 있는 좀 더 나은 아키텍처 패러다임으로서 마이크로서비스 아키텍처가 부상했다.

마이크로서비스는 무엇인가?

마이크로서비스 아키텍처의 기초는 독자적인 프로세스로 실행되고 독립적으로 개발 및 배포되는 작고 독립적인 서비스의 모음으로 단일 애플리케이션을 개발하는 것이다.

그림 1-4와 같이 온라인 소매 소프트웨어 애플리케이션은 모놀리식 애플리케이션 계층을 독립적인 비즈니스 기능 지향 서비스로 분해해 마이크로서비스 아키텍처로 변형할 수 있다. 또한 각 서비스로 기능을 분리해 중앙 ESB를 없애고, 서비스가 서비스 간 통신 및 구성 로직을 관리하게 한다.

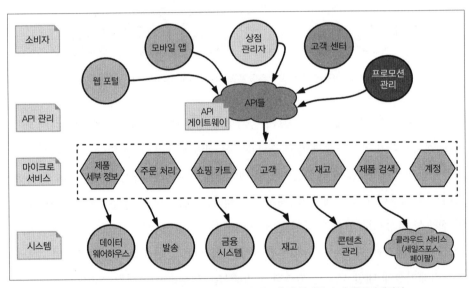

▲ 그림 1-4 마이크로서비스 아키텍처를 사용해 구축된 온라인 소매 애플리케이션

따라서 마이크로서비스 계층의 각 마이크로서비스는 독립적으로 디자인, 개발, 배치, 관리되는 잘 정의된 (작은 범위가 바람직한) 비즈니스 기능을 제공한다.

API 관리 계층은 통신할 ESB 및 서비스 계층이 변경되더라도 거의 동일하게 유지된다. API 게이트웨이 및 관리 계층은 비즈니스 기능을 매니지드 API로 제공한다. 게이트웨어를 API마다 독립적인 런타임으로 분리하는 것도 하나의 옵션이 될 수 있다.

마이크로서비스 아키텍처의 기본 개념을 살펴봤으므로 지금부터는 마이크로서비스의 주요 특성을 깊이 살펴보자.

비즈니스 기능 지향

마이크로서비스 아키텍처의 핵심 개념 중 하나는 특정 서비스가 특정 비즈니스 목적을 충족하고 잘 정의된 책임을 가지도록 서비스가 비즈니스 기능^{business capability}을 기반으로 디자인되는 것이다. 주어진 서비스는 오직 한 가지 일에만 집중하고 이를 잘 수행해야 한다.

큰 덩어리로 된 서비스(예: SOA 컨텍스트에서 개발된 웹 서비스) 또는 (비즈니스 기능에 매핑되지 않을 정도로) 작게 세분화된 서비스가 마이크로서비스 아키텍처에 적합하지 않다는 것을 잘 이해해야 한다. 오히려 서비스는 범위와 비즈니스 기능을 기반으로 크기를 정해야 한다. 또한 서비스를 너무 작게 만드는 것(즉, 비즈니스 기능에 매핑되는 세분화된 기능에 초점을 맞춘 경우)도 안티 패턴^{anti-pattern}으로 간주된다.

예제 시나리오의 SOA/웹 서비스 구현(그림 1-3 참조)은 제품, 주문 등과 같은 큰 서비스를 가지므로, 마이크로서비스로 이동할 때 주문 정보 처리, 상품 검색, 장바구니 등과 같은 비즈니스 기능 위주의 좀 더 세분화된 집합을 식별했다.

서비스의 크기는 코드 줄 수나 해당 서비스를 받는 사람 수에 따라 결정되지 않는다. 단일 책임 원칙^{Single Responsibility Principle}(SRP), 콘웨이의 법칙^{Conway's law}, 12 팩터 앱^{12 Factor App}, 도메인 기반 디자인^{Domain-Driven Design}(DDD) 등과 같은 개념들은 마이크로서비스의 범위와 기능을 식별하고 디자인하는 데 유용하다. 비즈니스 기능을 중심으로 마이크로서비스를 디자인하는 등의 핵심 개념과 기본 사항은 2장, '마이크로서비스 디자인'에서 논의한다.

자율성: 개발, 배포, 확장의 독립성

자율적인 서비스autonomous service는 마이크로서비스 아키텍처 실현의 가장 중요한 원동력이 될 수 있다. 마이크로서비스는 독립적인 개체로 개발, 배포, 확장된다. 웹 서비스 또는 모놀리식 애플리케이션 아키텍처와 달리 서비스가 동일한 실행 런타임을 공유하지 않는다. 대신 서비스가 컨테이너와 같은 기술을 활용해 서로 격리된 런타임으로 배포된다. 도커Docker, 쿠버네티스Kubernetes, 메소스Mesos 등과 같은 컨테이너와 컨테이너 관리 기술의 성공적인 채택 및 증가는 서비스 자율성 실현에 필수적이며 전체적으로 마이크로서비스 아키텍처의 성공에 기여한다. 마이크로서비스의 구현 측면은 8장, '마이크로서비스의 배포 및 실행'에서 자세히 살펴본다.

자율적인 서비스는 서비스 분리를 통해 장애를 격리함으로써 전체 시스템의 탄력성을 보장한다. 이러한 서비스들은 네트워크상에서 메시지를 활용한 서비스 간 통신을 통해 느슨하게 결합된다. 서비스 간 통신은 다양한 상호작용 스타일 및 메시지 형식 위에서 구축될 수 있다(3장, '서비스 간 통신'에서 이러한 내용을 자세히 설명한다). 서비스들은 기술에 비의존적인 서비스 계약을 API를 통해 공개하고, 소비자는 해당 계약을 사용해 해당 서비스와 공동 작업할 수 있다. 이러한 서비스들은 API 게이트웨이를 통해 매니지드 API로 공개될 수도 있다.

독립적인 서비스 배포는 독립적으로 서비스를 확장할 수 있는 선천적인 기능을 제공한다. 비즈니스 기능의 소비가 다양해지면서 더 많은 트래픽을 발생시키는 특정 마이크로서비스를 다른 서비스를 확장하지 않고도 독립적으로 확장할 수 있다.

그림 1-3의 전자상거래 애플리케이션 사용 사례에서 이러한 마이크로서비스의 특성을 관찰할 수 있다. 제품, 주문 등과 같은 대규모 서비스는 SOA/웹 서비스 접근 방식처럼 애플리케이션 서버 런타임을 서로 공유한다. 따라서 이러한 서비스 중 하나에서 실패(예: 메모리 부족 또는 CPU 과부하)하면, 전체 애플리케이션 서버 런타임을 날려버릴 수 있다. 또한 대부분의 경우 제품 검색 등과 같은 기능이 다른 기능에 비해 훨씬 빈번하게 사용될 수 있다. 모놀리식 접근 방식을 사용하면 동일한 애플리케이션 서버

런타임을 다른 서비스와 공유하기 때문에 제품 검색 기능을 확장할 수 없다(대신 전체 애플리케이션 서버 런타임을 공유해야 한다). 그림 1-4에서 볼 수 있듯이 이러한 대규모 서비스를 마이크로서비스로 분리하면 각 서비스를 개별적으로 배포할 수 있고 장애를 각 서비스 수준으로 격리할 수 있으며, 소비 방식에 따라 해당 마이크로서비스를 독립적으로 확장할 수 있다.

중앙 ESB 부재: 스마트 엔드포인트와 멍청한 파이프

마이크로서비스 아키텍처는 ESB의 제거를 촉진한다. SOA/웹 서비스 기반 아키텍처에 관한 최고 수준의 지혜 대부분이 집중된 곳이 ESB다. 마이크로서비스 아키텍처는 ESB를 사용하는 대신 스마트 엔드포인트와 멍청한 파이프smart endpoints and dumb pipes라는 새로운 스타일의 서비스 통합 수단을 도입한다. 1장의 앞부분에서 설명한 것처럼 대부분의 비즈니스 기능은 기본 서비스 및 시스템의 통합이나 연결을 통해 ESB 수준에서 구현된다. 스마트 엔드포인트와 멍청한 파이프를 사용하면 모든 비즈니스 로직(서비스 간 통신 로직 포함)은 각 마이크로서비스 레벨(스마트 엔드포인트)에 있으며, 이러한 모든 서비스는 비즈니스 로직이 없는 기본 메시징 시스템(멍청한 파이프)에 연결된다.

대부분의 순진한 마이크로서비스 도입자들은 시스템을 단순히 마이크로서비스 아키텍처로 변형하기만 하면 간단하게 중앙 집중식 ESB 아키텍처의 모든 복잡성을 제거할 수 있다고 생각한다. 그러나 실제로 마이크로서비스 아키텍처에서는 ESB의 중앙 집중식 기능들이 모든 마이크로서비스에 분산된다. ESB가 제공하는 기능들은 이제 마이크로서비스 수준에서 구현돼야 한다.

여기서 핵심은 ESB의 복잡성이 사라지지 않는다는 것이다. 오히려 복잡성이 개발한 모든 마이크로서비스에 분산된다. 서비스 조합(동기 또는 비동기 스타일 사용), 다른 통신 프로토콜을 통한 서비스 간 통신, 회로 차단기와 같은 복원력 패턴 적용, SaaS(예: 세일즈포스Salesforce), API, 데이터 및 독점 시스템 등 다른 애플리케이션과의 통합, 통합 서비스에 대한 관찰 기능 등을 새로운 마이크로서비스의 일부로 구현해야 한다. 실제로 서비스 조합과 서비스 간 통신의 복잡성은 마이크로서비스 아키텍처가 처리하는 서비스의 수로 인해 더 어려워질 수 있다(서비스는 네트워크를 통한 서비스 간 통신으로 인해 오류가 발생하기 쉽다).

넷플릭스와 같은 대부분의 초기 마이크로서비스 채택자들은 이러한 기능 대부분을 밑바닥부터 구현했다. 그러나 ESB를 마이크로서비스 아키텍처로 완전히 대체하려는 경우, 마이크로서비스 레벨에서 ESB의 기능들을 구축하기 위해 밑바닥부터 만들기보다는 특정 기술을 선택해야 한다.

모든 요구 사항을 자세히 살펴본 후 3장, '서비스 간 통신'과 7장, '마이크로서비스 통합'에서 실현할 수 있는 몇 가지 기술을 논의한다.

실패 내결함성

이전 절에서 설명한 것처럼 마이크로서비스는 서비스와 서비스 간 네트워크 통신의 확산으로 인한 실패에 좀 더 취약하다. 특정 마이크로서비스 애플리케이션은 세부적으로 분할된 서비스들의 모음이므로 하나 이상의 서비스가 실패할 때 전체 애플리케이션이 중단되면 안 된다. 따라서 마이크로서비스에서 발생한 실패를 적절하게 처리해야 애플리케이션의 비즈니스 기능에 미치는 영향을 최소화할 수 있다. 실패를 감내할 수 있는 방식으로 마이크로서비스를 디자인하려면 디자인, 개발, 배포 단계에서 관련 기술들을 적용해야 한다.

예를 들어, 소매 사례에서 제품 세부 사항 마이크로서비스가 전자상거래 애플리케이션의 핵심 기능이라고 가정하자. 그렇다면 제품 세부 사항 서비스에 7장, '마이크로서비스 통합'에서 자세히 설명할 트래픽 차단 패턴 기반의 회로 차단기^{Circuit Breaker}, 재해 복구, 로드 밸런싱^{load-balancing}, 페일오버^{fail-over}, 동적 확장과 같은 모든 탄력성 관련 기능을 적용해야 한다.

넷플릭스의 카오스 몽키Chaos Monkey와 같은 도구를 사용해 서비스 개발 및 테스트 과정의 일부로 발생 가능한 모든 오류를 재현해보는 것이 매우 중요하다. 해당 서비스 구현은 또한 모든 탄력성 관련 활동에 책임을 져야 한다. 이러한 활동은 지속적인 통합 및 배포Continuous Integration and Contiunous Delivery(CICD) 프로세스의 일부로서 자동으로 확인된다.

실패 내결함성fault tolerance의 또 다른 측면은 프로덕션 환경에서 실행하는 마이크로서비스의 동작을 관찰할 수 있는 능력이다. 서비스의 오류를 감지하거나 예측하고 그러한 서비스를 복원하는 것이 매우 중요하다. 예를 들어 온라인 소매 애플리케이션 예제에서 모든 마이크로서비스에 대해 모니터링, 추적, 로깅 등을 사용할 수 있다고 가정하자. 그런 다음 제품 검색 서비스에서 초당 트랜잭션 수Transactions Per Second(TPS)를 관찰했다. 이것은 해당 서비스의 향후 중단 가능성을 나타낸다. 마이크로서비스가 관찰 가능한 경우에는 현재 증상의 원인을 분석할 수 있어야 한다. 따라서 개발 단계에서 카오스 테스트를 수행한 경우에도 모든 마이크로서비스가 내결함성을 확보할 수 있도록 확고한 관찰 인프라를 마련하는 것이 중요하다. 관찰 기술은 13장, '관찰 가능성'에서 자세히 다룬다.

7장, '마이크로서비스 통합'과 8장, '마이크로서비스의 배포 및 실행'에서 실패 내결함성 기술과 모범 사례를 자세히 설명한다.

분산화된 데이터 관리

모놀리식 아키텍처 애플리케이션은 단일하고 중앙화된 논리 데이터베이스에 데이터를 저장해 애플리케이션의 다양한 기능functionality/capability을 구현한다. 마이크로서비스 아키텍처에서는 여러 마이크로서비스에 기능이 분산된다. 동일한 중앙 집중식 데이터베이스를 사용하면 마이크로서비스가 더 이상 독립적이지 않다(예: 하나의 마이크로서비스에서 데이터베이스 스키마를 변경하면 다른 여러 서비스가 중단된다). 따라서 각 마이크로서비스는 자체적인 데이터베이스와 데이터베이스 스키마를 가져야 한다.

각 마이크로서비스는 전용 데이터베이스를 가질 수 있으므로, 비즈니스 기능 구현에 필요한 데이터들을 유지할 수 있다. 특정 마이크로서비스는 해당 서비스 전용 데이터베이스에만 접근할 수 있으며 다른 마이크로서비스의 데이터베이스에는 접근할 수 없다.

일부 비즈니스 시나리오에서는 단일 트랜잭션을 통해 여러 데이터베이스를 갱신해야 할 수도 있다. 이 시나리오에서 다른 마이크로서비스의 데이터베이스는 해당 서비스의 API를 통해서만 갱신해야 한다(데이터베이스에 직접 접근은 허용되지 않음).

분산화된 데이터 관리를 통해 마이크로서비스를 서로 완벽하게 분리할 수 있고, 마이크로서비스별로 서로 이질적인 데이터 관리 기술(SQL 또는 NoSQL 등, 각 서비스에 대해 서로 다른 데이터베이스 관리 시스템)을 자유롭게 선택할 수 있다. 5장, '데이터 관리'에서 마이크로서비스 아키텍처의 데이터 관리 기법을 자세히 살펴본다.

서비스 거버넌스

SOA 거버넌스는 SOA의 성공적인 운영을 뒷받침하는 핵심 원동력 중 하나다. SOA 거버넌스는 조직 내의 다른 엔티티(개발 팀, 서비스 소비자 등) 간의 협력과 조정을 제공한다. SOA 거버넌스의 일부로 포괄적인 이론 개념들이 정의돼 있기는 하지만, 실제로는 소수의 개념만이 적극적으로 사용된다. 마이크로서비스 아키텍처로 전환할 때 유용한 거버넌스 개념 대부분은 폐기되며, 마이크로서비스의 거버넌스는 각 팀/엔티티가 선호하는 방식대로 자체 도메인을 관리할 수 있도록 하는 분산된 프로세스로 해석된다. 분산된 거버넌스는 서비스 개발, 배포, 실행 프로세스에 적용될 수 있지만 그것이 전부는 아니다. 그래서 의도적으로 분산된 거버넌스라는 용어를 사용하지 않았다.

SOA의 디자인 시점 거버넌스(기술, 프로토콜 등 선택)와 런타임 거버넌스(서비스 정의, 서비스 레지스트리 및 검색, 서비스 버전 관리, 서비스 런타임 종속성, 서비스 소유권 및 서비스 소비자,

QoS 적용, 서비스 관찰 가능성)라는 두 가지 주요 측면을 확인할 수 있다.

마이크로서비스의 디자인 시점 거버넌스는 대부분 각 서비스 소유자가 자신의 서비스를 디자인, 개발, 실행할 수 있도록 자유를 부여받는 분산된 프로세스다. 그것을 단일 기술 플랫폼으로 표준화하기보다는 각 서비스에 적합한 작업 도구들을 사용할 수 있다. 그러나 조직 전반에 적용할 수 있는 몇 가지 공통 표준은 정의해야 한다(예: 개발 언어와 관계없이 모든 코드는 검토 프로세스를 거쳐 자동으로 주류로 병합돼야 한다).

마이크로서비스의 런타임 거버넌스 측면은 다양한 수준에서 구현되며, 종종 마이크로서비스 컨텍스트에서는 런타임 거버넌스라고 말하지 않는다(그러한 런타임 거버넌스 측면 중 서비스 레지스트리 및 검색은 마이크로서비스 아키텍처에서 매우 유용하게 사용되는 개념 중 하나다). 따라서 이러한 개념을 일련의 개별적인 개념으로 배우기보다는 런타임 거버넌스 관점에서 살펴보면 더 쉽게 이해할 수 있다.

런타임 거버넌스는 마이크로서비스 아키텍처에서 절대적으로 중요하다(SOA 런타임 거버넌스보다 훨씬 중요하다). 이는 다뤄야 할 마이크로서비스의 수 때문이다. 런타임 거버넌스 구현은 종종 중앙 집중식 구성 요소로 수행된다. 예를 들어, 온라인 소매 애플리케이션 시나리오에서 서비스 엔드포인트와 메타데이터를 검색해야 한다고 가정하자. 그렇다면 모든 서비스는 중앙 집중식 레지스트리 서비스(자체 확장 기능을 가질 수 있지만 논리적으로 중앙 집중화된 구성 요소)를 호출해야 한다. 마찬가지로 보안과 같은 서비스 품질Quality of Service(QoS) 적용을 중앙 집중식으로 강제하려면 API 관리자/게이트웨이와 같은 중앙 위치에서 수행해야 한다. 사실, 런타임 거버넌스 측면의 일부는 API 게이트웨이 계층에서도 구현된다.

6장, '마이크로서비스 거버넌스'와 10장, 'API, 이벤트, 스트림'에서 API 관리를 다룰 때 마이크로서비스 거버넌스 측면을 자세히 살펴본다.

관찰 가능성

서비스 관찰 가능성^{service observability}은 모니터링, 분산 로깅, 분산 추적, 서비스의 런타임 동작 및 종속성 시각화의 조합으로 간주될 수 있다. 따라서 관찰 가능성도 런타임 거버넌스의 일부로 간주될 수 있다. 좀 더 세분화된 서비스가 확산됨에 따라 서비스의 런타임 동작을 관찰하는 능력은 절대적으로 중요하다. 관찰 가능성 구성 요소는 종종 마이크로서비스 구현의 중앙 집중식 구성 요소이며, 각 서비스는 데이터를 해당 구성 요소로 푸시^{push}한다(대신 관찰 가능성 런타임이 서비스에서 데이터를 당겨온다). 관찰 가능성은 프로덕션 환경에 있는 서비스들의 잠재적인 문제를 식별하고 디버깅하는 데 유용하며 비즈니스 기능 용도(예: 상품화)로도 사용할 수 있다. 관찰 가능한 서비스를 구축하기 위한 다양한 도구와 기법은 13장, '관찰 가능성'에서 설명한다.

마이크로서비스: 장점과 단점

다른 아키텍처나 기술과 마찬가지로 마이크로서비스 아키텍처에도 장점과 단점이 있다. 마이크로서비스의 핵심 특성을 잘 알게 됐다면, 이를 논의할 좋은 기회가 왔다. 마이크로서비스의 장점부터 살펴보자.

장점

마이크로서비스 아키텍처가 인기를 얻는 주된 이유 중 하나는 기존 소프트웨어 아키텍처 패턴과 비교할 때 상대적인 이점을 갖기 때문이다. 마이크로서비스 아키텍처의 주요 장점을 면밀히 살펴보자.

비즈니스 기능의 민첩하고 신속한 개발

마이크로서비스 아키텍처는 자율적인 서비스 개발을 선호하므로 민첩하고 신속하게 비즈니스 기능을 개발할 수 있다. 기존 아키텍처에서는 비즈니스 기능을 프로덕션에 적합한 소프트웨어 애플리케이션 기능으로 변환하는 과정에서 주로 시스템, 코드베이스, 종속성의 크기 때문에 많은 주기가 소요된다. 자율적인 서비스 개발을 통해 다른 모든 서비스는 서비스 인터페이스를 사용한 네트워크 호출을 통해서만 통신하므로, (훨씬 더 복잡한 전체 시스템의 기능이 아니라) 서비스의 인터페이스와 기능에 집중해야 한다.

대체 가능성

자율적 특성으로 인해 마이크로서비스는 교체가 가능하다. 서비스를 네트워크 호출과 정의된 API를 통해 통신하는 독립 엔티티로 구축하기 때문에 기능을 다른 구현체로 교체하는 기능을 쉽게 구현할 수 있다. 특정한 기능에 초점을 맞추고 범위와 크기를 제한하며 독립적인 런타임에 서비스를 배포하면 교체 가능한 서비스를 훨씬 쉽게 구축할 수 있다.

장애 격리와 예측 가능성

대체 가능성은 또한 장애 격리와 예측을 달성하는 데 도움이 된다. 앞서 설명한 것처럼 마이크로서비스 기반 애플리케이션은 특정 구성 요소 또는 서비스의 장애로 인해 기존 모놀리식 애플리케이션처럼 완전히 망가지지는 않는다. 적절한 관찰 가능성 기능을 갖추면 잠재적인 장애를 식별하거나 예측하는 데 도움이 된다.

신속한 배포와 확장성

용이한 배포와 확장은 마이크로서비스의 가장 중요한 가치다. 현대의 클라우드 기반 컨테이너 네이티브 인프라를 사용하면, 서비스를 쉽게 배포할 수 있으며 서비스를 동적으로 확장하는 것이 매우 간단해진다. 기능을 자율 서비스로 구축하기 때문에 민첩한 배포 및 확장을 위해 모든 컨테이너 및 클라우드 고유 기술을 손쉽게 활용할 수 있다.

조직 구조와 일치

마이크로서비스는 비즈니스 기능 중심이므로 조직/팀 구조와 잘 조화될 수 있다. 때때로 특정 조직은 비즈니스 기능을 제공하는 방식에 따라 구성된다. 따라서 해당 비즈니스 기능을 소유한 팀에 각 서비스의 소유권을 쉽게 부여할 수 있다. 그러므로 마이크로서비스가 특정 비즈니스 기능에 중점을 두는 경우 해당 마이크로서비스를 소유할 비교적 작은 팀을 선정할 수 있다. 개발 팀에 부여되는 서비스의 범위가 간단하고 잘 정의돼 있으므로 개발 팀에 긍정적인 영향을 미친다. 그렇게 하면 팀이 서비스의 전체 수명 주기를 완전히 소유할 수 있다.

단점

마이크로서비스 아키텍처의 단점은 대부분 대처해야 할 서비스가 확산되기 때문에 발생한다.

서비스 간 통신

서비스 간 통신의 복잡성은 실제 서비스 구현보다 더 해결하기 어려운 문제다. 앞서 설명한 것처럼, 스마트 엔드포인트와 멍청한 파이프 개념 때문에 서비스 간 통신 로직을 마이크로서비스의 일부로 포함할 수밖에 없다. 서비스 개발자는 복합 비즈니스 기능을 만들기 위해 마이크로서비스 연결에 상당한 시간을 소비해야 한다.

서비스 거버넌스

네트워크를 통해 전달되는 서비스가 많은 점도 서비스의 거버넌스와 관찰 가능성 측면을 복잡하게 한다. 적절한 거버넌스와 관찰 도구가 마련돼 있지 않으면, 서비스 의존성을 확인하고 실패를 감지하는 것이 매우 끔찍해질 수 있다. 예를 들어, 마이크로서비스 아키텍처에서는 서비스 수명 주기 관리, 테스트, 검색, 모니터링, 서비스 품질과 기타 다양한 서비스 거버넌스 기능이 더욱 복잡해진다.

배포 방법에 크게 의존

마이크로서비스의 성공적인 배포 및 확장은 컨테이너와 컨테이너 오케스트레이션 container orchestration 시스템의 적용 수준에 크게 의존한다. 그러한 인프라가 없으면 시간과 에너지를 투자해야 한다(컨테이너가 없는 성공적인 마이크로서비스 아키텍처는 생각조차 할 수 없다). 궁극적으로 성공적인 마이크로서비스 아키텍처는 팀과 사람들에게 달려 있다. 서비스 소유권 문제 해결, 컨테이너 기반 서비스 경량화 및 서비스 통합을 위한 중앙 집중화 방지 등을 위해서는 엔지니어링 문화가 조직 수준에서 변화해야 한다.

분산 데이터와 트랜잭션 관리의 복잡성

마이크로서비스 아키텍처는 데이터를 특정 서비스로 국한시키는 것을 촉진하므로 분산된 데이터 관리가 상당히 어렵다. 분산 트랜잭션에도 역시 동일한 문제가 생긴다. 여러 마이크로서비스에 걸쳐 있는 트랜잭션 경계를 구현하는 것은 상당히 어렵다.

마이크로서비스의 적용 방법과 적용 시기

지금까지 마이크로서비스 아키텍처가 기존의 중앙 집중식 엔터프라이즈 아키텍처에서 어떻게 발전해왔는지 살펴봤으며, 핵심 특성과 장단점을 설명했다. 그러나 마이크로서비스 아키텍처를 언제 사용하고 언제 사용하지 않을지에 대한 확실한 가이드라인이 필요할 것이다.

- 마이크로서비스 아키텍처는 현재 엔터프라이즈 아키텍처에 모듈성이 필요할 때 이상적이다.
- 소프트웨어 애플리케이션으로 해결하려는 비즈니스 문제가 매우 간단하다면 마이크로서비스가 전혀 필요하지 않을 수도 있다(일반적으로 이러한 경우에는 단순한 모놀리식 웹 애플리케이션과 데이터베이스만으로도 충분하다).
- 소프트웨어 애플케이션이 컨테이너 기반 배포를 수용해야 하는 시기가 왔다.

- 시스템이 너무 복잡해 마이크로서비스로 분리되지 않는 경우, 최소한의 영향으로 마이크로서비스 도입이 가능한 영역을 먼저 식별해야 한다. 그런 다음, 마이크로서비스에 대한 작은 사용 사례를 구현하고 이를 중심으로 필요한 생태계를 위한 구성 요소를 구축한다.
- 비즈니스 기능을 이해하는 것이 마이크로서비스를 디자인하는 데 매우 중요하다. 2장, '마이크로서비스 디자인'에서 자세히 설명하겠지만, 마이크로서비스 디자인 기술을 이해하는 것은 서비스 구현에 꼭 필요한 과정이다.
- 각 특정 마이크로서비스 도메인(예: 데이터 관리, 서비스 간 통신, 보안 등)과 관련해서는 2장에서 모범 사례와 안티 패턴을 자세히 살펴본다.

요약

1장의 핵심 목적은 엔터프라이즈 아키텍처의 현재 상태와 마이크로서비스가 엔터프라이즈 아키텍처에 어떻게 들어맞는지에 대한 개요를 제공하는 것이다. 1장에서는 모놀리식 애플리케이션에서 마이크로서비스로 엔터프라이즈 아키텍처가 어떻게 발전해왔는지 설명했다. 그리고 마이크로서비스로 이동할 때 ESB와 API 게이트웨이의 역할이 어떻게 변하는지를 논의했다. 또한 마이크로서비스 아키텍처의 주요 특징과 장단점도 살펴봤는데, 이는 이 책의 이후 내용을 이해하는 데 필요한 기본 지식으로 활용된다.

2장

마이크로서비스 디자인

스티브 잡스는 디자인이 단지 '룩 앤 필look and feel'에만 국한되는 것이 아니라 동작하는 방식도 포함한다고 생각했다. 마이크로서비스가 자체적으로 어떻게 동작하고 다른 마이크로서비스와 어떻게 상호작용하는지는 디자인에 크게 좌우된다. 마이크로서비스 측면에서 논의된 대부분의 아키텍처 개념과 디자인 원칙은 마이크로서비스에만 국한되지 않는다. 그것들은 SOA가 널리 알려지기 시작한 초창기에도 이미 존재했었다. 심지어 SOA를 제대로 하는 것이 마이크로서비스라고 생각하는 이들도 있다. SOA의 근본적인 문제는 개발자들에게 디자인 권한을 제공하지 못했다는 점이다. 개발자들은 과대 광고에 현혹됐고 핵심 디자인 원칙에서 뒤처졌다. 시간이 지남에 따라 SOA는 또 하나의 '유행어buzzword'가 됐고 원래의 필요성을 충족하지 못했다. 이러한 공백을 해결하기 위해 마이크로서비스의 개념이 등장했다. 마이크로서비스 아키텍처의 개념과 디자인 원칙에 세심한 주의를 기울이지 않는다면 마이크로서비스를 제대로 하는 것이 아니다.

찰스 안토니 리처드 호아 경Sir Charles Antony Richard Hoare은 퀵 소트 정렬quicksort-sorting 알고리즘을 개발한 영국의 과학자다. 그는 1980년 튜링 상 수상 연설에서 소프트웨어를 디자인하는 방법은 두 가지가 있다고 언급했다. 하나는 소프트웨어를 단순하게 만들어서 결함이 없다는 점을 명확히 하는 것이고, 다른 하나는 복잡하게 만들어서 분명하게 드러나는 결함을 알 수 없게 하는 것이다. 첫 번째 방법이 훨씬 어렵다. 마이크로서비스 디자인에서는 내부 및 외부 아키텍처를 고민해야 한다. 내부 아키텍처는 마이크로서비스 자체를 디자인하는 방법을 정의하고, 외부 아키텍처는 다른 마이크로서비스와 통신하는 방법을 논의한다. 두 가지 아키텍처 모두에 단순한 디자인과 진화가 용이한 디자인을 적용하지 않는다면 시스템 오류가 발생하기 쉬워지고, 마이크로서비스의 디자인 목표에서 꽤 동떨어지게 된다. 모든 마이크로서비스 디자인의 핵심은 상용화 시간time to production, 확장성scalability, 복잡성의 전파 방지complexity localization, 탄력성resiliency이다. 디자인을 단순하게 하지 않는 한, 이러한 기대를 충족하기는 어려울 것이다.

도메인 주도 디자인

도메인 주도 디자인(DDD)은 마이크로서비스에서 새로 도입한 개념이 아니라 이미 오랫동안 사용되고 있던 개념이다. 에릭 에반스Eric Evans는 저서 『도메인 주도 설계Domain-Driven Design』(위키북스, 2011)에서 도메인 주도 디자인이라는 용어를 제시했다. 마이크로서비스가 주류 아키텍처 패턴이 되면서 마이크로서비스를 디자인할 때 도메인 주도 디자인 개념을 적용하는 것이 중요하다는 사실을 깨달았다. 도메인 주도 디자인은 마이크로서비스의 범위를 산정하는 데 핵심적인 역할을 한다.

노트 도메인 주도 디자인에 대한 자세한 설명은 이 책의 범위를 벗어난다. 2장에서는 마이크로서비스 개발을 위한 도메인 주도 디자인 적용에만 초점을 맞춘다. 도메인 주도 디자인을 더 많이 배우고 싶다면 에릭 에반스의 책을 읽어보길 바란다. 에릭의 책 외에, 스캇 밀레(Scott Millett)와 닉 튠(Nick Tune)이 저술한 『Patterns, Principles, and Practices of Domain-Driven Design』도 읽어볼 것을 권한다.

도메인 주도 디자인이란 무엇인가? 도메인 주도 디자인은 주로 복잡한 비즈니스 로직을 모델링하거나 복잡한 비즈니스 로직을 추상화하는 것이다. 도메인 주도 디자인의 핵심은 도메인이다. 우리가 개발하는 모든 소프트웨어는 사용자의 활동이나 관심과 관련돼 있다. 에릭 에반스는 사용자가 프로그램에 적용하는 대상 영역이 소프트웨어의 도메인이라고 말한다. 일부 도메인은 실제 세계와 연관돼 있다. 소매업을 예로 들면 구매자, 판매자, 공급 업체, 파트너와 기타 여러 개체를 찾을 수 있다. 일부 도메인은 무형이다. 예를 들어, 암호화폐crypto-currency 도메인에서 비트코인Bitcoin 지갑 애플리케이션은 무형 자산을 처리한다. 그것이 무엇이든, 도메인은 소프트웨어가 아니라 비즈니스와 관련돼 있다. 물론 소프트웨어 도메인에서 동작하는 소프트웨어(예: 설정configuration 관리 프로그램)를 개발할 때는 소프트웨어 자체가 도메인이 된다.

이 책 전반에 걸쳐 이러한 개념을 상세히 설명하기 위해 많은 예제를 사용한다. 전자상거래 애플리케이션을 구축 중인 엔터프라이즈 소매 업체가 있다고 가정하자. 소매업체에는 재고 및 주문 관리inventory and order management, 고객 관리customer management, 배달delivery, 대금 청구 및 금융billing and finance이라는 네 개의 주요 부서가 있다. 각 부서에는 여러 부문이 있을 수 있다. 재고 및 주문 관리 부서의 주문 처리 부문은 주문을 수락하고 재고의 항목을 잠근 다음 지불payment을 처리하기 위해 대금 청구 및 금융으로 제어를 넘긴다. 지불이 성공적으로 처리되면 배송 부서에서 주문을 배달 준비 상태로 만든다. 고객 관리 부서는 모든 고객 개인 데이터 및 고객과의 모든 상호작용 관리에 대한 소유권을 가진다. 그림 2-1을 참조하자.

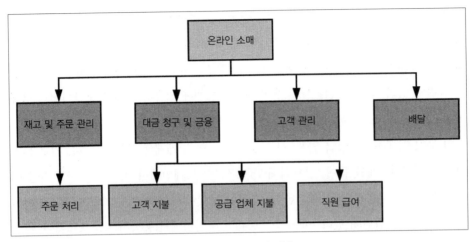

▲ 그림 2-1 분할 및 정복

도메인 주도 디자인의 핵심 원리 중 하나는 분할 및 정복^{divide and conquer}이다. 이 예에서는 소매 도메인이 핵심 비즈니스 도메인이다. 각 부서는 하위 도메인으로 취급될 수 있으며, 핵심 비즈니스 도메인 및 관련 하위 도메인을 식별하는 것이 매우 중요하다. 이를 통해 마이크로서비스 아키텍처 원칙에 따라 소매업자용 전자상거래 애플리케이션을 구축할 수 있다. 각 서비스를 적합한 수준으로 세분화하는 것은 많은 아키텍트가 마이크로서비스 아키텍처를 구축하는 과정에서 직면하게 될 주요 과제 중 하나다. 도메인 주도 디자인이 여기에 도움이 된다. 도메인 주도 디자인이라는 용어가 암시하듯이 도메인 주도 디자인에서는 도메인이 핵심이다!

한 걸음 뒤로 물러나서 콘웨이의 법칙을 살펴보자. 콘웨이의 법칙은 시스템의 구조를 디자인하는 모든 조직은 조직의 의사 소통 구조를 그대로 모방한 구조로 디자인하게 된다고 주장한다. 이 법칙은 부서 차원에서 기업의 하위 도메인을 식별하는 것을 정당화한다. 특정 부서는 목적을 위해 설립된다. 부서는 부서 간 의사 소통 구조는 물론 내부 의사 소통 구조도 가진다. 특정 부서가 여러 부문을 가질 수 있으며, 여기서 각 부문을 하위 도메인으로 식별할 수 있다. 자세한 내용은 그림 2-1을 참조하자.

이 도메인 구조를 마이크로서비스 아키텍처에 어떻게 매핑할 수 있는지 살펴보자. 아마도 주문 처리Order Processing, 고객Customer, 배달Delivery, 대금 청구Billing라는 네 가지 마이크로서비스(그림 2-2 참조)로 전자상거래 애플리케이션을 구축할 수 있다.

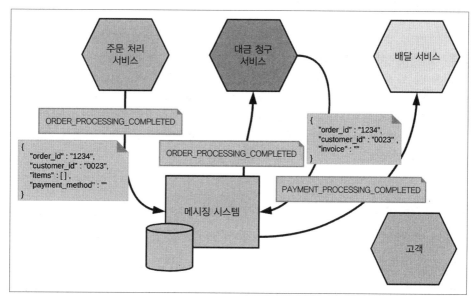

▲ 그림 2-2 마이크로서비스 간 통신

이러한 마이크로서비스가 이벤트로 전송되는 메시지를 통해 서로 통신한다고 가정해 보자. 요청은 주문 처리 마이크로서비스에 먼저 도달하고, 재고의 항목을 잠근 후에 ORDER_PROCESSING_COMPLETED 이벤트가 발생한다. 이벤트는 마이크로서비스 간에 통신하는 방법 중 하나다. ORDER_PROCESSING_COMPLETED 이벤트를 수신하는 다른 여러 서비스가 존재할 수 있으며, 이벤트가 수신되면 이벤트에 따른 동작을 시작한다. 그림 2-2와 같이, 대금 청구 마이크로서비스는 ORDER_PROCESSING_COMPLETED 이벤트를 수신하고 지불 처리를 시작한다. 예를 들어 아마존Amazon은 주문이 접수된 시점에 지불을 처리하지 않고 배송 준비가 완료된 시점에 처리한다. 아마존과 마찬가지로 주문 처리 마이크로서비스는 주문이 배송 준비를 완료한 경우에만 ORDER_PROCESSING_COMPLETED

이벤트가 발생한다. 이 이벤트는 대금 청구 마이크로서비스가 지불을 처리하는 데 필요한 데이터를 포함한다. 이 경우 고객 ID와 지불 방법을 전달한다. 대금 청구 마이크로서비스는 자체 저장소에 신용카드 정보를 포함한 고객 지불 옵션을 저장하므로 독립적으로 지불을 처리한다.

노트 이벤트를 사용한 마이크로서비스 간 통신은 마이크로서비스 간 통신에서 일반적으로 사용되는 패턴 중 하나다. 이 패턴에서 마이크로서비스 간 일대일 연결이 제거되고 메시징 시스템을 통해 통신이 발생한다. 각각의 마이크로서비스는 자체적인 처리를 완료하면 토픽에 이벤트를 게시(publish)하며, 관심 있는 토픽에 대해 청취자로 등록한 다른 마이크로서비스는 받은 알림에 따라 작동한다. 마이크로서비스에 적용된 메시징 기술, 마이크로서비스 통합 패턴, 이벤트 기반 메시징 패턴은 3장, '서비스 간 통신', 7장, '마이크로서비스 통합', 10장, 'API, 이벤트, 스트림'에서 각각 다룬다.

대금 청구 마이크로서비스가 지불 처리를 완료하면 PAYMENT_PROCESSING_COMPLETED 이벤트가 발생하고, 배달 마이크로서비스가 이 이벤트를 캡처한다. 이 이벤트는 고객 ID, 주문 ID, 송장을 전달한다. 이제 배달 마이크로서비스는 자체 저장소에서 고객 배달 주소를 로드하고 배달 주문을 준비한다. 고객 마이크로서비스가 그림 2-2에 나와 있지만 주문 처리 플로order processing flow 중에는 사용되지 않는다. 새로운 고객이 시스템에 추가되거나 기존 고객이 개인 데이터를 업데이트하려는 경우 고객 마이크로서비스가 사용된다.

> 프로젝트 언어가 서로 분열될 때 프로젝트는 심각한 문제에 직면한다.
>
> — 에릭 에반스

그림 2-2의 각 마이크로서비스는 비즈니스 도메인에 속한다. 재고 및 주문 관리는 주문 처리 마이크로서비스의 도메인이며, 고객 관리는 고객 마이크로서비스의 도메인이다. 배달은 배달 마이크로서비스의 도메인이며, 대금 청구 및 금융은 청구 마이크로서비스의 도메인이다. 각 도메인 또는 부서는 비즈니스 활동을 나타내는 고유한 용어와 함께 내부적으로 자체적인 통신 구조를 가진다.

각 도메인은 독립적으로 모델링될 수 있다. 하나의 서비스가 다른 서비스에 독립적일수록, 자체적으로 진화할 수 있으므로 유연성이 더 높다. 도메인 주도 디자인은 특정한 도메인을 모델링하는 방법에 대한 모범 사례와 지침을 정의한다. 또한 도메인 주도 디자인은 도메인 모델을 정의하기 위한 유비쿼터스 언어의 필요성을 강조한다. 유비쿼터스 언어는 도메인 전문가와 개발자가 서로 공유하는 공유 팀 언어다. 실제로 유비쿼터스는 대화에서 코드에 이르기까지 동일한 언어가 주어진 컨텍스트 내의 어느 곳에서나 사용돼야 한다(더 정확히 말하면, 다음 절에서 논의할 바운디드 컨텍스트 내에서 사용돼야 한다). 유비쿼터스 언어는 도메인 전문가와 개발자 간의 의사 소통에서 갭을 메워준다. 도메인 전문가는 해당 분야 전문 용어에는 철저하지만 소프트웨어 개발 관련 기술 용어는 제한적으로만 이해하거나 전혀 이해하지 못하는 반면, 개발자는 기술적인 측면에서 시스템을 설명하는 방법은 알고 있지만 도메인 전문 지식이 전혀 없거나 제한적이다. 유비쿼터스 언어가 이 격차를 메우고 모두를 같은 페이지로 불러온다.

유비쿼터스 언어에 의해 정의된 용어는 해당 컨텍스트에 한정돼야 한다. 컨텍스트는 도메인과 관련돼 있다. 예를 들어 유비쿼터스 언어를 사용해 고객이라는 엔티티를 정의할 수 있다. 재고 및 주문 관리 도메인의 고객 개체의 정의가 고객 관리 도메인의 고객 개체의 정의와 반드시 일치할 필요는 없다. 재고 및 주문 관리 도메인의 고객 개체는 주문 내역, 미체결 주문, 예약된 주문과 같은 속성을 가지지만 고객 관리 도메인의 고객 개체는 이름, 성, 집 주소, 이메일 주소, 휴대폰 번호 등의 속성을 가진다. 대금 청구 및 금융 도메인의 고객 개체는 신용카드 번호, 청구지 주소, 청구 내역, 예정된 지급과 같은 속성을 가진다. 유비쿼터스 언어로 정의된 용어는 해당 컨텍스트에서 해석돼야 한다.

노트　일반적인 소프트웨어 프로젝트는 요구 사항 수집 단계에서만 도메인 전문가가 관여한다. 비즈니스 분석가(BA, Business Analyst)는 비즈니스 사용 사례를 기술 요구 사항을 포함한 사양으로 변환한다. 비즈니스 분석가는 요구 사항을 완전히 관장하며 피드백에 주기가 없다. 모델은 비즈니스 분석가의 말에 따라 개발된다. 도메인 주도 디자인의 핵심 요소 중 하나는 도메인 전문가와 개발자가 더 오랜 시간 동안 의

사 소통을 하도록 장려하는 것이다. 이를 통해 초기 요구 사항 수집 단계를 훨씬 넘어서는 기간 동안 의사 소통하게 되고, 결국 도메인 전문가와 개발자가 모두 충분히 이해할 수 있는 도메인 모델을 구축할 수 있다.

이 예를 더 자세히 살펴보자. 이 아키텍처에서 특정 마이크로서비스가 하나의 비즈니스 도메인에 속하며 마이크로서비스들 간의 통신은 메시지 전달을 통해 수행된다. 이벤트 기반 아키텍처 또는 HTTP 기반으로 메시지를 전달할 수 있으며, 하나의 마이크로서비스에서 다른 마이크로서비스로 전달되는 각 메시지는 도메인 객체를 운반한다.

예를 들어 ORDER_PROCESSING_COMPLETED 이벤트는 주문 도메인 객체를 전달하고, PAYMENT_PROCESSING_COMPLETED 이벤트는 송장 도메인 객체를 전달한다(그림 2-2 참조). 이러한 도메인 개체 정의는 도메인 전문가와 개발자 간의 공동 작업에 기반한 도메인 주도 디자인을 통해 신중하게 도출돼야 한다.

노트 도메인 주도 디자인은 고유한 과제를 안고 있다. 한 가지 과제는 도메인 전문가가 프로젝트를 실행하는 동안 프로젝트에 계속 참여해야 한다는 점이다. 유비쿼터스 언어를 구축하는 데는 상당한 시간이 걸리므로 도메인 전문가와 개발자가 잘 협력해야 한다. 모든 도메인에서 적용될 수 있는 모놀리식 애플리케이션을 개발하는 것과는 달리, 특정 도메인을 위한 솔루션을 만들고 도메인별 비즈니스 로직을 캡슐화하려면 개발자의 마인드가 변경돼야 하는 것도 어려운 점이다.

바운디드 컨텍스트

앞서 논의한 바와 같이, 마이크로서비스 디자인의 가장 어려운 부분 중 하나는 마이크로서비스의 범위를 정하는 것이다. 범위 지정은 SOA와 SOA 구현에서 잘되지 않았던 부분이다. SOA는 디자인 시점에 기업 전체를 고려한다. 즉, 개별 비즈니스 도메인은 신경 쓰지 않고, 오히려 기업 전체에만 주의를 기울인다. SOA는 재고 및 주문 관리, 대금 청구 및 금융, 배달, 고객 관리를 별도의 독립 도메인으로 생각하지 않고 전체 시스템을 기업용 전자상거래 애플리케이션으로 취급한다.

그림 2-3은 SOA 아키텍트가 디자인한 전자상거래 애플리케이션의 계층화된 아키텍처를 보여준다. SOA를 경험해본 독자라면 이 그림이 매우 친숙할 것이다. 여기서 제시된 것은 모놀리식 애플리케이션이다. 서비스 계층은 일부 기능을 서비스로 노출하지만, 그 기능들 중 어느 것도 서로 분리되지 않는다. SOA 서비스들의 범위는 서비스들이 속한 비즈니스 도메인을 기반으로 지정되지 않았다. 예를 들어 주문 처리 서비스는 대금 청구 및 배달을 처리할 수 있다. 1장, '마이크로서비스의 사례'에서 모놀리식 구조의 결함을 논의했었다.

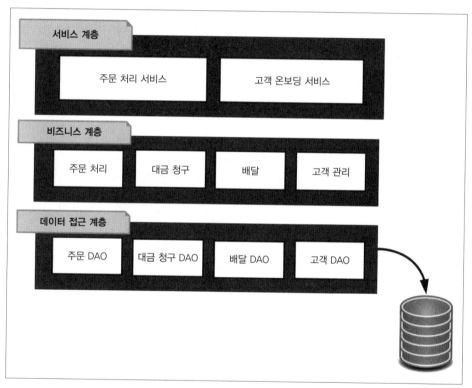

▲ 그림 2-3 전자상거래 애플리케이션의 계층화된 아키텍처

이전 절에서 설명했듯이 도메인 주도 디자인은 마이크로서비스의 범위를 좁히는 데 유용하다. 마이크로서비스의 범위 지정은 바운디드 컨텍스트에서 수행된다. 바운디

드 컨텍스트는 마이크로서비스 디자인의 핵심이다. 에릭 에반스는 자신의 저서 『도메인 주도 설계』에서 바운디드 컨텍스트를 디자인 패턴으로 도입했다. 디자인 패턴의 아이디어는 특정 도메인이 여러 개의 바운디드 컨텍스트로 구성되며 각각의 바운디드 컨텍스트가 관련된 기능을 도메인 모델로 캡슐화하고 다른 바운디드 컨텍스트에 대한 통합 지점을 정의한다는 것이다. 즉, 각각의 바운디드 컨텍스트는 다른 컨텍스트와 어떤 모델을 공유할지 정의하는 명시적인 인터페이스를 가진다. 어떤 모델을 공유해야 하는지 명시적으로 정의하고 서로 내부 표현을 공유하지 않으면, 긴밀한 결합으로 초래되는 잠재적 함정을 피할 수 있다. 이러한 모듈의 경계는 마이크로서비스를 위한 훌륭한 기준이 된다. 일반적으로 마이크로서비스는 바운디드 컨텍스트에 따라 정렬돼야 한다. 서비스 경계가 해당 도메인의 바운디드 컨텍스트에 따라 정렬되고 마이크로서비스가 해당 바운디드 컨텍스트를 반영하는 것은 마이크로서비스가 서로 느슨하게 결합되고 강하게 응집되는 좋은 징조다.

노트　바운디드 컨텍스트는 도메인 모델이 존재하는 명시적인 경계다. 바운디드 컨텍스트 경계 내에서 유비쿼터스 언어의 모든 용어와 구문은 특별한 의미를 가지고, 모델은 언어를 정확하게 반영한다.[1]

이전 예제를 바운디드 컨텍스트를 적용해 확장해보자. 재고 및 주문 관리, 대금 청구 및 금융, 배달, 고객 관리라는 네 가지 도메인이 도출됐다. 각 마이크로서비스는 그 도메인 중 하나에 연결된다. 마이크로서비스가 도메인과 일대일 관계를 맺고 있지만, 한 도메인이 둘 이상의 바운디드 컨텍스트를 가질 수 있으므로 한 도메인이 하나 이상의 마이크로서비스를 가질 수 있다. 예를 들어 재고 및 주문 관리 도메인을 사용하는 경우 주문 처리 마이크로서비스가 존재하지만, 다른 바운디드 컨텍스트에 기반한 여러 개의 다른 마이크로서비스(예를 들어 재고 마이크로서비스)가 존재할 수 있다. 이를 위해서는 재고 및 주문 관리 도메인에서 제공되는 주요 기능을 면밀히 검토하고 해당

1　『도메인 주도 디자인 구현(Implementing Domain-Driven Degisn)』, 반 버논(Vaughn Vernon)

바운디드 컨텍스트를 식별해야 한다.

노트 바운디드 컨텍스트별로 독자적인 팀, 코드베이스, 데이터베이스 스키마를 서로 분리해서 관리하는 것이 좋다.

기업의 재고 및 주문 관리 부서는 재고 관리를 담당하고 고객 수요가 기존 재고를 충족시킬 수 있는지 확인한다. 해당 부서는 또한 판매와 창고 시설을 최적화하기 위해 언제 공급자에게 상품을 더 많이 주문할지 알아야 한다. 새로운 주문을 받으면 재고를 업데이트하고 배달을 위해 해당 물품이 다른 주문에서 사용되지 않도록 잠궈야 한다. 청구 부서에서 지불이 완료된 것을 확인하면 배송 부서는 상품을 창고에 배치해 수령 및 배송해야 한다. 동시에 매장의 사용 가능한 수량이 임계값에 도달할 때마다 재고 및 주문 관리 부서는 공급 업체에 문의해 더 많은 정보를 얻고 재고를 받은 후 재고를 업데이트해야 한다.

도메인 주도 디자인의 핵심적인 하이라이트는 도메인 전문가와 개발자 간의 협업이다. 재고 관리 부서가 기업 내에서 어떻게 작동하는지 올바로 이해하지 않으면 해당 바운디드 컨텍스트를 절대로 식별해낼 수 없다. 앞서 논의한 재고 관리에 대한 제한적인 이해를 바탕으로 다음과 같은 세 가지 바운디드 컨텍스트를 식별할 수 있다.

- **주문 처리**: 이 바운드 컨텍스트는 주문 처리와 관련된 기능을 캡슐화한다. 여기에는 재고 목록의 주문 잠금, 고객 주문에 대한 기록 등이 포함된다.
- **재고**: 재고 자체가 하나의 바운디드 컨텍스트로 처리될 수 있다. 공급 업체로부터 물품을 수령하고 배송을 위해 출하할 때 재고를 업데이트한다.
- **공급자 관리**: 이 바운디드 컨텍스트는 공급자 관리 관련 기능을 캡슐화한다. 배송 품목을 릴리스할 때 공급 업체 관리 부서는 재고 보유량이 충분한지 확인하고, 충분하지 않은 경우 해당 공급 업체에 통보한다.

그림 2-4는 재고 및 주문 관리 도메인 아래에 있는 여러 개의 마이크로서비스를 보여주며 각각의 바운디드 컨텍스트를 표시한다. 여기서 서비스 경계는 해당 도메인의 바운디드 컨텍스트에 따라 정렬된다. 바운디드 컨텍스트 간의 통신은 잘 정의된 인터페이스로 전달되는 메시지를 통해서만 발생한다. 그림 2-4처럼 주문 처리 마이크로서비스는 재고 마이크로서비스를 먼저 업데이트해 주문의 항목을 잠근 다음 ORDER_PROCESSING_COMPLETED 이벤트를 발생시킨다. ORDER_PROCESSING_COMPLETED 이벤트를 수신한 청구 마이크로서비스는 지불 처리를 실행한 다음 PAYMENT_PROCESSING_COMPLETED 이벤트를 발생시킨다. PAYMENT_PROCESSING_COMPLETED 이벤트를 수신한 공급 업체 관리 마이크로서비스는 재고 항목 수가 최소 임계값을 초과하는지 확인하고, 부족하다면 공급 업체에 통지한다. 동일한 이벤트를 수신하는 배달 마이크로서비스는 항목을 검색하기 위해 작업을 실행하고 (아마도 창고의 로봇에게 명령을 보내는) 항목을 그룹화해 주문을 작성한 후 배달 준비를 한다. 완료되면, 배달 마이크로서비스가 ORDER_DISPATCHED 이벤트를 발생시켜 주문 처리 마이크로서비스에 알림으로써 주문 상태를 업데이트한다.

좋은 마이크로서비스 디자인은 하나의 마이크로서비스를 단일 바운디드 컨텍스트의 범위로 범위를 한정한다. 다중 바운디드 컨텍스트에 걸쳐 존재하는 모든 마이크로서비스는 원래 목표를 벗어난 것이다. 하나의 마이크로서비스가 존재하고, 잘 정의된 인터페이스 뒤에 하나의 컨텍스트를 반영한 비즈니스 로직이 캡슐화되면 새로운 변경이 전체 시스템에 거의 영향을 미치지 않는다.

앞서 논의한 바와 같이 마이크로서비스 간 통신은 이벤트를 통해 발생할 수 있다. 도메인 주도 디자인에서는 이러한 이벤트를 도메인 이벤트라고 한다. 도메인 이벤트는 바운디드 컨텍스트의 상태 변경의 결과로 발생한다. 그리고 다른 바운디드 컨텍스트가 느슨하게 결합된 방식으로 이러한 이벤트에 응답할 수 있다. 바운디드 컨텍스트에서 발생한 이벤트는 해당 이벤트의 결과로 발생하는 동작을 신경 쓰지 않아도 되며, 동시에 그러한 이벤트를 처리하는 바운디드 컨텍스트는 이벤트의 출처에 대해 신경 쓰지 않아도 된다. 도메인 이벤트는 도메인 내의 바운디드 컨텍스트들 간에 또는 도메인들 간에 사용할 수 있다.

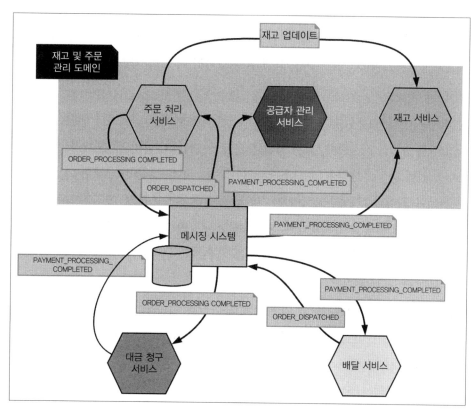

▲ 그림 2-4 바운디드 컨텍스트 간 통신

컨텍스트 맵

바운디드 컨텍스트는 서비스 범위 안의 비즈니스 로직을 캡슐화하고 서비스 인터페이스를 정의하는 데 도움이 된다. 기업의 바운디드 컨텍스트 수가 많아질수록 바운디드 컨텍스트 간 연결 관계를 파악하는 것은 악몽이 되기 쉽다. 컨텍스트 맵은 바운디드 컨텍스트 간의 관계를 시각화하는 데 도움이 된다. 앞서 논의한 콘웨이의 법칙 때문에라도 컨텍스트 맵을 만들어야 한다. 콘웨이의 법칙에 따라 시스템을 디자인하는 조직은 조직의 의사 소통 구조를 그대로 모방한 구조로 디자인하게 된다. 다른 말로 하면, 서로 다른 팀들은 서로 다른 바운디드 컨텍스트에서 일하게 될 것이다. 팀 내부의 의사 소통은 잘 이뤄지지만, 팀 간의 의사 소통은 매우 어려울 수 있다. 팀 간의 의사 소통이 부족할 경우 해당 바운디드 컨텍스트에 대한 디자인 결정이 다른 그룹으로 적절하게 전파되지 않는다. 컨텍스트 맵을 사용하면 각 팀이 의존하는 바운디드 컨텍스트에서 발생하는 변경 사항을 추적하는 데 도움이 된다.

반 버논은 저서 『도메인 주도 디자인 구현』(에이콘, 2016)에서 컨텍스트 맵을 표현하는 여러 가지 방법을 제시한다. 쉬운 방법은 그림 2-5에서와 같이 두 개 이상의 기존 바운디드 컨텍스트 간 매핑을 표시하는 다이어그램을 만드는 것이다. 또한 그림 2-5의 각 바운디드 컨텍스트에는 상응하는 마이크로서비스가 존재한다는 점을 유념하자. 대응하는 바운디드 컨텍스트들 사이의 관계를 나타내기 위해 선의 각 끝에 두 개의 식별자(U 또는 D)가 있는 선으로 바운디드 컨텍스트를 서로 연결했다. U는 업스트림이고 D는 다운스트림이다.

주문 처리 바운디드 컨텍스트와 청구 바운디드 컨텍스트 간의 관계에서 주문 처리는 업스트림 컨텍스트이고, 청구는 다운스트림 컨텍스트다. 업스트림 컨텍스트는 다운스트림 컨텍스트에 대해 더 많은 제어권을 가진다. 즉, 업스트림 컨텍스트는 두 컨텍스트 간에 전달되는 도메인 모델을 정의한다. 다운스트림 컨텍스트는 업스트림 컨텍스트에서 발생하는 모든 변경 사항을 잘 알아야 한다. 그림 2-4는 이 두 가지 바운디드 컨텍스트 간에 전달되는 정확한 메시지를 보여준다. 직접적인 커플링은 없다. 주문 처리 바운디드 컨텍스트와 청구 바운디드 컨텍스트 사이의 통신은 이벤트를 통해 발생한다. 업스트림 바운디드 컨텍스트 또는 주문 처리 바운디드 컨텍스트는 이벤트의 구조를 정의하며, 해당 이벤트에 관심 있는 다운스트림 바운디드 컨텍스트는 이 구조를 준수해야 한다.

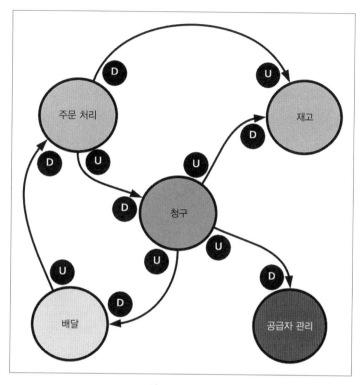

▲ 그림 2-5 컨텍스트 맵

빌링 바운디드 컨텍스트와 공급자 관리 바운디드 컨텍스트 간의 관계는 주문 처리 바운디드 컨텍스트와 청구 바운디드 컨텍스트 간의 관계와 동일하다. 공급자 관리가 다운스트림 컨텍스트라면 청구가 업스트림 컨텍스트가 된다. 이 두 바운디드 컨텍스트 사이의 통신은 그림 2-4와 같이 이벤트를 통해 발생한다. 주문 처리 바운디드 컨텍스트와 재고 바운디드 컨텍스트 사이의 통신 방식은 동기식이다. 재고는 업스트림 컨텍스트이고, 주문 처리는 다운스트림 컨텍스트다. 다시 말해, 주문 처리 바운디드 컨텍스트와 재고 바운디드 컨텍스트 사이의 통신에 대한 계약은 재고 바운디드 컨텍스트에 의해 정의된다. 그림 2-5에 나타난 모든 관계는 자명하므로 별도의 설명이 필요 없다.

주문 처리 및 재고 바운디드 컨텍스트로 좀 더 깊이 들어가보자. 바운디드 컨텍스트는 도메인 전문가와 개발자가 수행한 긴 작업의 결과로 정의된 자체적인 도메인 모델을 가진다. 동일한 도메인 객체가 서로 다른 바운디드 컨텍스트에 서로 다르게 정의되고 존재할 수 있다. 예를 들어 주문 처리 바운디드 컨텍스트의 주문 엔티티는 주문 ID, 고객 ID, 광고 항목, 배달 주소, 지불 옵션과 같은 속성을 가지는 반면, 재고 바운디드 컨텍스트의 주문 엔티티는 주문 ID와 광고 항목 같은 속성을 가진다. 주문 처리 인터페이스는 고객에 대한 모든 주문 내역을 유지 관리하기 위해 고객에 대한 참조, 배달 주소, 지불 옵션을 요구하지만, 재고에서는 그중 어느 것도 필요하지 않다. 각 바운디드 컨텍스트는 도메인 모델의 충돌을 피하기 위해 이러한 상황을 관리하는 방법을 알아야 한다. 다음 절에서는 여러 개의 바운디드 컨텍스트 사이의 관계를 유지하기 위해 따라야 할 몇 가지 패턴을 설명한다.

관계형 패턴

도메인 주도 디자인은 여러 개의 바운디드 컨텍스트 간 통신을 용이하게 하는 여러 패턴을 유도한다. 바운디드 컨텍스트와 잘 정렬된 마이크로서비스를 디자인하는 동안 도메인 주도 디자인과 동일한 패턴들을 적용할 수 있다. 바운디드 컨텍스트에 대한 이러한 관계형 패턴은 에릭 에반스의 『도메인 주도 설계』에서 처음 소개됐다.

손상 방지 계층

이전 절에서 논의한 시나리오를 다시 살펴보자. 여기서 주문 엔티티는 주문 처리 및 재고 바운디드 컨텍스트에서 각각 다른 두 가지 정의를 가진다. 이 두 개의 바운디드 컨텍스트 간 통신을 위해 재고 바운디드 컨텍스트가 계약을 정의한다(그림 2-5 참조). 주문 처리가 재고를 갱신할 때 자체 주문 엔티티를 재고 바운디드 컨텍스트가 이해할 수 있는 주문 엔티티로 변환한다. 이 문제를 해결하기 위해 손상 방지 계층Anti-Corruption Layer(ACL) 패턴을 사용한다. 손상 방지 계층 패턴은 변환 계층을 제공한다(그림 2-6 참조).

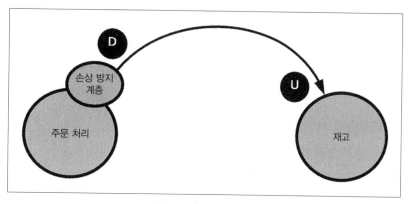

▲ 그림 2-6 손상 방지 계층 패턴

이 패턴이 엔터프라이즈급 마이크로서비스 배포에 어떻게 적용되는지 살펴보자. 마이크로서비스가 모놀리식 애플리케이션이 노출한 서비스를 호출해야 하는 시나리오를 상상해보자. 모놀리식 애플리케이션은 도메인 주도 디자인에 대한 고려 없이 디자인됐을 것이다. 마이크로서비스와 모놀리식 애플리케이션 간 통신을 원활하게 하는 가장 좋은 방법은 손상 방지 계층을 사용하는 것이다. 이렇게 하면 마이크로서비스 디자인을 훨씬 깨끗하게 유지할 수 있다(혹은 좀 더 손상이 적다).

손상 방지 계층을 구현하는 방법은 여러 가지다. 하나의 접근법은 마이크로서비스 자체에 변환 계층을 구축하는 것이다. 마이크로서비스를 구현하는 데 사용한 언어를 손상 방지 계층 구현에도 그대로 사용한다. 이 접근법에는 여러 단점이 있으며, 그중 하나는 마이크로서비스 개발 팀이 손상 방지 계층 구현에 대한 오너십을 가져야 한다는 것이다. 따라서 개발 팀이 모놀리식 애플리케이션 측면에서 일어나는 모든 변화를 고려해야 한다. 이 변환 계층을 다른 마이크로서비스로 구현하면 구현 및 소유권을 다른 팀에 위임할 수 있다. 그 팀은 변환만 이해하면 되며 다른 것은 필요치 않다. 이러한 접근을 일반적으로 사이드카 패턴이라고 한다.

그림 2-7에서 보듯이, 사이드카 패턴은 오토바이에 사이드카가 부착된 차량에서 유래했다. 원한다면 동일한 오토바이에 (색상이나 디자인이) 다른 사이드카를 오토바이와 사이드카 간의 인터페이스를 변경하지 않고도 부착할 수 있다. 마이크로서비스는 오토바이와 비슷하고 변환 계층은 사이드카와 닮았으므로, 동일한 내용이 마이크로서비스에도 유사하게 적용된다. 모놀리식 애플리케이션에 변경 사항이 발생할 경우 사이드카 구현을 그에 맞춰 변경하면 되고, 마이크로서비스는 변경할 필요가 없다.

▲ 그림 2-7 사이드카

마이크로서비스와 사이드카 간의 통신은 (로컬 프로세스 내부 호출이 아닌) 네트워크를 통하지만, 마이크로서비스와 사이드카가 같은 호스트에 함께 배치되므로 네트워크를 통해 라우트되지 않는다. 8장, '마이크로서비스의 배포 및 실행'에서는 여러 마이크로서비스 배포 패턴을 설명한다. 또한 사이드카 자체도 또 다른 마이크로서비스라는 점을 명심하자. 그림 2-8은 사이드카를 손상 방지 계층으로 사용하는 방법을 보여준다.

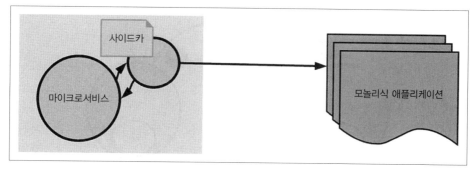

▲ 그림 2-8 손상 방지 계층 역할을 하는 사이드카

손상 방지 계층은 사이드카 패턴을 적용하는 한 방법이다. 또한 사이드카는 서비스 메시Service Mesh와 같은 다른 여러 사례에도 사용된다. 서비스 메시의 개념과 서비스 메시에서 사이드카 패턴이 적용되는 방법은 9장, '서비스 메시'에서 자세히 설명한다.

공유 커널

지금까지 바운디드 컨텍스트 간에 명확한 경계를 유지하는 것이 중요한 이유를 논의했지만, 도메인 모델을 공유해야 하는 경우도 있다. 공통점을 가지는 두 개 이상의 바운디드 컨텍스트가 존재하고 서로 다른 바운디드 컨텍스트에서 개별적으로 공통점에 대한 개체 모델을 유지 관리하는 데 필요한 오버헤드가 클 경우가 그렇다. 예를 들어, 각각의 바운디드 컨텍스트(또는 마이크로서비스)는 해당 컨텍스트의 오퍼레이션을 호출하는 사용자에게 권한을 부여해야 한다. 각 도메인은 자체적인 권한 정책을 적용할 수 있지만, 권한 관리 서비스를 동일한 도메인 모델로 서로 공유한다(권한 관리 서비스 자체가 하나의 마이크로서비스 혹은 구분된 바운디드 컨텍스트다). 이 경우에는 권한 서비스의 도메인 모델이 공유 커널shared kernel 역할을 한다. 공유 코드 종속성(아마도 라이브러리 형태로 래핑됨)이 있기 때문에 실제로 공유 커널 패턴이 작동하게 하려면 공유 커널을 사용하는 모든 팀이 서로 잘 협업해야 한다(그림 2-9 참조).

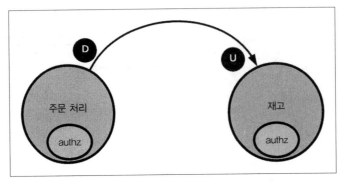

▲ 그림 2-9 공유 커널

순응자

이미 2장에서 업스트림 바운디드 컨텍스트와 다운스트림 바운디드 컨텍스트의 책임을 논의했다. 여기서 잠시 그 내용을 복기해보자. 업스트림 컨텍스트는 다운스트림 컨텍스트에 대해 더 많은 제어권을 가진다. 업스트림 컨텍스트는 두 컨텍스트 간에 전달되는 도메인 모델을 정의한다. 다운스트림 컨텍스트는 업스트림 컨텍스트에서 발생하는 모든 변경 사항을 잘 알고 있어야 한다. 순응자conformist 패턴은 다운스트림 컨텍스트(순응자)가 업스트림 컨텍스트에 의해 정의된 계약을 준수해야 한다고 명시한다.

순응자 패턴은 공유 커널과 유사하다. 두 패턴 모두 공유 도메인 모델이 있으며, 의사 결정과 개발 프로세스에 차이가 있다. 공유 커널은 협조가 잘 이뤄지는 두 팀 간의 협업에 따른 결과이며, 순응자 패턴은 협업에 관심이 없는 팀과의 통합을 다룬다. 통제가 불가능한 타사 서비스가 대상일 수도 있다. 예를 들어, 페이팔 API를 사용해 지불을 처리할 수 있다. 페이팔은 API를 사용자에게 맞게 변경해서 제공하지 않으며, 바운디드 컨텍스트가 이를 준수해야 한다. 이러한 통합된 도메인 모델이 보기 싫다면 손상 방지 계층을 도입해 통합이 한 곳에서만 발생하도록 격리할 수 있다.

고객/공급자

순응자 패턴은 자신과 업스트림 컨텍스트 간의 인터페이스가 어떻게 돼야 하는지와 연관해 다운스트림 컨텍스트 또는 서비스가 아무것도 반영할 수 없는 자체적인 단점을 가지고 있다. 업스트림/다운스트림 바운디드 컨텍스트를 작업하는 팀 간에는 협력이 없다. 고객^{customer}/공급자^{supplier} 패턴은 이 두 팀 간 원활한 의사 소통을 구축하고 협업을 통해 인터페이스를 구축 가능한 방법을 찾기 위해 한 걸음 전진한 접근이다. 공유 커널 패턴과 같은 전체적인 협업은 아니지만 고객/공급자 관계와 같은 것이다. 다운스트림 컨텍스트는 고객이고, 업스트림 컨텍스트는 공급자다.

고객은 공급자가 하는 일에 완전히 간섭하지는 못한다. 반면 공급자는 고객 피드백을 완전히 무시할 수 없다. 훌륭한 공급자는 항상 고객의 의견을 청취하고 긍정적인 정보를 추출하며 고객에게 피드백을 제공해 고객 요구를 해결하는 최상의 제품을 생산한다. 고객에게 쓸모없는 것은 생산할 필요가 없다. 이는 고객/공급자 패턴을 적용하는 업스트림/다운스트림 컨텍스트 간에 예상되는 공동 작업 수준이다. 이것은 다운스트림 컨텍스트가 두 컨텍스트 간 인터페이스 변경을 제안하고 요청하는 데 도움이 된다. 이 패턴을 따르면, 업스트림 컨텍스트가 더 많은 책임을 가진다. 특정 업스트림 컨텍스트가 항상 하나의 다운스트림 컨텍스트만 처리하지는 않는다. 한 다운스트림 컨텍스트의 제안이 업스트림 컨텍스트와 다른 다운스트림 컨텍스트 간 계약을 위반하지 않도록 주의해야 한다.

파트너십

서로 다른 바운디드 컨텍스트하에서 마이크로서비스를 구축하는 팀이 두 개 이상 있고 전체적으로 동일한 목표를 향해 움직이면서 이들 간에 주목할 만한 상호 의존성이 존재하는 경우, 파트너십 패턴은 협업을 구축하는 이상적인 방법이다. 팀은 기술 인터페이스, 출시 일정, 공통 관심사에 대한 의사 결정을 위해 협력할 수 있다. 파트너십 패턴은 공유 커널 패턴을 사용하는 모든 팀에도 적용할 수 있다. 공유 커널 구축에 요구되는 공동 작업은 파트너 관계를 통해 이뤄질 수 있다. 또한 파트너십 패턴의 출력 결과가 항상 공유 커널일 필요는 없다는 점을 명심하자. 공유할 구체적인 내용이 없는 상호 의존적인 서비스일 수 있다.

공표된 언어

공표된 언어published language 패턴을 따르는 마이크로서비스나 바운디드 컨텍스트는 서로 의사 소통하기 위해 공표된 언어에 서로 동의해야 한다. 여기서 공표된다는 것은 그 언어를 사용하고자 할 경우 곧바로 쉽게 이용할 수 있다는 의미다. 이것은 마이크로서비스의 도메인에 해당하는 XML, JSON 또는 기타 언어일 수 있다. 여기서 도메인은 핵심 도메인을 의미한다. 예를 들어 금융, e-비즈니스와 기타 여러 도메인에서 사용되는 도메인별 언어가 있다.

공표된 언어 패턴은 필요한 도메인 정보를 표현하기 위한 공통된 의사소통 수단으로서 잘 문서화된 공유 언어 사용의 중요성을 강조한다. 그림 2-10은 공표된 언어 안팎에서 컨텍스트 전용 언어로 어떻게 변환되는지를 보여준다. 주문 처리 마이크로서비스 쪽에는 자바 객체 모델에서 JSON 문서를 만들 수 있는 자바 → JSON 파서가 있다. 재고 마이크로서비스 쪽에서는 JSON 문서에서 C# 개체 모델을 작성하기 위해 JSON → C# 파서를 사용한다.

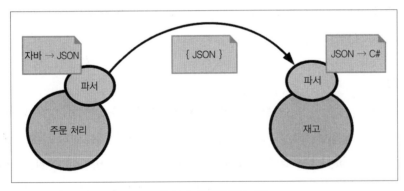

▲ 그림 2-10 공표된 언어 패턴

개방형 호스트 서비스

손상 방지 계층 패턴에서 업스트림 마이크로서비스와 다운스트림 마이크로서비스(또는 바운디드 컨텍스트) 간에 변환 계층이 존재한다. 여러 개의 다운스트림 서비스가 있다면 그림 2-11과 같이 각 다운스트림 서비스별로 변환을 처리해야 한다. 배달 및 공급자 관리 마이크로서비스는 청구 업스트림 마이크로서비스에서 가져온 객체 모델을 각각의 도메인 모델로 변환해야 한다(그림 2-11 참조). 이러한 다운스트림 마이크로서비스 각각이 자체 도메인 모델을 가지고 있다면 문제가 없으며, 양쪽에서 일어나는 변환은 피할 수 없다. 그러나 동일한 변환을 수행하는 여러 개의 다운스트림 마이크로서비스가 존재한다면 노력이 중복된다. 개방형 호스트 서비스open host service 패턴은 이를 극복하기 위한 접근 방식을 제시한다.

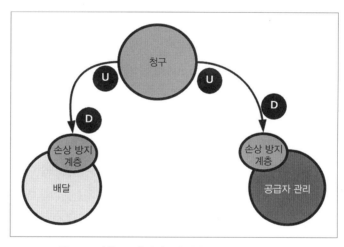

▲ 그림 2-11 다운스트림 서비스가 여러 개인 경우 손상 방지 패턴

개방형 호스트 서비스 패턴을 구현하는 한 가지 방법은 API를 통해 업스트림 마이크로서비스 기능을 노출한 후, API가 변환을 수행하는 것이다. 이제 동일한 도메인 모델을 공유하는 모든 다운스트림 마이크로서비스가 업스트림 마이크로서비스가 아닌 API와 통신하고 순응자 또는 고객/공급자 패턴을 따를 수 있다.

그림 2-12는 API를 사용한 개방형 호스트 서비스 패턴의 구현을 보여준다. API 게이트웨이의 역할은 10장, 'API, 이벤트, 스트림'에서 마이크로서비스 아키텍처를 다룰 때 설명한다.

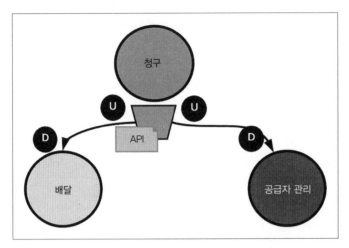

▲ 그림 2-12 개방형 호스트 서비스 패턴

서로 다른 길

앞서 디자인한 전자상거래 애플리케이션에 대한 마이크로서비스 디자인을 다시 살펴보자. 고객 마이크로서비스와 주문 처리 마이크로서비스가 존재한다(그림 2-2 참조). 고객 마이크로서비스와 통신하고 사용자 프로필을 표시하는 고객 포털을 생각해보자. 최종 사용자가 프로필 데이터와 주문 내역을 함께 보는 것이 유용할 수 있다. 그러나 고객 마이크로서비스는 해당 고객의 주문 내역에 직접 접근할 수 없다. 그것은 주문 처리 마이크로서비스의 통제하에 있다. 이를 용이하게 하는 한 가지 방법은 주문 처리 마이크로서비스를 고객 마이크로서비스와 통합하고 고객 마이크로서비스의 도메인 모델을 변경해 프로필 데이터와 주문 내역을 비용이 큰 통합 데이터로 반환하는 것이다.

통합은 항상 비용이 많이 들고 때로는 이점이 적다. 서로 다른 길 패턴은 그러한 값비싼 통합을 피하는 방법을 제안하고 이러한 요청을 처리하는 다른 방법을 모색한다. 예를 들어 이러한 특정 시나리오에서 주문 처리 마이크로서비스와 고객 마이크로서비스 간 통합을 피하고, 프로필 데이터를 통해 주문 내역을 조회할 수 있는 주문 고객 기록 포털의 링크를 제공해 주문 처리 마이크로서비스와 직접 통신하도록 할 수 있다 (그림 2-13 참조).

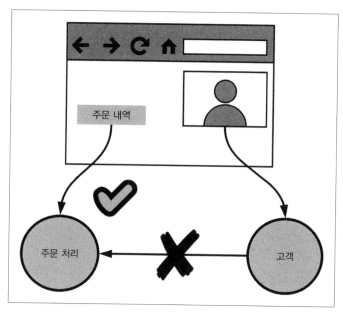

▲ 그림 2-13 서로 다른 길 패턴

진흙투성이 큰 공

새로 시작하는 그린 필드green-field 프로젝트가 아닌 프로젝트에서 일한 경험이 훨씬 많을 것이다. 다른 시스템과 표준 방식으로 통합하기가 매우 힘든 일종의 레거시 시스템은 항상 존재한다. 이러한 시스템에는 명확한 경계와 깨끗한 도메인 모델이 없다. 진흙투성이 큰 공big ball of mud 패턴은 그러한 시스템을 식별하고 특수한 상황에서 그것들을 처리할 필요성을 강조한다. 이러한 컨텍스트에 정교한 모델링을 적용해서는 안 되며, API 또는 일종의 서비스 인터페이스를 통해 통합하고 다운스트림 서비스 쪽에서 손상 방지 패턴을 적용할 방법을 찾아야 한다.

디자인 원리

도메인 주도 디자인은 바운디드 컨텍스트와 함께 마이크로서비스 범위를 좁히는 데 도움이 된다. 모든 마이크로서비스 디자인의 핵심은 상용화 시간, 확장성, 복잡성의 전파 방지, 탄력성이다. 다음 디자인 원칙을 준수하면 마이크로서비스가 이러한 디자인 목표를 달성하는 데 도움이 된다.

높은 응집도와 느슨한 결합

응집도는 주어진 시스템이 얼마나 자립적인지를 나타내는 척도다. 게리 맥린 홀^{Gary} McLean Hall은 자신의 저서인 『Adaptive Code』에서 메서드의 변수, 클래스의 메소드, 모듈의 클래스, 솔루션의 모듈, 서브시스템의 솔루션, 시스템의 서브시스템 간 컨텍스트상 관계^{contextual relationship}의 척도로 응집도를 제시한다. 이 프랙탈 관계^{fractal relationship}는 모든 범위에서 응집도 부족이 문제가 되기 때문에 중요하다. 응집도는 컨텍스트상 관계의 강도에 기반해 낮거나 높을 수 있다. 마이크로서비스 아키텍처에서 두 개 이상의 무관한 문제를 해결하기 위해 하나의 마이크로서비스가 존재하거나, 즉 약한 컨텍스트상 관계가 있는 문제가 두 개 이상인 경우에는 응집도가 낮은 시스템이 된다. 응집도가 낮은 시스템은 본질적으로 부서지기 쉽다. 하나의 마이크로서비스에서 서로 관련이 없는 많은 요구 사항을 처리할 때 구현을 더 자주 변경해야 할 가능성이 높다.

두 가지 요구 사항이 있을 때 서로 강한 컨텍스트상 관계를 가지고 있다는 것을 어떻게 알 수 있을까? 이것이 이전의 '도메인 주도 디자인' 절에서 연습했던 내용의 전체적인 포인트다. 요구 사항들이 동일한 바운디드 컨텍스트에 속하면, 그 요구 사항들이 강한 컨텍스트상 관계를 가진다고 볼 수 있다. 마이크로서비스의 서비스 경계가 해당 도메인의 바운디드 컨텍스트에 정렬되면 고도로 응집된 마이크로서비스가 생성된다.

노트　응집도가 높고 느슨하게 결합된 시스템은 자연스럽게 단일 책임 원칙을 따른다. 단일 책임 원칙은 구성 요소나 시스템을 변경해야 할 이유를 하나만 가져야 한다고 말한다.

응집도와 결합도는 시스템 디자인의 두 가지 관련 속성이다. 응집도가 높은 시스템은 자연스레 느슨하게 결합된다. 결합도는 서로 다른 시스템, 이 경우에는 마이크로서비스 간 상호 의존성을 측정한 것이다. 마이크로서비스 간에 상호 의존성이 높으면 결합도가 높은 시스템이 되지만, 상호 의존성이 낮으면 느슨하게 결합된 시스템이 된다. 결합도가 높은 시스템은 부서지기 쉬운 시스템 아키텍처를 구축한다. 한 시스템에서 수행된 변경이 모든 관련 시스템에 영향을 미친다. 한 시스템이 다운되면 관련된 모든 시스템이 제대로 작동하지 않는다. 높은 응집도를 지닌 시스템은 모든 관련된 또는 상호 의존적인 기능들을 하나의 시스템(또는 하나의 바운디드 컨텍스트로 그룹화)으로 묶는다. 따라서 다른 시스템에 크게 의존할 필요가 없다.

마이크로서비스 아키텍처는 정의상 응집도가 높고 결합도가 낮아야 한다.

복원력

복원력은 시스템 또는 개별 구성 요소가 장애 발생 시 신속하게 복구할 수 있는 용량을 측정한다. 즉, 전체 시스템이 실패하지 않는 방식으로 장애를 처리할 수 있는 시스템의 속성이다. 마이크로서비스 아키텍처는 자연스럽게 분산 시스템이다. 분산 시스템은 공유 메모리가 없는 네트워크를 통해 연결된 컴퓨터(또는 노드) 모음으로, 사용자에게는 단일하고 일관된 시스템으로 보인다. 분산 시스템에서는 오류가 결코 특별하지 않다. 지금도 앞으로도 영원히 네트워크는 항상 안정적일 수 없다. 수중 광섬유 케이블이 잠수함에 의해 손상될 수 있고, 과열로 인해 라우터가 고장 날 수 있으며, 로드 밸런서가 오작동하기 시작할 수 있고, 컴퓨터 메모리가 부족할 수 있으며, 정전으로 데이터베이스 서버가 다운될 수 있고, 지진으로 전체 데이터 센터가 다운될 수 있으며, 온갖 다른 이유로도 분산 시스템에서의 통신이 실패할 수 있다.

노트 1994년 선(Sun)의 피터 도이치(Peter Deutsch)는 분산 시스템의 아키텍트와 설계자에게 장기적으로는 잘못된 것으로 입증돼 여러 가지 문제와 고통을 안겨줄 일곱 가지 가정을 제시했다. 1997년 제임스 고슬링(James Gosling)은 여기에 또 다른 오류를 추가했다. 이 가정들의 모음은 '분산 컴퓨팅의 여덟 가지 오류'로 알려져 있으며 다음과 같다. 1. 네트워크는 안정적이다. 2. 지연 시간은 0이다. 3. 대역폭은 무한하다. 4. 네트워크에는 보안성이 있다. 5. 토폴로지는 변경되지 않는다. 6. 관리자는 한 명이다. 7. 전송 비용은 0이다. 8. 네트워크는 동질적이다.[2]

실패는 피할 수 없다. 아리엘 세이틀린Ariel Tseitlin은 ACM 논문 '견고한 조직Anti-Fragile Organization'[3]에서 넷플릭스를 예로 들면서 복원력을 향상시키고 가용성을 극대화하는 실패들을 이야기한다. 아리엘이 시스템의 복원력을 높이기 위해 위 논문에서 강조한 한 가지 방법은 정기적으로 실패를 유도해 불확실성을 줄이는 것이다. 넷플릭스는 정기적으로 오류를 유발한다는 아이디어를 받아들여 오류를 일으키는 프로그램(넷플릭스 시미안 아미Netflix Simian Army)을 작성해 프로덕션 환경에서 매일 실행시키는 공격적인 접근 방식을 적용했다. 구글 역시 서버 오류를 흉내 내기 위해 간단한 테스트 수준을 넘어서 연례 재해 복구 시험Disaster Recovery Test(DiRT) 훈련의 일환으로 지진과 같은 대규모 재해 상황을 시뮬레이션했다.

노트 넷플릭스는 부서지지 않는 시스템과 조직을 구축하기 위해 세 가지 중요한 단계를 밟았다. 첫 번째 단계는 모든 엔지니어를 해당 서비스의 운영자로 취급하는 것이다. 두 번째 단계는 각 실패를 학습 기회로 간주하는 것이고, 세 번째 단계는 비난이 없는 문화를 육성하는 것이다.

---

2   http://www.rgoarchitects.com/Files/fallacies.pdf

3   https://queue.acm.org/detail.cfm?id=2499552

분산 시스템에서 공격 실패에 대응하는 가장 일반적인 방법은 중복성redundancy을 사용하는 것이다. 분산 시스템의 각 구성 요소가 중복된 대응 부분을 갖게 하고, 하나의 구성 요소가 실패하면 해당 구성 요소가 인계한다. 항상 시스템의 모든 구성 요소가 중단 시간 없이 장애로부터 복구될 수 있다. 중복성을 제외하고도 복구 지향 개발recovery-oriented development에 중점을 두는 개발 마인드를 가지고 있으면 좀 더 복원력 있는 소프트웨어를 구축하는 데 도움이 된다. 이어지는 내용은 복원력 있는 소프트웨어를 만들기 위해 마이클 나이가드Michael T. Nygard가 자신의 저서 『Release It』(위키북스, 2007)에서 처음 소개한 일련의 패턴을 나열한 것이다. 오늘날, 이러한 패턴은 마이크로서비스 개발의 일부분으로 자리매김했다. 많은 마이크로서비스 프레임워크는 이러한 패턴을 구현하기 위한 최우선순위 지원을 제공한다. 지금부터 복원력 있는 통신 패턴을 자세히 설명하고 7장에서 마이크로서비스 통합을 논의할 때 다시 살펴본다. 7장에서는 그것들이 대부분의 일반적인 마이크로서비스 개발 프레임워크에서 실제로 어떻게 사용되는지 논의한다.

타임아웃

오늘날 우리가 구축하는 거의 모든 애플리케이션은 네트워크를 통한 원격 호출을 수행한다. 원격 호출은 웹 서비스 엔드포인트에 대한 HTTP 요청, JDBC를 통한 데이터베이스 호출, 또는 LDAP 서버에 대한 인증 요청이 될 수 있다. 네트워크상의 모든 것은 오류가 발생할 수 있다. 따라서 원격 엔드포인트로부터 응답을 기대하면서 무한정 기다리면 안 된다. 예를 들어 데이터베이스 연결에서 응답을 확인할 때까지 무한정 대기한다면, 대기 시간 동안 하나의 연결을 데이터베이스 커넥션 풀connection pool에 반환하지 못하고 연결을 계속 점유한다. 그리고 그런 일이 몇 번 더 발생하면 애플리케이션의 전반적인 성능이 저하되기 시작한다.

타임아웃은 응답을 기다리는 데 얼마나 시간을 허용할지 결정한다. 마이크로서비스에서 수행하는 모든 원격 호출에 대해 타임아웃이 설정돼야 한다. 매우 긴 타임아웃이나 매우 짧은 타임아웃은 모두 아무런 도움이 되지 않는다. 가장 잘 맞는 것을 알아내는 것은 좋은 훈련이 될 것이다. 모든 타임아웃에 대해 로그를 남기고 있는지 확인하자. 그러면 향후 타임아웃 값을 조정하는 데 도움이 된다.

이것이 실제로는 어떻게 발생하는지 살펴보자. 고객 포털에서 이전 주문 패턴을 기반으로 로그인한 사용자에 대한 제안을 불러오려면 고객 추천 마이크로서비스를 호출해야 한다. 고객 추천 서비스는 내부적으로 데이터베이스와 통신해 제안 사항을 로드해야 한다. 데이터베이스 연결 시간이 초과되면 무엇을 반환해야 할까? 복구 지향 개발 마인드로 마이크로서비스를 구축한다면, 오류를 반환해서는 안 되며 고객 포털에서 아무것도 깨뜨리지 않는 기본적으로 추측 가능한 것들을 반환해야 한다. 비즈니스 관점에서는 이것이 효과적이지 않을 수 있지만, 최종 사용자의 사용자 경험 관점에서 볼 때는 좋은 패턴이다.

회로 차단기

회로 차단기는 전기의 흐름을 제어해 가전 제품을 보호한다(그림 2-14 참조). 전기 흐름이 특정 임계값보다 높으면, 회로 차단기가 흐름을 중단하고 그 뒤의 기기를 손상으로부터 보호한다. 회로 차단기 패턴은 소프트웨어 세계에 동일한 개념을 제공한다. 어떤 마이크로서비스에서 하나의 엔드포인트만 계속 타임아웃이 발생한다면, 적어도 약간의 시간 동안은 계속 시도할 필요가 없다. 회로 차단기 패턴은 이러한 작업을 시스템이 정상이 아닌 경우 호출을 회피할 수 있는 구성 요소로 래핑하는 방법을 제시한다. 이 구성 요소는 오류에 대한 일부 임계값을 유지하고 충족되면 회로를 중단한다. 래핑된 작업은 더 이상 호출되지 않는다. 또한 설정된 시간 간격을 기다렸다가 회로를 연결해 동작이 오류를 반환하는지 확인하고, 오류가 반환되지 않는 경우에는 회로가 모든 후속 동작을 위해 연결을 유지한다.

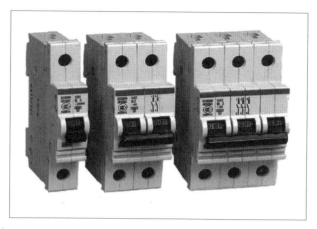

▲ 그림 2-14 주로 가정에서 사용되는 소형 회로 차단기(MCB, Miniature Circuit Breaker)

격벽

격벽^{bulkhead}은 배와 보트에서 주로 방수 구획을 만들기 위해 사용되며, 격벽 덕분에 한 구획이 물에 잠기더라도 사람들은 안전을 위해 다른 구획으로 이동할 수 있다. 격실이 서로 격리돼 있기 때문에 한 격실의 손상으로 배가 완전히 침몰하지는 않는다.

격벽 패턴은 이와 동일한 개념을 차용한다. 이 패턴은 아웃바운드 연결을 위한 커넥션 풀 역할을 하는 스레드 풀 등과 같은 리소스를 어떻게 할당할지를 강조한다. 모든 아웃바운드 엔드포인트에 대해 하나의 단일 스레드 풀이 있는 경우, 하나의 엔드포인트에서 응답이 느리게 발생하면 해당 스레드를 풀에 반환하는 데 더 많은 시간이 소요된다. 이 현상이 일관성 있게 반복되면, 느린 엔드포인트에서 더 많은 스레드가 대기 중이므로 다른 엔드포인트로 전달되는 요청에도 영향을 미치게 된다. 격벽 패턴을 따른다면 엔드포인트마다 하나의 스레드 풀을 가질 수 있으며, 또는 논리적으로 이들을 그룹화할 수 있다. 이렇게 하면, 하나의 잘못된 엔드포인트에서 다른 멀쩡한 엔드포인트로 문제점이 전파되는 것을 방지할 수 있다. 격벽 패턴은 나쁜 일이 발생할 때 부분적 기능을 보존할 수 있도록 용량을 분할한다.

정상 상태

정상 상태steady state 패턴은 자주 간섭받지 않고 오랜 시간 동안 시스템을 안정된 상태로 실행할 수 있도록 디자인해야 할 필요성을 강조한다. 데브옵스DevOps 팀이 시스템에 손댈 때마다 경험이 있더라도 새로운 오류가 발생할 가능성이 커진다. 2017년 3월, 아마존 웹 서비스Amazon Web Services(AWS)에 대규모 정전 사고가 발생했다. S3 시스템의 4시간 정전으로 인해 미국 전역에서 서비스 장애를 겪었으며, 속도가 느려졌고 불러오기 실패 오류가 발생했다. 아마존은 나중에 사소한 인적 오류가 문제의 원인이었다고 발표했다.[4] 권한이 있는 S3 팀 멤버가 기존에 확립된 플레이북을 사용해 S3 청구 프로세스에서 사용되는 한 서브시스템을 위한 몇 대의 서버를 제거하는 것이 원래의 의도였다. 불행하게도 명령 입력 중 하나가 잘못 입력된 탓에 의도했던 것보다 더 많은 서버 세트가 제거됐다.

시스템의 디자인은 가능한 한 사람의 작용을 줄이는 방식으로 디자인돼야 하며, 개발에서 배포까지 모든 것이 자동화돼야 한다. 여기에는 프로덕션 서버에 누적된 리소스에 대한 정리가 포함된다. 가장 좋은 예는 로그다. 누적된 로그 파일은 파일시스템을 쉽게 채울 수 있다. 2장의 뒷부분에서 마이크로서비스를 배포할 때 효과적으로 로그를 관리하는 방법을 설명한다.

또한 시간이 지남에 따라 데이터베이스가 크게 증가하도록 하는 임시 상태와 시간 제한 토큰을 데이터베이스에 저장했다. 이러한 토큰과 임시 상태는 더 이상 유효하지 않지만, 여전히 데이터베이스 공간을 사용하고 시스템 속도를 저하시킨다. 시스템 디자인 과정에서 자동 프로세스를 통해 주기적으로 이러한 데이터를 정리하는 수단을 추가해야 한다.

---

4 https://aws.amazon.com/message/41926/

인메모리 캐싱은 검토해야 할 또 다른 영역이다. 메모리는 실행 중인 시스템에서 제한적이고 귀중한 리소스다. 인메모리 캐시를 무한히 증가시키면, 시스템 성능이 저하되고 궁극적으로는 시스템의 메모리가 부족해질 수 있다. 캐시에 대한 최대 제한(캐시의 구성 요소 수 측면에서)을 권장하고, 최근에 사용된 적이 없는 것을 제거하는(LRU Least Recently Used) 전략을 사용해 정리하는 것이 좋다. LRU 전략을 사용하면, 캐시가 상한선에 도달할 경우 사용량이 가장 적은 요소를 제거해 새로운 요소를 위한 공간을 확보한다. 정기적인 플러시flush는 캐시를 정리하는 또 다른 전략이다.

정상 상태 패턴은 리소스를 축적하는 모든 메커니즘에 대해 다른 몇몇 메커니즘들이 해당 리소스를 반드시 재활용해야 한다고 말한다.

빠른 실패

빠른 실패fail fast 패턴은 요청이 실패하거나 거부될 상황에서 가능한 한 실행 흐름 초기에 결정을 내릴 필요성을 강조한다. 예를 들어 로드 밸런서가 주어진 노드가 다운됐다는 것을 이미 알고 있는 경우, 그 노드에 요청을 보내서 동작하는지 동작하지 않는지를 확인하는 것은 아무런 이득이 없다. 오히려 해당 노드는 유효한 하트비트heartbeat가 들릴 때까지 결함 노드로 표시될 수 있을 것이다. 회로 차단기 패턴은 빠른 실패 전략을 구현하는 데도 사용될 수 있다. 회로 차단기 패턴을 사용하면 오류가 발생한 엔드포인트를 격리할 수 있으며, 회로 차단기가 다시 검사할 시간까지 이러한 엔드포인트로 나가는 요청은 재시도되지 않고 거부될 수 있다.

추락시키자

의사가 심각한 부상으로 생명이 위태로운 환자를 살리기 위해 다리를 자르기로 결정하는 경우가 종종 있다. 이렇게 하면 다리에서 신체의 다른 부위로 심각한 손상이 전파되는 것을 방지할 수 있다. 얼랭Erlang 5 세계에서는 이것을 '추락시키자let it crash' 철학

---

5   https://www.erlang.org/

이라고 한다. 때때로 전체 시스템의 안정성을 보존하기 위해 서브시스템을 포기하는 것이 유용할 수 있다. 추락시키자 접근법은 실패로 인해 복구가 어렵고 불안정할 경우에 깨끗한 시작 상태로 빨리 돌아가는 것을 제안한다. 이것은 마이크로서비스 배포에서 매우 일반적인 전략이다. 특정 마이크로서비스는 전체 시스템의 제한된 범위를 처리하며, 이 서비스를 제거하고 다시 부팅하면 시스템에 최소한의 영향을 미친다. 이는 컨테이너가 있는 호스트당 하나의 마이크로서비스 전략에 의해 잘 지원된다. 이 전략을 성공으로 이끄는 과정에서 핵심은 빠르면 몇 밀리초 정도로 서버 시작 시간을 빠르게 하는 것이다.

핸드셰이킹

핸드셰이킹handshaking은 대개 두 당사자 간의 요구 사항을 공유해 통신 채널을 확립하는 데 사용된다. 이것은 일반적으로 TCP 3방향 핸드셰이크three-way handshake로 알려진 TCPTransmision Control Protocol 연결을 설정하기 전에 발생한다. 또한 TLS(전송 계층 보안) 연결을 설정하기 전에도 핸드셰이크handshake가 발생한다. 이들은 컴퓨터 과학에서 가장 인기 있는 핸드셰이킹 프로토콜이다. 핸드셰이킹 패턴은 서버에서 핸드셰이크로 자체 워크로드를 조절해 서버를 보호하기 위한 방법을 제안한다. 마이크로서비스가 로드 밸런서 뒤에 있으면, 이 핸드셰이킹 기술을 사용해 더 많은 요청을 수락할 준비가 됐는지 여부를 로드밸런서에 알릴 수 있다. 마이크로서비스를 호스팅하는 각 서버는 경량 헬스 체크 엔드포인트를 제공할 수 있다. 로드 밸런서는 주기적으로 이 엔드포인트에 핑ping해서 해당 마이크로서비스가 요청을 수락할 준비가 됐는지 여부를 확인할 수 있다.

테스트 하네스

분산 시스템의 모든 실패는 개발 테스트 또는 품질 보증Quality Assurance(QA) 테스트에서 잡기가 어렵다. 통합 테스트는 아마도 더 나은 옵션처럼 보일지 모르지만 그 자체의 한계가 있다. 대부분의 경우에는 해당 서비스 엔드포인트에서 제공하는 사양에 따라 통합 테스트를 만든다. 통합 테스트는 대부분 성공 사례를 커버하며, 심지어 실패 사례에서도 정확히 예상할 수 있는 것들을 정의한다(예: 오류 코드). 모든 시스템이 항상 사양에 따라 작동하는 것은 아니다. 테스트 하네스test harness 패턴은 통합 테스트를 위해 서비스 사양 외부조차도 포함해서 대부분의 장애 모드를 테스트할 수 있는 접근 방식을 제시한다.

테스트 하네스는 마이크로서비스에서 연결해야 하는 각각의 원격 엔드포인트를 반영하는 또 다른 원격 엔드포인트다. 테스트 하네스와 서비스 엔드포인트를 비교해보면, 테스트 하네스는 실패를 테스트하기 위한 것이며 애플리케이션 로직을 걱정할 필요가 없다는 점에서 차이가 있다. 테스트 하네스는 OSIOpen Systems Interconnection 모델의 7계층을 모두 망라하는 모든 종류의 오류를 생성할 수 있도록 작성돼야 한다. 예를 들어, 테스트 하네스는 정상적인 상황에서 서비스 엔드포인트에서 예상하지 못한 연결 거부 응답, 잘못된 TCP 패킷, 느린 응답, 잘못된 콘텐츠 형식(JSON 대신 XML)과 기타 많은 오류를 보낼 수 있다.

부하 내려놓기

TCP의 작동 방식을 살펴보면 포트별로 수신 대기열을 제공한다. 연결이 지정된 포트에 대해 초과되면 모든 연결이 대기열에 들어간다. 각 풀에는 최대 한도가 있으며, 한도에 도달하면 더 이상 연결이 허용되지 않는다. 대기열이 가득 차면 ICMP 재설정(RST, reset) 패킷으로 연결을 설정하려는 새로운 시도가 거부된다. 이것이 TCP가 TCP 계층에서 부하를 내려놓는 방법이다. TCP 계층의 최상위에서 실행되는 애플리케이션은 TCP 커넥션 풀에서 요청을 가져온다. 실제로 TCP 커넥션 풀이 최댓값에 도달하기 전에 대부분 애플리케이션의 연결이 고갈된다. 부하 내려놓기shed load 패턴은 애플리케이션과 서비스가 TCP가 모델링된 후 모델링돼야 함을 나타낸다. 애플리케이션은 지정된 서비스 수준 계약Service Level Agreement(SLA)에 뒤처지면서 실행 중이라는 사실을 알 때 부하를 내려놓아야 한다. 일반적으로 애플리케이션이 고갈되고 실행 중인 스레드가 특정 리소스에서 차단되면 응답 시간이 저하되기 시작한다. 이러한 지표들은 특정 서비스가 SLA에 뒤처져 실행 중인지 여부를 알려준다. 그런 경우, 이 패턴은 부하를 내려놓도록 하거나 로드 밸런서에게 서비스가 더 많은 요청을 수용할 준비가 되지 않았다는 것을 알린다. 부하 내려놓기 패턴은 핸드셰이킹 패턴과 결합해 더 나은 솔루션을 구축할 수 있다.

관찰 가능성

데이터를 수집하는 것은 저렴하지만 데이터가 필요할 때는 비용이 많이 들 수 있다. 2016년 3월 아마존이 20분 동안 시스템 장애로 인해 중단됐으며, 그로 인한 예상 손실은 375만 달러였다. 2017년 1월에는 델타 항공에 시스템 장애가 발생해 170편 이상의 항공편이 취소되고 약 850만 달러의 손실이 발생했다. 이 두 가지 경우 모두 적절한 수준의 데이터를 수집했었다면, 근본 원인을 확인함으로써 장애 발생 즉시 행동을 예측하거나 복구할 수 있었을 것이다. 정보가 많을수록 더 나은 결정을 내릴 수 있다.

관찰 가능성observability은 시스템의 내부 상태를 외부 출력에 대한 지식으로 추측하는 척도다.[6] 내가 아는 한 회사는 정문에서 ID 카드를 스와이프할 때 내부와 외부의 시간 차를 계산해 직원의 근무 시간을 모니터링했다. 이 전략은 모든 직원이 그것에 협력하거나 그들을 관찰 가능할 때만 효과적이다. 매주 마지막 근무일에 인적 리소스 Human Resource(HR) 부서는 날짜별로 실제 근무 시간을 정리해서 각 직원에게 보냈는데, 대부분의 경우 수치가 완전히 잘못돼 있었다. 그 이유는 무엇일까? 대부분의 사람들은 점심을 먹거나 차를 마시기 위해 단체로 나갈 것이고, 들어올 때는 오직 한 사람만 문을 열기 위해 카드를 스와이프할 수 있기 때문이다. 직원들이 협력하지 않거나 그들의 행동을 관찰할 수 없기 때문에 모니터링을 실시하고 있지만 예상된 결과를 산출하지 못했다.

---

6   https://en.wikipedia.org/wiki/Observability

내가 아는 또 다른 회사는 직원의 출퇴근 시간, 회사에서 근무한 장소, 회사의 무선 네트워크에 연결된 시간, 무선 엔드포인트의 위치를 추적에 사용했다. 이 접근 방법 조차도 직원을 추적하는 것이 아니라 랩톱을 추적한다. 노트북을 책상 위에 놓고 탁 구대에서 하루를 보내거나 쇼핑을 한 후 노트북을 집으로 가져갈 수 있다. 이 두 가지 예 모두 중요한 한 가지 사실을 강조한다. 모니터링은 제대로 된 장소에 관측 가능한 시스템을 가진 경우에만 효과적이다.

관찰 가능성은 모든 마이크로서비스 디자인에 적용해야 하는 가장 중요한 측면 중 하 나다. 각 마이크로서비스의 처리량, 성공/실패한 요청의 수, CPU/메모리/기타 네트 워크 리소스의 활용률, 비즈니스 관련 메트릭을 추적해야 할 수도 있다. 13장, '관찰 가능성'에서 마이크로서비스의 관찰 가능성을 자세히 논의한다.

자동화

마이크로서비스 아키텍처를 적용하는 주요 이유 중 하나는 상용화 기간과 피드백 주 기가 짧다는 점이다. 자동화 없이는 이러한 목표를 달성할 수 없다. 좋은 마이크로서 비스 아키텍처는 데브옵스의 적시 발전과 자동화 관련 도구화^{tooling}가 아니었다면 종 이(또는 화이트보드)에서만 돋보였을 것이다. 적절한 시기에 나타나지 않는다면 좋은 아 이디어가 아니다. 마이크로서비스는 주류가 되기 시작했을 당시 도커^{Docker}, 앤서블 ^{Ansible}, 퍼펫^{Puppet}, 쉐프^{Chef}와 다른 많은 형태의 도구들에게서 모든 지원을 받을 수 있었으므로 좋은 아이디어였다.

자동화 관련 도구는 크게 두 가지 범주로 나눌 수 있다. 하나는 지속적인 통합^{Continuous Integration}(CI) 도구이고, 다른 하나는 지속적인 배포^{Continuous Deployment}(CD) 도구다. 지 속적인 통합을 통해 소프트웨어 개발 팀은 서로 발가락을 밟지 않고 공동으로 작업할 수 있다. 이들은 소스 코드 무결성을 유지하기 위해 빌드와 소스 코드 통합을 자동화 할 수 있다. 또한 데브옵스 도구와 통합돼 자동화된 코드 제공 파이프라인을 만든다. 최고의 분석 기관 중 하나인 포레스터^{Forrester}는 지속적인 통합 도구에 관한 최신 보고서[7]에서 지속적인 통합 도구 영역에서 아틀라시안 뱀부Atlassian Bamboo, AWS 코드빌드 AWS CodeBuild, 서클 CICircle CI, 클라우드비 젠킨스CloudBees Jenkins, 코드십Codeship, 깃랩 CIGitLab CI, IBM 어반코드 빌드IBM UrbanCode Build, 젯브레인즈 팀시티JetBrains TeamCity, 마이크로소프트 VSTS, 트래비스 CITravis CI를 가장 우수한 상위 10개의 도구로 선정 했다.

지속적인 배포 도구는 애플리케이션, 인프라, 미들웨어, 설치 지원 프로세스 및 종속 성을 수명 주기 전반의 변환 과정에 걸친 릴리스 패키지에 묶는다. 지속적인 배포와 릴리스 자동화에 관한 최신 포레스터 보고서[8]에서 아틀라시안, CA 테크놀로지, 쉐프 소프트웨어, 클라리브Clarive, 클라우드비, 일렉트릭 클라우드Electric Cloud, 플렉사곤 Flexagon, 휴렛팩커드 엔터프라이즈Hewlett Packard Enterprise(HPE), IBM, 마이크로 포커스 Micro Focus, 마이크로소프트, 퍼펫, 레드햇, VM웨어VMware, 세비아랩XebiaLabs 등이 주 요 15개 벤더로 꼽혔다.

12 팩터 앱

마이크로서비스 아키텍처가 디자인 원칙만을 기반으로 구축되지는 않는다. 일부는 그것을 문화라고 부른다. 마이크로서비스는 다른 많은 공동 작업의 결과다. 그렇다. 디자인이 핵심 요소이지만 개발자와 도메인 전문가 간의 공동 작업, 팀과 팀 구성원 간의 의사 소통, 지속적인 통합 및 배포를 비롯한 많은 문제를 신경 써야 한다. 12 팩 터 앱12-Factor App은 2012년 히로쿠Heroku에서 발간한 선언문[9]이다. 이 선언문은 확장 가능하고 관리 가능하며 이식 가능한 애플리케이션을 빌드하고 유지 관리하는 모범 사례 및 지침의 모음이다. 이러한 모범 사례는 히로쿠 클라우드 플랫폼에 배포된 애

---

7 http://bit.ly/2IBWhEz

8 http://bit.ly/2G2kq8P

9 https://12factor.net/

플리케이션에서 파생됐지만, 오늘날에는 성공적인 마이크로서비스 배포에 대한 요구 사항이 됐다. 다음에 논의된 12가지 요소는 매우 일반적이며 자연스럽기 때문에 알면서 혹은 모르면서도 이미 적용하고 있을 확률이 높다.

코드베이스

코드베이스 요소는 버전 관리 시스템에서 모든 소스 코드를 유지 관리하고 애플리케이션당 하나의 코드 저장소를 가지는 것이 중요함을 강조한다. 여기서 애플리케이션은 마이크로서비스일 수 있다. 마이크로서비스마다 하나의 저장소가 있으면 다른 마이크로서비스와 독립적으로 배포할 수 있다. 마이크로서비스는 동일 저장소에서 여러 환경(테스트, 스테이징, 프로덕션)에 배포해야 한다. 서비스별 저장소를 보유하면 개발 프로세스의 관리 측면에도 도움이 된다.

종속성

종속성 요소는 애플리케이션에서 명시적으로 종속성을 선언하고 격리해야 하며 암시적인 시스템 전체 종속성에 의존해서는 안 된다는 점을 말한다. 실제로 자바 기반의 마이크로서비스를 빌드하는 경우, 메이븐^{Maven}의 pom.xml 파일 또는 그레이들^{Gradle}의 build.gradle 파일을 사용해 모든 종속성을 선언해야 한다. 메이븐과 그레이들은 매우 유명한 두 가지 빌드 자동화 툴이지만, 최근 개발에서는 그레이들이 메이븐보다 우위를 차지하고 있으며 구글, 넷플릭스, 링크드인을 비롯한 다수의 상위 기업에서 사용되고 있다. 넷플릭스는 마이크로서비스 개발 프로세스에서 네뷸라^{Nebula}라는 이름의 빌드 자동화 도구[10]를 통해 그레이들을 사용한다. 사실, 네뷸라는 넷플릭스에서 개발한 그레이들 플러그인 세트다.

마이크로서비스의 의존성을 관리하는 것은 빌드 자동화 도구로 선언하는 것 이상의

---

10 http://nebula-plugins.github.io/

의미를 가진다. 오늘날 대부분의 마이크로서비스 배포는 컨테이너(예를 들면, 도커)에 의존한다. 도커와 컨테이너를 처음 사용하는 경우라도 이제는 걱정할 필요가 없다. 컨테이너는 8장에서 마이크로서비스 배포 패턴을 설명할 때 좀 더 자세히 다룰 예정이다. 도커를 사용하면 마이크로서비스 실행에 필요한 핵심 종속성뿐만 아니라 특정 버전의 다른 외부 종속성(예: MySQL 버전, 자바 버전 등)을 선언할 수 있다.

설정

설정^{configuration} 요소는 환경 특화된 설정을 코드에서 구성으로 분리해야 할 필요성을 강조한다. 예를 들어, LDAP 또는 데이터베이스 서버의 연결 URL에는 환경별 매개변수와 인증서가 포함된다. 이러한 설정은 코드에 포함시키면 안 된다. 또한 구성 파일을 사용하더라도 소스 저장소에 자격 증명을 절대 커밋하지 말자. 이것은 일부 개발자가 자주하는 실수다. 그들은 개인 깃허브 저장소를 사용하고 있으므로 접근 권한만 있다고 생각하는데, 결코 그렇지 않다. 비공개 깃허브 저장소에 자격 증명을 커밋하면 비공개이지만, 해당 자격 증명이 외부 서버에 일반 텍스트로 저장된다.

백엔드 서비스

백엔드 서비스는 정상적인 작동 중에 애플리케이션이 사용하는 모든 종류의 서비스다. 그것은 데이터베이스, 캐싱 구현, LDAP 서버, 메시지 브로커, 외부 서비스 엔드포인트, 또는 기타 외부 서비스일 수 있다(그림 2-15 참조). 백엔드 서비스 요소는 이러한 백엔드 서비스가 부착 가능한 리소스로 취급돼야 한다고 말한다. 즉, 마이크로서비스 구현에 플러그할 수 있어야 한다. 설정 파일을 편집하거나 환경 변수를 설정하는 것만으로 데이터베이스, LDAP 서버, 또는 외부 엔드포인트를 변경할 수 있어야 한다. 이 요소는 설정 요소와 매우 밀접하게 관련돼 있다.

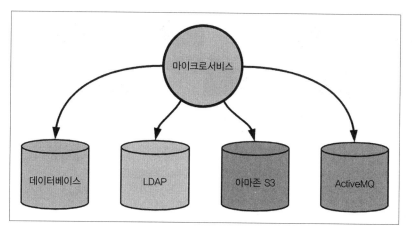

▲ 그림 2-15 백엔드 서비스

빌드, 릴리스, 실행

빌드, 릴리스, 실행은 다섯 번째 요소이며 애플리케이션의 빌드, 릴리스, 실행 단계를 명확히 구분하는 것의 중요성을 강조한다. 넷플릭스가 자사의 마이크로서비스를 구축하는 방법을 살펴보자.[11] 이 단계들 사이에는 명확한 구분이 있다(그림 2-16 참조). 네뷸라를 사용해 빌드하고 로컬 테스트하는 개발자로부터 단계가 시작된다. 네뷸라는 넷플릭스에서 개발한 빌드 자동화 도구다. 실제로 이것은 그레이들 플러그인 세트다. 그런 다음, 변경 사항은 해당 깃[Git] 저장소에 커밋된다. 그다음에는 젠킨스 작업이 네뷸라를 실행한다. 네뷸라는 배포를 위해 애플리케이션을 빌드, 테스트, 패키징한다. 이 솔루션은 젠킨스를 처음 접하는 사람들을 위한 지속적인 통합 및 배포를 용이하게 하는 선도적인 오픈소스 자동화 서버다. 빌드가 준비되면 AMI[Amazon Machine Image]가 제작된다.

---

11 http://bit.ly/2tX3D1S

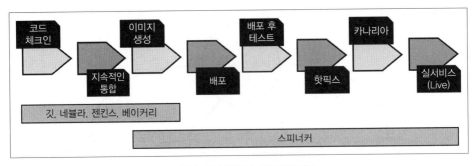

▲ 그림 2-16 넷플릭스 빌드 프로세스

스피너커Spinnaker는 넷플릭스의 릴리스 프로세스에서 사용되는 또 다른 도구다. 사실 넷플릭스가 개발한 스피너커는 변경 사항을 신속하고 안정적으로 릴리스하기 위한 지속적인 배포 플랫폼이며, 이후에 오픈소스로 공개됐다. AMI를 배포할 준비가 되면 스피너커를 사용해 수십, 수백 또는 수천 개의 인스턴스에 배포할 수 있으며, 테스트 환경에도 배포할 수 있다. 그 과정에서 개발 팀은 일반적으로 일련의 자동 통합 테스트를 사용해 배포를 수행한다.

프로세스

여섯 번째 요소는 프로세스가 상태가 없어야 하고 고정 세션sticky session을 사용하지 말아야 한다는 것이다. 무상태stateless는 애플리케이션의 작업 실행 전후에 메모리에 어떤 데이터도 있다고 가정해서는 안 된다는 것을 의미한다. 여섯 번째 요인을 준수하는 모든 마이크로서비스 배포는 상태를 유지하지 않도록 디자인돼야 한다. 일반적인 엔터프라이즈급 마이크로서비스 배포에서는 특정 마이크로서비스의 여러 인스턴스가 부하에 따라 증가하고 감소한다는 것을 알 수 있다. 이러한 마이크로서비스의 메모리에 일종의 상태를 유지해야 하는 경우, 모든 마이크로서비스 인스턴스에서 상태를 복제하는 것이 번거롭고 많은 복잡성을 초래할 수 있다. 무상태 마이크로서비스는 온디맨드on demand로 복제될 수 있으며 부트스트랩 또는 런타임 중에 각 사이에서 조정이 필요하지 않으므로 무공유 아키텍처shared nothing architecture가 된다.

무공유 아키텍처

무공유 아키텍처는 분산 컴퓨팅에서 잘 정립된 원칙이다. 이 원칙은 시스템의 특정 노드가 단순한 무상태를 넘어서 디스크 또는 메모리를 다른 노드와 공유하면 안 된다는 것을 의미한다. 무공유 아키텍처는 확장성 높은 시스템을 구축하는 데 도움이 되며, 확장 가능한scalable 시스템은 더 많은 노드 또는 리소스가 시스템에 도입될 때 로드 증가에 따라 처리량throughput을 증가시킬 수 있어야 한다. 노드 간 시스템 리소스를 공유한 경우에 더 많은 노드를 추가하면, 이러한 공유 리소스에 더 많은 부하가 발생하므로 전체 처리량에 미치는 영향은 줄어든다.

일반적인 웹 애플리케이션에서 디스크는 두 가지 주요 목적으로 노드 간에 공유된다. 하나는 노드 간에 공통 설정 파일을 공유하는 것이며, 대부분의 경우 공유 디스크 드라이브를 각 노드에 마운트하면 된다. 공유 드라이브를 사용할 수 없는 경우에는 공유 저장소를 사용해 해당 노드 간에 일종의 복제replication 메커니즘을 구축할 수 있다. 한 노드가 깃 또는 서브버전subversion 저장소에 변경 사항을 커밋할 수 있으며, 다른 노드는 주기적으로 업데이트를 가져올 수 있다. 데브옵스 엔지니어링의 새로운 발전으로 요즘에는 매우 일반적인 또 다른 접근 방식이 존재한다. 퍼펫[12] 또는 쉐프[13]와 같은 설정 관리 도구를 사용해 중앙 집중식으로 설정을 관리하고 시스템의 모든 노드 사이의 배포를 자동화할 수 있다. 오늘날의 마이크로서비스 배포에서는 비슷한 종류의 접근법이 약간 변형돼 사용된다. 실행 중인 서버에는 설정 변경이 수행되지 않는다. 대신 퍼펫 또는 쉐프를 사용해 새 설정으로 새 컨테이너를 만들고 해당 서버에 배포한다. 이는 넷플릭스와 동일한 접근 방식이다. 공유 디스크를 갖는 두 번째 목적은 데이터베이스를 위한 것이다. 마이크로서비스 배포뿐만 아니라 전통적인 웹 애플리케이션에서도 공유 데이터베이스는 완전히 제거할 수 없다. 그러나 확장성 문제를 피하기 위해 독립적으로 확장할 수 있는 별도의 데이터베이스 서버를 사용할 수 있다.

---

12 https://puppet.com/

13 https://www.chef.io/

다시 말하면, 동일한 마이크로서비스의 다른 노드 간에 동일한 데이터베이스를 공유하는 경우라도, 다른 마이크로서비스 간에 동일한 데이터베이스를 공유하는 것은 바람직하지 않다. 5장, '데이터 관리'에서는 마이크로서비스와 관련된 다양한 데이터 공유 전략을 설명한다.

포트 바인딩

포트 바인딩 요소는 완전히 독립적인 애플리케이션들의 필요성을 강조한다. 자바 EE 애플리케이션 같은 전통적인 웹 애플리케이션을 사용하는 경우, 애플리케이션은 WAR^{Web Application aRchive} 파일과 같은 일종의 자바 EE 컨테이너(예: 톰캣, 웹로직, 또는 웹스피어 서버)에 배포된다. 웹 애플리케이션은 사용자(또는 시스템)가 어떻게 접근하고, 전송 방식(HTTP 또는 HTTPS)은 무엇이고, 또 어떤 포트인지에 대해서도 전혀 신경 쓰지 않는다. 이러한 결정은 웹 컨테이너 레벨(톰캣, 웹로직, 또는 웹스피어 서버 설정)에서 수행된다. WAR 파일은 단독으로 존재할 수 없다. 전송/포트 바인딩을 수행하기 위해 기저 컨테이너에 의존하며, WAR 파일들은 자립적^{self-contained}이지 않다.

일곱 번째 요소는 애플리케이션이 서드 파티 컨테이너에 의존하지 않고 자체적으로 포트 바인딩을 수행해 서비스로 노출해야 한다고 말한다. 이는 마이크로서비스 배포에서 매우 일반적이다. 예를 들어, 널리 사용되는 자바 기반 마이크로서비스 프레임워크인 스프링 부트^{Spring Boot}[14]를 사용하면 자립적이고 자체 실행 가능한 JAR 파일로 마이크로서비스를 빌드할 수 있다. 똑같은 일을 하는 다른 마이크로서비스 프레임워크들(드롭위저드^{Dropwizard}[15]와 MSF4J[16])도 많다. 4장, '서비스 개발'에서는 스프링 부트를 사용해 마이크로서비스를 개발하고 배포하는 방법을 설명한다.

---

14 https://projects.spring.io/spring-boot/

15 http://www.dropwizard.io/

16 https://github.com/wso2/msf4j

동시성

애플리케이션이 확장될 수 있는 방법으로는 수직적 확장과 수평적 확장이 있다. 애플리케이션을 수직적으로 확장하려면 각 노드에 리소스를 추가하면 된다. 예를 들어 CPU 성능을 높이거나 더 많은 메모리를 추가한다. 이 방법은 요즘 상용 하드웨어에서 소프트웨어를 실행하려는 사람들로부터 인기를 잃고 있다. 애플리케이션을 수평으로 확장하려면, 각 노드에 있는 리소스를 걱정할 필요 없이 시스템의 노드 수를 늘리면 된다. 일곱 번째 요소인 동시성concurrency은 수평 확장horizontally scale 또는 스케일 아웃scale out이 가능해야 한다고 말한다.

동적으로 확장(수평적)하는 기능은 오늘날의 마이크로서비스 배포에서 또 다른 중요한 측면이다. 배포를 제어하는 시스템은 로드의 증가/감소에 따라 전체 시스템의 처리량을 늘리거나 줄이기 위해 서버 인스턴스 수를 늘리고 줄인다. 각 마이크로서비스 인스턴스가 수평 확장을 할 수 없다면 동적 확장성을 사용할 수 없다.

폐기 가능

아홉 번째 요소는 애플리케이션이 빠르게 인스턴스를 늘리고 필요시 우아하게 종료하는 기능에 관한 것이다. 애플리케이션이 인스턴스를 충분히 빨리 확장시킬 수 없다면, 역동적인 확장성을 달성하기가 정말 어렵다. 오늘날의 마이크로서비스 배포는 대부분 컨테이너에 의존하며 시작 시간이 밀리초 단위일 것으로 예상된다. 마이크로서비스를 디자인할 때는 서버 시작 시간 오버헤드를 최소화해야 한다. 이것은 호스트(컨테이너) 모델당 하나의 마이크로서비스를 따르는 방법으로 더 권장된다. 자세한 내용은 8장에서 설명한다. 이는 각 애플리케이션이 서버 시작 시간을 몇 분 단위(초 단위도 아님)로 증가시켜버리는 서버당 여러 개의 모놀리식 애플리케이션 모델을 갖는 것과 반대되는 현상이다.

구글의 모든 것은 컨테이너에서 실행된다. 2014년 구글은 일주일에 20억 개의 컨테이너를 생성했다. 즉, 구글이 매초 평균 3,300개의 컨테이너를 생성했다는 것을 의미한다.[17]

개발/프로덕션 환경 일치

열 번째 요소는 개발, 스테이징, 프로덕션 환경이 최대한 동일하게 유지되도록 보장하는 것이 중요하다는 점을 나타낸다. 실제로 많은 경우, 개발 서버는 리소스를 적게 할당하며 스테이징 서버와 프로덕션 서버는 리소스를 동일하게 할당한다. 개발 환경에 스테이징 및 프로덕션 환경과 동일한 수준의 리소스가 없는 경우에는 때때로 이슈를 찾기 위해 스테이징 환경에 배포할 때까지 기다려야만 한다. 일부 회사는 개발 환경에 클러스터가 없으며 추후 스테이징 클러스터에서 상태 복제 문제를 디버깅하는데 수백 시간의 개발자 시간을 낭비한다는 사실을 알아냈다.

이는 노드 또는 하드웨어 리소스의 수에만 국한되지 않으며, 애플리케이션이 의존하는 다른 서비스에도 적용된다. 예를 들어, 프로덕션 환경에서 오라클을 사용하려는 경우에는 개발자 환경에 MySQL 데이터베이스가 없어야 한다. 프로덕션 환경에 자바 1.8을 사용하려는 경우에는 개발자 환경에 자바 1.6이 설치돼 있지 않아야 한다. 오늘날 대부분의 마이크로서비스 배포는 모든 서드 파티 종속성이 컨테이너 자체에 패키징돼 있으므로 이러한 사고를 피하기 위해 컨테이너 기반(예: 도커) 배포를 사용한다. 마이크로서비스의 핵심 요소 중 하나는 빠른 개발과 배포다. 조기 피드백 주기는 매우 중요하며, 열 번째 요소를 고수하면 도움이 된다.

---

17   http://bit.ly/2pmOQlf

로그

11번째 요소는 로그를 이벤트 스트림으로 처리해야 한다고 말한다. 로그는 애플리케이션에서 두 가지 역할을 수행한다. 시스템에서 진행 중인 작업을 식별하고 문제를 격리하는 데 도움을 주며, 감사 추적으로 사용할 수 있다. 대부분의 전통적인 애플리케이션은 로그를 파일로 푸시한 후 스플렁크Splunk[18]와 키바나Kibana[19] 같은 로그 관리 애플리케이션으로 푸시한다. 마이크로서비스의 많은 인스턴스 수 때문에 마이크로서비스 환경에서 로그를 관리하는 것은 쉽지 않다. 단일 요청을 처리하기 위해 이러한 마이크로서비스 간에 여러 요청이 생성될 수 있다. 시스템의 모든 마이크로서비스 간에 특정 요청을 추적하고 연관시키는 능력을 확보하는 것이 중요하다.

로그 수집[20]은 많은 마이크로서비스 배포에 뒤따르는 일반적인 패턴이다. 로그 수집 패턴은 환경의 모든 마이크로서비스 인스턴스의 로그를 집계하는 중앙 집중식 로깅 서비스를 도입할 것을 제안한다. 관리자는 중앙 서버에서 로그를 검색하고 분석할 수 있으며, 특정 메시지가 로그에 나타날 때 트리거되는 경고를 설정할 수도 있다. 그림 2-17과 같이 메시징 시스템을 사용해 이 패턴을 더욱 향상시킬 수 있다. 이것은 로깅 서비스를 다른 모든 마이크로서비스와 분리한다. 각 마이크로서비스는 로그 이벤트(상관관계 ID 포함)를 메시지 큐에 게시하고, 로깅 서비스가 메시지 큐에서 읽는다.

18 https://www.splunk.com/

19 https://www.elastic.co/products/kibana

20 http://microservices.io/patterns/observability/application-logging.html

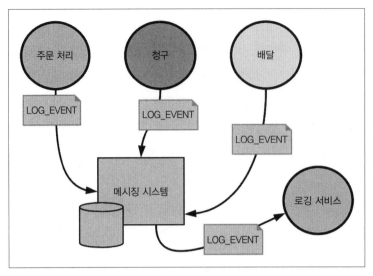

▲ 그림 2-17 여러 마이크로서비스의 로그를 중앙 집중식 로깅 서버에 게시

전통적인 애플리케이션에서는 파일시스템 기반 로깅을 사용하지만, 마이크로서비스 환경에서는 사용하지 않는 것이 좋다. 아홉 번째 요인으로 가면, 특정 마이크로서비스는 특정 순간에 폐기 가능해야 한다. 이것은 변경 불가능 서버immutable server 개념을 도입한다. 변경 불가능 서버는 최초로 기동된 후에는 변경되지 않는다. 서버를 수정하지 않으면 파일시스템에 아무것도 쓸 수 없다. 변경 불가능 서버 패턴을 따르면 특정 서버 인스턴스를 설정에서 재현하고 특정 시간에 폐기할 수 있다.

어드민 프로세스

12번째 요소는 관리 작업을 일회성 프로세스로 실행해야 할 필요성을 강조한다. 이러한 작업은 애플리케이션 자체와 함께 실행해야 하는 일회성 스크립트의 (새 버전의 애플리케이션으로 인한) 데이터베이스 마이그레이션일 수 있다. 12번째 요소의 근원은 대화형 프로그래밍 셸을 지원하고 장려하는 루비와 같은 인터프리터 언어에 약간 편향된 것처럼 보인다. 애플리케이션이 작동되면 개발자는 이러한 서버로 SSH 접속해서 대화형 프로그래밍 콘솔을 통해 특정 스크립트를 실행할 수 있다. 이 12번째 요소를 고수한다면, SSH를 통한 이러한 원격 관리 작업을 완전히 피하는 대신 관리 프로세스를 도입하고 관리 작업을 그 일부로 만들어야 한다. 마이크로서비스 배포의 경우, 다른 컨테이너에서 마이크로서비스를 실행하는 것처럼 이 관리 프로세스는 자체 컨테이너에서도 실행될 수 있다.

12 팩터 앱을 넘어서

2012년에 도입된 원래의 12가지 요소(마이크로서비스가 주류가 아니고 도커가 태어나지 않았던 시기)가 오늘날 주류가 되는 마이크로서비스 배포와 어떤 관련이 있는지 확인해보는 것이 좋다. 피보탈Pivotal의 케빈 호프만Kevin Hoffman은 2016년에 『Beyond the Twelve-Factor App』[21]에서 다음에 살펴볼 세 가지 추가 요소를 소개했다.

API 우선

SOA에 익숙하다면, 서비스 개발에 일반적으로 사용되는 두 가지 접근법인 계약 우선contract first과 코드 우선code first을 잘 알고 있을 것이다. 계약 우선에서는 우선 프로그래밍 언어에 독립적인 방식으로 서비스 인터페이스를 개발한다. SOAP 세계에서는 WSDLWeb Services Description Language이 생성되고, REST 세계에서는 OpenAPI[22] 문서(이전의 스웨거Swagger)가 생성된다. OpenAPI 스펙은 RESTful API를 설명하기 위한 강력한 정의 형식이다.

이 요소를 통해 케빈은 API 우선 접근 방식(계약 우선 접근 방식의 확장)에 따라 애플리케이션 개발을 시작해야 하는 필요성을 강조한다. 여러 마이크로서비스에서 작업하는 여러 개발 팀이 있는 환경에서 서로 다른 일정에 따라 개발을 진행할 때, 각 마이크로서비스에 대해 먼저 API를 정의하면 모든 팀이 API에 대한 마이크로서비스를 구축하

---

21 http://oreil.ly/2zjVXla

22 https://swagger.io/specification/

는 데 도움이 된다. 이는 통합해야 하는 다른 마이크로서비스의 구현 세부 사항을 너무 걱정하지 않고도 개발 프로세스의 생산성을 향상시키는 데 도움이 된다. 특정 마이크로서비스의 구현을 테스트할 준비를 마친 시점에 사용할 수 없다면, 공개된 API에 대해 간단하게 목업을 만들 수 있다. 프로그래밍 언어별로 이러한 목업 인스턴스를 작성할 수 있는 많은 도구들이 있다.

원격 측정

위키피디아에 따르면, 원격 측정telemetry은 측정 및 기타 데이터를 원격으로 수집하거나 접근할 수 없는 지점에서 수집한 후 모니터링을 위해 수신 장비로 전송하는 자동화된 통신 프로세스다. 소프트웨어 분야에서는 원격 측정이 프로덕션 서버의 상태를 추적하고 문제를 식별하는 데 매우 유용하다. 케빈 호프만은 애플리케이션에 대한 원격 측정이 필요하다는 점을 강조하는 비유를 제시한다. 우주로 발사되는 무인 우주 왕복선과 같은 애플리케이션을 생각해보자. 이 정의는 매우 강력하며, 원격 측정의 중요성에 대한 추가 설명이 필요하지 않다.

원격 측정 데이터는 애플리케이션 성능 모니터링application performance monitoring, 도메인 특화, 상태 및 시스템 로그라는 세 영역으로 분류할 수 있다. HTTP 요청 수, 데이터베이스 호출 수, 시간이 지남에 따라 각 요청을 처리하는 데 걸린 시간은 모두 애플리케이션 성능 모니터링 범주에 기록된다. 도메인 특화 데이터 범주는 비즈니스 기능과 관련된 데이터를 기록한다. 예를 들어, 주문 처리 마이크로서비스는 새 주문 수, 미결 주문, 마감 주문을 날짜별로 포함해서 처리 중인 주문과 관련된 데이터를 푸시한다. 서버 시작, 서버 종료, 메모리 소비 및 CPU 사용률과 관련된 데이터는 상태 및 시스템 로그 범주에 속한다.

보안

보안은 원래의 12가지 요소에서 주목할 만한 누락 요소다. 모든 애플리케이션이나 마이크로서비스는 초기 디자인 단계의 보안을 걱정해야 한다. 마이크로서비스의 보안 확보와 관련해서는 여러 가지 관점이 있다. 마이크로서비스의 주요 원동력은 상용화 속도(또는 시장 출시 시간)다. 서비스에 변경 사항을 도입하고 테스트한 후 즉시 프로덕션 환경에 배포할 수 있어야 한다. 코드 수준에서 보안 취약점을 만들지 않기 위해 정적 코드 분석과 동적 테스트에 대한 적절한 계획이 필요하다. 이러한 테스트가 지속적인 배포(CD) 프로세스의 일부가 돼야 한다는 점이 무엇보다 중요하다. 모든 취약점은 개발 주기 초기에 식별돼야 하며 피드백 주기가 짧아야 한다.

여러 가지 마이크로서비스 배포 패턴이 있지만(8장의 뒷부분에서 다룰 예정이다.), 가장 일반적으로 사용되는 것은 호스트당 서비스 모델이다. 호스트가 반드시 물리적 시스템을 의미하지는 않는다. 대부분 컨테이너(도커)일 것이다. 컨테이너 수준 보안을 걱정하고, 컨테이너를 다른 컨테이너와 분리하는 방법과 컨테이너와 호스트 운영체제 사이의 격리 수준을 걱정해야 한다.

마지막으로, 애플리케이션 수준의 보안을 걱정할 필요가 있다. 마이크로서비스 디자인은 어떻게 사용자를 인증하고 접근을 제어하는지, 마이크로서비스 간의 통신 채널을 어떻게 보호하는지를 이야기해야 한다. 11장, '마이크로서비스 보안의 기본 사항'과 12장, '마이크로서비스 보안'에서 마이크로서비스 보안을 자세히 설명한다.

요약

2장에서는 마이크로서비스 디자인과 관련된 필수 개념을 논의했다. 2장은 비즈니스 관점에서 마이크로서비스를 모델링할 때 핵심 요소인 도메인 주도 디자인 원칙에 대한 토론으로 시작했다. 이어서 마이크로서비스 디자인 원칙을 깊이 파고 들었으며 확장성, 관리성, 이식성이 뛰어난 애플리케이션을 빌드하고 유지 관리하는 모범 사례와 지침 모음인 12 팩터 앱으로 결론을 맺었다.

외부 그룹들은 메시지를 통해 마이크로서비스로 구현된 비즈니스 기능을 소비한다. 마이크로서비스는 비즈니스 사용 사례를 기반으로 하는 동기 메시징과 비동기 메시징 같은 메시징 스타일을 활용할 수 있다. 3장에서는 메시징 기술과 프로토콜을 자세히 설명한다.

3장

서비스 간 통신

마이크로서비스 아키텍처의 서비스는 자율적이며 네트워크를 통해 통신해서 비즈니스 사용 사례를 제공한다. 이러한 서비스들의 모음이 시스템을 형성하며, 고객은 종종 해당 시스템과 상호작용한다. 따라서 마이크로서비스 기반 애플리케이션은 서로 다른 네트워크 위치에서 여러 서비스를 실행하는 분산 시스템으로 간주될 수 있다. 각 서비스는 자체 프로세스에서 실행된다. 따라서 마이크로서비스는 프로세스 간 또는 서비스 간 통신 스타일을 사용해 상호작용한다.

3장에서는 마이크로서비스 통신 스타일과 마이크로서비스 통신에 사용되는 표준 프로토콜을 설명한다. 여러 프로토콜과 스타일을 비교하고 대조하지만 마이크로서비스 통합, 복원력 있는 서비스 간 통신, 서비스 검색 등에 대한 이야기는 잠시 미뤄둔다. 이와 관련된 내용은 6장, '마이크로서비스 거버넌스'와 7장, '마이크로서비스 통합'에서 자세히 설명한다.

마이크로서비스 통신의 기초

1장에서 설명했듯이, 서비스는 비즈니스 기능 중심이며 이러한 서비스 간 상호작용은 특정 비즈니스 사용 사례와 관련된 시스템 또는 제품을 형성한다. 따라서 서비스 간 통신은 마이크로서비스 아키텍처의 성공을 위한 핵심 요소다.

마이크로서비스 기반 애플리케이션은 메시징을 통해 서로 통신하는 독립적인 서비스의 모음으로 구성된다. 메시징은 분산 시스템에서 새로운 개념이 아니다. 모놀리식 애플리케이션에서 다른 프로세서/구성 요소의 비즈니스 기능은 함수 호출이나 언어 수준의 메서드 호출을 사용해 호출된다. SOA에서는 함수 호출이 SOAP, HTTP, 메시지 큐잉^{message queuing} 등과 같은 다른 프로토콜을 기반으로 하는 느슨하게 결합된 웹 서비스 수준 메시징으로 전환된다. 거의 모든 서비스 상호작용은 중앙 집중화된 ESB 계층에서 구현된다.

마이크로서비스에는 SOA/웹 서비스에 있었던 특정 통신 패턴과 메시지 형식을 사용해야 한다는 제약이 없다. 대신, 마이크로서비스 아키텍처는 사용 사례에 따라 정보를 교환하는 데 적합한 서비스 협업 메커니즘과 메시지 형식을 선택하는 것을 선호한다.

마이크로서비스 통신 스타일은 주로 서비스가 한 서비스에서 다른 서비스로 데이터를 보내거나 받는 방법에 관한 것이다. 마이크로서비스에 사용되는 가장 일반적인 유형의 통신 스타일은 동기식^{synchronous}과 비동기식^{asynchronous}이다.

동기식 통신

동기식 통신 스타일에서 클라이언트는 요청을 보내고 서비스의 응답을 기다린다. 클라이언트가 응답을 받을 때까지 두 당사자 모두 연결을 유지해야 한다. 클라이언트의 실행 로직은 응답 없이 진행될 수 없다. 비동기식 통신에서는 클라이언트가 메시지를 보내고 나면 응답을 기다리지 않고 메시지를 완전히 처리할 수 있다.

동기식 통신과 블로킹blocking 통신은 서로 다르다는 점에 주의하자. 일부 교과서와 자료는 동기식 통신을 클라이언트 스레드가 기본적으로 응답을 얻을 때까지 차단하는 순수 블로킹 시나리오로 해석하는데, 이는 옳지 않다. 서비스 응답 시 호출되는 콜백 함수를 등록하는 비블로킹non-blocking 입출력으로 구현하면, 클라이언트 스레드가 해당 응답에 블로킹되지 않고 반환될 수 있다. 따라서 동기식 통신 스타일은 비블로킹 비동기 구현을 기반으로 구축될 수 있다.

REST

RESTRepresentational State Transfer는 하이퍼미디어를 기반으로 분산 시스템을 구축하는 아키텍처 스타일이다. REST 모델은 탐색 체계navigational scheme를 사용해 네트워크 오브젝트와 서비스를 표현한다. 이 오브젝트와 서비스를 리소스라고 한다. 클라이언트는 고유 URI를 사용해 리소스에 접근할 수 있으며 리소스의 표현이 반환된다. REST는 구현 프로토콜에 의존하지 않지만, 가장 일반적인 구현은 HTTP 애플리케이션 프로토콜이다. HTTP 프로토콜을 사용해 RESTful 리소스에 접근하는 동안 리소스의 URL은 리소스 ID로 사용되며 GET, PUT, DELETE, POST, HEAD는 해당 리소스에서 수행되는 표준 HTTP 동작이다. REST 아키텍처 스타일은 기본적으로 동기 메시징을 기반으로 한다.

서비스 개발에서 REST 아키텍처 스타일을 사용하는 방법을 이해하기 위해 온라인 소매 애플리케이션의 주문 관리 시나리오를 생각해보자. 주문 관리 시나리오는 주문 처리라는 RESTful 서비스로 모델링할 수 있다. 그림 3-1에 표시된 것처럼 주문 처리 서비스를 위한 주문 리소스를 정의할 수 있다.

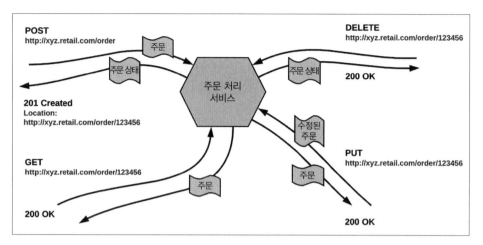

▲ 그림 3-1 주문 처리 RESTful 서비스에서 실행할 수 있는 다른 동작들

새 주문을 하려면 주문 내용을 HTTP POST 메시지에 포함시켜 URL(http://xyz.retail.com/order)로 전송한다. 서비스의 응답에는 새로 작성된 리소스(http://xyz.retail.com/order/123456)를 가리키는 location 헤더와 함께 HTTP 201 Created 메시지가 포함된다. 이제 HTTP GET 요청을 전송해 해당 URL에서 주문 세부 사항을 검색할 수 있다. 마찬가지로 적절한 HTTP 메소드를 사용해 주문을 업데이트하고 주문을 삭제할 수 있다.

REST는 스타일이기 때문에 RESTful 서비스 구현과 관련해 RESTful 서비스가 REST의 핵심 원칙과 완전히 일치하는지 확인해야 한다. 실제로, 대부분의 RESTful 서비스는 핵심 REST 스타일 개념을 위반한다. 적절한 RESTful 서비스를 디자인하기 위해 레오나르드 리처드슨Leonard Richardson은 REST 기반 서비스의 성숙도 모델을 정의했다.[1]

리처드슨 성숙도 모델

리처드슨 성숙도 모델Richardson Maturity Model에는 네 가지 수준이 있다.

---

1   https://www.crummy.com/writing/speaking/2008-QCon/act3.html

- **레벨 0 - 평범하고 오래된 XML** Plain old XML(PoX)**의 늪**: 이 수준의 서비스는 실제로 RESTful로 간주되지 않는다. 예를 들어, 온라인 소매 기능을 구현하기 위해 HTTP를 통해 노출되는 SOAP 웹 서비스가 있다고 가정하자. 이 서비스에는 하나의 URL(http://xyz.retail.com/legacy/RetailService)이 있으며 요청의 내용 content에 따라 필요한 조작(주문 처리, 고객 관리, 제품 검색 등)을 결정하고 수행한다. 단일 HTTP 메소드(대부분의 경우 POST)가 사용되며, 서비스 로직에 HTTP 구성 요소나 개념이 사용되지 않는다. 모든 것은 메시지 내용을 기반으로 한다. 레벨 0 서비스의 가장 좋은 예는 SOAP 웹 서비스다.

- **레벨 1 - 리소스 URI**: 서비스는 각 리소스에 대한 개별 URI가 있을 때 이 수준으로 간주되지만 메시지에는 여전히 조작 세부 정보 operation details가 포함된다. 예를 들어 소매 애플리케이션은 /orders, /products, /customer 등을 위한 리소스를 가질 수 있지만, 지정된 리소스에 대한 CRUD(Create, Read, Update, Delete) 조작은 여전히 메시지 내용을 통해 수행된다. HTTP 메서드 또는 응답 상태 코드가 사용되지 않는다.

- **레벨 2 - HTTP 동사**: 메시지 내용을 사용해 작업을 결정하는 대신 HTTP 동사 verb를 사용할 수 있다. 따라서 /order 컨텍스트로 전송된 HTTP POST 메시지는 새로운 주문을 추가할 수 있다(주문 세부 사항은 메시지 콘텐츠에 제공되지만 이제 조작 세부 사항은 없다). 또한 적절한 HTTP 상태 코드가 지원돼야 한다. 예를 들어, 유효하지 않은 요청의 응답은 상태 코드가 500이어야 한다. 그림 3-1에 설명된 예는 이러한 모든 기능을 활용한다. 레벨 2 이상인 RESTful 서비스는 적절한 REST API로 간주된다.

- **레벨 3 - 하이퍼미디어 제어**: 레벨 3에서는 서비스 응답에 클라이언트 애플리케이션의 상태를 제어하는 링크가 포함된다. 종종 이 개념은 '하이퍼텍스트를 애플리케이션 상태 엔진으로 Hypertext as The Engine of Application State(HATEOAS)'라고 한다. 하이퍼미디어 제어 hypermedia control는 우리가 다음에 무엇을 할 수 있는지, 그리고 그것을 하기 위해 조작해야 하는 리소스의 URI는 무엇인지를 알려준

다. 다음 요청을 게시할 위치를 알려주는 대신, 응답의 하이퍼미디어 내용이 이를 어떻게 수행할지를 알려준다.

REST는 주로 HTTP(일반적으로 사용되고 덜 복잡하며 방화벽 친화적임)를 기반으로 구현되므로 REST는 마이크로서비스 구현에 채택된 가장 일반적인 형태의 마이크로서비스 통신 스타일이다. RESTful 마이크로서비스를 사용할 때는 몇몇 모범 사례를 고려하자.

- RESTful HTTP 기반 마이크로서비스(REST는 구현 프로토콜과 독립적이지만, 실제로 사용되는 비HTTP RESTful 서비스non-HTTP RESTful service는 없음)는 방화벽, 리버스 프록시, 로드 밸런서 등 기존의 인프라를 통해 노출하기가 용이하므로 외부 노출 마이크로서비스(또는 API)에 적합하다.
- 리소스 범위는 운영 관련 비즈니스 기능(예: 주문 추가)에 직접 매핑할 수 있도록 세분화돼야 한다.
- 서비스 디자인에 리처드슨 성숙 모델 및 기타 RESTful 서비스 모범 사례를 적용한다.
- 적용 가능한 경우에는 버전 관리versioning 전략을 사용한다(버전 관리는 일반적으로 서비스를 API로 노출하기로 결정할 때 API 게이트웨이 수준에서 구현된다. 이는 7장에서 자세히 설명한다).

많은 마이크로서비스 프레임워크가 REST를 기본 스타일de-facto style로 사용하므로 모든 마이크로서비스 구현에 REST를 사용하고 싶을 수도 있다. 그러나 REST가 사용 사례에 가장 적합한 스타일인 경우에만 사용해야 한다(3장에서 설명하는 다른 적절한 스타일을 고려해야 한다).

실습해보기 4장, '서비스 개발'에서 RESTful 웹 서비스 샘플을 사용해볼 수 있다.

---

gRPC

원격 프로시저 호출Remote Procedure Call(RPC)은 분산 시스템에서 클라이언트–서버 애플리케이션을 구축하는 데 널리 사용되는 프로세스 간 통신 기술이었다. RPC는 웹 서비스와 RESTful 서비스가 등장하기 전에는 꽤 인기가 있었다. RPC의 주요 목표는 로컬 함수를 호출하는 것처럼 원격 시스템에서 코드를 실행하는 프로세스를 최대한 간단하게 만드는 것이다. CORBA와 같은 대부분의 기존 RPC 구현에는 원격 호출과 관련된 복잡성과 TCP를 전송 프로토콜로 사용하는 등의 단점이 있다. 대부분의 기존 RPC 기술은 인기를 잃었다. 따라서 왜 또 다른 RPC 기술인 gRPC를 언급하는지 궁금할 것이다.

gRPC[2](gRPC 원격 프로시저 호출)는 원래 구글이 고성능 서비스 간 통신 기술에 중점을 둔 스터비Stubby라는 내부 프로젝트로 개발했다. 이 스터비가 나중에 gRPC로 오픈소스화됐다. 정말 빠른 스리프트Thrift와 같은 대안도 존재한다. 그러나 스리프트 기반 통신은 개발자에게 낮은 수준의 네트워크 세부 정보를 노출(원시 소켓 노출)하기 때문에 개발자 입장에서는 많은 작업이 필요하므로 사용하기가 힘들었다. 또한 TCP를 기반으로 하는 것도 최신 웹 API와 모바일 장치에 적합하지 않기 때문에 중요한 제한 사항이다.

gRPC는 이기종heterogeneous 기술을 기반으로 구축된 애플리케이션 간의 통신을 가능하게 한다. gRPC는 서비스를 정의하고 매개변수 및 반환 타입으로 원격으로 호출할 수 있는 메소드를 지정하는 아이디어를 기반으로 한다. gRPC는 기존 RPC 구현의 한계를 대부분 극복하고자 시도됐다.

gRPC는 기본적으로 구조화된 데이터를 직렬화(JSON 같은 다른 데이터 형식과 함께 사용 가능)하기 위한 구글의 성숙된 오픈소스 메커니즘인 프로토콜 버퍼protocol buffer[3]를 사

---

2   https://grpc.io/

3   https://developers.google.com/protocol-buffers/

용한다. 프로토콜 버퍼는 구조화된 데이터를 직렬화하기 위한 유연하고 효율적이며 자동화된 메커니즘이다. gRPC는 IDL$^{Interface Definition Language}$과 같은 프로토콜 버퍼를 사용해 서비스 인터페이스와 페이로드 메시지의 구조를 모두 기술한다. 프로토콜 버퍼 IDL을 사용해 서비스가 정의되면 서비스 이용자는 서버 스켈레톤^{skeleton}을 작성할 수 있으며, 클라이언트는 스텁^{stub}을 작성해 여러 프로그래밍 언어로 서비스를 호출할 수 있다.

전송 프로토콜로 HTTP2를 사용하는 것이 gRPC의 성공과 폭넓은 적용의 핵심 이유다. 따라서 HTTP2에 포함된 장점을 이해하는 것이 매우 유용하다.

HTTP2의 개요

HTTP 1.1은 광범위한 적용에도 불구하고 최신 웹 스케일 컴퓨팅을 방해하는 몇 가지 제한 사항이 있다. HTTP 1.1의 주요 제한 사항은 다음과 같다.

- **회선의 앞부분 블로킹**: 각 연결은 한 번에 하나의 요청을 처리할 수 있다. 현재 요청이 차단되면 다음 요청이 대기한다. 따라서 사용 사례를 지원하려면 클라이언트와 서버 간에 여러 개의 연결을 유지해야 한다. HTTP 1.1은 이를 극복하기 위한 파이프라인을 정의하지만 널리 채택되지는 않았다.
- **HTTP 1.1 프로토콜 오버헤드**: HTTP 1.1에서는 여러 요청에 걸쳐 많은 헤더가 반복된다. 예를 들어 `User-Agent`와 `Cookie` 같은 헤더는 계속해서 전송되며, 이는 대역폭 낭비다. HTTP 1.1은 페이로드를 압축하기 위해 GZIP 형식을 정의하지만 헤더에는 적용되지 않는다.

HTTP2는 이러한 대부분의 제한에 대한 솔루션을 제시했다. 가장 중요한 것은 HTTP2가 HTTP 기능을 확장해 기존 애플리케이션과 완벽하게 호환되는 점이다.

클라이언트와 서버 사이의 모든 통신은 단일 바이트 연결을 통해 수행되며, 어떠한 바이트 수의 양방향 흐름도 전달할 수 있다. HTTP2는 하나의 메시지를 전달할 수 있는 확립된established 연결 내에서 양방향 바이트 흐름인 스트림stream의 개념을 정의한다. 프레임frame은 HTTP2에서 가장 작은 통신 단위이며, 최소한 각 프레임에는 프레임이 속한 스트림을 식별하는 프레임 헤더가 포함된다. 메시지는 하나 이상의 프레임으로 구성되며, 요청 또는 응답과 같은 논리적 HTTP 메시지에 매핑되는 완전한 프레임 시퀀스다. 따라서 이러한 접근 방식을 기반으로 클라이언트와 서버가 HTTP 메시지를 독립적인 프레임으로 분할하고 인터리브interleave한 후에 다른 쪽에서 다시 조립할 수 있도록 해서 요청과 응답을 완전히 다중화multiplexed할 수 있다.

HTTP2는 헤더 반복을 피하고 대역폭 사용을 최적화하기 위해 헤더 압축을 도입할 뿐 아니라, 요청-응답 스타일 메시지를 사용하지 않고 서버 푸시 메시지를 보내는 새로운 기능도 도입한다. HTTP2는 성능을 향상시키기 위한 이진 프로토콜binary protocol이기도 하고, 메시지 우선 순위를 훌륭하게 지원한다.

gRPC를 사용한 서비스 간 통신

지금부터 HTTP2의 장점과 gRPC의 성능 향상을 잘 이해해야 한다. gRPC를 사용해 구현된 완전한 예를 살펴보자. 그림 3-2에 설명된 것처럼, 온라인 소매 애플리케이션 예에 제품 관리 서비스를 호출해 제품 재고를 반품 품목으로 업데이트하는 반품 서비스가 있다고 가정하자. 반품 서비스는 자바를 사용해 구현되고 제품 관리 서비스는 Go 언어를 사용해 구현된다. 제품 관리 서비스는 gRPC를 사용하고 있으며 ProductMgt.proto 파일을 통해 계약을 공개한다.

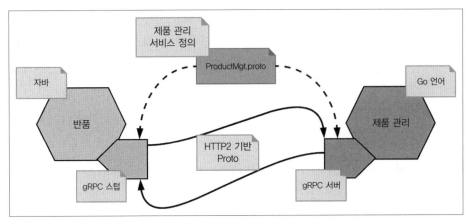

▲ 그림 3-2 gRPC 통신

따라서 제품 관리 서비스 개발자는 ProductMgt.proto 파일을 사용해 Go 언어로 서버 측 스켈레톤을 생성한다. 기본적으로 개발자는 ProductMgt.proto를 프로젝트에서 사용하고 ProductMgt.proto를 준수해 서비스 및 클라이언트 스텁을 생성한다. 서비스를 구현하기 위해 생성된 서비스 스텁을 사용하고 해당 서비스의 필수 비즈니스 로직을 구현할 수 있다.

소비자인 반품 서비스는 동일한 ProductMgt.proto 파일을 사용해 클라이언트 측 스텁(자바)을 생성하고 서비스를 호출할 수 있다. 제품 추가 기능을 가지는 제품 관리 서비스는 다음과 유사한 ProductMgt.proto 정의를 가진다.

```
// ProductMgt.proto
syntax = "proto3";
option java_multiple_files = true;
option java_package = "kasun.mfe.ecommerce";
option java_outer_classname = "EcommerceProto";
option objc_class_prefix = "HLW";
package ecommerce;
service ProductMgt {
  rpc AddProduct (ProductRequest) returns (ProductResponse) {}
}
```

```
message ProductRequest {
  string productID = 1;
  string name = 2;
  string description = 3;
}
message ProductResponse {
  string productID = 1;
  string status = 2;
}
```

내부를 들여다보면, 클라이언트가 서비스를 호출하고 나서 클라이언트 측 gRPC 라이브러리가 Proto Buf를 사용해 원격 함수 호출을 마샬링^{marshaling}한 다음 HTTP2를 통해 전송한다. 서버 측에서는 요청이 언마샬링^{unmarshaling}되고 해당 함수 호출은 Proto Buf를 사용해 실행된다. 응답은 서버에서 클라이언트로 유사한 실행 흐름을 따른다.

실습해보기 4장, '서비스 개발'에서 gRPC 서비스 샘플을 사용해볼 수 있다.

---

gRPC는 클라이언트가 서버에 요청을 보내고 스트림을 가져온 후 일련의 메시지를 다시 읽을 수 있는 서버 스트리밍 RPC를 허용한다. 클라이언트는 더 이상 메시지가 없을 때까지 반환된 스트림에서 읽는다.

```
rpc productUpdate(ProdUpdateReq) returns (stream ProdUpdateStatues) {
}
```

마찬가지로 클라이언트가 일련의 메시지를 작성해 서버에 스트림으로 보내는 클라이언트 스트리밍 RPC를 사용할 수 있다. 클라이언트가 메시지 쓰기를 마치면, 서버가 메시지를 읽을 때까지 기다렸다가 응답을 반환한다.

```
rpc productUpdate(stream productUpdates) returns (ProdUpdateStatus) {
}
```

양방향 스트리밍 RPC는 양쪽에서 읽기/쓰기 스트림을 사용해 일련의 메시지를 보내는 것이다. 두 스트림은 독립적으로 작동하므로 클라이언트와 서버는 원하는 순서대로 읽고 쓸 수 있다. 예를 들어, 서버는 응답을 쓰기 전에 모든 클라이언트 메시지를 수신하기를 기다리거나 메시지를 번갈아 읽은 다음 메시지를 쓰거나 다른 읽기 및 쓰기 조합을 수행할 수 있다.

```
rpc productUpdate(stream productUpdates) returns (stream ProdUpdateStatuses) {
}
```

gRPC에서 지원되는 인증 메커니즘은 SSL/TLS와 구글의 토큰 기반 인증이다.

gRPC를 이용한 에러 처리

gRPC를 사용해 다양한 오류 처리 기술을 구현할 수도 있다. 오류가 발생하면, gRPC는 오류 상태 코드 중 하나와 오류에 대한 추가 정보를 제공하는 선택적 문자열 오류 메시지를 반환한다.

REST와 gRPC는 마이크로서비스 구현에서 가장 일반적으로 사용되는 동기식 메시징 프로토콜이다. 그러나 때때로 마이크로서비스 구현에 사용되는 몇 가지 다른 동기식 메시징 기술들이 있다.

GraphQL

RESTful 서비스는 HTTP 메서드를 통해 조작되는 리소스 개념을 기반으로 한다. 개발한 서비스가 리소스 기반 REST 아키텍처에 적합하다면 완벽하게 작동한다. 그러나 RESTful 스타일을 벗어나면 서비스가 예상한 결과를 제공하지 못한다.

또한 일부 시나리오에서 클라이언트는 동시에 여러 리소스의 데이터가 필요하므로 여러 서비스 호출을 통해 여러 리소스를 호출한다(또는 항상 중복 데이터로 큰 응답을 보낸다).

GraphQL[4]은 API를 위한 질의query 언어를 제공하고 기존 데이터로 질의를 수행할 수 있는 런타임을 제공함으로써 기존 REST 기반 서비스의 이러한 문제를 해결한다. GraphQL은 API의 데이터에 대한 완전하고 이해하기 쉬운 설명을 제공하고, 클라이언트가 필요한 것을 정확히 요구할 수 있는 기능을 제공하며, 시간이 지남에 따라 API를 좀 더 쉽게 발전시킬 수 있고, 강력한 개발자 도구를 제공한다.

클라이언트는 GraphQL 질의를 API로 보내고 클라이언트가 필요로 하는 것을 정확하게 얻을 수 있으며, 또한 자신이 얻는 데이터를 완전히 제어할 수 있다. 일반적인 REST API는 여러 URL에서 로드해야 하지만, GraphQL 기반 서비스는 단일 요청으로 앱에 필요한 모든 데이터를 가져온다.

예를 들어, 다음 질의를 GraphQL 기반 서비스로 보낼 수 있다.

```
{
  hero {
    name
  }
}
```

그리고 여기에 표시된 결과를 얻게 된다.

```
{
  "data": {
    "hero": {
      "name": "R2-D2"
```

---

4   https://graphql.org/

```
      }
    }
}
```

질의는 결과와 정확히 같은 모양을 가지고, 서버는 클라이언트가 요청하는 필드를 정확히 알고 있다.

GraphQL 서버는 API를 설명하는 스키마를 제공한다. 이 스키마는 타입 정의로 구성된다. 각 타입에는 하나 이상의 필드가 있다. 각 필드에는 0개 이상의 인수가 사용되며 특정 타입이 반환된다. GraphQL 스키마 예제는 책과 책의 저자를 위한 것이다. 여기서는 조작 이름과 함께 책과 저자의 타입을 정의했다. 이전 예에서는 질의 키워드와 질의 이름을 모두 생략하는 간단한 구문을 사용했지만, 프로덕션 앱에서는 코드가 모호해지지 않도록 하기 위해 이러한 키워드를 포함하는 것이 유용하다. 따라서 이 예에서는 조작 타입으로 질의를, 조작 이름으로 latestBooks를 사용한다.

```
type Book {
  isbn: ID
  title: String
  text: String
  category: String
  author: Author
}
type Author {
  id: ID
  name: String
  thumbnail: String
  books: [Book]
}
# 애플리케이션을 위한 최상위 질의(Root Query)
type Query {
  latestBooks(count: Int, offset: Int): [Book]!
}
# 애플리케이션을 위한 최상위 변형(Root Mutation)
type Mutation {
```

```
    addBook(id: String!, title: String!, text: String!, category: String, author:
Author!) : Book!
}
```

조작 타입은 질의, 변형^{mutation}, 또는 구독^{subscription}이며 수행하려는 조작 타입을 기술한다. 질의 약식 구문을 사용하지 않으면 조작 타입이 필요하다. 이 경우에는 조작에 이름 또는 변수 정의를 사용할 수 없다.

모든 GraphQL 서비스에는 질의 타입이 있으며 변형 타입은 있거나 없을 수 있다. 이러한 타입은 일반 객체 타입과 동일하지만 모든 GraphQL 질의의 진입점을 정의하기 때문에 특별하다. 질의와 유사하게 변형 타입에서 필드를 정의할 수 있으며 질의에서 호출 가능한 최상위 변형 필드로 사용할 수 있다. 일반적으로 쓰기를 유발하는 모든 조작은 변형을 통해 명시적으로 전송돼야 한다.

실습해보기　4장, '서비스 개발'에서 GraphQL 서비스 샘플을 사용해볼 수 있다.

웹소켓

웹소켓^{WebSocket}[5] 프로토콜은 웹상의 TCP로 간단히 소개할 수 있다. 웹소켓은 전이중^{full duplex} 및 비동기 전송 프로토콜로 간주될 수 있다. 따라서 웹소켓 위에 모든 메시징 프로토콜을 오버레이^{overlay}할 수 있다.

웹소켓 프로토콜은 양방향 트래픽에 단일 TCP 연결을 사용하고 초기 핸드셰이킹 프로토콜로 HTTP를 사용하므로 기존 인프라에서 작동할 수 있다. 웹소켓은 초기 핸드셰이크를 위해 TCP 위에서 작동한 다음 원시 TCP 소켓처럼 동작한다. 그림 3-3은 웹소켓을 사용하는 클라이언트와 서버의 상호작용을 보여준다.

---

5 https://tools.ietf.org/html/rfc6455

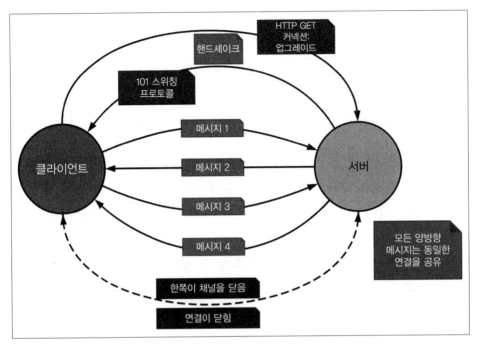

▲ 그림 3-3 웹소켓 통신

단일 연결, 양방향 메시징, 이진 메시지 등을 사용하는 것처럼 HTTP2와 웹소켓은 상당히 유사하다. 그러나 웹소켓을 사용하면 웹소켓 위에 고유한 메시징 프로토콜을 구축할 수 있다는 점에서 서로 다르다(예: 웹소켓 위에 MQTT 또는 AMQP를 구축할 수 있음). 웹소켓 아키텍처는 전이중(양방향) 통신을 위해 클라이언트와 서버 간에 열린 소켓으로 구성된다. 따라서 마이크로서비스에 전이중 통신이 필요하고 웹을 통해 트래픽을 라우팅하는 기능이 필요한 경우에는 웹소켓을 사용하는 것이 좋다.

스리프트

스리프트[6]를 사용하면 간단한 정의 파일로 데이터 타입 및 서비스 인터페이스를 정의

---

6 https://thrift.apache.org/

할 수 있다. gRPC와 유사하게 컴파일러가 인터페이스 정의를 사용해 프로그래밍 언어 간에 원활하게 통신하는 RPC 클라이언트 및 서버를 쉽게 구축하는 데 사용 가능한 코드를 생성한다. 스리프트는 TCP를 전송 프로토콜로 사용하고 고성능 메시징을 활용하는 것으로 알려져 있지만, 방화벽 및 로드 밸런서 같은 특정 상호운용성 interoperability 충족 기능과 서비스 개발 시 사용 편의성 측면에서 부족하다.

비동기식 통신

마이크로서비스 아키텍처의 초기 구현 대부분에서는 실질적인 서비스 간 통신 스타일로 동기식 통신이 채택되고 있다. 그러나 마이크로서비스 간의 비동기식 통신은 서비스를 더욱 자율적으로 만들면서 점점 인기를 얻고 있다.

비동기식 통신에서 클라이언트는 적시에 응답을 기다리지 않는다. 클라이언트가 전혀 응답을 받지 못하거나 응답이 다른 채널을 통해 비동기식으로 수신될 수도 있다.

마이크로서비스 간 비동기식 메시징은 가볍고 멍청한 메시지 브로커를 사용해 구현된다. 브로커는 비즈니스 로직이 없는 고가용성의 중앙 집중식 엔티티다. 비동기식 메시징 스타일에는 단일 수신자single receiver와 다중 수신자mulitple receiver라는 두 가지 주요 유형이 있다.

단일 수신자

단일 수신자 모드에서 지정된 메시지는 메시지 브로커를 통해 생산자producer에서 정확히 한 소비자consumer에게 안정적으로 전달된다(그림 3-4 참조). 비동기식 메시징 스타일이기 때문에 생산자는 소비자의 응답을 기다리거나 메시지를 생성할 때까지 기다리지 않으며, 소비자가 사용 가능하지 않을 수도 있다. 이는 한 마이크로서비스에서 다른 마이크로서비스로 비동기식 메시지 기반 명령을 보낼 때 유용하다. 마이크로서비스는 서로 다른 기술을 사용해 구현될 수 있으므로 기술과 무관하게 생산자와 소비자 마이크로서비스 간에 안정적인 메시지 전달을 구현해야 한다.

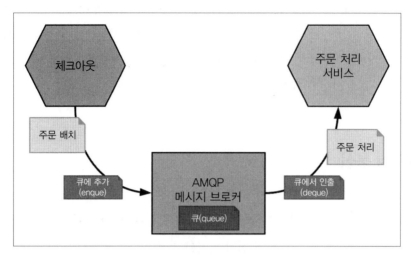

▲ 그림 3-4 AMQP를 사용한 단일 수신자 기반 비동기식 통신

AMQP^{Advanced Message Queuing Protocol} 프로토콜은 단일 수신자 기반 통신에서 가장 일반적으로 사용되는 표준이다.

AMQP

AMQP[7]는 게시자^{publisher}와 소비자^{consumer}를 다루는 메시징 프로토콜이다. 게시자는 메시지를 작성하고 소비자는 메시지를 받아 처리한다. 게시자의 메시지가 올바른 소비자에게 전달되도록 하는 것이 메시지 브로커의 역할이다. AMQP는 메시지 전달의 안정성, 신속하고 확실한 메시지 전달, 메시지 확인^{acknowledgement}을 보장한다.

온라인 소매 애플리케이션의 사용 사례에서 예제 시나리오를 살펴보자. 체크아웃 마이크로서비스가 주문 처리 마이크로서비스에 비동기 명령으로 주문을 한다고 가정하자.

---

7   https://www.amqp.org/

AMQP 메시지 브로커(RabbitMQ[8]나 ActiveMQ[9])를 멍청한 메시징 인프라로 사용하고 체크아웃 마이크로서비스가 브로커의 특정 큐에 메시지를 생성할 수 있다. 독립된 채널에서 주문 처리 마이크로서비스는 소비자로서 큐를 구독할 수 있으며 비동기식으로 메시지를 수신한다. 이 사용 사례에서는 다음과 같은 주요 구성 요소를 식별할 수 있다.

- **메시지**: 페이로드 및 메시지 속성을 포함하는 전송된 데이터 내용
- **AMQP 메시지 브로커**: 메시지 큐잉을 위한 생산자와 큐에서 메시지를 소비하는 소비자의 연결을 허용하는 AMQP 프로토콜을 구현한 중앙 애플리케이션
- **생산자**: 메시지를 대기열에 넣는 애플리케이션
- **소비자**: 대기열에서 메시지를 받는 애플리케이션

생산자는 다양한 메시지 속성을 지정할 수 있는데, 이는 브로커에게 유용한 속성이거나 소비하는 마이크로서비스에 의해서만 처리될 수 있는 속성이다.

네트워크는 불안정하므로 브로커와 마이크로서비스 간의 통신이 메시지를 처리하지 못할 수 있다. AMQP는 메시지 확인이라는 개념을 정의하며, 이는 메시지의 안정적인 전달을 구현하는 데 유용하다. 메시지가 소비자에게 전달되면, 소비자는 자동으로 또는 애플리케이션 코드에서 결정한 시점에 브로커에게 알린다. 메시지 승인 모드에서 브로커는 해당 메시지(또는 메시지 그룹)에 대한 알림을 수신할 때만 큐에서 메시지를 완전히 제거한다. 또한 대기열queue을 사용하기 때문에 메시지를 순서대로 전달하고 처리할 수 있다. AMQP에 의해 도입된 일련의 안정성 메커니즘이 있다.

브로커, 게시자, 소비자의 네트워크 상호작용 중에 오류가 발생하거나 브로커 및 클라이언트 애플리케이션의 런타임이 실패할 수 있다.

---

8   https://www.rabbitmq.com/

9   http://activemq.apache.org/

확인을 통해 소비자는 메시지를 성공적으로 수신했음을 서버에 알릴 수 있다. 마찬가지로 브로커는 승인을 사용해 메시지를 성공적으로 수신했음을 생산자에게 알릴 수 있다(예: RabbitMQ에서 확인). 따라서 수신 확인은 메시지의 수신과 소유권의 이전을 알리는 것으로, 수신자는 그에 대한 모든 책임을 진다.

AMQP 0-9-1은 애플리케이션 계층이 중단된 연결과 완전히 응답하지 않는 상대편을 신속하게 찾을 수 있도록 하트비트heartbeat 기능을 제공한다. 하트비트는 네트워크 장비와도 협업해 유휴 TCP 연결을 종료할 수 있다.

- **브로커 장애**: 브로커 장애를 처리하기 위해 AMQP 표준은 교환, 대기열, 지속성 메시지persistent message에 대한 내구성durability 개념을 정의하며, 내구성 있는 개체 혹은 지속성 메시지는 재시작 후에도 지속돼야 한다. 사용 중인 브로커에 클러스터링을 사용하자.
- **생산자 실패**: 브로커에 메시지를 생성할 때 생산자는 브로커로부터 승인받지 못한 메시지를 다시 전송해야 한다. 브로커가 (네트워크 장애 등으로 인해) 생산자에게 도달하지 못한 확인을 보냈을 수 있으므로 메시지 복제 가능성이 있다. 따라서 소비자 애플리케이션은 중복 제거deduplication를 수행하거나 멱등적 방식idempotent manner으로 수신 메시지를 처리해야 한다(즉, 동일한 메시지를 여러 번 처리하더라도 내부 상태가 변경되지 않아야 한다).

네트워크 장애(또는 런타임 충돌)가 발생하면 메시지가 복제될 수 있으며, 소비자가 처리할 수 있도록 준비해야 한다. 가능하다는 전제하에서, 이를 처리하는 가장 간단한 방법은 소비자가 중복 제거를 명시적으로 처리하지 않고 멱등적 방식으로 메시지를 처리하도록 하는 것이다.

실패 상황에서 메시지를 라우팅할 수 없는 경우, 메시지가 게시자에게 반환되거나 삭제되거나 브로커가 확장을 구현하면 이른바 '데드 레터 큐dead letter queue'에 배치될 수 있다. 게시자는 특정 매개변수를 사용한 메시지를 게시해 이러한 상황을 처리하는 방법을 결정할 수 있다.

몇 가지 오픈소스 메시지 브로커 솔루션이 있으며, 그중 RabbitMQ가 가장 유명하고 가장 널리 사용되고 있다. 아파치 ActiveMQ^Apache ActiveMQ, ActiveMQ 아르테미스 ^ActiveMQ Artemis, 아파치 큐피드^Apache Qpid도 인기가 있다.

AMQP 사양에는 여러 버전이 있으며 v0-9-1이 가장 일반적으로 사용된다. 최신 버전은 1.0이며 아직 업계에서 완전히 채택되지 않았다. 마이크로서비스 아키텍처 관점에서 AMQP 프로토콜의 세부 사항은 배우지 않아도 된다. 제공하는 기능과 메시징 패턴에 대한 기초 지식만으로도 충분하다. AMQP는 또한 단일 수신자 기반 교환 외에 팬아웃^fan-out, 토픽, 헤더 기반 교환과 같은 다른 메시지 교환 스타일을 정의한다.

중요 AMQP 메시지 브로커는 일반적으로 모놀리식 런타임으로 개발되며 마이크로서비스 아키텍처 전용으로 사용되도록 고안되지 않았다. 따라서 대부분의 브로커에는 비즈니스 로직을 브로커 내부에 배치할 수 있는 다양한 기능이 있다(예: 라우팅). 따라서 이러한 브로커를 사용할 때는 각별히 주의해야 하고, 이러한 브로커를 멍청한 브로커(dumb broker)로만 사용해야 한다. 모든 비동기식 메시징으로 전달되는 지식은 서비스 로직에만 있어야 한다.

여기서는 4장에서 설명한 것과 유사한 사용 사례 개발을 논의한다.

다중 수신자

하나의 생산자가 생성한 비동기 메시지가 둘 이상의 소비자에게 전달돼야 하는 경우에는 게시자-구독자 또는 다중 수신자 스타일 통신이 유용하다.

사용 사례의 예로 제품의 가격 업데이트에 대한 정보를 생성하는 제품 관리 서비스가 있다고 가정하자. 이 정보는 쇼핑 카트, 사기 탐지, 구독 등과 같은 여러 마이크로서비스에 전파돼야 한다. 그림 3-5에서 볼 수 있듯이, 통신 인프라로 이벤트 버스를 사용할 수 있으며 제품 관리 서비스는 가격 업데이트 이벤트를 특정 토픽에 게시할 수 있다. 가격 업데이트 이벤트 수신에 관심이 있는 서비스는 동일한 토픽을 구독해야한다. 관심 있는 서비스는 이벤트 버스에서 이벤트 브로드캐스팅broadcasting 시 사용 가능한 경우에만 구독한 토픽에 대한 이벤트를 수신한다. 브로드캐스팅 기본 이벤트 버스 구현이 이를 지원한다면 구독자는 영구 구독자로 구독할 수 있는 옵션을 가지며, 이 경우에 가입자는 이벤트 브로드캐스팅 시 오프라인 상태임에도 불구하고 모든 이벤트를 수신한다.

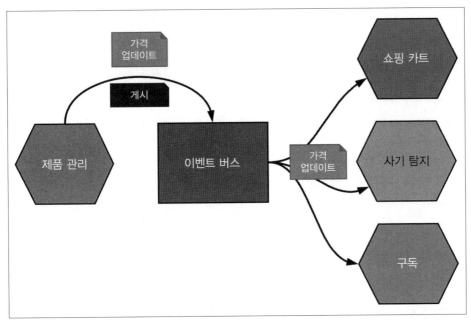

▲ 그림 3-5 다중 수신자(게시-구독) 기반 비동기식 통신

게시publish-구독subscribe 메시징을 지원하는 여러 메시징 프로토콜이 있다. 대부분의 AMQP 기반 브로커는 게시-구독을 지원하지만, 카프카Kafka(자체 메시징 프로토콜이 있음)는 마이크로서비스 간 다중 수신자/게시-구독 유형 메시징에 가장 널리 사용되는 메시지 브로커다. 카프카를 자세히 알아보고 카프카와 함께 이 구현을 다시 살펴보자.

카프카

아파치 카프카[10]는 분산 게시-구독 메시징 시스템이다. 카프카 내의 데이터는 견고하게 순서대로 저장되며 결정적으로 읽을 수 있기 때문에 분산 커밋 로그라고도 한다. 또한 장애 처리와 확장성^{scalability}을 위해 카프카 시스템 내에 데이터가 분산된다.

카프카를 사용해 게시자-구독자 시나리오를 구현하는 방법을 자세히 살펴보자. 그림 3-6에 설명된 것처럼, 카프카를 분산 게시-구독 메시징 시스템으로 사용해 여러 마이크로서비스 비동기 메시징 시나리오를 구축할 수 있다.

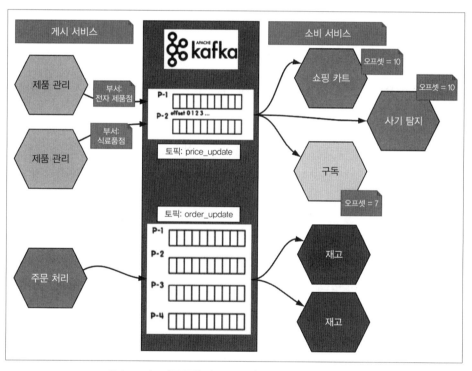

▲ 그림 3-6 카프카를 통한 다중 수신자(게시-구독) 기반 비동기식 통신

---

10 https://kafka.apache.org/

카프카에서 사용되는 데이터 단위를 메시지(바이트 배열)라고 한다. 다른 메시징 프로토콜과 달리, 그 안에 포함된 데이터는 카프카에 특정 형식이나 의미가 없다. 메시지는 메시지를 게시하거나 사용하는 데 도움이 될 수 있는 메타데이터를 포함할 수 있다.

카프카의 이러한 메시지는 토픽으로 분류된다. 특정 토픽은 선택적으로 여러 파티션으로 분할할 수 있다. 파티션은 주어진 토픽의 논리적 및 물리적 구성 요소로, 생산자가 쓰기를 할 때 파티션을 결정할 수 있다. 이것은 일반적으로 키^{key}로 알려진 메시지 메타데이터를 사용해 수행된다. 카프카는 키의 해시를 생성해 특정 파티션에 매핑한다(즉, 주어진 키로 생성된 모든 메시지는 동일한 파티션에 있다). 파티션은 소비를 병렬화하고 단일 노드의 처리량 제한을 넘어서 토픽을 확장하기 위한 카프카의 기본 메커니즘이다. 각 파티션은 다른 노드에서 호스팅될 수 있다.

각 메시지는 오프셋 번호와 함께 파티션에 기록된다. 오프셋은 파티션 시작 시 0에서 시작하는 위치의 증분 번호다.

생산자는 메시지를 특정 토픽에 쓴다. 기본적으로 생산자는 특정 메시지가 작성된 파티션을 신경 쓰지 않고 토픽의 모든 파티션에 메시지를 균등하게 분배한다. 경우에 따라 생산자는 메시지 메타데이터 키를 사용해 메시지를 특정 파티션으로 보낸다.

소비자는 하나 이상의 토픽을 구독하고 생성된 순서대로 메시지를 읽는다. 소비자는 메시지 오프셋을 추적해 이미 사용한 메시지를 추적한다. 지정된 파티션의 각 메시지에는 고유한 오프셋이 있다. 각 파티션에 대해 마지막으로 소비된 메시지의 오프셋을 (주키퍼^{Zookeeper} 또는 카프카에) 저장함으로써 소비자는 위치를 잃지 않고 중지했다가 다시 시작할 수 있다.

소비자는 소비자 그룹의 일부로 동작하며, 하나 이상의 소비자가 함께 협력해 토픽을 소비한다. 그룹은 한 소비자 그룹 구성원이 각 파티션의 메시지만 사용하도록 한다. 그러나 특정 소비자 그룹 구성원은 여러 파티션에서 소비할 수 있다. 분명히 소비자 그룹의 개념은 메시지 양이 많은 토픽의 소비를 수평으로 확장해야 할 때 유용하다.

이제 그림 3-6에 나와 있는 시나리오를 통해 이러한 개념을 더욱 발전시켜보자. 카프카를 기반으로 하는 다음 다중 수신자 메시징 시나리오에서는 price_update와 order_update라는 두 가지 토픽이 카프카에 생성된다.

제품 가격 업데이트 정보를 게시하는 두 개의 제품 관리 생산자(서로 다른 부서의 마이크로서비스)가 존재한다(제작자가 지정된 파티션에 명시적으로 쓰거나 파티션 간 로드를 균등하게 분배할 수 있다). price_update 토픽의 경우에는 세 개의 다른 소비자 그룹이 있다. 그들은 카프카에서 메시지를 독립적으로 읽고 자신의 오프셋을 유지한다. 예를 들어, 특정 시간 동안 가격 업데이트를 수신할 수 없도록 구독 서비스가 중단됐다고 가정하자. 구독 서비스가 다시 시작되면, 현재 저장된 오프셋을 확인하고 오프라인 상태일 때 받은 모든 이벤트를 가져올 수 있다.

order_update 토픽의 주문 처리 시나리오는 약간 다르다. 이 시나리오에서는 주문 업데이트 채널을 통해 많은 부하가 발생한다고 가정할 수 있으며, 이를 좀 더 효율적으로 처리하기 위해 소비자 측을 확장해야 한다. 따라서 두 개의 소비자가 있는 소비자 그룹을 사용하므로 여러 파티션에서 주문 업데이트 이벤트를 병렬 처리할 수 있다.

브로커라고도 하는 단일 카프카 서버는 메시지 게시 및 소비 기능을 제공한다. 다중 카프카 브로커가 단일 클러스터로 작동할 수도 있다. 클러스터의 다중 브로커 중에는 클러스터 컨트롤러 역할을 하면서 브로커에 파티션을 할당하거나 브로커 실패를 감지하는 등의 클러스터 관리 작업을 처리하는 단일 브로커가 존재한다. 파티션은 다중 브로커에 할당되며 각 파티션마다 리더^{leader} 브로커가 있다. 따라서 카프카 메시징은 여러 브로커에 파티션을 복제하고 기존 파티션 리더를 사용할 수 없는 경우 새 리더를 지정할 수 있으므로 가용성이 높다(카프카는 대부분의 조정 작업에 주키퍼를 사용한다).

클러스터링을 통해 카프카는 더욱 강력해지며 비동기식 메시징 기능을 대규모로 확장할 수 있다.

팁 카프카로 '정확히 한 번 전달(exactly-once delivery)'을 할 수 있을까? 카프카로 정확히 한 번 전달하는 방법을 다룬 흥미로운 기사[11]가 있다. 대부분의 개념은 3장에서 논의한 주요 카프카 원리에서 시작하며, 마이크로서비스 간 정확히 한 번 전달과 동일한 수준으로 전달을 보장하도록 쉽게 구축할 수 있다.

지금까지 다중 수신자 간 비동기식 메시징 시나리오를 구축하는 데 유용한 카프카의 기능 중 일부만을 선택적으로 논의했지만, 이 책의 범위에 포함되지 않는 기타 기술적인 세부 사항이 많다.

ActiveMQ와 RabbitMQ 같은 다른 브로커는 중간 규모의 단순한 비동기식 메시징 시나리오를 위한 동일한 게시-구독 메시징 기능 세트를 제공할 수 있다. 그러나 완전히 분산되고 확장 가능한 비동기식 메시징 인프라가 필요한 경우에는 카프카를 선택하는 것이 좋다. 컨플루언트 오픈소스 플랫폼Confluent Open Source Platform과 같이 카프카 위에 여러 기능을 추가한 다양한 비동기 메시징 및 이벤트 스트림 처리 솔루션이 존재한다.

기타 비동기식 통신 프로토콜

여기서 소개하지 않은 비동기식 메시징 프로토콜도 많다. MQTT[12], STOMP[13], CoAP[14]도 매우 유명하다. 전문 지식이 있다고 생각하고 그중 하나가 마이크로서비스 메시징에 가장 적합한 기술 선택이라고 판단되면 활용하자. 이러한 프로토콜은 마이크로서비스 분야에서 중요한 명시적인 특성이 없으므로 세부적으로 다루지 않는다.

---

11 https://medium.com/@jaykreps/exactly-once-support-in-apache-kafka-55e1fdd0a35f

12 http://mqtt.org/

13 https://stomp.github.io/

14 http://coap.technology/

동기식 통신 대 비동기식 통신

이 시점에서는 동기식 및 비동기식 메시징 기술을 제대로 이해해야 한다. 마이크로서비스 아키텍처 구현에서 이러한 커뮤니케이션 스타일을 언제 사용해야 하는지 이해하는 것은 매우 중요하다.

동기식 통신과 비동기식 통신의 주요 차이점은 클라이언트와 서버 간 연결을 유지할 수 없는 시나리오의 존재 유무에 있다. 이러한 시나리오에서는 내구성 있는 단방향 통신이 더 실용적이다. 요청 응답 스타일의 상호작용을 제공하는 서비스를 구축해야 하는 시나리오에서는 동기식 통신이 더 적합하다. 메시지가 이벤트 중심이며 클라이언트가 즉시 응답을 기대하지 않으면 비동기식 통신이 더 적합하다.

그러나 많은 서적과 논문에서 동기식 통신은 나쁜 것으로 치부되며, 마이크로서비스 자율성을 위해 비동기식 통신만 사용해야 한다고 강조한다. 대부분의 경우, 동기식 통신과 비동기식 통신의 비교는 동기식 통신에서 지정된 스레드가 응답을 기다릴 때까지 블로킹되는 방식으로 해석된다. 대부분의 동기식 메시징 구현은 완전한 비블로킹 메시징 아키텍처를 기반으로 하기 때문에 이는 전적으로 잘못된 것이다(즉, 클라이언트 쪽 발신자가 요청을 보내고 콜백을 등록하면 스레드가 반환된다. 응답이 수신되면 원래 요청과 상관되며 응답이 처리된다).

따라서 이러한 통신 스타일을 실용적으로 사용하려면 사용 사례에 따라 통신 스타일을 선택해야 한다.

단기간 실행되는 상호작용에서 클라이언트와 서비스가 요청-응답 스타일로 통신해야 하는 시나리오에서는 동기 통신이 필수다. 예를 들어 온라인 소매 사용 사례의 경우, 검색어를 제출하고 검색 결과를 즉시 보길 원하므로 제품 검색 서비스가 동기 방식으로 통신한다. 주문 배치 또는 처리와 같은 시나리오는 본질적으로 비동기적이다. 따라서 비동기 메시징 스타일이 이러한 시나리오에 가장 적합하다.

메시지 포맷/타입

마이크로서비스 아키텍처에서 일반적으로 사용되는 몇 가지 통신 스타일과 프로토콜을 살펴봤다. 마이크로서비스 간의 정보 교환은 메시지 교환을 기반으로 하며, 이러한 시나리오에서 사용할 메시지 형식을 결정하는 것이 중요하다.

JSON과 XML

대부분의 REST 기반 마이크로서비스 구현에서 JSON은 단순성, 가독성, 성능으로 인해 사실상의 메시지 교환 형식이라 할 수 있다. 그러나 SOAP 기반이 아닌 XML 기반의 일부 서비스도 존재한다. 그러나 둘 다 강력한 타입 처리와 스키마 버전 간의 호환성 같은 중요한 기능이 부족하다. 서비스가 외부 소비자에게 노출되는 대부분의 시나리오에서는 JSON을 메시지 타입으로 많이 사용하지만, XML의 사용은 특정 사용 사례로 상당히 제한된다. 서비스 개발의 일부로, 서비스는 수신한 JSON 또는 XML 메시지를 처리하고 이를 서비스 코드에서 사용되는 타입으로 매핑해야 한다.

프로토콜 버퍼

gRPC와 같은 통신 스타일에서는 메시지 형식이 잘 정의돼 있으며 프로토콜 버퍼와 같은 전용 데이터 교환 형식을 사용한다. 서비스 개발자는 지정된 메시지 형식으로 메시지를 처리하는 것을 걱정하지 않아도 된다. 마샬링과 언마샬링 중에 필요한 모든 타입 매핑이 수행되고 사용자는 잘 정의된 타입만 처리한다. 유연하고 효율적이며 자동화된 데이터 직렬화 및 역직렬화 메커니즘으로 인해 프로토콜 버퍼는 내부 서비스 간의 높은 처리량이 필요한 동기식 메시징에 이상적이다. 현재 마이크로서비스 통신에서는 gRPC 기반 서비스를 사용해 프로토콜 버퍼가 많이 적용되고 있다.

에이브로

아파치 에이브로^{Apache Avro}[15]는 JSON과 XML 같은 대부분의 기존 데이터 교환 형식에 따르는 주요 제한 사항을 해결한다. 에이브로는 데이터 표현을 위한 풍부한 데이터 구조, 컴팩트한 포맷, 다양한 프로그래밍 언어를 위한 뛰어난 바인딩, JSON과의 직접 매핑, 순수한 JSON으로 정의된 확장 가능한 스키마 언어를 제공하는 데이터 직렬화 시스템이다.

따라서 에이브로는 마이크로서비스 구현의 비동기식 메시징 시나리오 대다수에서 많이 사용된다. 예를 들어 대부분의 카프카 기반 메시징 시스템은 에이브로를 활용해 메시지 생성 및 소비에 대한 스키마를 정의한다.

서비스 정의 및 계약

서비스로 구현된 비즈니스 기능이 있는 경우에는 서비스 계약을 정의하고 공개해야 한다. 기존의 모놀리식 애플리케이션에서는 애플리케이션의 비즈니스 기능을 정의하는 기능이 거의 없었다. SOA/웹 서비스 세계에서 WSDL은 서비스 계약을 정의하는 데 사용되지만, WSDL은 미묘하게 복잡하고 SOAP에 밀접하게 연결돼 있으므로 마이크로서비스 계약을 정의하기 위한 이상적인 솔루션은 아니다.

REST 아키텍처 스타일 위에 마이크로서비스를 구축하므로 동일한 REST API 정의 기술을 사용해 마이크로서비스 계약을 정의할 수 있다. 따라서 마이크로서비스는

---

15 https://avro.apache.org/

OpenAPI[16]와 같은 표준 REST API 정의 언어를 사용해 서비스 계약을 정의한다. 리소스 기반 아키텍처에 맞지 않는 서비스라면 GraphQL 스키마를 활용할 수 있다.

'gRPC' 절에서 살펴봤듯이, 서비스의 프로토콜 버퍼 정의는 gRPC 기반 서비스의 서비스 정의이면서 계약이다(스리프트와 같은 다른 RPC 스타일에도 정의인 동시에 계약인 개념이 동일하게 적용된다). 서비스 정의는 동기식 통신에 적용 가능하다. 비동기식 이벤트 기반 통신을 위한 서비스 계약을 정의하는 표준 방법은 없다.

요약

3장에서는 마이크로서비스 영역에서 서비스 간 통신을 위한 패턴들과 이러한 패턴들을 구현하기 위한 프로토콜을 설명했다. 마이크로서비스 간의 동기식 메시징에 가장 일반적으로 사용되는 REST와 gRPC의 기본 사항을 자세히 살펴봤으며, 비동기 메시징 스타일로 안정성 있는 단일 소비자/포인트 간 비동기 메시징에 일반적으로 사용되는 방법인 AMQP 프로토콜을 배웠다. 게시자-구독자/다중 수신자 유형 통신의 경우에는 카프카가 일반적으로 메시징 인프라로 사용된다.

그러나 서비스 상호작용, 조합, 오케스트레이션, 또는 코레오그래피choreography를 구현하는 방법은 자세히 다루지 않았다. 7장에서는 이러한 주제를 다루고, 회로 차단기와의 복원력 있는 통신, 타임아웃 등과 같은 서비스 상호작용의 필수 기능을 자세히 설명한다. 또한 서비스 거버넌스(6장)와 서비스 정의 및 API(10장, 'API, 이벤트, 스트림')만을 다루는 별도의 장도 마련해뒀다.

---

16 https://www.openapis.org/

4장

서비스 개발

넷플릭스는 견고한 조직을 구축하기 위해 세 단계를 밟았다.[1] 첫 번째 단계는 모든 개발자를 해당 서비스의 운영자로 취급하는 것이다. 두 번째는 각 실패를 배우는 기회로 취급하는 것이고, 세 번째는 비난 없는 문화를 조성하는 것이다. 이 세 가지 작은 단계는 넷플릭스가 마이크로서비스 분야에서 최고의 조직이 되는 데 기여했다. 많은 사람들이 넷플릭스를 통해 업무 수행 방식과 모범 사례를 배우고 있다. 넷플릭스는 실제로 전송 속도에 맞게 모든 것을 최적화했다. 이 책에서 이미 논의한 바와 같이, 마이크로서비스 디자인의 핵심 요소는 상용화 시간, 확장성, 복잡한 지역화, 복원력이다. 개발자 경험은 이러한 목표를 달성하기 위한 가장 중요한 요소 중 하나다. 마이크로서비스 환경에서 개발자 경험은 모놀리식 애플리케이션의 엔지니어링과는 상당히 다르다. 넷플릭스 사례에서 알 수 있듯이, 개발자의 작업은 코드를 소스 리포지토리source repository로 푸시하고 데브옵스 엔지니어가 변경 사항을 빌드한 후에 프로덕션으로 푸시하기를 기대하거나 지원 엔지니어가 프로덕션 환경의 이슈를 넘겨받은 후에

---

1 https://queue.acm.org/detail.cfm?id=2499552

도 끝나지 않는다. 마이크로서비스 개발 환경은 개발자의 광범위한 기술을 요구한다.

노트 대부분의 기존 애플리케이션 배포에서는 개발자가 스테이징 환경에 접근할 수 없지만, 모든 넷플릭스 개발자에게는 프로덕션 서버에 접근할 수 있는 SSH 키가 제공된다.

지난 몇 년 동안 마이크로서비스 개발을 지원하고 가속화하기 위해 개발된 많은 도구와 프레임워크가 존재한다. 널리 사용되는 도구와 프레임워크는 대부분 오픈소스다. 4장에서는 마이크로서비스 개발자가 사용할 수 있는 다양한 옵션을 설명하고, 마이크로서비스를 처음부터 구축하는 방법을 살펴본다.

개발자 도구와 프레임워크

마이크로서비스 개발자가 서로 다른 범주에서 사용할 수 있는 여러 도구와 프레임워크가 존재한다. 올바른 마이크로서비스 프레임워크를 선택하기 전에 고려해야 할 몇 가지 핵심 요소가 있다. 가장 기본적인 요구 사항 중 하나는 RESTful 서비스를 제대로 지원하는 것이다. 자바 세계에서 대부분의 개발자는 JAX-RS에 대한 지원 수준을 살펴본다.[2] 대부분의 자바 기반 프레임워크는 JAX-RS 기반 어노테이션annotation을 지원하지만, 해당 기능을 확장하기 위해 자체적인 어노테이션을 도입했다.

12 팩터 앱의 일곱 번째 요소(2장, '마이크로서비스 디자인'에서 논의)는 애플리케이션이 서드 파티 애플리케이션 서버에 의존하지 않으면서도 포트 바인딩을 수행하고 서비스로 노출해야 한다고 말한다. 이것은 모든 마이크로서비스 프레임워크에 대한 또 다른 일반적인 요구 사항이다. 리소스를 소비하고 부팅하는 데 몇 초(또는 몇 분)가 걸리는 헤비급 애플리케이션 서버에 의존하지 않고도 몇 밀리초 안에 자체 서비스 방식으로 마이크로서비스를 가동할 수 있어야 한다.

---

2 RESTful 웹 서비스용 자바 API는 JSR 339로 제안됐다.

대부분의 마이크로서비스 배포는 호스트당 서비스 모델을 따른다. 즉 하나의 호스트에 하나의 마이크로서비스만 배포되며, 대부분의 경우 호스트는 컨테이너다. 이것은 마이크로서비스 프레임워크에서 컨테이너 친화성을 위해 모두가 살펴보는 핵심적인 측면이다. '컨테이너 친화적인(또는 컨테이너 네이티브)'이란 표현의 의미는 8장, '마이크로서비스의 배포 및 실행'에서 자세히 설명한다. 개발 언어가 제공하는 보안 지원 수준은 마이크로서비스 프레임워크 선택의 또 다른 주요 차별화 요소다. 마이크로서비스를 보호하고 마이크로서비스들 사이에서 서비스 간 통신을 제공하는 방법에는 여러 가지가 있다. 11장, '마이크로서비스 보안의 기본 사항'에서 마이크로서비스 보안을 설명한다.

원격 측정 및 관찰에 대한 1등급 언어 지원은 마이크로서비스 프레임워크의 또 다른 중요한 측면이다. 그것은 프로덕션 서버의 상태를 추적하고 문제를 식별하는 데 매우 유용하다. 13장, '관찰 가능성'에서는 관찰 가능성을 논의한다. 마이크로서비스 프레임워크의 또 다른 두 가지 중요한 측면은 트랜잭션과 비동기 메시징에 대한 지원이다. 비동기 메시징은 3장, '서비스 간 통신'과 5장, '데이터 관리'에서 논의됐으며, 마이크로서비스 환경에서 트랜잭션이 처리되는 방식을 설명한다.

다음 절에서는 가장 많이 사용되는 마이크로서비스 프레임워크 및 도구를 설명한다. 4장의 뒷부분에서는 자바 개발자에게 가장 인기 있는 마이크로서비스 개발 프레임워크인 스프링 부트로 개발된 예제 세트를 살펴본다.

넷플릭스 OSS

앞서 말했듯이, 넷플릭스는 마이크로서비스 영역에서 주도적인 역할을 수행하고 있으며 마이크로서비스를 주류로 만들고 널리 채택하는 데 지대한 영향을 미쳤다. 넷플릭스의 장점은 오픈소스에 대한 약속이다. 넷플릭스 오픈소스 소프트웨어(OSS)[3] 이니

---

3 https://netflix.github.io/

셔티브initiative에는 서로 다른 범주에 속한 약 40개의 오픈소스 프로젝트가 있다(그림 4-1 참조). 다음 절에서는 넷플릭스 OSS에서 마이크로서비스 개발과 관련된 몇 가지 일반적인 도구를 설명한다.

네뷸라

네뷸라Nebula[4]는 넷플릭스 엔지니어가 보일러플레이트boilerplate 빌드 로직을 제거하고 온당한 규칙을 제공하도록 빌드된 그레이들 플러그인 모음이다. 네뷸라의 목표는 넷플릭스 프로젝트에 필요한 일반적인 빌드, 릴리스, 테스트, 패키징 작업을 단순화하는 것이다. 넷플릭스는 자바 애플리케이션에 가장 적합하다고 판단해서 메이븐 대신 그레이들을 빌드 도구로 선택했다.

스피너커

스피너커Spinnaker[5]는 소프트웨어 변경 사항을 신속하고 확실하게 릴리스할 수 있는 멀티 클라우드를 위한 지속적인 배포 플랫폼이다. 이는 강력하고 유연한 파이프라인 관리 시스템을 AWS EC2, 쿠버네티스, 구글 컴퓨트 엔진Google Compute Engine(GCE), 구글 쿠버네티스 엔진Google Kubernetes Engine(GKE), 구글 앱 엔진Google App Engine, 마이크로소프트 애저Microsoft Azure, 오픈스택OpenStack을 포함한 주요 클라우드 제공자와 통합한다.

유레카

유레카Eureka[6]는 미들티어middle-tier 서버의 로드밸런싱과 페일오버failover를 위해 서비스를 선택하고자 AWS 클라우드에서 주로 사용되는 RESTful 서비스다. 마이크로서비스 배포에서 유레카를 레지스트리로 사용해 엔드포인트를 검색할 수 있다.

---

4   https://nebula-plugins.github.io

5   https://www.spinnaker.io/

6   https://github.com/Netflix/eureka

아르케이우스

아르케이우스^{Archaius}**7**에는 넷플릭스에서 사용되는 일련의 구성 관리^{configuration} ^{managment} API가 포함돼 있다. 아르케이우스는 런타임에 구성을 동적으로 변경해 프로덕션 시스템이 다시 시작하지 않고도 구성을 변경할 수 있게 한다. 아르케이우스는 빠르고 스레드 안전^{thread-safe}하게 속성에 접근할 수 있도록 구성 상위에 선택된 속성을 포함하는 캐시 계층을 추가한다. 또한 구성 계층 구조를 만들어 간단하고 빠르며 스레드 안전한 방식으로 최종 속성 값을 결정한다.

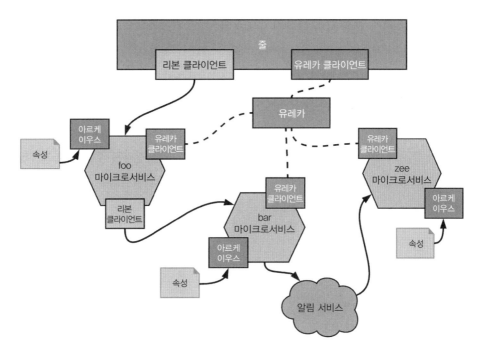

▲ 그림 4-1 넷플릭스 OSS 배포

---

7   http://netflix.github.io/archaius/

리본

리본Ribbon[8]은 (클라이언트 측 로드밸런싱에 주로 사용되는) 소프트웨어 로드밸런서가 내장된 프로세스 간 통신 (원격 프로시저 호출) 라이브러리다. 주로 다양한 직렬화 체계를 지원하는 REST 호출에 사용된다.

히스트릭스

히스트릭스Hystrix[9]는 원격 시스템, 서비스, 서드 파티 라이브러리에 대한 접근 지점을 격리하고 실패 전파를 중단시키며 장애가 불가피한 복잡한 분산 시스템에서 복원력을 위한 대기 시간 설정 및 내결함성을 제공하는 라이브러리다. 히스트릭스는 2장에서 설명한 여러 복원력 패턴을 구현한다. 격벽 패턴을 사용해 종속성을 서로 분리하고 그중 하나에 대한 동시 접근을 제한하며, 회로 차단기 패턴을 사용해 결함이 있는 엔드포인트와의 통신을 사전에 차단한다. 히스트릭스는 회로 차단기에 성공, 실패, 거부, 타임아웃을 보고하며 통계를 계산하는 롤링 카운터 세트를 유지한다. 히스트릭스는 이 통계를 사용해 특정 시점에서 복구 기간이 경과할 때까지 후속 요청을 차단해 회로가 '트립trip'되는 시점과 상태 확인 후 회로가 다시 연결되는 시점을 결정한다.[10]

줄

줄Zuul[11]은 동적 라우팅, 모니터링, 복원력, 보안 등을 제공하는 게이트웨이 서비스다. 줄은 넷플릭스 서버 인프라의 정문 역할을 해서 전 세계 모든 넷플릭스 사용자의 트래픽을 처리한다. 또한 요청을 라우팅하고 개발자 테스트와 디버깅을 지원하며, 넷플릭스의 전반적인 서비스 상태에 대한 심층적인 인사이트를 제공하고 공격으로부터

8 　https://github.com/Netflix/ribbon

9 　https://github.com/Netflix/hystrix

10 　https://github.com/Netflix/Hystrix/wiki/How-it-Works

11 　https://github.com/Netflix/zuul

보호한다. AWS 리전^{AWS region}에 문제가 있을 때는 다른 클라우드 리전으로 트래픽을 전달한다.

스프링 부트

스프링 부트[12]는 자바 개발자에게 가장 인기 있는 마이크로서비스 개발 프레임워크다. 정확하게 말하면, 스프링 부트는 스프링을 위한 독단적인[13] 런타임으로 많은 복잡성을 제거한다. 스프링 부트는 독단적이지만 개발자가 많은 기본 선택을 무시할 수 있도록 허용한다. 많은 자바 개발자가 스프링에 익숙하고 개발 용이성은 마이크로서비스 세계에서 중요한 성공 요인이므로 스프링 부트가 많이 채택됐다. 스프링을 사용하지 않는 자바 개발자라도 스프링 부트라는 이름은 대부분 알 것이다. 스프링에서 작업해봤다면, 분명히 큰 XML 구성 파일을 처리하는 일이 얼마나 고통스러울지 걱정될 것이다. 스프링과 달리 스프링 부트는 '설정보다는 관례^{convention over configuration}'를 완전히 신뢰한다(더 이상 XML 지옥은 없다!).

노트 '설정보다는 관례'(관례 기반 코딩이라고도 함)는 소프트웨어 프레임워크에서 사용하는 소프트웨어 디자인 패러다임으로, 프레임워크를 사용하는 개발자가 유연성을 잃지 않고 내려야 할 결정의 수를 줄일 수 있도록 노력한다.[14]

스프링 클라우드^{Spring Cloud}[15]는 스프링 부트에 이어 2015년 3월에 출시됐다. 스프링 클라우드는 개발자가 분산 시스템에서 몇 가지 공통 패턴을 빠르게 빌드할 수 있는 도구를 제공한다. 스프링 클라우드는 스프링 부트와 함께 마이크로서비스 개발자에게 훌륭한 개발 환경을 제공한다. 스프링 클라우드의 또 다른 기능은 자동 구성과 스

---

12 https://projects.spring.io/spring-boot/
13 독단적인 프레임워크는 개발자가 한 가지 방법으로 일을 처리하도록 안내하거나 제한한다.
14 https://en.wikipedia.org/wiki/Convention_over_configuration
15 http://projects.spring.io/spring-cloud/

프링 환경 및 기타 스프링 프로그래밍 모델 표현 양식에 대한 바인딩을 통해 스프링 부트 앱에 넷플릭스 OSS 통합을 제공한다는 것이다. 간단한 어노테이션 몇 개를 사용하면 애플리케이션 내부의 공통 패턴을 활성화 및 구성하고 넷플릭스 OSS 구성 요소를 사용해 대규모 분산 시스템을 구축할 수 있다. 제공되는 패턴에는 유레카의 서비스 검색, 히스트릭스의 회로 차단기, 줄의 지능형 라우팅, 리본을 사용한 클라이언트 측 로드 밸런싱이 포함된다. 4장의 뒷부분에서 설명할 코드 예제에서는 스프링 부트와 스프링 클라우드를 사용한다.

노트 데이비드 하이네마이어 핸슨(David Heinemeier Hansson)은 루비 온 레일즈(Ruby on Rails) 웹 프레임워크의 철학을 설명하기 위해 '설정보다는 관례'를 처음 도입했다. 널리 사용되는 빌드 자동화 도구인 아파치 메이븐도 동일한 철학을 따른다.

이스티오

이스티오Istio는 마이크로서비스를 연결, 관리, 보안할 수 있는 균일한 방법을 제공하는 개방형 플랫폼이다. 이스티오는 마이크로서비스 코드를 변경하지 않고도 마이크로서비스 간의 트래픽 흐름 관리, 접근 정책 시행, 원격 측정 데이터 집계를 지원한다. 이스티오는 구글, IBM, 리프트Lyft 등의 강력한 지원을 받아 마이크로서비스 분야에서 최고의 서비스 메시 제품 중 하나로 손꼽힌다. 서비스 메시는 9장, '서비스 메시'에서 자세히 설명한다. 현재 서비스 메시는 마이크로서비스 아키텍처의 한 가지 구성 요소로 자리매김했으며 재시도, 타임아웃, 회로 차단기, 격벽과 같이 2장에서 설명한 복원력 패턴을 준수해 라우팅 규칙과 함께 서비스 간 통신을 용이하게 한다. 또한 성능 모니터링과 추적도 수행한다. 대부분의 경우, 서비스 메시는 사이드카(2장) 역할을 하며 핵심 마이크로서비스 구현에서 공통 중첩 기능crosscutting feature을 처리해야 한다. 이스티오는 9장에서 자세히 다룬다.

드롭위저드

드롭위저드Dropwizard는 자바에서 마이크로서비스를 개발하기 위해 널리 사용되는 프레임워크다. 이 라이브러리는 일련의 라이브러리를 연결하는 약간의 독단적인 글루 코드glue code로 잘 알려져 있다. 드롭위저드에는 HTTP 요청을 제공하는 제티Jetty가 포함돼 있다. 제티[16]는 웹 서버와 `javax.servlet` 컨테이너를 제공하고 HTTP/2, 웹소켓, OSGi, JMX, JNDI, JAAS[17]와 기타 여러 통합을 지원한다. 드롭위저드에서 REST와 JAX-RS(JSR 311및 JSR 339)에 대한 지원은 저지Jersey를 통해 제공된다. 저지[18]는 JAX-RS 참조 구현체다. 또한 JSON 구문 분석 및 빌드를 위해 잭슨Jackson[19]과 로그를 위한 로그백Logback[20]을 통합한다. 로그백은 널리 사용되는 log4j 프로젝트의 후속 버전이다.

메트릭 지원은 모든 마이크로서비스 프레임워크의 핵심 기능이며, 드롭위저드는 메트릭Metrics[21] 자바 라이브러리를 포함해 실행 중인 애플리케이션과 관련된 원격 측정 데이터를 수집한다. 드롭위저드는 데이터베이스 스키마 변경 사항을 추적, 관리, 적용하기 위한 데이터베이스 독립적인 오픈소스 라이브러리 리퀴베이스Liquibase[22]도 포함한다. 리퀴베이스는 특히 애자일Agile 소프트웨어 개발 환경에서 데이터베이스 변경 사항을 쉽게 추적할 수 있다. 드롭위저드와의 데이터베이스 통합은 Jdbi와 하이버네이트Hibernate를 통해 수행된다. Jdbi[23]는 JDBC의 거친 인터페이스를 개선하기 위해 JDBC를 기반으로 구축돼 도메인 데이터 유형에 쉽게 바인딩 가능한 좀 더 자연스러

---

16 http://www.eclipse.org/jetty/

17 자바 개발자라면 이 용어들에 이미 익숙할 것이다.

18 https://jersey.github.io/

19 https://github.com/FasterXML/jackson

20 https://logback.qos.ch/

21 http://metrics.dropwizard.io/

22 https://www.liquibase.org/

23 http://jdbi.org/

운 자바 데이터베이스 인터페이스를 제공한다. ORM[Object Relational Mapping]과는 달리, 숨겨진 복잡성 대신 완전한 객체 관계형 매핑 프레임워크를 제공하는 것이 아니라 애플리케이션에 적합한 관계와 객체 간 매핑을 구성하는 빌딩 블록을 제공한다. 하이버네이트[24]는 자바 개발자들이 가장 많이 사용하는 ORM 프레임워크다.

드롭위저드는 스프링 부트보다 더 긴 역사를 갖고 있으며, 실제로 스프링 부트는 드롭위저드의 성공에 영향을 받았다. 드롭위저드는 2011년 말 야머[Yammer]에 재직 중이던 코다 헤일[Coda Hale][25]에 의해 처음 발표됐다. 그러나 더 나은 개발자 경험, 강력한 커뮤니티 지원, 피보탈의 지원 덕분에 현재는 스프링 부트가 더 나은 옵션이다.

Vert.x

Vert.x[26]는 JVM[Java Virtual Machine] 기반의 자바, 자바스크립트, 그루비, 루비, 실론[Ceylon], 스칼라, 코틀린을 비롯한 여러 언어를 지원하는 반응형[reactive][27] 애플리케이션 구축 툴킷이다. Vert.x는 2012년 이클립스 재단의 팀 폭스[Tim Fox]에 의해 오픈소스 프로젝트로 출발했다. 마이크로서비스가 주류가 되기 전에도 Vert.x는 마이크로서비스를 구축할 수 있는 강력한 스택을 가지고 있었다. 드롭위저드와 달리 Vert.x는 독단적이지 않은 툴킷이다. 다시 말해, 개발자가 애플리케이션을 작성하는 특정 방법을 설득하는 제한적인 프레임워크 또는 컨테이너가 아니다. 대신 Vert.x는 유용한 브릭[brick]을 많이 제공하며 개발자가 원하는 방식으로 자신의 앱을 만들 수 있다.

드롭위저드와 마찬가지로 Vert.x는 실행 중인 애플리케이션과 관련된 원격 측정 데이터를 수집하기 위해 메트릭 통합을 지원한다. 또한 일반적인 모니터링 문제에 대한

---

24 http://hibernate.org/orm/

25 https://www.linkedin.com/in/codahale/

26 https://vertx.io

27 반응형 프로그래밍은 비동기 데이터 스트림을 처리하는 프로그래밍 패러다임이다.

솔루션으로 디자인된 일련의 오픈소스 프로젝트인 Hawkular[28]와의 통합도 지원한다. 서비스 검색을 위해 Vert.x는 해시코프 컨설HashiCorp Consul[29]을 통합한다. 컨설을 사용하면 서비스를 쉽게 등록하고 DNS 또는 HTTP 인터페이스를 통해 다른 서비스를 쉽게 검색할 수 있다. Vert.x는 여러 메시지 브로커(예: 아파치 카프카와 RabbitMQ)와 여러 메시징 프로토콜(예: AMQP, MQTT, JMS, STOMP)의 통합을 지원한다.

전체 Vert.x는 마이크로서비스를 구축할 수 있는 강력한 생태계를 가지고 있지만, 스프링 커뮤니티의 강력한 지원으로 스프링 부트가 더 우위에 있다.

Lagom

Lagom[30]은 반응형 원리[31]에 따라 자바 또는 스칼라로 마이크로서비스 시스템을 구축하기 위한 독단적인 오픈소스 프레임워크다. 'lagom'은 '딱 맞는' 혹은 '충분한'을 의미하는 스웨덴어다. Lagom은 아카Akka[32]와 플레이Play[33] 프레임워크 위에 구축됐다. 아카는 자바와 스칼라를 위한 동시성이 높고 분산화된 복원력을 갖춘 메시지 기반 애플리케이션을 빌드하기 위한 툴킷이다. 플레이는 최신 웹 애플리케이션 개발에 필요한 구성 요소와 API를 통합하는 생산성 높은 자바 및 스칼라 웹 애플리케이션 프레임워크다. Lagom에서 마이크로서비스는 다음을 기반으로 한다.

- **아카 액터**: 액터 모델Actor Model을 기반으로 하는 무공유 아키텍처를 통한 격리 제공
- **아카 클러스터**: 마이크로서비스를 구성하는 개별적으로 격리된 서비스 인스턴

---

28 https://www.hawkular.org/

29 https://www.consul.io/

30 https://www.lagomframework.com/

31 https://www.reactivemanifesto.org/

32 https://akka.io/

33 https://www.playframework.com/

스 그룹의 복원력, 샤딩^{sharding}, 복제, 확장성, 로드 밸런싱 제공

- **ConductR**: 마이크로서비스 인스턴스의 하드웨어 및 런타임 관리에 대한 격리 제공[34]

Lagom은 메시지 기반 및 비동기식 통신, 분산 지속성, 개발자 생산성이라는 세 가지 디자인 원칙을 기반으로 한다. 비동기식 통신을 기본으로 하며 기본적인 지속성 모델 은 이벤트 소싱과 CQRS(10장, 'API, 이벤트, 스트림'에서 설명함)를 사용한다(확장성이 높고 복제하기 쉬운 아카 퍼시스턴스$^{Akka\ Persistence}$와 카산드라^{Cassandra}를 사용해 완전한 복원력을 제공 한다).

Lagom은 유망하고 비교적 새로운 마이크로서비스 프레임워크다.

스프링 부트 시작하기

이 절에서는 스프링 부트를 사용해 마이크로서비스를 처음부터 개발할 수 있는 방법 을 살펴본다. 또한 지금까지 배운 디자인 개념 중 일부를 구현하는 방법도 살펴본다. 예제를 실행하려면 자바 8 이상 버전[35], 메이븐 3.2 이상 버전[36], 깃 클라이언트가 필 요하다. 설치가 완료되면, 명령줄에서 다음 두 명령을 실행해 모든 것이 올바르게 작 동하는지 확인하자. 자바 또는 메이븐을 설정하는 데 도움이 필요하다면, 온라인상에 서 많은 참고 자료를 찾아볼 수 있다.

```
\>java -version
java version "1.8.0_121" Java(TM) SE Runtime Environment
(build 1.8.0_121- b13)
Java HotSpot(TM) 64-Bit Server VM (build 25.121-b13, mixed mode)
```

---

34 https://www.infoq.com/news/2016/03/lagom-microservices-framework

35 https://bit.ly/1fVVCC

36 https://maven.apache.org/download.cgi

```
\>mvn -version
Apache Maven 3.5.0 (ff8f5e7444045639af65f6095c62210b5713f426; 2017-04- 03T12:39:06-
07:00)
Maven home: /usr/local/Cellar/maven/3.5.0/libexec
Java version: 1.8.0_121, vendor: Oracle Corporation
Java home: /Library/Java/JavaVirtualMachines/jdk1.8.0_121.jdk/Contents/ Home/jre
Default locale: en_US, platform encoding: UTF-8 OS name: "mac os x", version:
"10.12.6", arch: "x86_64", family: "mac
```

이 책에 사용된 모든 샘플은 깃 저장소 https://github.com/microservices-for-ent
erprise/samples.git에서 사용할 수 있다. 다음 git 명령을 사용해 소스를 복제하자.
4장과 관련된 모든 샘플은 ch04 디렉터리 안에 있다.

```
\> git clone https://github.com/microservices-for-enterprise/samples.git
\> cd samples/ch04
```

메이븐을 좋아하는 사람이라면, 스프링 부트 프로젝트를 시작하는 가장 좋은 방법은
메이븐 원형^{archetype}을 사용하는 것이다. 하지만 불행히도 그 방법은 더 이상 지원되
지 않는다. 다른 한 가지 옵션은 https://start.spring.io/를 통해 템플릿 프로젝트를
만드는 것인데, 이는 스프링 이니셜라이저^{Spring Initializer}로 알려져 있다. 여기서는 생성
하려는 프로젝트 유형을 선택하고, 프로젝트 종속성을 선택하고, 이름을 지정하고,
메이븐 프로젝트를 ZIP 파일로 다운로드할 수 있다. 다른 옵션은 STS^{Spring Tool Suite}[37]
를 사용하는 것이다. STS는 이클립스 프로젝트 위에 빌드된 IDE(통합 개발 환경)이며
스프링 프로젝트를 작성하는 데 유용한 많은 플러그인을 갖고 있다. 그러나 이 책에
서는 깃[38] 저장소를 통해 코딩 샘플을 제공한다.

---

37 https://spring.io/tools

38 https://github.com/microservices-for-enterprise/samples.git

Hello World!

이것은 가장 간단한 마이크로서비스이며, ch04/sample01 디렉터리에서 코드를 찾을 수 있다. 메이븐으로 프로젝트를 빌드하려면 다음 명령을 사용하자.

```
\> cd sample01
\> mvn clean install
```

코드를 자세히 알아보기 전에 ch04/sample01/pom.xml에 추가된 주목할 만한 메이븐 종속성과 플러그인 중 일부를 살펴볼 것이다.

스프링 부트는 서로 다른 스프링 모듈과 통합하기 위해 서로 다른 시작 의존성starter dependency을 제공한다. spring-boot-starter-web 의존성은 톰캣Tomcat과 스프링 MVC를 가져오고 개발자의 작업을 최소화하면서 구성 요소 사이의 모든 연결을 수행한다. spring-boot-starter-actuator 종속성은 애플리케이션을 모니터링하고 관리하는 데 도움이 되는 프로덕션 지원 기능을 제공한다.

```
<dependency>
  <groupId>org.springframework.boot</groupId>
  <artifactId>spring-boot-starter-web</artifactId>
</dependency>
<dependency>
  <groupId>org.springframework.boot</groupId>
  <artifactId>spring-boot-starter-actuator</artifactId>
```

```
</dependency>
```

pom.xml 파일에는 spring-boot-maven-plugin 플러그인도 있으며, 이를 통해 메이븐
에서 스프링 부트 서비스를 시작할 수 있다.

```
<plugin>
  <groupId>org.springframework.boot</groupId>
  <artifactId>spring-boot-maven-plugin</artifactId>
</plugin>
```

이제 클래스 파일 src/main/java/com/apress/ch04/sample01/service/OrderProc
essing.java에서 checkOrderStatus 메서드를 살펴보자. 이 메서드는 주문 ID를 승인하
고 주문 상태를 반환한다. 다음 코드에는 세 가지 주목할 만한 어노테이션이 사용된
다. @RestController는 해당 클래스를 REST 엔드포인트로 표시해 JSON 페이로드를
승인하고 생성하는 클래스 레벨 어노테이션이다. @RequestMapping 어노테이션은 클래
스 레벨과 메서드 레벨 모두에서 정의할 수 있다. 클래스 레벨 어노테이션의 value 속
성은 해당 엔드포인트가 등록되는 경로를 정의한다. 메서드 레벨의 어노테이션 value
속성도 동일하게 클래스 레벨 경로에 추가된다. 중괄호로 정의된 것은 경로의 모든
변수 값에 대한 자리 표시자다. 예를 들어 /order/101과 /order/102(101과 102는 주문 ID
임)에 대한 GET 요청이 checkOrderStatus 메서드에 도달한다. 실제로 value 속성의 값
은 URI 템플릿이다.[39] @PathVariable 어노테이션은 @RequestMapping 어노테이션의
value 속성 아래에 정의된 URI 템플릿에서 제공된 변수를 추출해 메서드 시그니처에
정의된 변수에 바인드한다.

```
@RestController
@RequestMapping(value = "/order")
```

---

39 https://tools.ietf.org/html/rfc6570

```java
public class OrderProcessing {
  @RequestMapping(value = "/{id}", method = RequestMethod.GET)
  public String checkOrderStatus
    (@PathVariable("id") String orderId)
  {
      return ResponseEntity.ok("{'status' : 'shipped'}");
  }
}
```

src/main/java/com/apress/ch04/sample01/OrderProcessingApp.java에 주목할
만한 또 다른 중요한 클래스 파일이 있다. 이것은 자체 애플리케이션 서버(이 경우에는
내장 톰캣)에서 마이크로서비스를 가동시키는 클래스다. 기본적으로 포트는 8080에서
시작하며, 예를 들어 server.port = 9000을 src/main/resources/application.proper
ties 파일에 추가해 포트를 변경할 수 있다. 이것은 서버 포트를 9000으로 설정한다.
다음은 해당 OrderProcessingApp 클래스의 코드 스니펫code snippet을 보여주며 마이크
로서비스를 가동시킨다. 클래스 수준에서 정의된 @SpringBootApplication 어노테이션
은 스프링에 정의된 네 개의 다른 어노테이션(@Configuration, @EnableAutoConfiguration,
@EnableWebMvc, @ComponentScan)의 바로 가기로 사용된다.

```java
@SpringBootApplication
public class OrderProcessingApp {
  public static void main(String[] args) {
    SpringApplication.run(OrderProcessingApp.class, args);
  }
}
```

이제 마이크로서비스를 실행하고 cURL 클라이언트와 대화하는 방법을 알아보자.
ch04/sample01 디렉터리에서 실행된 다음 명령은 메이븐을 통해 스프링 부트 애플
리케이션을 시작하는 방법을 보여준다.

```
\> mvn spring-boot:run
```

cURL 클라이언트로 마이크로서비스를 테스트하려면 다른 명령 콘솔에서 다음 명령을 사용하자. 초기 명령 후 다음과 같이 출력될 것이다.

```
\> curl http://localhost:8080/order/11 {"customer_id":"101021","order_id":"11",
"payment_method":{"card_type":"V ISA","expiration":"01/22","name":"John Doe","billing_
address":"201, 1st Street, San Jose, CA"},"items": [{"code":"101","qty":1},{"code":"103
","qty" :5}],"shipping_address":"201, 1st Street, San Jose, CA"}
```

스프링 부트 액추에이터

실행 중인 마이크로서비스에 대한 원격 측정 데이터를 수집하는 것은 매우 중요하다. 이에 관해서는 13장에서 자세히 설명한다. 이 절에서는 actuator 엔드포인트[40]를 통해 스프링 부트에서 기본 제공되는 모니터링 기능 중 일부를 살펴본다. actuator 엔드포인트 뒤에서 실행되는 여러 서비스가 있으며 대부분 기본적으로 활성화된다. 이전 절에서 논의했듯이, spring-boot-starter-actuator를 의존성에 추가하기만 하면 된다. 이전 예제의 스프링 부트 애플리케이션을 유지하고 일련의 cURL 명령을 실행해보자.

autuator/health 엔드포인트에 GET을 수행하는 다음 cURL 명령은 서버 상태를 반환한다.

```
\> curl http://localhost:8080/actuator/health
{"status":"UP"}
```

스프링 부트는 HTTP와 JMX를 통해 원격 측정 데이터를 노출한다. 보안상의 이유로

---

40 https://bit.ly/2GiRbez

모든 측정 데이터가 HTTP를 통해 노출되지는 않으며, 상태 및 정보 서비스만 노출된다. 스스로의 책임하에 HTTP를 통해 httptrace 엔드포인트를 활성화하는 방법을 살펴보자. src/main/resources/application.properties 파일에 다음을 추가하고 스프링 부트 애플리케이션을 재부팅해야 한다.

```
management.endpoints.web.exposure.include = health,info,httptrace
```

이제 마이크로서비스를 몇 번 호출해보자.

```
\> curl http://localhost:8080/order/11
\> curl http://localhost:8080/order/11
\> curl http://localhost:8080/order/11
```

다음 cURL 명령은 httptrace 엔드포인트를 호출해 HTTP 추적 정보를 반환한다.

```
\> curl http://localhost:8080/actuator/httptrace
{
  "traces":[
    {
      "timestamp":"2018-03-29T16:42:46.235Z",
      "principal":null,
      "session":null,
      "request":{
        "method":"GET",
        "uri":"http://localhost:8080/order/11",
        "headers":{
          "host":[
            "localhost:8080"
          ],
          "user-agent":[
            "curl/7.54.0"
          ],
          "accept":[
```

```
          "*/*"
        ]
      },
      "remoteAddress":null
    },
    "response":{
      "status":200,
      "headers":{
        "Content-Type":[
          "text/plain;charset=UTF-8"
        ],
        "Content-Length":[
          "7"
        ], "Date":[
          "Thu, 29 Mar 2018 16:42:46 GMT"
        ]
      }
    },
    "timeTaken":14
  }
 ]
}
```

구성 서버

2장의 12 팩터 앱에서 구성 요소는 환경별 설정을 코드에서 구성으로 분리해야 한다는 점을 강조했다. 예를 들어, LDAP 또는 데이터베이스 서버의 연결 URL은 환경별 매개변수이고 동시에 인증서다. 스프링 부트는 구성 서버를 통해 마이크로서비스 간에 구성을 공유하는 방법을 제공한다. 여러 마이크로서비스 인스턴스가 이 서버에 연결하고 HTTP를 통해 구성을 로드할 수 있다. 구성 서버는 구성을 자체 로컬 파일시스템에 유지하거나 깃에서 로드할 수 있으며, 깃에서 로드하는 것이 이상적인 방법이다. 구성 서버 자체는 또 다른 스프링 부트 애플리케이션이다. ch04/sample02에서 구성 서버의 코드를 찾을 수 있다.

ch04/sample02/pom.xml에 추가된 주목할 만한 메이븐 종속성을 살펴보자. spring-cloud-config-server 종속성은 스프링 부트 애플리케이션을 구성 서버로 전환하는 모든 구성 요소를 포함한다.

```xml
<dependency>
  <groupId>org.springframework.cloud</groupId>
  <artifactId>spring-cloud-config-server</artifactId>
</dependency>
```

스프링 부트 애플리케이션을 구성 서버로 전환하려면, 다음 코드 스니펫에 표시된 대로 src/main/java/com/apress/ch04/sample02/ConfigServerApp.java에 하나의 클래스 레벨 어노테이션만 추가하면 된다. @EnableConfigServer 어노테이션은 스프링 모듈 사이의 모든 내부 연결을 수행해 스프링 부트 애플리케이션을 구성 서버로 노출시킨다. 이것이 필요한 코드의 전부다.

```java
@SpringBootApplication
@EnableConfigServer
public class ConfigServerApp {
  public static void main(String[] args) {
    SpringApplication.run(ConfigServerApp.class, args);
  }
}
```

이 예제에서 구성 서버는 로컬 파일시스템에서 구성을 로드한다. 다음 두 가지 속성이 src/main/resources/application.properties 파일에 추가돼 서버 포트를 9000으로 변경하고 구성 서버의 native 프로파일을 사용한다. native 프로파일이 사용되면 구성은 깃이 아닌 로컬 파일시스템에서 로드된다.

```
server.port=9000
spring.profiles.active=native
```

이제 각 마이크로서비스에 대한 src/main/resources 디렉터리 내에 속성 파일을 작성할 수 있다. src/main/resources/sample01.properties 파일에서 다음 내용을 찾을 수 있는데, 이 파일은 지정된 마이크로서비스에 필요한 모든 구성 매개변수를 정의한다.

```
database.connection = jdbc:mysql://localhost:3306/sample01
```

이제 다음 명령으로 구성 서버를 시작하자. 먼저 프로젝트를 빌드한 다음 메이븐 플러그인을 통해 서버를 시작한다.

```
\> cd sample02
\> mvn clean install
\> mvn spring-boot:run
```

다음 cURL 명령을 사용해 sample01 마이크로서비스와 관련된 모든 구성을 로드하자.

```
\> curl http://localhost:9000/sample01/default
{
  "name":"sample01",
  "profiles":[
    "default"
  ],
  "label":null,
  "version":null,
  "state":null,
  "propertySources":[
    {
      "name":"classpath:/sample01.properties",
      "source":{
        "database.connection":"jdbc:mysql://localhost:3306/sample01"
      }
```

```
      }
   ]
}
```

구성 소비하기

이 절에서는 다른 마이크로서비스 내의 외부 구성에서 로드된 속성을 사용하는 방법을 살펴본다. 이 마이크로서비스에 대한 코드는 ch04/sample03에서 찾을 수 있다. 이것은 실제로는 sample01의 약간 수정된 버전이다. 추가적으로 주목할 만한 메이븐 종속성을 좀 더 알고 싶다면 ch04/sample03/pom.xml을 살펴보자. `spring-cloud-starter-config` 종속성은 원격 구성 서버에서 읽은 속성 값을 로컬 변수에 바인딩하는 데 필요한 모든 구성 요소를 제공한다.

```
<dependency>
  <groupId>org.springframework.cloud</groupId>
  <artifactId>spring-cloud-starter-config</artifactId>
</dependency>
```

다음 코드 스니펫은 수정된 sample03/src/main/java/com/apress/ch04/sample03/service/OrderProcessing.java 클래스를 보여주는데, 여기서 `dbUrl` 변수는 `@Value` 어노테이션을 통해 `database.connection` 속성에 바인딩되고 구성 서버에서 읽힌다. 속성은 시작 시 구성 서버에서 로드되므로 이 마이크로서비스를 시작하기 전에 구성 서버가 시작돼 실행 중인지 확인해야 한다.

```
@RestController
@RequestMapping(value = "/order")
public class OrderProcessing {
  @Value("${database.connection}")
  String dbUrl;
  @RequestMapping(value = "/{id}", method = RequestMethod.GET)
```

```
public ResponseEntity<?> checkOrderStatus
    (@PathVariable("id") String orderId) {
  // dbUrl의 값을 출력
  // 구성 서버에서 로드됨
  System.out.println("DB Url: " + dbUrl);
  return ResponseEntity.ok("{'status' : 'shipped'}");
  }
}
```

구성 서버 URL의 값을 설정하려면 src/main/resources/bootstrap.properties에 다음 속성을 추가해야 한다.

```
spring.cloud.config.uri=http://localhost:9000
```

또한 구성 서버의 속성 파일 이름에 해당하는 값으로 spring.application.name 속성을 src/main/resources/application.properties에 추가해야 한다.

```
spring.application.name=sample03
```

이제 다음 명령으로 구성 클라이언트를 시작하자. 먼저 프로젝트를 빌드한 다음 메이븐 플러그인을 통해 서버를 시작한다. 또한 이전 절에서 설명한 구성 서비스가 이미 실행 중인지 확인해야 한다.

```
\> cd sample03
\> mvn clean install
\> mvn spring-boot:run
```

다음 cURL 명령을 사용해 sample03 마이크로서비스와 관련된 모든 구성을 로드하자.

```
\> curl http://localhost:8080/order/11
```

모두 제대로 작동하면 명령 콘솔에서 스프링 부트 서비스(sample03)를 실행하는 다음 출력을 찾을 수 있다.

```
DB Url: jdbc:mysql://localhost:3306/sample03
```

서비스 간 통신

이 절에서는 한 마이크로서비스가 HTTP를 통해 다른 마이크로서비스와 직접 통신하는 방법을 살펴본다. 이를 위해 2장의 도메인 기반 디자인 예제를 확장했다. 그림 4-2처럼 주문 처리 마이크로서비스(sample01)는 HTTP를 통해 재고 마이크로서비스(sample04)와 직접 통신해서 재고를 업데이트한다.

먼저 재고 마이크로서비스를 시작해보자. ch04/sample04에서 재고 마이크로서비스에 대한 코드를 찾을 수 있다. 이것은 또 다른 스프링 부트 애플리케이션이며 지금까지 설명한 내용과는 전혀 다르다. src/main/java/com/apress/ch04/sample04/service/Inventory.java 클래스의 updateItems 메서드를 살펴보자. 이 메서드는 단순히 항목의 배열을 승인하고 반복해 항목 코드를 인쇄한다. 이 절 뒷부분에서 주문 처리 마이크로서비스(sample01)는 updateItems 메서드를 호출해 재고를 업데이트한다.

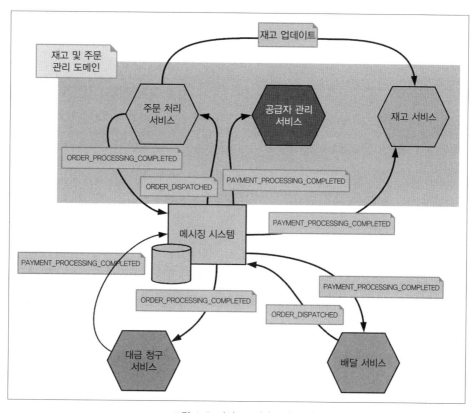

▲ 그림 4-2 마이크로서비스 간 통신

```java
@RestController
@RequestMapping(value = "/inventory")
public class Inventory {
  @RequestMapping(method = RequestMethod.PUT)
  public ResponseEntity<?> updateItems(@RequestBody Item[] items) {
    if (items == null || items.length == 0) {
      return ResponseEntity.badRequest().build();
    }
    for (Item item : items) {
      if (item != null) {
        System.out.println(item.getCode());
      }
```

```
    }
    return ResponseEntity.noContent().build();
  }
}
```

다음 메이븐 명령으로 sample04 마이크로서비스를 가동시켜보자. 그것은 포트 9000
에서 시작한다(이전에 시작한 마이크로서비스를 중지하고 포트 9000에서 다른 서비스가 실행되고
있는 것은 아닌지 확인하자).

```
\> cd sample04
\> mvn clean install
\> mvn spring-boot:run
```

이제 ch01/sample01에 있는 sample01 코드를 다시 살펴보자. 여기에는 주문을 접
수한 후 재고 마이크로서비스(sample04)와 통신하는 createOrder 메서드가 있다. src/
main/java/com/apress/ch04/sample01/service/OrderProcessing.java 클래스에
서 해당 코드를 찾을 수 있다.

```
@RequestMapping(method = RequestMethod.POST)
public ResponseEntity<?> createOrder(@RequestBody Order order) {
  if (order != null) {
    RestTemplate restTemplate = new RestTemplate();
    URI uri = URI.create("http://localhost:9000/inventory");
    restTemplate.put(uri, order.getItems());
    order.setOrderId(UUID.randomUUID().toString());
    URI location = ServletUriComponentsBuilder
      .fromCurrentRequest().path("/{id}")
      .buildAndExpand(order.getOrderId())
      .toUri();
    return ResponseEntity.created(location).build();
  }
  return ResponseEntity.status(HttpStatus.BAD_REQUEST).build();
}
```

다음 메이븐 명령으로 sample01 마이크로서비스를 가동시켜보자. sample01 서비스는 8080 포트로 시작될 것이다.

```
\> cd sample01
\> mvn clean install
\> mvn spring-boot:run
```

완전한 전체 흐름^{end-to-end flow}을 테스트하려면 다음 명령을 사용하자.

```
\> curl -v -H "Content-Type: application/json" -d
'{"customer_id":"101021","payment_method":{"card_type":"VISA","expiration": "01/22",
"name":"John Doe","billing_address":"201, 1st Street, San Jose, CA"}, "items":[{"code":
"101","qty":1},{"code":"103","qty":5}],"shipping_address": "201, 1st Street, San Jose,
CA"}' http://localhost:8080/order

HTTP/1.1
201 Location: http://localhost:8080/order/b3a28d20-c086-4469-aab8-befcf2ba3345
```

또한 항목 코드가 sample04 마이크로서비스가 실행 중인 콘솔에 출력된 것을 볼 수 있다.

gRPC 시작하기

3장에서 gRPC의 기본 사항을 논의했다. 이 절에서는 하나의 마이크로서비스가 gRPC를 통해 다른 마이크로서비스와 통신하는 방법을 살펴본다. 이전 절에서는 주문 처리 마이크로서비스(sample01)가 HTTP를 통해 재고 마이크로서비스(sample04)와 직접 대화해서 인벤토리를 업데이트하는 방법을 살펴봤다. 여기서 sample01 및 sample04 마이크로서비스를 수정하고 sample06과 sample05라는 두 개의 새로운 마이크로서비스를 구축했다. sample05 또는 재고 마이크로서비스는 gRPC 서버로

작동하고 sample06 또는 주문 처리 마이크로서비스는 gRPC 클라이언트로 작동한
다. 이 두 마이크로서비스의 소스 코드는 ch04/sample05와 ch04/sample06에 있다.
그림 4-3은 이 연습의 설정을 보여준다.

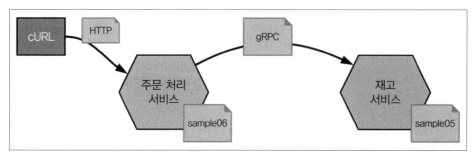

▲ 그림 4-3 gRPC를 통한 마이크로서비스 간 통신

gRPC 서비스 구축

먼저 IDL^{Interface Definition Language}을 만들어야 한다. IDL은 sample05/src/main/
proto/InventoryService.proto에서 찾을 수 있다. 나중에 메이븐 플러그인을 사용해
이 IDL 파일에서 자바 클래스를 빌드할 예정이며, 메이븐 플러그인은 기본적으로
sample05/src/main/proto/ 위치를 찾는다. 플러그인 구성을 변경하지 않으려면
IDL 파일이 이 위치에 있는지 확인하자. 다음 코드는 IDL 파일의 내용을 보여준다.

```
syntax = "proto3";

option java_multiple_files = true;
package com.apress.ch04.sample05.service;

message Item {
  string code = 1;
  int32 qty = 2;
}
message ItemList {
  repeated Item item = 1;
```

```
}
message UpdateItemsResp {
  string code = 1;
}
service InventoryService {
  rpc updateItems(ItemList) returns (UpdateItemsResp);
}
```

이제 메이븐 pom.xml 파일의 새로운 기능을 살펴보자. 여러 종속성이 추가됐지만
grpc-spring-boot-starter만은 주목할 만하다. 이것은 spring05 애플리케이션을 가동
시키고 gRPC를 통해 마이크로서비스를 노출시키는 sample05/src/main/java/com/
apress/ch04/sample05/service/Inventory.java 클래스의 @GRpcService 어노테이션
을 처리한다.

```
<dependency>
  <groupId>org.lognet</groupId>
  <artifactId>grpc-spring-boot-starter</artifactId>
  <version>0.0.6</version>
</dependency>
```

또한 pom.xml 파일에 새 확장 하나와 새 메이븐 플러그인을 추가해야 한다. os-
maven-plugin 확장은 현재 설정의 운영체제를 결정하고 해당 정보를 protobuf-maven-
plugin 플러그인으로 전달한다. protobuf-maven-plugin 플러그인은 IDL에서 자바 클
래스를 생성하는 데 사용된다.

```
.....................................
<extension>
  <groupId>kr.motd.maven</groupId>
  <artifactId>os-maven-plugin</artifactId>
  <version>1.4.1.Final</version>
</extension>
.....................................
```

```
<plugin>
  <groupId>org.xolstice.maven.plugins</groupId>
  <artifactId>protobuf-maven-plugin</artifactId>
  <version>0.5.0</version>
      ...................................
</plugin>
```

다음 메이븐 명령을 사용해 IDL에서 자바 클래스를 작성할 수 있다. 기본적으로 이것들은 target/generated-sources/protobuf/grpc-java 및 target/generated-sources/protobuf/java 디렉터리 아래에 작성된다.

```
\> cd sample05
\> mvn package
```

이제 서비스 코드를 살펴보자. Inventory(sample05/src/main/java/com/apress/ch04/sample05/services/Inventory.java) 클래스는 메이븐 플러그인에 의해 생성된 클래스인 InventoryServiceImplBase를 확장한다. 주문 처리 마이크로서비스가 재고 마이크로서비스에 대한 POST를 수행하면 단순히 품목 코드를 인쇄해 반환한다.

```java
@GRpcService
public class Inventory extends InventoryServiceImplBase{
  @Override public void updateItems(ItemList request,
                          StreamObserver<UpdateItemsResp>
                          responseObserver)
{
  List<Item> items = request.getItemList();
  for (Item item : items) {
    System.out.println(item.getCode());
  }
  responseObserver.onNext(UpdateItemsResp.newBuilder()
      .setCode("success").build());
    responseObserver.onCompleted();
  }
}
```

재고 마이크로서비스를 가동시키고 gRPC에 노출시키려면 다음 메이븐 명령을 사용하자.

```
\> cd sample05
\> mvn spring-boot:run
```

서버가 시작되면 결과는 다음과 같다. 기본적으로 포트 6565에서 시작되며 grpc.port 속성을 application.properties 파일에 추가하고 값을 필요한 포트 번호로 설정할 수 있다. 이 경우에는 7000(grpc.port = 7000)으로 설정했다.

gRPC 서버가 시작되면 포트 7000을 리스닝한다.

gRPC 클라이언트 구축

이제 gRPC 클라이언트 애플리케이션을 구축하는 방법을 살펴보자. 실제로 우리의 경우, 구축 중인 gRPC 클라이언트는 또 다른 마이크로서비스다. gRPC 서비스에서와 마찬가지로 먼저 IDL을 만들어야 한다. 이는 gRPC 서비스에 사용한 것과 동일한 IDL이다. IDL은 sample06/src/main/proto/InventoryService.proto에서 찾을 수 있다. 나중에 메이븐 플러그인을 사용해 이 IDL 파일에서 자바 클래스를 빌드하는데, 메이븐 플러그인은 기본적으로 sample06/src/main/proto/ 위치를 찾는다.

클라이언트 측 pom.xml에 추가된 유일한 것은 os-maven-plugin 확장과 protobuf-maven-plugin 플러그인이다. protobuf-maven-plugin 플러그인은 IDL에서 자바 클래스를 생성하는 데 사용된다. 또한 grpc-spring-boot-starter에 대한 종속성을 추가할 필요가 없다. 다음 메이븐 명령을 사용해 IDL에서 자바 클래스를 작성할 수 있다. 기본적으로 이것들은 target/generated-sources/protobuf/grpc-java 및 target/generated-sources/protobuf/java 디렉터리 아래에 작성된다.

```
\> cd sample06
\> mvn package
```

이제 클라이언트 코드를 살펴보자. 주문 처리(sample06/src/main/java/com/apress/ch04/ sample06/service/OrderProcessing.java) 마이크로서비스는 InventoryClient(com/apress/ ch04/sample06/InventoryClient.java) 클래스를 통해 재고 마이크로서비스를 호출한다. 다음은 InventoryClient의 소스 코드다. InventoryClient는 IDL에서 생성된 클래스인 InventoryServiceBlockingStub를 사용해 gRPC 서비스와 통신한다.

```java
public class InventoryClient {
  ManagedChannel managedChannel;
  InventoryServiceBlockingStub stub;

  public void updateItems(com.apress.ch04.sample06.model.Item[] items) {

    ItemList itemList = null;
    for (int i = 0; i < items.length; i++) {
      Item item;
      item = Item.newBuilder().setCode(items[i].getCode())
                    .setQty(items[i].getQty()).build();

      if (itemList != null
          && itemList.getItemList().size() > 0) {
        itemList = ItemList.newBuilder(itemList)
                    .addItem(i, item).build();
      } else {
        itemList = ItemList.newBuilder()
                    .addItem(0, item).build();
      }
    }

    managedChannel = ManagedChannelBuilder
                            .forAddress("localhost", 7000)
                            .usePlaintext(true).build();
```

```
    stub = InventoryServiceGrpc
                                    .newBlockingStub(managedChannel);
    stub.updateItems(itemList);
  }
}
```

gRPC 클라이언트이기도 한 주문 처리 마이크로서비스를 가동시키려면 다음 메이븐 명령을 사용하자.

```
\> cd sample06
\> mvn spring-boot:run
```

완전한 전체 흐름을 테스트하려면, 다음 명령을 사용해 주문 처리 마이크로서비스에서 주문을 작성하자.

```
\> curl -v -H "Content-Type: application/json" -d '{"customer_id":"101021", "payment_
method":{"card_type":"VISA","expiration":"01/22","name":"John Doe","billing_address":
"201, 1st Street, San Jose, CA"},"items":[{"code":" 101","qty":1},{"code":"103","qty":5
}],"shipping_address":"201, 1st Street, San Jose, CA"}' http://localhost:8080/order

HTTP/1.1 201
Location: http://localhost:8080/order/17ff6fda-13b3-419f-9134-8abfec140e47
```

또한 항목 코드가 sample05 마이크로서비스가 실행 중인 콘솔에 출력됐다는 것을 알 수 있다.

카프카를 이용한 이벤트 기반 마이크로서비스

3장에서는 이벤트 기반 마이크로서비스와 카프카의 기본 사항을 논의했다. 이 절에서는 한 마이크로서비스가 비동기식 메시징을 통해 다른 마이크로서비스와 통신하는 방법을 살펴본다. 2장에서 제시한 디자인에 따라 주문 처리 마이크로서비스 (sample07)는 주문 처리가 완료되면 이벤트를 카프카에 게시한다. 또한 청구(sample08) 마이크로서비스는 동일한 이벤트를 수신하고 메시지를 사용하며, 청구가 완료되면 카프카에 다른 이벤트를 게시한다. sample07 또는 주문 처리 마이크로서비스는 이벤트 게시자(또는 이벤트 소스) 역할을 하고, sample08 또는 청구 마이크로서비스는 이벤트 소비자(또는 이벤트 싱크) 역할을 한다. 이 두 마이크로서비스의 소스 코드는 ch04/sample07과 ch04/sample08에 있다. 그림 4-4는 마이크로서비스와 메시지 브로커(카프카) 간의 상호작용을 보여준다.

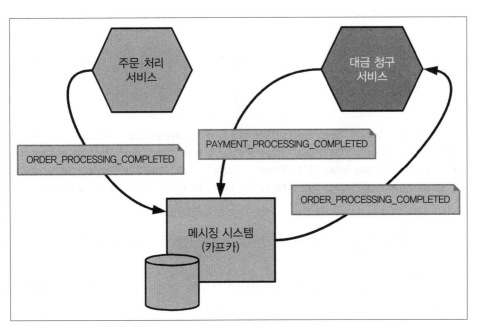

▲ 그림 4-4 카프카를 이용한 이벤트 기반 마이크로서비스

카프카 메시지 브로커 설정

이 절에서는 카프카 메시지 브로커를 설정하는 방법을 설명한다. 프로덕션 배포에 대한 권장 사항을 확인하려면 항상 카프카 공식 문서[41]를 참조하자.

먼저 최신 카프카 배포판을 다운로드해야 한다. 이 책의 샘플은 2.11-1.1 버전을 사용하고 있다. 카프카 배포가 다운로드되고 압축이 풀리면 다음 명령을 실행해 주키퍼 ZooKeeper[42]를 시작할 수 있다. 카프카는 주키퍼를 사용하므로 주키퍼 서버가 없는 경우에는 먼저 주키퍼 서버를 시작해야 한다. 카프카와 함께 패키징된 간이 스크립트를 사용해 '빠르고 더러운quick-and-dirty' 방식으로 단일 노드 주키퍼 인스턴스를 얻을 수 있다.

```
\> cd kafka_2.11-1.1.0
\> bin/zookeeper-server-start.sh config/zookeeper.propertie
```

이제 다른 콘솔에서 다음 명령을 사용해 카프카 서버를 시작할 수 있다.

```
\> cd kafka_2.11-1.1.0
\> bin/kafka-server-start.sh config/server.properties
```

우리의 사용 사례에는 ORDER_PROCESSING_COMPLETED와 PAYMENT_PROCESSING_COMPLETED라는 두 가지 토픽이 필요하다. 다음 명령을 사용해 토픽을 만들어보자.

```
\> cd kafka_2.11-1.1.0
\> bin/kafka-topics.sh --create --zookeeper localhost:2181 --replication- factor 1
--partitions 1 --topic ORDER_PROCESSING_COMPLETED
```

---

41 https://kafka.apache.org

42 https://zookeeper.apache.org/

Created topic "ORDER_PROCESSING_COMPLETED"

```
\> bin/kafka-topics.sh --create --zookeeper localhost:2181 --replication- factor 1
--partitions 1 --topic PAYMENT_PROCESSING_COMPLETED
```

Created topic "PAYMENT_PROCESSING_COMPLETED"

다음 명령을 사용해 메시지 브로커에서 사용 가능한 모든 토픽을 볼 수 있다.

```
\> cd kafka_2.11-1.1.0
\> bin/kafka-topics.sh --list --zookeeper localhost:2181
```

ORDER_PROCESSING_COMPLETED
PAYMENT_PROCESSING_COMPLETED

게시자(이벤트 소스) 구축하기

이 절에서는 주문 처리 마이크로서비스를 빌드해 이벤트를 ORDER_PROCESSING_COMPLETED 토픽에 게시하는 방법을 설명한다. sample07의 pom.xml 파일에 추가된 주목할 만한 종속성을 살펴보자. 이 두 가지 종속성은 sample07/src/main/java/com/apress/ ch04/sample07/OrderProcessingApp.java 클래스의 @EnableBinding 어노테이션과 카프카에 관련된 모든 종속성을 처리한다.

```
<dependency>
  <groupId>org.springframework.cloud</groupId>
  <artifactId>spring-cloud-stream</artifactId>
</dependency>
<dependency>
  <groupId>org.springframework.cloud</groupId>
  <artifactId>spring-cloud-starter-stream-kafka</artifactId>
</dependency>
```

이제 이벤트를 메시지 브로커에 게시하는 코드를 살펴보자. 주문 처리(src/main/java/com/apress/ch04/sample07/service/OrderProcessing.java) 마이크로서비스가 주문 업데이트를 받으면 OrderPublisher(src/main/java/com/apress/ch04/sample07/OrderPublisher.java) 클래스와 통신해 이벤트를 게시한다.

```java
@Service
public class OrderPublisher {

  @Autowired
  private Source source;
  public void publish(Order order) {
    source.output().send(MessageBuilder.withPayload(order).build());
  }
}
```

토픽 이름과 메시지 브로커 정보는 /src/main/resources/application.properties 파일에서 가져온다.

```
spring.cloud.stream.bindings.output.destination:ORDER_PROCESSING_COMPLETED
spring.cloud.stream.bindings.output.content-type:application/json
spring.cloud.stream.kafka.binder.zkNodes:localhost
spring.cloud.stream.kafka.binder.zkNodes.brokers: localhost
```

다음 메이븐 명령을 사용해 게시자 마이크로서비스를 가동시키자.

```
\> cd sample07
\> mvn spring-boot:run
```

소비자 구축하기(이벤트 싱크)

이 절에서는 ORDER_PROCESSING_COMPLETED 토픽에 게시된 메시지를 사용하기 위해 재고 마이크로서비스(sample08)를 구축하는 방법을 설명한다. 이 예제에서 사용된 메이븐 종속성은 이전과 동일하며 동일한 목적으로 사용된다. 토픽의 메시지를 사용하는 코드를 직접 살펴보자. consumerOderUpdates 메서드의 InventoryApp 클래스(sample08/src/main/java/com/apress/ch04/sample08/InventoryApp.java)는 토픽을 읽고 주문 ID를 출력한다.

```java
@SpringBootApplication
@EnableBinding(Sink.class)
public class InventoryApp {
  public static void main(String[] args) {
    SpringApplication.run(InventoryApp.class, args);
  }
  @StreamListener(Sink.INPUT)
  public void consumeOderUpdates(Order order) {

    System.out.println(order.getOrderId());
  }
}
```

토픽 이름과 메시지 브로커 정보는 sample08/src/main/resources/application.properties 파일에서 선택된다.

```
server.port=9000
spring.cloud.stream.bindings.input.destination:ORDER_PROCESSING_COMPLETED
spring.cloud.stream.bindings.input.content-type:application/json
spring.cloud.stream.kafka.binder.zkNodes:localhost
spring.cloud.stream.kafka.binder.zkNodes.brokers: localhost
```

다음 메이븐 명령을 사용해 소비자 마이크로서비스를 가동하자.

```
\> cd sample08
\> mvn spring-boot:run
```

완전한 전체 흐름을 테스트하려면 다음 명령을 사용해서 주문 처리 마이크로서비스를 통해 주문을 작성하자.

```
\> curl -v -H "Content-Type: application/json" -d '{"customer_id":"101021", "payment_
method":{"card_type":"VISA","expiration":"01/22","name":"John Doe","billing_address":
"201, 1st Street, San Jose, CA"},"items":[{"code":" 101","qty":1},{"code":"103","qty":5
}],"shipping_address":"201, 1st Street, San Jose, CA"}' http://localhost:8080/order

HTTP/1.1 201
Location: http://localhost:8080/order/5f8ecb9c-8146-4021-aaad-b6b1d69fb80f
```

이제 재고 마이크로서비스(sample08)를 실행 중인 콘솔을 보면 주문 ID가 출력됐다는 것을 알 수 있다.

다음 명령으로 ORDER_PROCESSING_COMPLETED 토픽에 게시된 메시지를 볼 수 있다.

```
\> cd kafka_2.11-1.1.0
\> bin/kafka-console-consumer.sh --bootstrap-server localhost:9092 --from- beginning
--topic ORDER_PROCESSING_COMPLETED

{"customer_id":"101021","order_id":"d203e371-2a8a-4a4c-a286-11e5b723f3d7", "payment_
method":{"card_type":"VISA","expiration":"01/22","name":"John Doe","billing_address":
"201, 1st Street, San Jose, CA"},"items":[{"code":" 101","qty":1},{"code":"103","qty":5
}],"shipping_address":"201, 1st Street, San Jose, CA2"}
```

GraphQL 서비스 구축

3장에서는 RESTful 서비스 아키텍처가 적합하지 않은 일부 동기식 메시징 시나리오에서 GraphQL을 사용하는 방법을 설명했다. 스프링 부트를 사용해 GraphQL 기반 서비스를 구축해보자. ch04/sample09에서 이 서비스의 전체 코드를 찾을 수 있다.

프로젝트에 graphql-spring-boot-starter[43] 종속성을 추가해 GraphQL 서버를 실행할 수 있다. GraphQL 자바 도구 라이브러리를 사용해 서비스에 필요한 코드만 작성하면 된다. 먼저 프로젝트에 다음과 같은 종속성이 있는지 확인해야 한다.

```
<dependency>
  <groupId>com.graphql-java</groupId>
  <artifactId>graphql-spring-boot-starter</artifactId>
  <version>3.6.0</version>
</dependency>
<dependency>
  <groupId>com.graphql-java</groupId>
  <artifactId>graphql-java-tools</artifactId>
  <version>3.2.0</version>
</dependency>
```

스프링 부트는 해당 종속성을 선택하고 적절한 핸들러가 자동으로 작동하도록 설정한다. 기본적으로 /graphql 엔드포인트에서 GraphQL 서비스를 노출하고(sample09의 /src/main/resources/application.properties 파일에 설정됨), GraphQL 페이로드가 포함된 POST 요청을 수락한다. GraphQL 도구 라이브러리는 GraphQL 스키마 파일을 처리해 올바른 구조를 빌드한 다음 특수한 빈^{Bean}들을 이 구조에 연결해 작동한다. 스프링 부트 GraphQL 스타터(graphql-spring-boot-starter)는 이러한 스키마 파일을 자동으로 찾는다. 이러한 파일은 확장명 .graphqls로 저장해야 하며 클래스 경로의 어느 곳에

---

43 https://github.com/graphql-java/graphql-spring-boot

나 존재할 수 있다.

여기서 필수 요구 사항은 정확히 하나의 최상위 질의와 최대 하나의 최상위 변형이 있어야 한다는 것이다. 루트 질의에는 스프링 컨텍스트에 다양한 필드를 처리하기 위해 특수 빈이 정의돼 있어야 한다. 기본 요구 사항은 빈들이 GraphQLQueryResolver 인터페이스를 구현하고, 스키마에 있는 루트 질의의 모든 필드가 스키마 클래스 중 하나의 타입을 가져야 하며, 필드명과 동일한 이름을 가진 메서드를 가져야 한다는 것이다.

```java
public class Query implements GraphQLQueryResolver {
  private BookDao bookDao;
  public List<Book> getRecentBooks(int count, int offset) {
    return bookDao.getRecentBooks(count, offset);
  }
}
```

메서드 시그니처에는 GraphQL 스키마의 각 매개변수에 해당하는 인자가 있어야 한다. 또한 GraphQL 스키마 타입에 대한 올바른 타입을 반환해야 한다. 모든 간단한 타입들(String, Int, List 등)은 동등한 자바 타입과 함께 사용할 수 있으며 시스템은 자동으로 이를 매핑한다.

이전 코드 스니펫의 getRecentBooks 메서드는 이전에 정의된 스키마에서 recentBooks 필드에 대한 모든 GraphQL 질의를 처리한다.

```java
public class Book {
  private String id;
  private String title;
  private String category;
  private String authorId;
}
```

자바 빈^{Java bean}은 GraphQL 서버의 모든 복합 타입을 나타낸다. GraphQL에는 GraphiQL[44]이라는 보조 도구도 있다. 이것은 모든 GraphQL 서버와 통신하고 이에 대한 질의와 변형을 실행할 수 있는 사용자 인터페이스(UI)다. 자바 빈 내부의 필드는 필드 이름을 기반으로 GraphQL 응답의 필드에 직접 매핑된다. sample09를 실행하는 방법에 대한 지시 사항은 샘플 깃 저장소의 ch04/sample09 디렉터리에 있는 README 파일에서 볼 수 있다.

요약

4장에서는 스프링 부트로 마이크로서비스를 구축하는 방법을 설명했다. 마이크로서비스 개발자가 사용할 수 있는 다양한 도구와 개발자 프레임워크에 대한 설명으로 시작하고 나서 REST, gRPC, 카프카, GraphQL이라는 네 가지 통신 프로토콜을 사용해 마이크로서비스를 구축하는 방법을 깊이 연구했다. 5장에서는 마이크로서비스의 데이터 관리 측면에 초점을 맞춘다.

---

44 https://github.com/graphql/graphiql

대부분의 비즈니스 사용 사례에서 서비스 로직은 지속성 계층^{persistent layer} 기반 위에 구축된다. 종종 데이터베이스가 지속성 계층으로 사용되며 해당 서비스의 기록 시스템 역할을 한다. 앞서 설명한 것처럼, 마이크로서비스는 자율적인 엔티티로 구축되며 서비스가 운영되는 데이터 계층을 제어할 수 있어야 한다. 이는 본질적으로 마이크로서비스가 다른 엔티티가 소유하거나 공유하는 데이터 계층에 의존할 수 없음을 의미한다. 따라서 자율 서비스를 구축하는 과정에서 각 마이크로서비스에 대해 격리된 지속성 계층이 필요하다. 5장에서는 중앙 집중식 또는 공유 데이터베이스 기반 엔터프라이즈 애플리케이션을 분산 데이터베이스를 기반으로 하는 마이크로서비스로 변환하는 데 일반적으로 사용되는 패턴과 모범 사례를 설명한다.

모놀리식 애플리케이션과 공유 데이터베이스

모놀리식 애플리케이션 및 서비스를 기반으로 하는 엔터프라이즈 아키텍처와 관련해서는 종종 단일(혹은 소수의) 중앙 집중식 데이터베이스가 여러 애플리케이션과 서비스 간에 공유된다. 예를 들어, 그림 5-1에 표시된 것처럼 소매 시스템의 모든 서비스는 중앙 데이터베이스(소매 DB)를 공유한다. 따라서 제품, 고객, 주문, 지불 등과 관련된 모든 정보는 소매 데이터베이스를 통해 중앙에서 관리된다.

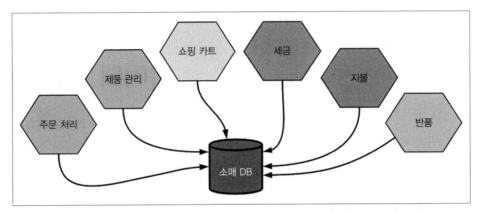

▲ **그림 5-1** 단일 데이터베이스를 공유하는 온라인 소매 애플리케이션의 마이크로서비스들

실제로 중앙 집중식 공유 데이터베이스를 사용하면 애플리케이션에서 여러 테이블의 데이터를 더 쉽게 결합하고 서로 다른 비즈니스 표현을 공식으로 변환formulate할 수 있다. SQL과 같은 강력한 질의 언어는 데이터 공유와 다른 데이터 조합에 필요한 모든 기능을 기본적으로 지원한다. 예를 들어, SQL을 사용해 다양하고 복잡한 조건에서 여러 테이블을 조인join하고 다른 엔티티에 대한 복합 뷰를 만들 수 있다.

공유 비즈니스 엔티티로 작업할 때 트랜잭션 방식으로 비즈니스 상호작용을 구현하는 것이 매우 중요하다. 트랜잭션은 실패하거나 성공하는 원자적인 작업 단위다. 트랜잭션의 주요 특성은 ACID로 알려진 원자성atomicity(데이터에 대한 모든 변경은 단일 작업인 것처럼 수행됨), 일관성consistency(트랜잭션이 시작될 때와 종료될 때 데이터가 일관된 상태임), 격리isolation(트랜잭션의 중간 상태는 다른 트랜잭션에서 볼 수 없음), 내구성durability(트랜잭션이 성공적으로 완료된 후 데이터 변경이 지속되고 시스템 장애가 발생하더라도 취소되지 않음)의 약어다.

중앙 집중식 데이터베이스를 통해 여러 엔티티에서 ACID 트랜잭션을 쉽게 수행할 수 있다. 관계형 데이터베이스에서는 모든 SQL 문이 트랜잭션 범위에서 실행돼야 한다. 따라서 여러 테이블이 포함된 복잡한 트랜잭션 시나리오를 모델링하는 것은 매우 간단하다. 대부분의 관계형 데이터베이스 관리 시스템Relational Database Management System(RDBMS)은 이러한 기능을 기본적으로 지원한다.

중앙 집중식 공유 데이터베이스 아키텍처는 장점도 있지만 단점도 있다. 공유 데이터베이스가 단일 장애 지점single point of failure이고 단일 데이터베이스로 향하는 많은 애플리케이션 트래픽으로 인해 잠재적인 성능 병목 현상이 발생하며 동일한 데이터베이스 테이블을 공유하므로 애플리케이션 간에 밀접한 종속성이 생긴다. 따라서 공유된 지속성 계층 또는 데이터베이스를 사용하는 경우에는 자율적이고 독립적인 마이크로서비스를 구축할 수 없다. 따라서 마이크로서비스에서는 데이터 관리를 분산해야 하며, 각 마이크로서비스는 운영에 필요한 데이터를 온전히 소유해야 한다.

마이크로서비스당 데이터베이스

마이크로서비스 아키텍처는 마이크로서비스가 사용하는 데이터를 소유하도록 권장하며 데이터베이스는 다른 서비스와 공유하면 안 된다. 따라서 지정된 마이크로서비스는 격리된 데이터 저장소를 가지거나 격리된 지속성 서비스(예: 클라우드 공급자)를 사용한다.

마이크로서비스당 데이터베이스를 보유하면 마이크로서비스 자율성 관점에서 많은 자유를 얻는다. 예를 들어, 마이크로서비스 소유자는 데이터베이스의 외부 소비자에 대한 걱정 없이 비즈니스 요구 사항에 따라 데이터베이스 스키마를 수정할 수 있다. 외부 애플리케이션에서 데이터베이스에 직접 접근할 수 있는 대상이 없다. 또한 마이크로서비스 개발자는 마이크로서비스의 지속성 계층으로 사용될 기술을 자유롭게 선택할 수 있다. 서로 다른 마이크로서비스는 RDBMS, NoSQL 또는 다른 클라우드 서비스와 같은 다른 영구 저장소 기술을 사용할 수 있다.

그러나 서비스당 데이터베이스는 새로운 문제점들을 발생시킨다. 비즈니스 시나리오의 실현과 관련해 마이크로서비스 간 데이터를 공유하고 서비스 경계 내에서, 그리고 서비스 범위 내에서 트랜잭션을 구현하는 것이 매우 어렵다.

마이크로서비스 간 데이터 공유

모놀리식 데이터베이스에서는 단일 모놀리식 데이터베이스를 공유하기 때문에 임의의 데이터 구성을 수행하기 쉽다. 그러나 마이크로서비스 컨텍스트에서 모든 데이터는 단일 서비스(단일 저장 시스템)가 소유한다. 다른 서비스나 시스템에서 저장 시스템(또는 지속성 계층)에 직접 접근할 수 없다. 다른 마이크로서비스가 소유한 데이터에 접근하는 유일한 방법은 서비스 인터페이스 또는 API를 사용하는 것이다. 게시된 API를 통해 데이터에 접근하는 다른 시스템은 읽기 전용 로컬 캐시를 사용해 데이터를 로컬에 유지할 수 있다.

이러한 요구 사항을 충족하려면, 대부분의 비즈니스 시나리오에서 요구하는 것처럼 마이크로서비스 간 데이터 공유가 가능한 적절한 기술을 찾아야 한다.

공유 테이블 제거

여러 서비스/애플리케이션 간에 테이블을 공유하는 것은 모놀리식 데이터베이스에서 매우 일반적인 패턴이다. 앞에서 설명한 것처럼, 두 개 이상의 마이크로서비스 간에 테이블을 공유할 때 해당 테이블의 스키마 변경은 모든 종속 마이크로서비스에 영향을 미칠 수 있다. 예를 들어, 그림 5-2에 표시된 것처럼 주문 처리 및 발송 서비스는 주문 상태를 추적하는 동일한 테이블 TRACKING_INFO를 공유한다. 두 서비스 모두 동일한 테이블을 읽거나 쓸 수 있으며 기반 중앙 집중식 데이터베이스underlying central database는 필요한 모든 기능(ACID 트랜잭션 같은 것)을 제공한다. 그러나 TRACKING_INFO

테이블의 스키마를 변경하는 경우에는 주문 처리 및 발송 서비스 모두에 영향을 미친다. 또한 공유 테이블에 서비스 특정 데이터(해당 서비스가 공유하고 싶지 않은 데이터)를 가질 수 없다. 이러한 유형의 공유 테이블 시나리오는 마이크로서비스 데이터 관리 기본 사항들과 상충된다. 서비스의 영구 저장소/데이터베이스는 독립적이어야 하며, 하나의 마이크로서비스만 그것을 조작해야 한다. 따라서 마이크로서비스 아키텍처에서는 이러한 공유 테이블을 제거해야 한다.

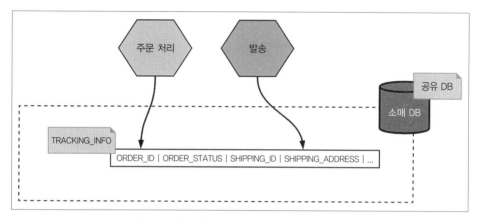

▲ 그림 5-2 공유 테이블을 사용한 두 서비스 간의 데이터 관리

그렇다면 공유 테이블을 어떻게 제거할 수 있을까? 앞에서 설명한 마이크로서비스 데이터 처리 원칙의 관점에서 생각할 경우, 특정 데이터는 단일 서비스에서 소유해야 한다. 따라서 이 예(그림 5-3에서 설명함)에서 추적 정보는 두 개의 테이블로 분할돼야 한다. 한 테이블에는 주문 처리 마이크로서비스와 관련된 데이터가 있고, 다른 테이블에는 발송 마이크로서비스와 관련된 데이터가 있어야 한다. 이 두 테이블에 중복된 공유 데이터가 있을 수 있으며, 서비스는 해당 서비스의 게시된 API를 사용해 데이터를 동기화 상태로 유지해야 한다(직접적인 데이터베이스 접근은 없음). 5장의 뒷부분에서 이러한 동기화 기술을 자세히 설명한다.

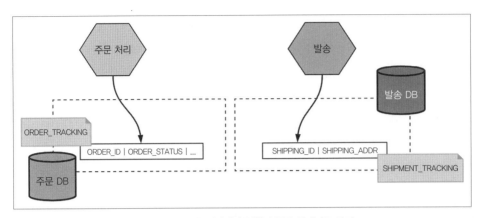

▲ 그림 5-3 공유 데이터의 분할과 독립 엔티티로 관리

공유 테이블의 다른 변형은 공유 데이터가 별도의 비즈니스 엔티티로 표시되는 경우다. 이전 예에서 공유 데이터(추적 정보)는 비즈니스 엔티티를 나타내지 않는다. 주문처리와 제품 관리 서비스 간에 고객 데이터를 공유하는 다른 예를 살펴보자. 이 경우에는 두 서비스 모두 비즈니스 로직에서 공유 데이터 테이블(CUSTOMER 테이블)의 데이터를 사용한다. 이제 고객 정보가 단순한 테이블일 뿐 아니라 완전히 다른 비즈니스 엔티티라는 것을 알 수 있다. 이를 단순히 비즈니스 기능 지향 엔티티로 취급하고 마이크로서비스로 모델링할 수 있다. 그림 5-4에 표시된 것처럼, 고객 마이크로서비스를 도입하고 고객 데이터를 소유하게 할 수 있으며, 다른 서비스는 고객 서비스에 의해 노출된 API를 통해 고객 데이터를 소비할 수 있다.

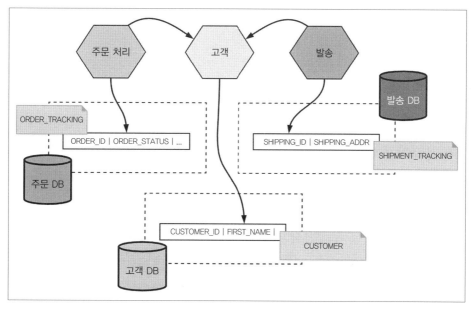

▲ 그림 5-4 서비스는 고객 데이터베이스 위에 개발된 서비스를 통해 고객 정보를 공유

따라서 여러 마이크로서비스 간에 데이터를 공유하는 데이터 테이블 제거와 관련된 주요 단계를 식별할 수 있다.

1. 공유 테이블을 식별하고 해당 공유 테이블에 저장된 데이터의 비즈니스 기능을 식별한다.
2. 공유 테이블을 전용 데이터베이스로 이동하고, 해당 데이터베이스 위에 이전 단계에서 식별된 새 서비스(비즈니스 기능)를 작성한다.
3. 다른 서비스에서 모든 데이터베이스 직접 접근을 제거하고 서비스에서 게시한 API를 통해서만 데이터에 접근하도록 허용한다.

이 디자인에서는 서비스 인터페이스나 해당 서비스의 스키마를 수정할 수 있는 새로 생성된 공유 서비스의 전용 소유자가 있어야 한다. 또한 이것은 서비스 간의 새로운 비즈니스 경계를 찾는 데 도움이 되므로, 마이크로서비스 기반 애플리케이션은 새로운 요구 사항을 통해 미래를 보장받는다.

공유 데이터

여러 테이블에 데이터를 저장하고 외래 키(FK)를 통해 연결하는 것은 관계형 데이터 베이스에서 매우 일반적인 기술이다. 외래 키는 두 테이블의 데이터 간 연결을 설정 하고 적용하는 데 사용되는 열 또는 열 조합이다. 테이블을 만들거나 수정할 때 FOREIGN KEY 제약 조건을 정의해 외래 키를 만들 수 있다. 외래 키는 여러 테이블에 저 장된 데이터 간의 참조 무결성을 가능하게 한다. 즉, 외래 키에 값이 포함된 경우 이 값은 관련 테이블의 기존 레코드를 나타낸다.

예를 들어, 그림 5-5는 ORDER 및 PRODUCT 테이블을 사용하는 주문 처리 및 제품 관리 서비스를 보여준다. 특정 주문에는 여러 제품이 포함돼 있으며, 주문 테이블은 외래 키를 사용해 제품을 참조하고 PRODUCT 테이블의 기본 키를 가리킨다. 외래 키 제약 조 건을 사용하면 기존 ORDER 엔티티에서 ORDER 테이블의 외래 키에만 값을 추가할 수 있다.

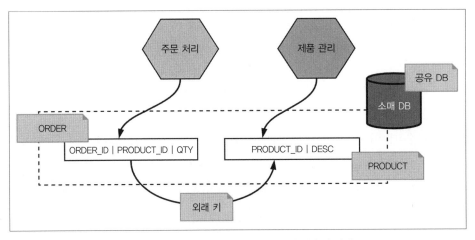

▲ 그림 5-5 공유 데이터베이스-테이블 간 외래 키 관계

모놀리식 공유 데이터베이스에서는 외래 키를 사용하고 데이터를 조인하는 것이 매 우 간단하다. 그러나 독립적인 서비스를 원하고 서비스당 데이터베이스를 사용하려

는 경우에는 참조 무결성을 위한 이러한 종류의 링크를 갖는 것이 사실상 불가능하다. 따라서 마이크로서비스 아키텍처를 사용하면 이 시나리오를 처리하는 다양한 방법을 찾아야 한다. 이러한 요구 사항을 달성하기 위해 일반적으로 사용되는 기술 중 일부를 살펴보자.

동기식 조회

각 마이크로서비스에 대한 전용 데이터베이스가 있고 한 서비스가 다른 서비스의 데이터에 접근해야 하는 경우, 해당 마이크로서비스의 게시된 API에 간단히 접근해 필요한 데이터를 검색할 수 있다. 예를 들어, 그림 5-6에 표시된 것처럼 주문 서비스는 특정 주문의 일부이며 필수 값인 제품 ID를 유지한다. 주문 처리 서비스에 제품에 대한 자세한 정보가 필요하다면, 애플리케이션 로직에서 제품 관리 서비스를 호출하고 제품 정보를 검색해야 한다.

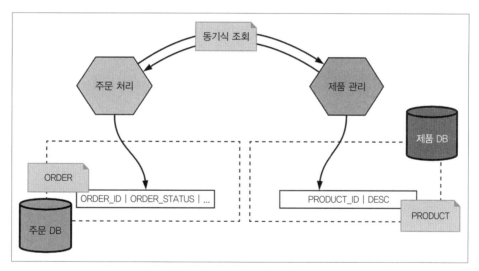

▲ 그림 5-6 서비스 인터페이스에 대한 동기식 조회(synchronous lookup)를
사용해 다른 서비스가 소유한 데이터에 접근

이 기술은 이해하기 쉽지 않으며, 구현 수준에서는 외부 서비스 호출을 수행하기 위

한 추가 로직을 작성해야 한다. 데이터베이스와 달리 외래 키 제약 조건의 참조 무결성은 더 이상 없다는 점을 명심해야 한다. 이는 서비스 개발자가 테이블에 저장한 데이터의 일관성을 관리해야 함을 의미한다. 예를 들어, 주문을 작성할 때 해당 주문에서 참조된 제품이 실제로 PRODUCT 테이블에 존재하는지 (제품 서비스에 문의해) 확인해야 한다.

비동기 이벤트 사용

특정 비즈니스 시나리오에서는 다른 마이크로서비스에 동기식 조회를 사용해 데이터를 공유하면 많은 비용이 들 수 있다. 따라서 대안으로 이벤트 기반 아키텍처(게시자-구독자 패턴)를 활용해 서비스 간에 데이터를 공유할 수 있다. 예를 들어, 주문 처리 및 제품 관리 서비스의 동일한 시나리오(그림 5-7 참조)에 대해 이벤트 버스를 메시징 인프라로 사용하는 이벤트 기반 통신 패턴을 도입할 수 있다. 제품에 대한 업데이트가 발생하면 제품 관리 서비스(게시자)는 제품 테이블을 업데이트하고 이벤트를 이벤트 버스에 게시한다. 주문 처리 서비스(구독자)가 관심 있는 제품 업데이트 토픽을 구독했으므로, 제품 관리 서비스가 해당 토픽에 제품 업데이트 이벤트를 게시하면 주문 처리 서비스가 이를 수신한다. 그런 다음, 제품 정보의 로컬 캐시를 업데이트하고 캐시를 사용해 제품 관리 서비스의 비즈니스 로직을 구현할 수 있다.

이벤트 버스로서 카프카 또는 AMQP 브로커(예: RabbitMQ)와 같은 비동기식 메시징 기술(3장, '서비스 간 통신'에서 자세히 설명함)을 선택할 수 있으며, 이벤트를 구독자에게 전달하기 위해 다양한 구독 기술을 사용할 수 있다(예: 영구 구독durable subscription).

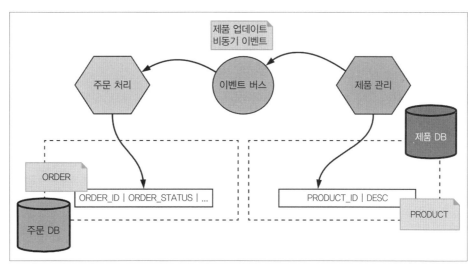

▲ 그림 5-7 비동기 이벤트를 사용한 마이크로서비스 간의 데이터 공유

이 접근 방식을 사용하면 한 서비스에서 다른 서비스로의 동기 서비스 호출을 제거할
수 있지만, 로컬 캐시를 사용하므로 데이터가 최신이 아닐 수 있다. 따라서 비동기식
이벤트 기반 데이터 공유는 최종 일관성 모델eventual consistency model이다. 최종 일관성
은 각 서비스의 데이터가 결국에는 일관성을 갖도록 한다(일정 시간 동안은 오래된 데이터
를 얻을 수 있음). 서비스가 일관된 데이터를 얻는 데 걸리는 시간은 정의될 수도 있고
정의되지 않을 수도 있다. 따라서 최종 일관성 특성에 영향을 받지 않는 사용 사례에
서는 이 패턴을 사용해야 한다.

공유 정적 데이터

불변의 읽기 전용 메타데이터를 저장하고 공유할 때 전통적인 모놀리식 데이터베이
스가 종종 사용되며, 데이터는 공유 테이블을 통해 공유된다. 공유 정적 데이터의 예
를 들면 미국의 주 목록, 국가 목록 등이 있다. 마이크로서비스 접근 방식을 사용하
면, 데이터베이스를 공유하는 것은 원하지 않으므로 공유 정적 데이터를 유지하는 방
법을 고려해야 한다.

정적 데이터를 가지는 다른 마이크로서비스를 사용하면 이 문제를 해결할 수 있다고 생각하겠지만, 시간이 지나도 변하지 않는 정적 정보를 얻기 위해 서비스를 만드는 것은 과도하다. 따라서 정적 데이터 공유는 종종 공유 라이브러리로 수행된다. 예를 들어, 특정 서비스가 정적 메타데이터를 사용하려면 공유 라이브러리를 서비스 코드로 가져와야 한다.

데이터 조합

여러 엔티티에서 데이터를 조합하고 다른 뷰를 생성하는 것은 데이터 관리에서 매우 일반적인 요구 사항이다. 모놀리식 데이터베이스(특히 RDBMS)를 사용하면 SQL 문의 조인을 사용해 여러 테이블의 조합을 쉽게 구축할 수 있다. 따라서 기존 엔티티에서 다른 데이터 뷰를 완벽하게 작성해 서비스에서 사용할 수 있다.

그러나 마이크로서비스 컨텍스트에서 마이크로서비스 메서드마다 데이터베이스를 도입하면 데이터 조합 생성이 매우 복잡해진다. 더 이상 다른 서비스가 소유한 여러 데이터베이스에 분산된 데이터를 작성하기 위해 조인과 같은 내장된 구성 요소를 사용할 수 없다.

마이크로서비스로 데이터 조합을 수행하기 위해 일반적으로 사용되는 기술 중 일부를 자세히 살펴보자.

복합 서비스 또는 클라이언트 측 매시업

여러 마이크로서비스에서 데이터 조인을 작성해야 하는 경우 서비스 API에 대한 접근만 허용된다. 따라서 여러 마이크로서비스에서 데이터 조합을 작성하기 위해 기존 마이크로서비스 위에 복합 서비스composite service를 작성할 수 있다. 복합 서비스는 다운스트림 서비스 호출을 담당하며 서비스 호출을 통해 검색된 데이터의 런타임 조합을 수행한다.

예를 들어 그림 5-8에 표시된 예를 고려해보자. 주문의 조합을 생성하고 해당 주문을 한 고객의 세부 사항을 포함해야 한다고 가정하자. 주문 및 고객 정보를 보유할 수 있는 자체 데이터베이스를 가진 두 가지 서비스(주문 처리 및 고객)가 있다.

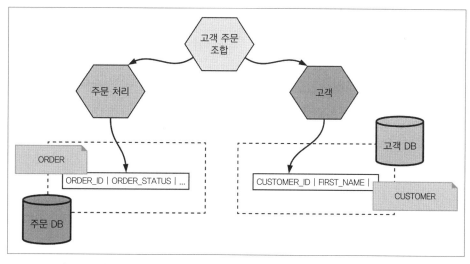

▲ 그림 5-8 다운스트림 서비스를 호출하고 데이터를 집계하는 복합 서비스를 사용한 데이터 조합

당면한 요구 사항은 주문과 고객의 조인을 만드는 것이다. 복합 서비스 접근 방식을 통해 새로운 고객 주문 복합 서비스를 생성하고 그 서비스로부터 주문 처리 및 고객 마이크로서비스를 호출할 수 있다. 복합 서비스 내에서 런타임 데이터 조합 로직과 통신 로직(예를 들면, RESTful 주문 처리 및 고객 마이크로서비스를 호출하기 위한 로직)을 구현해야 한다.

다른 대안은 클라이언트 측에서 동일한 런타임 데이터 조합을 구현하는 것이다. 기본적으로, 복합 서비스를 만들기보다 소비자/클라이언트 애플리케이션은 필요한 다운스트림 서비스를 호출하고 조합 자체를 스스로 생성할 수 있다. 이를 종종 클라이언트 측 매시업client-side mashup이라고 한다.

복합 서비스 또는 클라이언트 측 매시업은 결합한 데이터가 상대적으로 작을 때 적합하다. 이것은 런타임 조합이므로 많은 데이터를 메모리에 로드하려는 경우에는 복합 서비스의 런타임에 많은 메모리가 필요하다. 따라서 구현해야 할 데이터 조합 시나리오를 기반으로 이 방법을 검토해야 한다.

팁 복합 서비스 또는 클라이언트 측 매시업을 사용하는 데이터 조합은 한 테이블의 행이 다른 테이블에 여러 개의 일치하는 행을 가질 수 있는 1:m 유형의 조인에 적합하다.

비동기 이벤트를 사용해 구체화된 뷰와 결합

여러 마이크로서비스에서 가져온 사전 결합된 데이터로 뷰를 구체화해야 하는 특정 데이터 조합 시나리오도 있다. 예를 들어, 그림 5-9에 설명된 시나리오를 고려해보자. 시나리오에는 주문 처리 및 고객 서비스가 있으며 고객-주문 조인/뷰를 구체화해야 한다. 구체화된 뷰^{materialized view}는 특정 비즈니스 기능에 사용되며 주문과 고객의 조인이 필요하다.

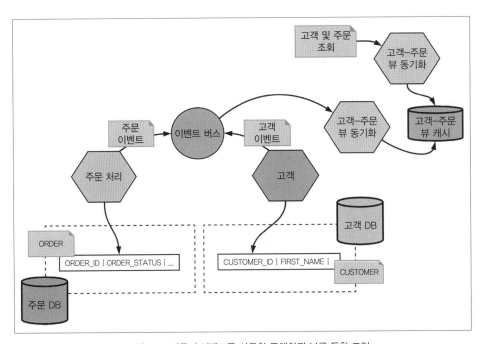

▲ 그림 5-9 비동기 이벤트를 사용한 구체화된 뷰를 통한 조인

주문 처리 및 고객 서비스는 주문 및 고객 업데이트 이벤트를 이벤트 버스/브로커에 게시한다. 해당 이벤트를 구독한 서비스가 있으며, 그 서비스가 주문 및 고객의 조인을 구체화한다. 이 서비스(고객-주문 뷰 동기화)는 주문과 고객 간의 비정규화된 조인을 유지하며, 이는 실시간이 아니라 사전에 실행된다. 그림 5-9에 표시된 것처럼, 고객-주문 뷰 동기화 서비스에는 모든 외부 질의를 처리하는 고객-주문 뷰 캐시에서 작동하는 구성 요소도 있다.

팁 구체화된 뷰가 있는 데이터 조합은 각면에 행 수가 많은(카디널리티가 높은 m:n 조인) 조합에 적합하다.

비정규화된 데이터는 캐시나 다른 저장소에 보관할 수 있으며, 다른 마이크로서비스가 읽기 전용 데이터 저장소로 사용할 수 있다.

마이크로서비스의 트랜잭션

트랜잭션은 소프트웨어 애플리케이션에서 중요한 개념이며, '모두 또는 없음all-or-none' 시나리오에서 함께 실행해야 할 일련의 작업을 그룹화할 수 있다(즉, 전부 실행되거나 실패 시 모두 롤백됨). 트랜잭션은 데이터베이스 컨텍스트에서 매우 일반적으로 사용되지만 데이터베이스 컨텍스트에만 제한되지는 않는다. 5장에서는 주로 데이터베이스 트랜잭션에 중점을 둔다.

ACID(원자성, 일관성, 격리, 내구성)는 장애가 발생할 때도 유효성을 보장하기 위한 데이터베이스 트랜잭션 속성들의 집합이다. 따라서 ACID 특성을 만족시키는 일련의 데이터베이스 조작은 트랜잭션으로 간주될 수 있다.

모놀리식 애플리케이션은 종종 단일 중앙 집중식 관계형 데이터베이스를 기반으로 구축되며, 트랜잭션은 여러 테이블에서 데이터를 일관된 상태로 유지하는 데 사용된다. 애플리케이션에서 ACID 특성을 사용하면 삽입, 업데이트, 삭제와 같은 변경을 수행하기 위한 트랜잭션을 시작하는 기능이 제공되며, 트랜잭션은 커밋 또는 롤백이 가능하다. 모놀리식 애플리케이션과 중앙 집중식 데이터베이스에서는 트랜잭션을 시작하고, 여러 행의 데이터를 변경하고(여러 테이블에 걸쳐 있을 수 있음), 마지막으로 트랜잭션을 커밋하는 것이 매우 간단하다.

마이크로서비스를 사용하더라도 트랜잭션과 관련된 비즈니스 요구 사항은 크게 바뀌지 않는다. 그러나 중앙 집중식 데이터베이스와 달리 마이크로서비스에는 자체 데이터베이스와 여러 서비스 및 데이터베이스에 걸쳐 있는 트랜잭션 경계가 있다. 따라서 이러한 트랜잭션 시나리오의 구현은 더 이상 모놀리식 애플리케이션과 중앙 집중식 데이터베이스에서처럼 간단하지 않다.

2단계 커밋을 통한 분산 트랜잭션 피하기

분산 트랜잭션은 트랜잭션 단계들을 조정하는 트랜잭션 관리자는 중앙 집중식 프로세스를 사용하는 개념을 중심으로 구축된다. 분산 트랜잭션을 구현하는 데 사용되는 기본 알고리즘은 2단계 커밋2-Phase Commit(2PC)이라고 한다. 2단계 커밋 프로토콜의 세부 사항을 살펴보자. 트랜잭션에 필요한 변경 사항은 각 참가자에게 전송되고, 우선 트랜잭션의 각 참가자가 임시로 저장한다. 그런 다음 트랜잭션 관리자는 투표/커밋-요청 단계를 시작한다.

투표/커밋-요청 단계
- 트랜잭션 관리자/조정자는 해당 트랜잭션에 참여하는 모든 서비스에 준비 요청을 보낸다.
- 트랜잭션 관리자는 모든 서비스가 '예' 또는 '아니오'로 응답할 때까지 대기한다.

커밋 단계
- 첫 번째 단계에서 수신한 응답에 따라 모든 서비스가 '예'로 응답한 경우, 트랜잭션 관리자가 트랜잭션을 커밋한다.

- 서비스 중 하나가 '아니오'로 응답하거나 전혀 응답하지 않으면, 트랜잭션 관리자는 모든 참여 서비스에 대해 롤백 작업을 호출한다. 커밋 메시지가 수신되면 모든 참가자 엔티티가 임시 저장된 변경 사항을 유지한다.

분산 트랜잭션 방법은 앞에서 설명한 대부분의 트랜잭션 요구 사항을 해결하지만, 대부분의 마이크로서비스 트랜잭션 동작에 대해 2PC를 통한 분산 트랜잭션의 사용을 어렵게 하는 고유의 제한이 있다. 2단계 커밋 방법의 일부 제한 사항은 다음과 같다.

- 트랜잭션 관리자는 단일 장애 지점이다. 보류 중인 모든 트랜잭션은 완료되지 않는다.
- 특정 참가자가 응답하지 않으면 전체 트랜잭션이 차단된다.
- 투표 후 커밋이 실패할 수 있다. 2PC 프로토콜은 특정 참가자가 '예'로 응답하면 그 참가자가 트랜잭션을 커밋할 수 있다고 가정한다. 대부분의 실제 시나리오에서는 그렇지 않다.
- 마이크로서비스의 분산 및 자율적 특성을 고려할 때, 트랜잭션 비즈니스 사용 사례를 구현하기 위해 분산 트랜잭션/2단계 커밋을 사용하는 것은 전체 시스템의 확장성을 방해할 수 있는 복잡하고 오류가 발생하기 쉬운 작업이다.

팁 마이크로서비스 트랜잭션에 2단계 커밋이 있는 분산 트랜잭션을 사용하는 것을 피하자.

여러 마이크로서비스들 간 트랜잭션을 구현할 때 2단계 커밋을 통한 분산 트랜잭션은 사용하지 않는 것이 좋다. 그러나 여러 마이크로서비스에 걸친 트랜잭션 비즈니스 시나리오를 구축해야 한다는 요구 사항은 여전히 유효하다. 대신 사용할 수 있는 몇 가지 다른 대안이 있다.

로컬 트랜잭션을 사용한 이벤트 개시

비동기 이벤트 기반 데이터 관리는 마이크로서비스 데이터 관리에서 매우 일반적이다. 원자성을 달성할 수 있도록 이벤트 기반 아키텍처를 구현할 수 있게 해주는 트랜잭션의 특성들이 존재한다. 예를 들어, 그림 5-10에 설명된 주문 처리 서비스가 ORDER 테이블을 업데이트하고 트랜잭션 방식으로 이벤트 버스에 이벤트를 게시(즉, 주문을 업데이트하고 한 번 이벤트를 게시)하는 책임이 있다고 가정하자.

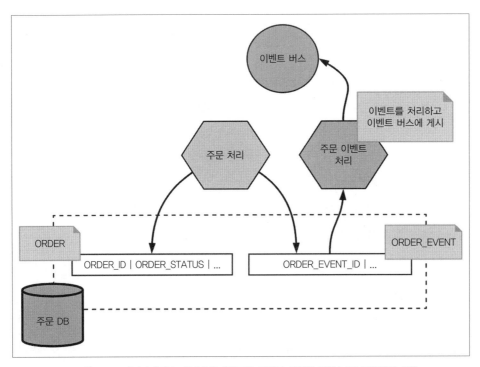

▲ 그림 5-10 데이터베이스 테이블 업데이트와 이벤트 생성을 위한 로컬 트랜잭션 사용

여기서 이벤트 테이블을 사용해 주문 업데이트 이벤트를 저장했다. 따라서 주문 처리 서비스는 주문 업데이트 조작을 포함하는 로컬 트랜잭션을 시작하고 ORDER_EVENT 테이블에 이벤트를 추가할 수 있다. 이 두 가지 작업 모두 동일한 로컬 트랜잭션 경계 내에서 실행된다.

ORDER_EVENT 테이블을 소비하고 이벤트를 이벤트 버스에 게시하는 역할을 하는 전용 서비스/프로세스가 존재한다. 또한 로컬 트랜잭션을 사용해 이벤트를 읽고 이벤트 버스/메시지 브로커에 게시하며 주문 이벤트 테이블을 업데이트할 수 있다. 이벤트 소비자 서비스는 이벤트 버스에서 이벤트를 읽고 해당 서비스의 트랜잭션 경계에서 처리한다.

이 방법은 2PC를 통해 분산 트랜잭션을 사용하지는 않지만, 트랜잭션을 지원하는 데이터베이스에 대한 종속성(예: 대부분의 NoSQL 데이터베이스는 트랜잭션을 지원하지 않음)과 같은 일부 제한이 있다.

데이터베이스 로그 마이닝

서비스가 해당 서비스가 소유한 데이터 위에서 다양한 데이터베이스 작업을 수행하면 모든 트랜잭션 세부 사항이 데이터베이스 트랜잭션 또는 커밋 로그에 기록된다. 따라서 데이터베이스를 단일 소스source-of-truth로 간주하고 트랜잭션 또는 커밋 로그에서 데이터 변경 사항을 추출할 수 있다. 예를 들어, 그림 5-11에 표시된 것처럼 주문 처리 서비스는 다양한 데이터베이스 작업을 수행하며 작업들은 데이터베이스 트랜잭션 로그에 기록된다. DBTransactionLogProc 애플리케이션은 주문 데이터베이스의 데이터베이스 트랜잭션 로그를 마이닝하고 각 트랜잭션과 일치하는 이벤트를 재생성할 수 있다. 그런 다음, 이 이벤트가 이벤트 버스 또는 메시지 브로커에 게시된다.

다른 애플리케이션은 이러한 이벤트를 소비할 수 있으며 모든 서비스 간에 최종 일관성을 유지할 수 있다.

CDC^{Change Data Capture}와 같은 데이터 관리 솔루션은 데이터베이스 트랜잭션 로그 처리 기술을 활용한다. 예를 들어, 데베지움Debezium 또는 링크드인 데이터버스LinkedIn Databus와 같은 솔루션은 이 기술을 사용해 CDC 파이프라인을 구축한다.

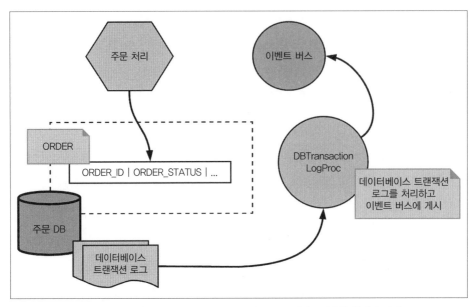

▲ 그림 5-11 데이터베이스 트랜잭션 로그와 이벤트 게시를 사용한 원자성 달성

트랜잭션 로그 마이닝 기술은 데이터베이스를 단일 소스로 사용하므로 매우 효과적이다. 모든 성공적인 데이터베이스 동작은 데이터베이스 트랜잭션 로그에 기록된다. 그러나 구현 및 처리와 관련해 트랜잭션 로그에 대한 표준 형식이 없고 각 데이터베이스별로 고유한 트랜잭션 기록 방법이 있으므로 데이터베이스 트랜잭션 로그는 데이터베이스 간에 크게 다르다. 따라서 데이터베이스 트랜잭션 로그 마이닝을 기반으로 하는 대부분의 데이터 관리 솔루션은 각 데이터베이스 유형마다 구현해야 한다.

이벤트 소싱

앞에서 설명한 기술(예: 로컬 트랜잭션을 사용한 이벤트 게시)을 사용하면 엔티티의 각 상태 변경 이벤트를 이벤트 시퀀스로 유지할 수 있다. 이러한 모든 이벤트는 이벤트 버스에 저장되며, 가입자는 해당 엔티티에서 발생한 일련의 이벤트를 처리해 해당 엔티티의 상태를 도출할 수 있다. 예를 들어, 그림 5-12에 표시된 것처럼 주문 처리 서비스는 (주문 상태로 데이터베이스 테이블을 업데이트하지 않고) 주문 엔티티에서 발생한 변경 사항을 이벤트로 게시한다. 주문 작성, 업데이트, 지불, 배송 등과 같은 상태 변경 이벤트는 이벤트 버스에 게시된다.

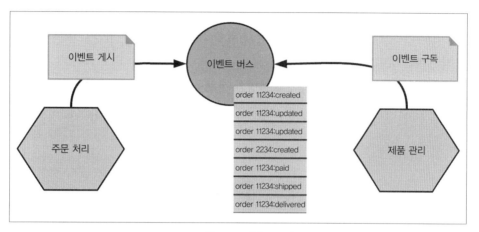

▲ 그림 5-12 이벤트 소싱

구독자 애플리케이션 및 서비스는 주문에서 발생하는 이벤트를 간단히 재생해 주문 상태를 재현할 수 있다. 예를 들어, order11234와 관련된 모든 이벤트를 검색하고 해당 주문의 현재 상태를 도출할 수 있다.

사가

지금까지 2단계 커밋을 통한 분산 트랜잭션을 피하기 위해 활용 가능한 여러 비동기식 이벤트 기반의 아키텍처 기반 솔루션을 설명했다. 완전 동기화 메시징 시나리오의 경우 사가^{Saga}들을 사용해 여러 서비스에서 트랜잭션 동작을 구축할 수 있다.

사가의 이론적 측면으로 넘어가기 전에 사가를 사용하는 실제 예를 살펴보자(사가 패턴이 실제 시나리오를 위해 어떻게 디자인되는지 잘 알려주는 케이티 맥카프리Caitie McCaffrey의 콘퍼런스 토크[1]가 있다). 휴가 계획을 수립할 수 있는 여행사 서비스(그림 5-13 참조)를 고려해보자. 여행사 서비스는 여행사 앱을 통해 기간, 위치와 기타 세부 정보를 얻도록 하며 항공편, 호텔, 렌터카 서비스를 예약한다. 항공편, 호텔, 렌터카 서비스 정보의 예약은 트랜잭션 방식으로 처리돼야 한다(세 가지를 모두 예약하거나, 그중 하나의 예약이 실패하면 나머지 예약을 취소해야 한다). 앞에서 설명한 것처럼, 여행사 서비스가 중앙 집중식 데이터베이스를 기반으로 구축된 경우에는 트랜잭션을 사용해 이 시나리오를 구현하기가 쉽다.

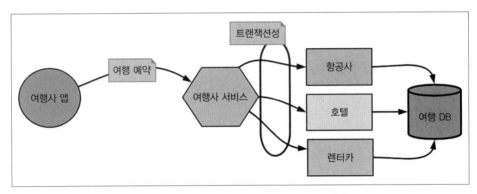

▲ 그림 5-13 중앙 집중식 데이터베이스의 트랜잭션

마이크로서비스의 경우, 이 시나리오를 구축하려면 여러 서비스 호출에 걸친 트랜잭션 안전성을 확보해야 한다. 이전 절에서 봤듯이, 2단계 커밋을 통한 분산 트랜잭션을 사용하면 고유한 제한이 있으므로 이 문제를 해결하는 데 적합하지 않다.

사가는 주어진 트랜잭션을 일련의 하위 트랜잭션과 상응하는 보상 트랜잭션compensating transaction으로 그룹화해 분산 트랜잭션 문제를 해결하는 것을 목표로 한다. 사가의 모

---

1   https://www.youtube.com/watch?v=xDuwrtwYHu8

든 트랜잭션이 성공적으로 완료될 수도 있고, 혹 실패한 경우라면 보상 거래가 실행돼 사가의 일부로 수행된 모든 것을 롤백한다.

노트 사가는 인터리브될 수 있는 일련의 트랜잭션들로 작성되는 오래 지속되는 트랜잭션이다. 순차적으로 모든 트랜잭션이 성공적으로 완료되거나, 부분 실행을 되돌리기 위해 보상 트랜잭션이 실행된다. 사가[2] 패턴은 1987년 헥터 가르시아 몰리나(Hector Garcia-Molina)와 케네스 살렘(Kenneth Salem)이 출판한 논문에 소개됐다.

이제 여행 예약 시나리오에 사가 패턴을 적용해보자. 이 사용 사례를 하위 트랜잭션sub-transaction의 모음(항공 예약, 호텔 예약, 렌터카 예약)으로 모델링(그림 5-14 참조)할 수 있다. 이러한 하위 트랜잭션 각각은 단일 트랜잭션 경계에서 작동하며, 각 하위 트랜잭션에는 의미적으로 하위 트랜잭션을 실행 취소할 수 있는 연관된 보상 트랜잭션이 존재한다. 예를 들어, 각 서비스에 대해 다음과 같이 트랜잭션과 보상 트랜잭션을 나열할 수 있다.

- T1: 항공편 예약, C1: 항공편 취소
- T2: 호텔 예약, C2: 호텔 취소
- T3: 렌터카 예약, C3: 렌터카 취소

각 서비스마다 전용 트랜잭션 경계가 있으며, 전용 데이터베이스 위에서 작동한다(각 서비스에 대한 전용 데이터베이스가 필수는 아님).

사가는 모든 하위 트랜잭션과 보상 트랜잭션으로 구성된 방향성 비순환 그래프directed acyclic graph로 나타낼 수 있다. 여행 예약 사가는 일련의 하위 트랜잭션과 보상 트랜잭션을 포함한다. 여행사 서비스에는 사가 실행 조정자Saga Execution Coordinator(SEC)라는 구성 요소가 포함되며 비행 예약, 호텔 예약, 렌터카 예약 거래를 실행한다. 특정 단

---

2 https://www.cs.cornell.edu/andru/cs711/2002fa/reading/sagas.pdf

계에서 이러한 작업 중 하나라도 실패하면, SEC는 해당 보상 트랜잭션을 실행해 전체 트랜잭션을 롤백한다.

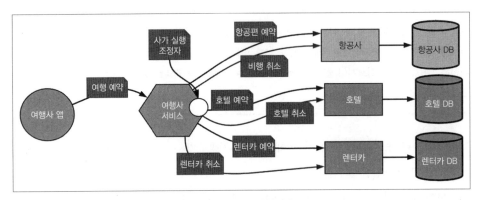

▲ 그림 5-14 사가의 적용

개념적 수준의 사가는 매우 단순하며 BPMN^{Business Process Model and Notation} 솔루션과 같은 대부분의 중앙 집중식 워크플로 솔루션은 실제로 동일한 용어들을 기반으로 한다. 그러나 분산 시스템 기반 마이크로서비스들을 위해 사가 패턴을 구축하는 것은 매우 어렵다. 따라서 마이크로서비스 컨텍스트에서 사가를 구현하는 방법을 자세히 살펴보자.

사가를 구현하려면 사가 실행 조정자가 상호작용하는 분산 로그인 사가 로그가 필요하다.

사가 로그

사가 로그는 특정 사가를 실행하는 동안 모든 트랜잭션/작업을 유지하는 데 사용되는 분산 로그다. 높은 수준에서 사가 로그에는 사가 시작^{Begin Saga}, 사가 종료^{End Saga}, 사가 중단^{Abort Saga}, T-i 시작^{Begin T-i}, T-i 종료^{End T-i}, C-i 시작^{Begin C-i}, C-i 종료^{End C-i} 와 같은 다양한 상태 변경 작업이 포함된다.

사가 로그는 종종 분산 로그를 사용해 구현되며, 카프카와 같은 시스템이 일반적으로 구현에 사용된다.

사가 실행 조정자

사가 실행 조정자(SEC)는 전체 로직을 오케스트레이션하고 사가의 실행을 담당하는 주요 구성 요소다. 주어진 사가의 모든 단계는 사가 로그에 기록되며 SEC는 사가 로그의 기록을 작성하고 해석한다. 또한 필요한 경우에는 하위 트랜잭션/동작(예: 호텔 서비스 호출 및 예약)과 해당 보상 트랜잭션을 실행한다. 사가와 관련된 단계는 사가 로그에 기록되지만 오케스트레이션 로직(방향성 비순환 그래프로 표시될 수 있음)은 SEC 프로세스의 일부다(오케스트레이션은 자체 사용자 정의 로직을 사용해 구축되거나 BPMN과 같은 표준 기반으로 구축될 수 있다).

SEC는 2PC의 조정자coordinator와 달리 전체 실행을 중앙에서 제어하는 특별한 프로세스가 아니라는 점을 이해하는 것이 중요하다. SEC는 확실히 중앙 집중식 런타임으로 작동하지만, 런타임이 하는 일은 거의 없으며 실행 로직이 분산 사가 로그에 유지된다. 그러나 SEC가 항상 작동하고 실행 중인지 확인해야 한다. SEC 오류가 발생하면 동일한 분산 사가 로그를 기반으로 새 SEC 프로세스를 시작해야 한다.

이제 SEC와 사가 로그를 잘 이해했으므로 분산 사가 실행을 살펴보자.

분산 사가 실행

분산 사가는 방향성 비순환 그래프(DAG)이며, SEC의 주요 작업은 해당 DAG를 실행하는 것이다. 여행 예약 시나리오(그림 5-15 참조)에서 여행사 서비스에 SEC가 내장돼 있다고 가정해보자.

SEC는 분산 로그에 기록된 사가에 대한 처리를 시작할 수 있다.

여행사 서비스가 여행 예약 요청을 받으면, SEC는 사가 처리에 필요한 다른 메타데이터와 함께 사가 시작 명령을 사가 로그에 기록해 사가를 시작한다. 레코드가 손상되지 않도록 로그에 커밋되면 SEC는 다음 명령어로 이동할 수 있다.

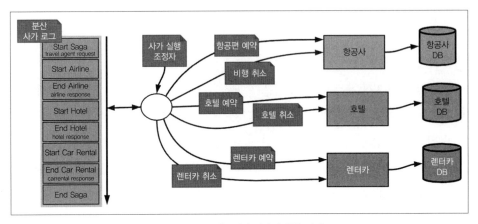

▲ 그림 5-15 성공적인 사가의 실행 단계

그런 다음, 사가의 DAG를 기반으로 SEC는 항공사, 호텔, 또는 렌터카 트랜잭션 중 하나를 선택할 수 있다(세 가지 모두 동시에 작동 가능한 경우). 항공사 트랜잭션이 먼저 실행된다고 가정하자. 이 경우 SEC는 Start Airline 메시지를 사가 로그에 기록한다. 그런 다음 SEC는 비행 예약 작업을 실행한다.

SEC가 항공사 서비스로부터 응답을 받으면, 사가 후반에 필요할 수 있는 항공사 서비스의 응답과 함께 End Airline 메시지를 커밋한다.

마찬가지로 항공사, 호텔, 렌터카 서비스에서 세 가지 작업을 모두 성공적으로 수행할 때까지 동일한 단계가 계속된다.

마지막으로, 모든 것이 성공적으로 완료됐으므로 SEC는 End Saga 메시지를 사가 로그에 커밋한다. 이 경우는 성공적인 사가 실행이다.

이제 실패 시나리오에서 사가를 살펴보자. 그림 5-16에는 앞에서 설명한 것과 동일한 단계들의 모음이 있지만, 이번에는 렌터카 프로세스가 실패한다(예: 지정된 날짜에 자동차가 없다고 가정한다).

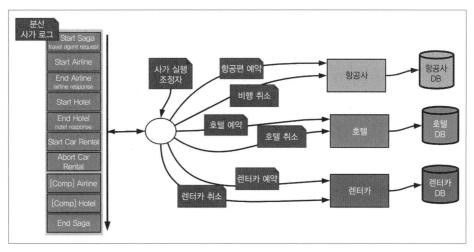

▲ 그림 5-16 실패한 사가의 실행 단계

특정 하위 트랜잭션(예: 차량 예약)의 실패를 감지했으므로 지금까지 수행한 다른 모든 하위 트랜잭션을 롤백해야 한다. 따라서 사가 로그에서 `Start Car Rental` 로그를 찾을 수 있으며, 이제 자동차 예약이 실패했다. 그래서 지금까지 실행한 사가의 반전된 DAG를 살펴보고 롤백을 수행해야 한다.

렌터카 서비스가 렌터카 예약에 대한 오류를 반환하면 SEC는 `Abort Car Rental` 메시지를 사가 로그에 커밋한다.

이것은 실패이므로 SEC는 현재 사가에 대한 롤백 작업을 시작해야 한다. SEC는 이 사가의 DAG를 반전시키고 사가 로그를 뒤로 처리해 지금까지 완료된 하위 트랜잭션을 롤백할 수 있다.

따라서 SEC는 사가 로그에서 자동차, 호텔, 항공사가 있는 모든 레코드를 찾고 호텔 및 항공사 하위 트랜잭션의 레코드를 찾는다. SEC는 호텔과 항공사에 대한 보상 트랜잭션을 수행한다. 예약 번호와 같은 사가 로그에 저장된 정보를 사용해 보상 트랜잭션을 실행할 수 있다.

보상 트랜잭션을 성공적으로 실행하고 나면, SEC는 [Comp] Airline 및 [Comp] Hotel 메시지를 사가 로그에 커밋한다.

마지막으로 SEC는 사가 완료를 사가 로그에 커밋할 수 있다. 사가 로그를 처리해 DAG와 상태를 다시 만들 수 있으므로 SEC 실패는 상대적으로 다루기가 더 쉽다. 또한 사가가 예상대로 작동하려면, 하위 트랜잭션이 최대 한 번 전송되고 보상 트랜잭션이 한 번 이상 전송된다(멱등성).

또한 특정 시점에서 시스템이 완전히 일관된 상태가 아닐 수 있지만 시간이 지남에 따라 일관된 상태가 된다(최종 일관성). 사가 DAG를 진행하면서 하위 트랜잭션을 실행하고 완료한다. 그러나 문제가 발생하면 트랜잭션을 롤백한다. 실패한 사가의 예에서는 항공사와 호텔을 예약한 후 나중에 두 예약을 모두 취소했다.

노트 사가 패턴의 핵심 개념은 최종 일관성을 달성하기 위한 것이다.

사가 패턴은 데이터베이스 트랜잭션만을 위한 것이 아니다. 사가 개념은 워크플로, 지불 처리, 금융 시스템 등과 같은 솔루션에서 실제로 널리 사용된다. 또한 사가 패턴은 승인과 인간 상호작용이 필요한 모든 사용 사례에 적합하다.

마이크로서비스용 사가 패턴은 마이크로서비스 환경에서 작동할 수 있는 대부분의 워크플로 솔루션에서 지원된다. 7장, '마이크로서비스 통합'에서는 이러한 워크플로와 비즈니스 프로세스가 마이크로서비스 아키텍처 컨텍스트에서 어떻게 사용되는지 살펴본다.

폴리글랏 지속성

분산 데이터 관리를 통해 사용 사례에 가장 적합한 지속성 확보 기술을 활용할 수 있다. 사용 사례에 따라 한 마이크로서비스는 SQL 데이터베이스를 사용할 수 있고, 다른 서비스는 NoSQL 데이터베이스를 활용할 수 있다.

예를 들어, 소셜 미디어 앱의 마이크로서비스는 관계형/SQL 데이터베이스를 사용해 사용자 정보를 저장하는 반면에 멀티미디어 스토리지는 NoSQL 데이터베이스를 기반으로 한다.

캐싱

마이크로서비스를 위한 데이터 관리 기술의 일부로서 캐싱은 주어진 마이크로서비스의 가용성, 확장성, 성능을 향상시키는 데 중요한 역할을 한다. 각 마이크로서비스 수준에서 해당 서비스가 기반으로 하는 비즈니스 엔티티를 캐싱할 수 있다. 일반적으로 이러한 비즈니스 엔티티(또는 개체)는 자주 변경되지 않는다(예: 제품 정보 서비스는 제품 이름과 세부 정보를 캐시에 캐싱해서 제품 검색에 자주 사용됨). 이러한 데이터는 일반적으로 주문형on-demand(기본 데이터 저장소에서 제품 정보에 처음 접근할 때)으로 캐싱될 수 있다. 또한 서비스가 시작되는 동안에 서비스 수준 메타데이터(구성 또는 정적 데이터)를 캐싱할 수 있다.

캐싱의 가장 중요한 측면 중 하나는 마이크로서비스 간 공유되는 중앙 캐싱 계층을 사용하지 않는 것이다. 그러나 특정 마이크로서비스의 인스턴스는 모두 동일한 데이터 요구 사항을 가지므로 이러한 인스턴스들 간에는 캐싱 계층을 공유하는 것이 좋다.

캐싱 솔루션은 상당히 많지만, 그중에서 레디스Redis[3], Ehcache[4], Hazelcast[5], Coherence[6]가 캐싱을 구현하는 데 가장 많이 사용된다. 특히 레디스는 오픈소스 및 컨테이너 네이티브 마이크로서비스 캐싱 시나리오에서 널리 사용되고 있다. 레디스

---

3 https://redis.io/

4 http://www.ehcache.org/

5 https://hazelcast.org/

6 http://www.oracle.com/technetwork/middleware/coherence/overview/index.html

는 데이터베이스, 캐시, 메시지 브로커로 사용되는 오픈소스 인메모리 데이터 구조 저장소다. 문자열, 해시, 목록, 세트, 범위 질의가 가능한 정렬된 세트, 비트맵, 하이퍼로그로그^{hyperloglog}, 반경 질의가 있는 지리 공간 인덱스와 같은 데이터 구조를 지원한다. 레디스는 주로 마이크로서비스 컨텍스트에서 캐싱에 사용되지만 데이터베이스 또는 메시지 브로커(게시자-구독자 메시징)로도 사용될 수 있다.

요약

5장에서는 마이크로서비스 아키텍처에서 활용할 수 있는 분산 데이터 관리 기술을 설명했다. 마이크로서비스별 데이터베이스 패턴은 우리에게 여러 가지 장점과 몇 가지 과제를 부여한다. SQL을 사용한 여러 테이블 간 기존 방식의 데이터 공유, 외래 키 제약 조건과 같은 테이블 간의 종속성 등은 각 마이크로서비스가 단일 사설 데이터베이스에서만 작동하는 경우에는 더 이상 적용할 수 없다.

또한 서비스 인터페이스 접근을 통한 런타임 조회, 로컬 캐시를 사용하는 비동기 이벤트 기반 데이터 공유, 이벤트 기반 통신을 사용하는 구체화된 뷰 유지 등 마이크로서비스 간에 데이터를 공유하는 데 사용할 수 있는 몇 가지 기술을 논의했다.

트랜잭션은 마이크로서비스를 통한 분산 데이터 관리에서 주요 도전 과제 중 하나다. 각 서비스에는 전용 데이터베이스가 있고 서비스는 외부 데이터베이스에 직접 접근할 수 없으므로 여러 비즈니스 서비스(여러 테이블)에 걸쳐 있는 트랜잭션 경계를 더 이상 정의할 수 없다. 2단계 커밋과 함께 분산 트랜잭션을 사용하는 것은 확장성과 관련된 고유 제한으로 인해 옵션이 될 수 없다. 사가는 2단계 커밋을 통한 분산 트랜잭션에 대한 대안을 제공한다. 해당 보상 트랜잭션과 연관된 하위 트랜잭션을 사용하면, 여러 마이크로서비스에 걸쳐 트랜잭션 관점에서 안전한 비즈니스 시나리오를 구축할 수 있다.

6장

마이크로서비스 거버넌스

마이크로서비스 아키텍처는 본질적으로 수십에서 수백 또는 수천 개의 서비스를 처리해야 한다. 그러한 규모로 운영할 때는 일부 거버넌스 프로세스가 필요하다. 그러나 엄격한 중앙 집중식 거버넌스 프로세스를 사용하면 마이크로서비스 아키텍처의 자율성이 저해된다. 따라서 마이크로서비스 거버넌스를 위한 전략을 재고해야 한다.

6장에서는 마이크로서비스 거버넌스에 대한 요구 사항을 살펴보고, 서비스 레지스트리와 거버넌스 같은 몇 가지 주요 측면을 자세히 설명한다. 거버넌스에 관한 나머지 주제는 7장에서 다룬다.

왜 마이크로서비스 거버넌스인가?

SOA 거버넌스는 SOA의 운영 성공을 이끄는 주요 원동력 중 하나였으며 조직의 여러 엔티티(개발 팀, 서비스 소비자 등) 간에 협력과 조정을 제공한다. SOA 거버넌스의 일부로 포괄적인 이론적 개념들이 정의돼 있기는 하지만, 실제로는 소수의 개념만이 적극적으로 사용되고 있다.

마이크로서비스 아키텍처로 전환하면 유용했던 거버넌스 개념의 대부분도 폐기된다. 마이크로서비스의 거버넌스 개념은 각 팀/엔티티가 각자의 도메인에 대해 그들이 선호하는 방식으로 관리할 수 있는 자유를 부여하는 분산 프로세스로 해석될 수 있다.[1] 분산형 거버넌스는 서비스 개발, 배포, 실행 프로세스에 주로 적용되지만, 다른 곳에도 적용 가능하다. 마이크로서비스 거버넌스의 다양한 측면을 자세히 살펴보고 실제로 구현할 수 있는 방법을 알아보자.

마이크로서비스 거버넌스 측면

마이크로서비스 거버넌스는 실제 시나리오를 실현하기 위해 함께 조정되는 다양한 실례들로 구성된다. 이러한 개념의 대부분은 새로운 개념이 아니라 SOA 거버넌스에서 성공적으로 사용된 개념들이다. 이 개념들은 마이크로서비스 아키텍처에서도 동일하게 적용될 수 있다.

서비스 정의

구축될 모든 마이크로서비스는 서비스 자체에 대한 고유한 식별, 제공하는 기능들, 소비자가 사용하는 방법에 대한 충분한 정보를 제공해야 한다. 즉, 서비스 정의를 지정하는 메커니즘이 있어야 하며 서비스 소비자가 쉽게 사용할 수 있어야 한다.

서비스 인터페이스를 정의하기 위해 사용할 수 있는 OpenAPI(스웨거), GraphQL 스키마, gRPC, 프로토콜 버퍼 등과 같은 기술들(3장, '서비스 간 통신'에서 설명함)이 존재한다. 이를 통해 서비스 식별자, 서비스 인터페이스(사용 가능한 서비스 기능들), 서비스 메시지 모델(서비스 요청 및 응답의 스키마 또는 메시지 형식)을 정의할 수 있다. 서비스 소유권과 서비스 수준 계약(SLA) 같은 다른 서비스 메타데이터도 서비스 정의의 일부가 될

---

1 https://martinfowler.com/articles/microservices.html#DecentralizedGovernance

수 있다.

서비스의 정의는 종종 소비자가 접근 가능하며 서비스 소유자가 게시할 수 있는 중앙 저장소에 저장된다.

서비스 레지스트리 및 검색

서비스 레지스트리service registry는 서비스 제공자가 서비스를 사용 가능하게 하고 소비 자에게 이를 알릴 수 있도록 서비스 정의를 저장하는 장소다. 서비스 소비자는 서비스 레지스트리를 사용해 호출하려는 서비스를 찾는다. 서비스 정의의 일부인 서비스 메타데이터(서비스 URL, 메시지 모델, 지원되는 기능들 등)는 서비스 레지스트리를 통해 검색할 수 있다.

서비스 레지스트리는 서비스 정의를 게시하고 서비스 정의에 접근하기 위한 API를 정의한다. 서비스가 생성되거나 업데이트될 때 서비스 소유자는 서비스 정의를 서비스 레지스트리에 게시해야 하며, 소비자는 서비스 검색 메커니즘을 사용해 런타임 동안 서비스를 검색할 수 있다. 6장의 뒷부분에서는 마이크로서비스 아키텍처에서 가장 일반적으로 사용되는 서비스 레지스트리 및 검색 메커니즘을 자세히 살펴본다.

서비스 수명 주기 관리

마이크로서비스는 계획, 디자인, 구현, 배포, 유지 보수, 서비스 폐기와 같은 다양한 수명 주기 단계를 가진다. 마이크로서비스의 탈중앙화 특성을 고려할 때 종종 이러한 작업들은 각 마이크로서비스를 소유한 팀이 관장한다. 대부분의 실제 시나리오에서는 비즈니스 범위와 이를 개발하는 데 사용하는 기술에 관계없이 마이크로서비스들이 균일한 수명 주기 단계를 가지는 것이 일반적이다. 서비스 수명 주기 관리 기술은 마이크로서비스 아키텍처에서 중앙화돼 적용된다. 여기에는 배포 수명 주기 관리, 서비스 버전 관리 방법 등이 포함된다. 이러한 기능의 대부분은 서비스 메시에서 API

관리 또는 컨트롤 플레인의 일부로 구현된다. 이와 관련해서는 9장, '서비스 메시'와 10장, 'API, 이벤트, 스트림'에서 자세히 설명한다.

서비스 품질

소비자에게 서비스를 제공하기 전에 고려해야 할 몇 가지 서비스 품질(QoS) 측면이 존재한다. 이 서비스는 다양한 보안 프로토콜과 표준(전송 계층 보안, 접근 토큰 등)을 활용하는 보안 서비스로 노출될 수 있다. 또한 속도 제한rate-limiting과 스로틀링을 사용해 서비스에 대한 접근을 제어할 수 있다. 캐싱과 모니터링/상품화를 위한 다양한 훅hook들의 통합은 다른 중요한 QoS 기능들이다. 이러한 요구 사항의 대부분은 마이크로서비스 관리와 직접 관련돼 있으며 종종 중앙에서 제어된다.

11장, '마이크로서비스 보안의 기본 사항'과 12장, '마이크로서비스 보안'에서는 마이크로서비스 보안 기본 사항과 사용 사례를 자세히 설명한다.

서비스 관찰 가능성

애플리케이션이 여러 마이크로서비스와 상호작용할 때는 모든 서비스에 대한 메트릭, 추적, 로깅, 시각화, 경고 기능이 있어야 상호작용을 명확하게 파악하고 문제가 발생할 때 문제를 해결할 수 있다. 이러한 모든 요구 사항은 관찰 가능성이라는 하나의 개념으로 통합된다.

마이크로서비스 아키텍처를 사용하면 수백 또는 수천 개의 서비스가 서로 통신할 수 있다. 서비스 메트릭, 추적 메시지 및 서비스 상호작용, 서비스 로그 가져오기, 서비스의 런타임 종속성 이해, 장애 발생 시 문제 해결, 이상에 대한 경고 설정 기능 모두 관찰 가능성의 지원하에서 고려할 수 있다.

대부분의 관찰 가능성 도구는 모든 서비스가 필요한 데이터를 푸시할 수 있는 중앙 집중식 엔티티로 작동하며, 이는 메트릭, 추적, 로깅, 시각화 등에 유용하다. 필요한 관찰 가능성 관련 정보를 도출할 수 있도록 데이터를 분석하고 처리하는 것은 관찰 가능성 도구에 달려 있다. 13장, '관찰 가능성'에서 마이크로서비스 관찰에 사용되는 모든 기술과 도구를 설명한다.

이를 통해 마이크로서비스 거버넌스의 주요 측면을 대부분 다룬다. 이제 이러한 개념이 실제로 어떻게 구현될 수 있는지 살펴볼 차례다.

마이크로서비스 거버넌스 구현

이전 절에서 논의한 마이크로서비스 거버넌스 측면은 네 가지 주요 카테고리에서 구현된다(그림 6-1 참조). 마이크로서비스의 디자인, 개발, 배포는 중앙에서 관리되지 않지만, 마이크로서비스의 거버넌스 측면은 중앙 집중식이며 확장 가능한 엔티티로 구현된다.

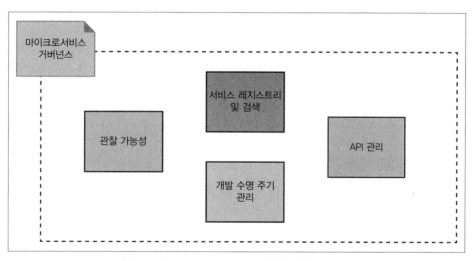

▲ 그림 6-1 마이크로서비스 거버넌스 실현을 위한 핵심 구성 요소

이전 절에서 설명했던 거버넌스 측면을 다시 살펴보고, 이러한 구성 요소와 관련해 어떤 방법으로 어느 위치에 구현되는지 알아보자.

서비스 레지스트리 및 검색

서비스 정의를 고려할 때 서비스 식별자, 메시지 모델, 인터페이스 등의 정의는 중앙 집중식 관리 없이 수행 가능한 작업이다. 그러나 이러한 서비스 정의는 중앙 집중식 서비스 레지스트리에 게시돼야 한다. 서비스 레지스트리는 중앙 집중식 구성 요소이며 서비스를 설명하기 위한 정규 모델canonical model을 정의한다. 모든 서비스 소유자는 정규형canonical form으로 서비스 정의를 서비스 레지스트리에 게시해야 한다. 서비스가 크게 상이한 기술(예: OpenAPI 대 gRPC)로 구현된 경우에도 해당 서비스에 대한 공통 메타데이터를 찾아서 서비스 레지스트리에 추가할 수 있다.

서비스 레지스트리에는 런타임 중에 서비스 정보를 검색하는 데 사용할 수 있는 서비스 검색 프로토콜(또는 API)이 제공된다(다음 절에서 서비스 레지스트리 및 검색을 자세히 설명한다).

개발 수명 주기 관리

서비스 수명 주기 관리는 종종 서비스 배포 수준에서 구현된다. 예를 들어, 특정 서비스를 여러 환경에 배포하는 경우 배포 프로세스는 각 환경에 동일한 서비스 코드를 복제하거나 이동해야 한다는 요구 사항을 처리한다. 여기에는 다양한 데브옵스 관련 배포 방법론(블루-그린, 카나리아, AB 테스트 등)이 포함되며, 개발(dev), 테스트, 품질 보증(QA), 준비, 프로덕션(prod) 등과 같은 다양한 환경을 관리하는 방법을 설명한다.

API 관리/API 게이트웨이

API 관리는 여러 마이크로서비스 거버넌스 측면을 실현하는 데 중요한 역할을 한다. 1장, '마이크로서비스의 사례'에서 설명한 것처럼, API 관리 계층 또는 API 게이트웨이는 마이크로서비스를 소비자에게 관리형 API로 노출시키는 데 사용된다. 여기에는 이전 절에서 논의한 모든 서비스 품질 측면과 상품화 같은 다른 API 관리 관련 세부 정보가 포함된다. API 관리의 일환으로 런타임 동안 서비스에 보안, 서비스 버전 관리, 스로틀링, 캐싱, 상품화 등을 적용할 수 있다. 이러한 기능의 대부분은 서비스 호출을 위해 중앙에서 적용돼야 함을 이해하는 것이 중요하다. 따라서 API 게이트웨이는 중앙에서 조절되거나 관리되며, 이러한 기능은 중앙 집중식 또는 분산화된 형태로 적용될 수 있다. 또한 API 게이트웨이는 외부 또는 내부 소비자를 대상으로 사용될 수 있다. 이러한 기능은 마이크로서비스가 내부 API 게이트웨이를 통해 서로 통신할 때도 동일하게 적용할 수 있다.

API 관리 솔루션은 종종 서비스 레지스트리와 함께 작동해 서비스를 검색하고, 레지스트리를 API 저장소로 사용한다(즉, API 관련 정보는 서비스 레지스트리를 통해 게시 및 검색할 수 있음). 이는 기존 서비스를 사용해 새로운 API를 생성할 때도 매우 유용하다.

또 다른 중요한 측면은 API 관리 솔루션이 API를 검색하고 소비하기 위한 풍부한 기능을 제공한다는 것이다. 따라서 API 관리를 활용해 (외부에 공개할 서비스를 선택하지 않고도) 모든 마이크로서비스를 관리할 수 있다.

이러한 주제는 10장, 'API, 이벤트, 스트림'에서 자세히 다룬다.

관찰 가능성

관찰 가능성은 모든 마이크로서비스에 일반적으로 적용되는 것이다. 각 마이크로서비스는 권장되는 관찰 에이전트를 사용해 이러한 관찰 도구 중 하나로 데이터를 푸시할 수 있다. 관찰 도구는 마이크로서비스의 모든 상호작용에 대한 중앙 집중식 뷰를 제공하며, 원래의 비즈니스 메시지 흐름을 방해하지 않는 수동 엔티티로 작동한다. API 관리 솔루션 또는 API 게이트웨이도 관찰 도구와 함께 작동한다. 이전 절에서 설명한 대부분의 관찰 가능성 측면은 종종 API에도 적용된다.

메트릭, 추적, 로깅, 서비스 시각화, 경고 등과 같은 각 관찰 가능성 측면에 대해 전문화된 관측 도구 역시 존재한다. 13장에서는 마이크로서비스 관찰 가능성을 심층적으로 다룬다.

서비스 레지스트리 및 검색

수백 또는 수천 개의 마이크로서비스를 운영할 때는 서비스 세부 정보를 얻을 수 있는 중앙 위치를 확보하는 것이 중요하다. 그 중앙 위치가 서비스 레지스트리 및 검색이 부각되는 곳이다. 마이크로서비스의 컨텍스트에서 서비스 레지스트리 및 검색은 그것을 설명하는 많은 자료들에서, 실행 중 마이크로서비스의 위치를 얻는 메커니즘으로 설명된다. 그러나 서비스 레지스트리는 더 넓은 의미를 가지며 훨씬 더 효과적으로 사용될 수 있다.

처리해야 할 서비스가 너무 많기 때문에 모든 서비스 정보를 얻을 수 있는 중앙 위치를 확보하는 것이 매우 중요하다. 이전 절들에서 설명한 것처럼 서비스 레지스트리는 모든 서비스 정의를 저장하는 곳이다(일부 마이크로서비스 논문에서 설명하는 것처럼 서비스 URL뿐만 아니라). 소비자는 서비스 레지스트리에 접근해 모든 서비스 정의를 얻을 수 있다. 그리고 서비스 검색은 서비스 레지스트리에 접근하는 방법을 정의한다. 서비스 소유자는 소비자가 서비스를 찾을 수 있도록 서비스 레지스트리에 서비스를 등록해야 한다. 또한 소유자는 서비스 정보를 업데이트하고 유지 관리할 책임이 있다. 마이크로서비스 아키텍처에서 서비스 레지스트리 및 검색의 가장 일반적인 사용 사례는 서비스를 실행 중인 인프라와는 독립적으로 서비스의 주소를 지정할 수 있는 addressable 이름을 지정하는 것이다. 예를 들어, 서비스를 호출할 때 서비스에 대한 논리적 참조가 포함된 이름을 사용하고 서비스 검색은 해당 이름을 서비스의 실제 엔드포인트 주소로 해석한다. 따라서 실제 엔드포인트 주소가 변경될 때 외부 서비스나 소비자는 코드를 변경할 필요가 없다.

일반적으로 서비스 레지스트리는 마이크로서비스 아키텍처의 모든 서비스에 대한 표준 서비스 정의를 공개하고 검색하기 위한 저장소로 간주할 수 있다. 서비스 정의를 검색하는 데 사용하는 메커니즘을 서비스 검색이라고 한다.

서비스 레지스트리 및 검색에 일반적으로 사용되는 몇 가지 패턴을 논의해보자. 그림

6-2에 표시된 것처럼, 서비스를 호출하려는 클라이언트가 있지만 서비스 주소가 알려지지 않았거나 동적으로 변경되는 시나리오를 살펴보자. 이 경우에는 서비스 레지스트리를 사용해 서비스 정의를 저장할 수 있다. 클라이언트는 서비스 레지스트리의 API를 호출해 서비스 정보를 찾은 다음, 실제 서비스 호출에 대해 레지스트리에서 검색된 정보를 사용한다. 대부분의 서비스 레지스트리는 이 요구 사항을 충족시키기 위해 전용 클라이언트 라이브러리와 함께 RESTful 인터페이스(또는 gRPC)를 제공한다. 이 메커니즘을 클라이언트 측 서비스 검색client-side service discovery이라고 한다.

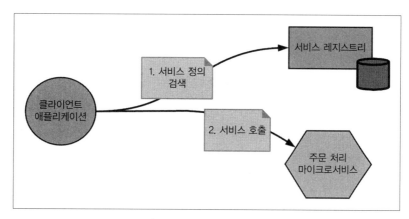

▲ 그림 6-2 클라이언트 측 서비스 검색

서비스 검색의 다른 패턴(그림 6-3 참조)은 서비스 검색 작업을 로드 밸런서와 같은 중간 구성 요소로 내리는 것이다. 이 경우에 클라이언트는 사전 정의된 URL을 사용해 서비스를 호출하고, 로드 밸런서는 이를 서비스의 실제 URL을 확인하는 키로 사용한다. 이 패턴에서 클라이언트는 서비스 레지스트리의 존재를 인식하지 못한다. 이 패턴을 서버 측 서비스 검색server-side service discovery이라고 한다.

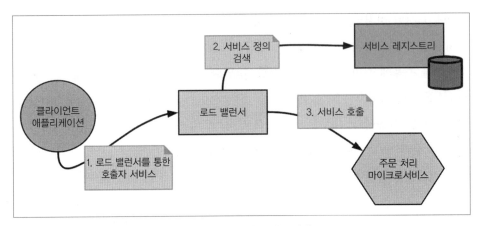

▲ 그림 6-3 서버 측 서비스 검색

클라이언트 측 검색은 클라이언트가 서비스 레지스트리의 존재를 완전히 인식하고 클라이언트 코드에 서비스 검색 로직이 포함된 경우에 일반적으로 사용된다. 서버 측 검색은 종종 쿠버네티스와 도커 스웜Docker Swarm 같은 컨테이너 관리 시스템과 함께 사용되며, 서비스 검색은 클라이언트 측에 투명하다.

서비스 레지스트리 구현은 서비스 검색 메커니즘에 의존하지 않는다. 실제로 두 경우 모두 클라이언트 또는 중간 애플리케이션(로드 밸런서)이 동일한 서비스 레지스트리 API를 사용한다.

서비스 레지스트리는 종종 서비스 검색을 위한 중앙 구성 요소로 사용되므로 단일 장애 지점이 될 수 있다. 따라서 배포의 일부로 서비스 레지스트리의 고가용성을 보장하는 것이 중요하다.

다음 두 절에서는 일반적으로 사용되는 서비스 레지스트리 솔루션을 자세히 살펴본다.

컨설

컨설Consul 2은 서비스를 검색하고 구성하기 위해 디자인된 분산 고가용성 시스템이다. 컨설은 대부분의 서비스 레지스트리 기능을 제공하므로 서비스가 서비스 정의를 게시할 수 있으며, 클라이언트는 컨설을 사용해 지정된 서비스를 검색할 수 있다. 애플리케이션은 DNS 또는 HTTP를 사용해 의존하는 서비스를 찾을 수 있다. 컨설은 서비스 레지스트리 및 검색 기능 외에도 동적 구성, 기능 표시, 조정, 리더 선출 등에 사용할 수 있는 키-값 저장소와 서비스 상태 확인을 지원한다.

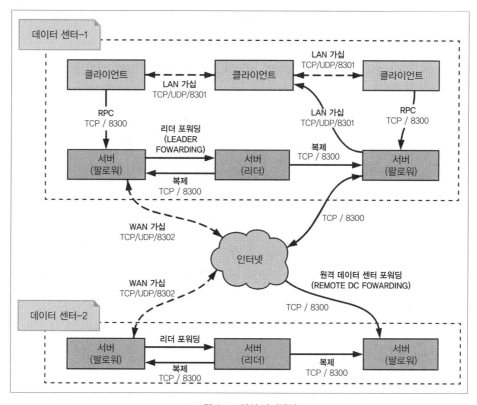

▲ 그림 6-4 컨설 아키텍처

---

2 https://www.consul.io/

그림 6-4는 컨설 아키텍처의 주요 구성 요소와 이들이 서로 통신하는 방법을 보여준다. 다음으로, 컨설의 서비스 레지스트리 및 검색 기능과 각 컨설 구성 요소의 책임에 관련된 주요 단계를 살펴본다.

서비스 검색 솔루션으로 컨설을 사용하기 위한 주요 단계는 다음과 같다.

- 컨설에 서비스를 제공하는 모든 노드는 컨설 에이전트를 실행해야 한다.
- 에이전트는 컨설 클러스터의 모든 노드에서 장기간 실행되는 데몬이다. 컨설 에이전트를 실행해 시작한다. 에이전트는 클라이언트 또는 서버 모드에서 실행될 수 있다. 그러나 서비스를 검색하는 클라이언트에는 에이전트가 필요하지 않다.
- 에이전트는 상태 확인을 실행하고 서비스 동기화를 유지할 책임이 있다. 에이전트들은 하나 이상의 컨설 서버와 통신한다.
- 컨설 클라이언트는 모든 RPC를 서버로 전달하는 에이전트다. 클라이언트는 서버와 비교해 상태를 유지하지 않는 경향이 있으며, 클라이언트가 수행하는 유일한 백그라운드 활동은 LAN 가십^{gossip} 풀에 참여하는 것이다. 가십 프로토콜은 UDP를 통한 임의의 노드 간 통신을 포함한다.
- 컨설 서버는 데이터가 저장되고 복제되는 곳이다. 서버는 리더를 선출한다. 서버는 클러스터 상태를 유지하고 RPC 질의에 응답하고 다른 데이터 센터와 WAN 가십을 교환하며, 리더 또는 원격 데이터 센터로 질의를 전달할 책임이 있다.
- 컨설은 정규 서비스 정의를 정의하며 서비스를 등록하고 검색하는 데 사용된다.
- 서비스 정의를 구성(consul.d 디렉터리 내부)으로 제공하거나 HTTP API를 적절히 호출해 서비스를 등록할 수 있다.
- 마찬가지로 서비스 검색 REST API를 사용해 서비스를 검색할 수 있다.

컨설을 설치[3]했다고 가정하자. 서비스 등록과 검색에 관련된 단계를 살펴보자(샘플 저장소에서 사용 가능한 ch06/sample01을 실행해볼 수 있다).

서비스 등록하기

consul.d 디렉터리 내에 작성된 구성 파일을 사용해 컨설 서비스를 등록할 수 있으며, 서비스 정의는 동일한 디렉터리의 새 JSON 파일에 배치될 수 있다. consul/my_consul_config/consul.d 디렉터리를 생성하고 order_service 정의를 다음 서비스 정의와 함께 order_service.json 파일에 추가했다고 가정하자.

```
{"service": {"name": "order_service", "tags": ["order-mgt"], "port": 80}}
```

다음을 사용해 동일한 구성 파일을 가리켜서 컨설을 시작할 수 있다.

```
/consul agent -dev -config-dir= /my_home/my_consul_config/consul.d.
```

또는 카탈로그 REST API[4]를 통해 서비스를 등록할 수 있다.

서비스 검색하기

컨설 REST API는 서비스 정의를 검색하는 편리한 방법을 제공한다.

예를 들어, 클라이언트 애플리케이션에서 컨설의 서비스 카탈로그에 지정된 서비스로 GET 요청을 전송해 서비스 정의를 얻을 수 있다.

---

3   https://www.consul.io/intro/getting-started/install.html

4   https://www.consul.io/api/catalog.html

```
curl http://localhost:8500/v1/catalog/service/order_service
[
  {
    "ID": "b6de0d18-89ab-0d53-223f-1b8ac033265e",
    "Node": "Kasuns-MacBook-Pro.local",
    "Address": "127.0.0.1",
    "Datacenter": "dc1",
    "TaggedAddresses": {
      "lan": "127.0.0.1",
      "wan": "127.0.0.1"
    },
    "NodeMeta": {
      "consul-network-segment": ""
    },
    "ServiceID": "order_service",
    "ServiceName": "order_service",
    "ServiceTags": [
      "order-mgt"
    ],
    "ServiceAddress": "",
    "ServiceMeta": {},
    "ServicePort": 80,
    "ServiceEnableTagOverride": false,
    "CreateIndex": 6,
    "ModifyIndex": 6
  }
]
```

이러한 모든 작업은 DNS 인터페이스를 통해서도 노출된다. 서비스 레지스트리와 직접적인 관련이 없고 이 책의 범위를 벗어나지만 컨설에서 제공하는 다양한 기타 기능이 존재한다. 그러나 조정 및 고가용성 지원 기능이 있는 일종의 키-값 쌍 기반 저장소가 필요하다면, 컨설은 마이크로서비스 아키텍처에 통합하는 데 매우 적합한 솔루션이다.

유레카

유레카[Eureka][5]는 넷플릭스에서 개발한 또 다른 서비스 레지스트리 및 검색 서비스다. 넷플릭스에서는 AWS 클라우드에서 미들티어 서버의 로드 밸런싱과 페일오버를 목적으로 서비스를 찾기 위해 사용됐다(별도의 로드 밸런서가 유레카를 감싸서 여러 가지 요소를 기반으로 가중치 기반 로드 밸런싱을 제공한다). 따라서 유레카 서버는 주로 서비스를 검색하기 위한 인터페이스를 제공하는 서비스 레지스트리 역할을 한다. 유레카는 REST API[6]와 서비스를 등록하거나 검색하는 데 사용할 수 있는 자바 클라이언트 라이브러리를 제공한다. 그림 6-5는 유레카 아키텍처의 개요를 보여준다.

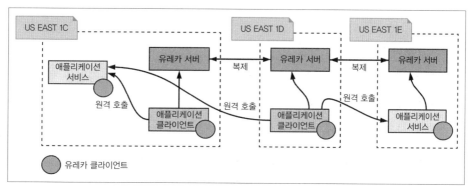

▲ 그림 6-5 유레카 아키텍처

유레카 서버는 톰캣에 배포할 수 있는 웹 애플리케이션이다. 배포한 다음 유레카 클라이언트 또는 REST API를 통해 연결할 수 있다. 유레카 클라이언트는 하트비트를 등록하는 데 사용할 수 있는 자바 클라이언트다. 그림 6-5와 같이 유레카 클라이언트를 서비스 코드 또는 클라이언트 코드의 일부로 포함할 수 있다. 애플리케이션 서비스는 유레카 클라이언트를 사용해 서비스를 등록할 수 있으며, 애플리케이션 클라이언트는 이를 서비스 검색에 사용할 수 있다. 서비스는 유레카에 등록한 다음 30초

---

5   https://github.com/Netflix/eureka

6   https://github.com/Netflix/eureka/wiki/Eureka-REST-operations

마다 임대를 갱신하기 위해 하트비트를 보낸다. 클라이언트가 임대를 갱신할 수 없으면 약 90초 후에 서버 레지스트리에서 제거된다. 정보 등록 및 갱신은 클러스터의 모든 유레카 노드에 복제된다.

리전region당 하나의 유레카 클러스터(미국 동부, 미국 서부 등과 같은 지리적 위치)가 있으며, 각 클러스터는 해당 리전의 인스턴스에 대해서만 알고 있다. 존zone 장애를 처리하기 위해 존당 하나 이상의 유레카 서버가 존재한다(한 리전에는 격리된 데이터 센터로 간주될 수 있는 여러 개의 존이 존재할 수 있다). 모든 존의 클라이언트는 (30초마다 발생하는) 레지스트리 정보를 검색해 (어느 존에나 위치할 수 있는) 서비스를 찾고 원격 호출을 수행할 수 있다.

스프링 부트와 함께 유레카 사용

스프링 부트는 유레카를 서비스 레지스트리로 사용하기 위한 기본 지원을 제공한다. 스프링 부트 애플리케이션에서 유레카를 사용하고 실제로 서비스 레지스트리 및 검색 기능을 사용하는 방법을 자세히 살펴보자.

일부 어노테이션을 사용하면 유레카를 사용해 애플리케이션 내에서 서비스 레지스트리 및 검색 패턴을 빠르게 활성화하고 구성할 수 있다. 유레카 인스턴스를 등록할 수 있으며, 클라이언트는 스프링 관리 빈Spring-managed bean을 사용해 인스턴스를 감지할 수 있다. 또한 선언적인 자바 설정으로 임베디드 유레카 서버를 생성할 수 있다.

먼저, 유레카 서버가 실행 중이어야 한다. ch06/sample02의 샘플 코드에 표시된 것처럼 스프링 클라우드의 @EnableEurekaServer 어노테이션을 사용해 유레카 서비스 레지스트리를 스프링 애플리케이션으로 동작하도록 할 수 있다. 따라서 애플리케이션 코드는 다음과 같다.

```
@EnableEurekaServer
@SpringBootApplication
public class EurekaServiceApplication {
```

```
  public static void main(String[] args) {
    SpringApplication.run(EurekaServiceApplication.class, args);
  }
}
```

이 애플리케이션은 유레카 서비스 레지스트리 인스턴스를 부팅하며 application.
properties 파일을 통해 다양한 동작을 변경할 수 있다.

이제 다른 스프링 부트 애플리케이션에서 서비스 레지스트리에 서비스를 등록해보
자. 애플리케이션 이름은 스프링 부트 애플리케이션의 bootstrap.properties에서 불
러온다.

```
@EnableDiscoveryClient
@SpringBootApplication
public class EurekaClientApplication {
  public static void main(String[] args) {
    SpringApplication.run(EurekaClientApplication.class, args);
  }
}
```

이제 검색 클라이언트를 활용해 서비스를 검색하는 다른 스프링 부트 애플리케이션
을 사용해서 서비스를 검색할 수 있다.

```
@RestController
class ServiceInstanceRestController {

  @Autowired
  private DiscoveryClient discoveryClient;

  @RequestMapping("/service-instances/{applicationName}")
  public List<ServiceInstance> serviceInstancesByApplicationName(
      @PathVariable String applicationName) {
    return this.discoveryClient.getInstances(applicationName);
```

```
    }
}
```

이 서비스는 유레카 서비스 레지스트리에서 애플리케이션 이름을 검색해 응답의 일부로 반환한다.

etcd

etcd[7]는 중요한 데이터를 안정적으로 신속하게 저장하고 그 데이터에 접근할 수 있도록 디자인된 범용 분산 키-값 저장소다. etcd는 분산 잠금, 리더 선출, 쓰기 배리어write-barrier를 통해 안정적인 분산 조정을 가능하게 한다. etcd 클러스터는 고가용성과 영구 데이터 저장 및 검색을 위한 것이다. 따라서 etcd도 서비스 레지스트리 구현으로서 사용된다. 그러나 etcd는 서비스 등록과 검색 이외의 다양한 기능을 제공한다. etcd는 etcdctl이라는 CLI 도구와 gRPC API를 제공한다.

etcd v3는 메시징 프로토콜에 gRPC를 사용한다. etcd 프로젝트에는 gRPC 기반 Go 클라이언트와 gRPC를 통해 etcd 클러스터와 통신하기 위한 명령줄 유틸리티 etcdctl 등이 포함된다. gRPC를 지원하지 않는 언어의 경우 etcd는 JSON grpc-게이트웨이를 제공한다. 이 게이트웨이는 HTTP/JSON 요청을 gRPC 메시지로 변환하는 RESTful 프록시를 제공한다.

etcd는 쿠버네티스와 같은 기존 레지스트리 및 배포 조정자 솔루션의 일부로 널리 사용된다.

쿠버네티스를 통한 서비스 검색

쿠버네티스 환경에서는 한 서비스에서 다른 서비스를 호출할 때 실제 서비스 위치를

---

7   https://coreos.com/etcd/

걱정할 필요가 없다. 쿠버네티스는 기본적으로 DNS 이름을 사용해 파드를 검색한다. 따라서 foo 서비스에서 bar 서비스를 호출하려는 경우, foo 서비스 코드에서 http://bar:<port>를 서비스 엔드포인트로 참조하면 된다. 쿠버네티스는 이름을 확인하고 실제 엔드포인트로 매핑한다. 쿠버네티스는 내부적으로 etcd를 분산 키-값 저장소로 사용한다.

쿠버네티스는 서비스를 원활하게 검색할 수 있는 즉시 사용 가능한 기능을 제공하지만, 이 기능은 서비스 개발자 또는 소비자가 상호작용할 수 있는 저장소와 인터페이스로 사용되지 않는다. 그 점 때문에 외부 서비스 레지스트리에서 이러한 서비스 정의를 관리해야 한다.

8장, '마이크로서비스의 배포 및 실행'에서 쿠버네티스를 자세히 설명하고 쿠버네티스 내에서 서비스 검색을 사용하는 실제 예를 살펴본다.

요약

6장에서는 마이크로서비스 거버넌스를 폭넓은 관점에서 논의했다. 거버넌스를 분산 프로세스로 추상화하는 대신 서비스 정의, 수명 주기 관리, 레지스트리 및 검색, 서비스 품질, 관찰 가능성과 같은 마이크로서비스 거버넌스의 다양한 측면을 자세히 살펴봤다. 서비스 디자인, 개발, 배포는 완전히 분산된 프로세스로 수행할 수 있지만, 마이크로서비스 거버넌스 측면에서 중앙 집중식으로 적용해야 하는 몇 가지 개념이 존재한다. 이러한 컨텍스트에서 마이크로서비스 거버넌스 구현의 핵심 측면인 서비스 레지스트리 및 검색, 개발 수명 주기 관리, API 관리, 관찰 가능성을 소개했다. 마이크로서비스 거버넌스와 관련해 이러한 개념의 대부분에 대한 토대를 설정했으며, 각 주제에 대한 자세한 내용은 이후의 장들에서 다룬다.

6장에서는 서비스 레지스트리와 마이크로서비스 거버넌스의 검색 측면을 자세히 설명했다. 서비스 레지스트리 및 검색의 중요성을 논의했으며, 일반적으로 사용되는 몇 가지 패턴을 다뤘다. 그런 다음 컨설, 유레카와 같이 가장 널리 사용되는 서비스 레지스트리 솔루션 중 일부를 실제 예제와 함께 논의했다.

7장

마이크로서비스 통합

마이크로서비스 아키텍처는 소프트웨어 애플리케이션을 독립적인 서비스들의 모음으로 구축한다. 주어진 비즈니스 사용 사례를 실현할 때 보통 여러 마이크로서비스 사이의 커뮤니케이션과 조정이 필요하다. 따라서 마이크로서비스 통합과 서비스 간 통신 구축은 마이크로서비스 아키텍처를 실현하는 데 필요한 가장 어려운 작업 중 하나가 될 것이다.

대부분의 기존 서적과 기타 자료에서는 마이크로서비스 통합의 개념을 거의 논의하지 않거나 매우 추상적인 방식으로 설명한다. 따라서 7장에서는 마이크로서비스 통합, 마이크로서비스 통합 패턴, 활용할 수 있는 프레임워크와 언어 등과 같은 주요 과제를 심층적으로 다룬다.

마이크로서비스를 통합해야 하는 이유

마이크로서비스는 세부적인 특정 비즈니스 기능을 처리하도록 디자인됐다. 따라서 마이크로서비스를 사용해 소프트웨어 애플리케이션을 구축할 때는 이러한 서비스 간에 통신 구조를 구축해야 한다. SOA를 사용할 때는 1장, '마이크로서비스의 사례'에서 논의한 바와 같이 서비스 세트(웹 서비스)를 구축하고 ESB라고 하는 중앙 버스를 사용해 통합한다.

ESB 기반 접근 방식을 사용해 그림 7-1에 표시된 것처럼 이 중앙 집중식 버스의 일부로 비즈니스 로직을 구축하고, 복원력 있는 통신(회로 차단기 및 타임아웃)과 서비스 품질 측면(이 기능들에 관해서는 7장 후반부에 자세히 논의한다.) 같은 다양한 네트워크 통신 기능을 구축한다.

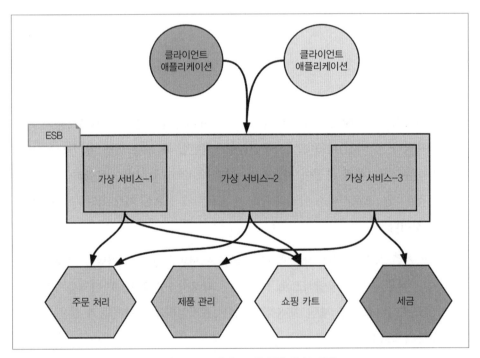

▲ 그림 7-1 SOA에서 ESB를 통한 서비스 통합

ESB를 사용해 서비스 통합을 수행하면 중앙 ESB 런타임에 긴밀하게 연결된 일련의 가상 서비스를 갖게 된다. ESB 계층이 비즈니스 및 네트워크 통신 로직과 함께 성장함에 따라 연결된 서비스들은 대부분의 기업에서 하나의 거대한 모놀리식 애플리케이션이 된다. 이것은 1장에서 논의한 모놀리식 애플리케이션의 모든 제한 사항을 갖게 됨을 의미한다.

마이크로서비스 아키텍처로 전환하는 경우에도 의미 있는 비즈니스 사용 사례를 구축하기 위해 마이크로서비스들을 여전히 통합해야 한다. 마이크로서비스 아키텍처에는 마이크로서비스 통합을 매우 중요하게 만드는 몇 가지 중요한 요구 사항이 존재한다.

- **마이크로서비스 조합**: 기존 마이크로서비스에서 복합 서비스를 생성하고 소비자에게 비즈니스 기능으로 노출하는 것이 마이크로서비스 아키텍처에서 가장 일반적인 사용 사례 중 하나다. 마이크로서비스 조합은 동기식 통신(능동형) 또는 비동기식(반응형) 통신 패턴을 사용해 구축될 수 있다.
- **복원력 있는 서비스 간 통신 구축**: 모든 마이크로서비스 호출은 네트워크에서 발생하며 오류가 발생하기 쉽다. 따라서 서비스 간 호출을 수행할 때 안정성 및 복원력 패턴을 구현해야 한다.
- **세분화된 서비스와 API**: 대부분의 마이크로서비스는 너무 세밀해 소비자를 위한 비즈니스 기능/API로 게시할 수 없다.
- **'브라운필드**brownfield(성숙된)**' 엔터프라이즈의 마이크로서비스**: 엔터프라이즈 애플리케이션의 마이크로서비스는 기존 레거시 시스템, 독점 시스템(예: ERP 시스템), 데이터베이스, 웹 API(예: 세일즈포스) 간의 통합이 필요하다.

마이크로서비스 아키텍처는 스마트 엔드포인트와 멍청한 파이프로 알려진 중앙 집중식 ESB 사용에 대해 대체적인 접근 방식을 선호한다. 위에서 논의한 모든 요구 사항도 마이크로서비스를 위해 구현돼야 한다. 스마트 엔드포인트와 멍청한 파이프의 개념을 자세히 살펴보자.

스마트 엔드포인트와 멍청한 파이프

스마트 엔드포인트와 멍청한 파이프 접근 방식으로 마이크로서비스를 통합해야 할 때는 중앙 집중화된 모놀리식 ESB 아키텍처를 사용하지 말고 멍청한 메시징 인프라를 통해 통신하는 완전히 분산된 서비스 접근 방식을 사용해야 한다. 모든 스마트는 엔드포인트(서비스 및 소비자)에 있으며, 중간 메시지 채널에는 비즈니스 또는 네트워크 통신 로직이 없다. 따라서 그림 7-2에서 볼 수 있듯이 마이크로서비스 통합은 다른 마이크로서비스들의 세트에 의해 처리된다. 그 서비스들은 서비스를 호출하기 위한 네트워크 통신뿐만 아니라 통합 로직을 담당한다. 이러한 서비스는 서로 다른 기술을 사용해 구축될 수 있으며 ESB와 달리 각 통합 서비스는 자율적이다.

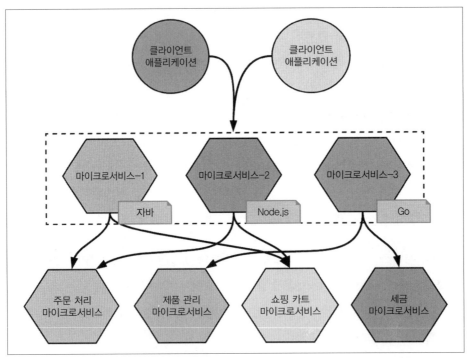

▲ 그림 7-2 스마트 엔드포인트와 멍청한 파이프:
모든 스마트는 멍청한 메시징 인프라를 통해 통신하는 동안 엔드포인트(서비스) 레벨에 있다.

이 방법은 기존의 중앙 집중식 ESB보다 훨씬 우아해 보이지만 개발자가 처리해야 하는 몇 가지 복잡성이 존재한다. 무엇보다도 이 접근법이 ESB 접근법의 비즈니스 또는 네트워크 통신에 따르는 복잡성을 제거하지는 않는다는 것을 분명히 이해해야 한다. 즉, 서비스의 일부로 서비스 통합 로직에 필요한 모든 기능을 구현해야 한다. 예를 들어, 마이크로서비스-1에는 주문 처리 및 쇼핑 카트 마이크로서비스의 여러 데이터 유형 구성과 이러한 서비스(예: 회로 차단기, 페일오버 등)를 호출하는 복원력 있는 통신이 포함돼야 한다. 또한 필요한 다른 공통 중첩 기능(예: 보안 및 관찰 가능성)도 포함해야 한다. 또한 폴리글랏polyglot 마이크로서비스 기술을 사용하는 경우, 여러 기술을 사용한 복원력 있는 통신과 같은 필수 기능에 대해 동일한 구현을 반복해야 할 가능성이 높다.

구현할 기술을 선택할 때는 이러한 마이크로서비스 통합 요구 사항을 고려해야 한다. 7장의 후반부에서 이러한 요구 사항과 해당 요구 사항에 맞는 기술을 자세히 설명한다. 그러나 그에 앞서 피해야 할 일반적인 마이크로서비스 통합 관련 안티 패턴을 논의하는 것이 중요하다.

마이크로서비스 통합의 안티 패턴

마이크로서비스 통합에는 여러 가지 안티 패턴이 있다. 이러한 패턴의 대부분은 마이크로서비스를 통합하고 중앙 ESB가 마이크로서비스 아키텍처에서 제공하는 것과 동일한 기능 세트를 복제할 때의 복잡성으로 인해 나타난다.

마이크로서비스 통합을 위한 모놀리식 API 게이트웨이

일반적인 안티 패턴 중 하나는 API 게이트웨이를 서비스 통합(또는 조합) 계층으로 사용해 비즈니스 서비스를 소비자에게 노출시키는 것이다. 예를 들어, 여러 마이크로서비스를 개발 중이며 서비스가 노출할 비즈니스 기능이 여러 서비스 간 일부 협업(또는 오케스트레이션)을 요구하는 상황을 가정하자. 여기서는 몇 가지 다운스트림 서비스와 통신하고 복합 기능을 제공하는 복합 마이크로서비스를 구축해야 한다. 많은 마이크로서비스 구현에서 통합 로직을 거의 단일 구성 요소인 API 게이트웨이의 일부로 개발한다. 기존 마이크로서비스 구현에는 많은 실제 사례가 있다. 예를 들어, 그림 7-3은 초기에 넷플릭스 API 게이트웨이[1]가 어떻게 구현됐는지를 설명한다.

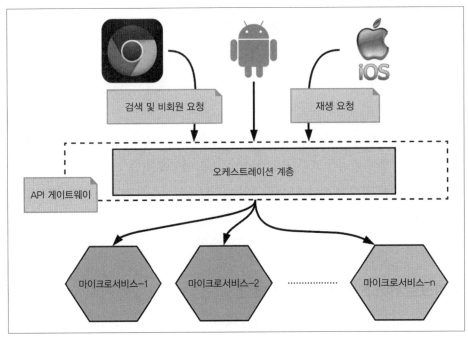

▲ 그림 7-3 넷플릭스 API 게이트웨이:
서비스 통합은 API 게이트웨이 수준에서 수행되며 여러 API가 모놀리식 API 게이트웨이 계층의 일부다.

넷플릭스는 아마도 가장 인기 있고 가장 성공한 마이크로서비스 구현일 것이다. 넷플릭스는 넷플릭스 API 계층을 통해 내부 서비스를 노출한다. 넷플릭스는 넷플릭스 API의 기능을 다음과 같이 설명한다.

---

1   https://medium.com/netflix-techblog/engineering-trade-offs-and-the-netflix-api-re-architecture-64f122b277dd

넷플릭스 API는 넷플릭스 마이크로서비스 생태계에 대한 '정문'이다. 요청이 장치에서 전달되면, API는 응답을 구성하기 위해 필요한 모든 서비스 호출을 조합하는 로직을 제공한다. 백엔드 서비스에서 필요한 정보를 필요한 순서대로 수집하고, 필요에 따라 데이터를 형식화하고 필터링한 후 응답을 반환한다. 따라서 넷플릭스 API의 핵심은 마이크로서비스가 제공하는 세밀한 기능을 구성해 간략한 API를 노출하는 오케스트레이션 서비스다.

이 시나리오의 비즈니스 로직 상당 부분이 모놀리식 구성 요소인 오케스트레이션 계층에 포함돼 있음을 분명히 알 수 있다. 이로 인해 이전 장들에서 논의한 모놀리식 애플리케이션과 관련된 수많은 장단점이 발생한다(예: 실패 격리 없음, 독립적으로 확장할 수 없음, 소유권 문제 등).

넷플릭스는 이 접근 방식의 단점을 확인하고 동일한 시나리오를 위해 더 이상 모놀리식이 아닌 분리된 API 게이트웨이 계층을 사용하는 새로운 아키텍처를 도입했다. 그림 7-4에 표시된 것처럼, API 게이트웨이 계층에서 각 복합 서비스는 독립 엔티티로 구현된다.

이 접근 방식은 모놀리식 런타임의 일부가 아닌 통합 서비스를 도입하는 것과 거의 동일하며 API 런타임 관련 기능을 서비스 런타임의 일부로 적용한다. 또한 API 게이트웨이를 최대한 멍청하게 유지하고 API 게이트웨이가 단순한 패스스루pass-through 런타임으로 작동하는 복합 서비스를 도입하는 또 다른 대안을 시도했다.

이 사용 사례에서는 비즈니스 로직을 구현하기 위해 API 게이트웨이를 모놀리식 런타임으로 사용해서는 안 된다는 점이 중요하다. 서비스 통합 또는 조합 로직은 다른 마이크로서비스(API 게이트웨이 계층 또는 서비스 계층)의 일부여야 한다.

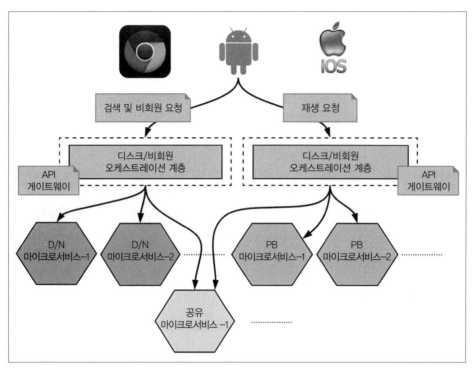

▲ 그림 7-4 마이크로서비스를 통합하기 위해 독립적인 API가 존재하는 넷플릭스 API 게이트웨이

ESB와 마이크로서비스 통합

ESB를 런타임으로 사용해 서비스 통합을 구현함으로써 ESB를 다시 마이크로서비스 아키텍처에 도입하는 일부 마이크로서비스 구현도 존재한다. 대부분의 경우에는 ESB 가 컨테이너에 배포돼 사용 사례를 위한 서비스 통합을 제공한다. 그러나 ESB는 컨테이너로 실행하기에는 너무 부피가 크고 개발자에게 친숙하지 않은 구성 기반 통합 사용 등의 고유한 제한이 존재한다. 실제로 이 패턴을 홍보하려는 일부 ESB 공급 업체가 있지만, 이 패턴은 마이크로서비스를 통합할 때 피해야 할 사항이다(마이크로서비스를 독립적으로 통합할 수 있는 중앙 집중식 ESB에 비해 컨테이너 친화적이고 가벼운 ESB 버전도 존재한다).

모든 마이크로서비스 구축에 동종 기술 사용

스마트 엔드포인트와 멍청한 파이프는 말 그대로 ESB와 함께 제공되는 모든 멋진 기능이 이제 서비스 로직의 일부로 구현돼야 함을 의미한다. 마이크로서비스를 개발할 때는 모든 마이크로서비스가 유사하지 않다는 점을 고려해야 한다. 비즈니스 로직 및 계산에 더 중점을 둔 특정 서비스도 있지만 일부 서비스는 서비스 간 통신과 네트워크 호출에 중점을 둔다. 이러한 모든 마이크로서비스 구축에 단일 동종 기술 세트를 고수한다면, 서비스의 비즈니스 로직에 초점을 맞추기보다는 마이크로서비스 통합을 위한 핵심 구성 요소를 구축하는 데 더 많은 노력을 기울여야 한다. 예를 들어, 서비스 통합에는 종종 서비스 검색과 복원력 있는 통신(예: 회로 차단기)이 필요하다. 일부 프레임워크 또는 프로그래밍 언어는 기본적으로 이러한 기능을 제공하지만 일부는 그렇지 않다. 따라서 아키텍처가 작업에 적합한 기술을 선택할 수 있을 만큼 유연해야 한다.

마이크로서비스 구성하기

상호작용을 기반으로 다양한 유형의 마이크로서비스를 식별하고 가장 적합한 기술을 사용해 서비스를 구축하는 것이 성공적인 마이크로서비스 아키텍처를 구축하는 핵심 비결이다. 마이크로서비스 구현을 면밀히 살펴보면 몇 가지 카테고리로 분류 가능한 여러 유형의 서비스를 식별할 수 있다. 서비스 기능 및 세밀성을 기반으로 다음과 같은 서비스 카테고리를 식별할 수 있다.

핵심 서비스

세분화되고 독립적인(외부 서비스 종속성이 없음) 마이크로서비스가 존재하며 대부분 네트워크 통신 로직이 거의 없거나 전혀 없는 비즈니스 로직으로 구성된다. 이러한 서비스는 중요한 네트워크 통신 기능이 없기 때문에 서비스 비즈니스 로직을 충족하기 위한 서비스 구현 기술을 자유롭게 선택할 수 있다. 또한 이러한 서비스는 비즈니스 로직 개발에 활용되는 자체적인 사설 데이터베이스를 가질 수 있다. 이러한 마이크로서비스는 핵심 또는 원자 마이크로서비스로 분류될 수 있다.

통합 서비스

핵심 마이크로서비스는 비즈니스 로직에 직접 매핑될 수 없는 경우가 많다. 그리고 현실적인 비즈니스 로직을 위해 여러 마이크로서비스의 상호작용이나 조합이 필요하다. 이러한 상호작용이나 조합은 통합 서비스 또는 복합 서비스로 구현된다. 이러한 서비스는 종종 서비스 수준 자체에서 라우팅, 변환, 오케스트레이션, 복원력, 안정성 패턴 등과 같은 ESB 기능의 상당 부분을 지원해야 한다.

통합 서비스는 복합적인 비즈니스 기능을 제공하고 서로 독립적이며, 비즈니스 로직(라우팅, 호출할 서비스, 데이터 유형 매핑 수행 방법 등)과 네트워크 통신 로직(다양한 프로토콜을 통한 서비스 간 통신과 회로 차단기 같은 동작을 통한 복원력)을 포함한다. 또한 서비스의 비즈니스 기능과 관련된 사설 데이터베이스가 있을 수도 있고 없을 수도 있다. 이러한 서비스는 다른 레거시 및 독점 시스템(예: ERP 시스템), 외부 웹 API(예: 세일즈포스), 공유 데이터베이스 등(때로는 부패 방지 계층이라고 함)을 연결할 수 있다.

통합 마이크로서비스를 구축하려면 적절한 서비스 개발 기술을 선택하는 것이 매우 중요하다. 네트워크 통신은 통합 서비스의 중요한 부분이므로 이러한 서비스를 구현하는 데 가장 적합한 기술을 선택해야 한다. 7장의 후반부에서 이러한 서비스를 구축하는 데 적합한 기술과 프레임워크를 설명한다.

API 서비스

API 서비스 또는 에지 서비스edge service를 사용해 선택된 복합 서비스나 일부 핵심 서비스 세트를 매니지드 API로 노출한다. 이러한 서비스들은 기본 라우팅 기능, API 버전 관리, API 보안, 스로틀링, 상품화, API 조합 등을 적용하는 특수한 유형의 통합 서비스다.

이러한 마이크로서비스 구현 대부분에서 API 서비스는 모놀리식 API 게이트웨이 런타임의 일부로 구현되며, 이는 핵심 마이크로서비스 아키텍처 개념을 위반한다. 그러나 대부분의 API 게이트웨이 솔루션은 현재 API 서비스를 독립적이고 가벼운 런타임을 통해 배포하면서 중앙 집중식으로 관리할 수 있는 마이크로 게이트웨이 기능으로 변화하고 있다. 구현과 관련한 요구 사항은 통합 서비스와 매우 유사하며 몇 가지 추가 기능이 필요하다. 10장, 'API, 이벤트, 스트림'에서 API 서비스와 API 관리를 좀 더 광범위하게 논의한다.

다양한 유형의 마이크로서비스를 잘 알게 됐으므로 일반적으로 사용할 수 있는 일부 마이크로서비스 통합 패턴을 살펴보자.

마이크로서비스 통합 패턴

다양한 마이크로서비스 카테고리에서 이음새가 발견됐으므로 이제 실제 애플리케이션에서 이음새가 어떻게 사용되는지 살펴볼 차례다. 우리는 마이크로서비스 통합과 관련된 몇 가지 통합 패턴을 식별할 수 있다. 이들을 자세히 논의하고 이러한 패턴의 용도와 함께 장단점을 살펴보자.

능동형 조합 또는 오케스트레이션

특정 (통합) 마이크로서비스가 여러 다른 서비스(핵심 또는 복합 서비스일 수 있음)를 적극적으로 호출하는 방식으로 마이크로서비스 통합을 구현할 수 있다. 비즈니스 로직과 네트워크 통신은 통합 서비스의 일부로 구축된다. 통합 마이크로서비스는 비즈니스 기능을 조합 범위를 넘어서 공식화해야 한다. 예를 들어, 그림 7-5에 표시된 것처럼 마이크로서비스-1은 마이크로서비스-4와 마이크로서비스-5를 동기식으로 호출한다. 마이크로서비스-1이 제공하는 비즈니스 기능은 마이크로서비스-4와 마이크로서비스-5의 기능을 조합한 것이다. 또한 개발된 통합 서비스는 API 게이트웨이 계층을 통해 API로 노출될 수 있다.

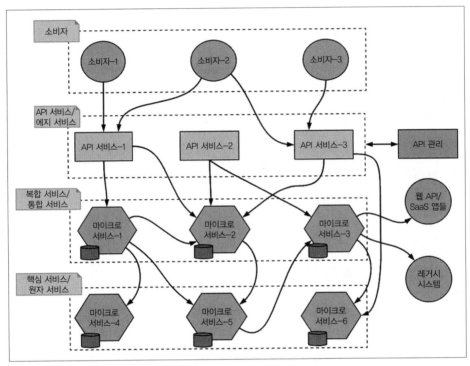

▲ 그림 7-5 마이크로서비스의 능동형 조합:
특정 통합 마이크로서비스가 여러 마이크로서비스를 호출하고 비즈니스 기능을 공식화한다.

여기서 핵심 개념은 능동형 조합을 통해 다른 마이크로서비스 세트에 의존하는 통합 서비스를 생성한다는 것이다. 처음 몇 장에서 논의한 이론적인 측면을 고려한다면, 이는 마이크로서비스 원칙을 위반하는 것처럼 보인다. 그러나 다른 서비스와 시스템에 의존하지 않고 유용한 것을 구축하기란 사실상 불가능하다. 여기서 중요한 점은 이러한 서비스 간의 경계를 이해하고 기능을 명확하게 정의하는 것이다. 능동형 조합active composition은 중앙 집중식 서비스에서 서비스 통합을 제어할 때와 종속 서비스 간 통신이 동기식일 때 일반적으로 사용된다. 통합 서비스에 대한 비즈니스 기능을 명확하게 정의하면 해당 비즈니스 로직이 단일 서비스에 존재한다. 따라서 관리와 유지보수가 훨씬 쉬워진다.

노트 동기식 통신이 블로킹 통신 모델을 기반으로 구현한다는 것을 의미하지는 않는다. 특정 요청-응답 상호작용에서 스레드가 블로킹되지 않는 완전한 비블로킹 구현을 기반으로 동기식 통신을 구축할 수 있다. 비블로킹 프로그래밍 모델을 활용하면 이러한 동기식 통신 패턴을 구현할 수 있다.

비동기식 또는 이벤트 기반 사용 사례에는 이 방법이 적합하지 않을 수 있다. 서비스 간의 종속성은 특정 비즈니스 사용 사례에서 문제가 될 수 있다. 비블로킹 기술을 사용해 동기식 통신을 구현하더라도 요청은 모든 종속 서비스의 대기 시간에 연동된다. 예를 들어, 특정 통합 서비스가 호출되면 모든 종속 서비스에서 발생한 모든 대기 시간의 합계에 연동된다.

반응형 조합 또는 코레오그래피

반응형 통신 스타일을 사용하면 다른 서비스를 동기식으로 호출하는 서비스가 존재하지 않는다. 대신 서비스 간의 모든 상호작용은 비동기식 이벤트 기반 통신 스타일을 사용해 구현된다. 예를 들어, 그림 7-6에 표시된 것처럼 마이크로서비스와 소비자 애플리케이션 간의 통신은 이벤트 기반 비동기 메시징을 통해 수행된다. 따라서 이벤트 버스를 메시징 백본^messaging backbone으로 사용해야 한다. 이벤트 버스는 명청한 메시징 인프라이며 모든 로직은 서비스 수준에 존재한다.

3장, '서비스 간 통신'에서 설명한 것처럼 통신은 큐(단일 소비자) 또는 게시-구독(여러 소비자) 기반일 수 있다. 요구 사항에 따라 카프카, RabbitMQ, 또는 ActiveMQ 등을 이벤트 버스로 사용할 수 있다.

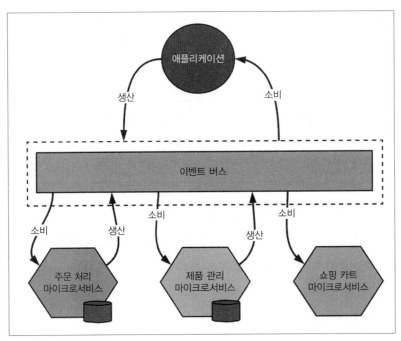

▲ 그림 7-6 비동기식 이벤트 기반 통신을 통한 반응형 조합

반응형 조합은 마이크로서비스를 본질적으로 자율적으로 만든다. 중앙 집중식 조합 로직이 포함된 서비스가 없기 때문에 이러한 마이크로서비스들은 서로 의존성이 없다. 특정 이벤트가 발생할 때만 활성화되며, 결과가 이벤트 버스에 개시되면 메시지를 처리하고 작업을 완료한다.

노트 이벤트 스트림 처리 또는 복잡한 이벤트 처리는 이벤트 스트림을 처리하는 좀 더 강력한 방법으로 간주될 수 있다. 여기서는 이벤트 기반 메시징만 설명했다. 이벤트 스트림 처리는 10장에서 자세히 설명한다.

이 접근 방식의 주요 트레이드오프인 통신의 복잡성과 중앙 집중식 서비스에 비즈니스 로직이 존재하지 않는 점은 시스템을 실제로 더 이해하기 어렵게 만든다. 이벤트 버스/메시지 버스를 사용하기 때문에 작성된 모든 서비스는 이벤트 버스를 게시하고

구독할 수 있어야 한다. 또한 모든 서비스에 포괄적인 관찰 가능성이 없으면 반응형 조합이 구현하는 상호작용과 비즈니스 로직을 이해하기가 어렵다.

능동형 조합과 반응형 조합의 하이브리드

능동형 조합과 반응형 조합은 그 스타일 측면에서 각각 장단점이 있다. 대부분의 실용적인 마이크로서비스 구현에서는 능동형 조합이 가장 적합한 특정 시나리오가 있고 반응형 조합이 필수적인 다른 시나리오가 있다는 사실을 확인할 수 있다. 마이크로서비스 통합 사용 사례를 살펴보면, 이러한 접근 방식을 혼합해 사용하는 것이 좋다. 예를 들어, 그림 7-7은 이 두 가지 스타일의 하이브리드를 보여준다.

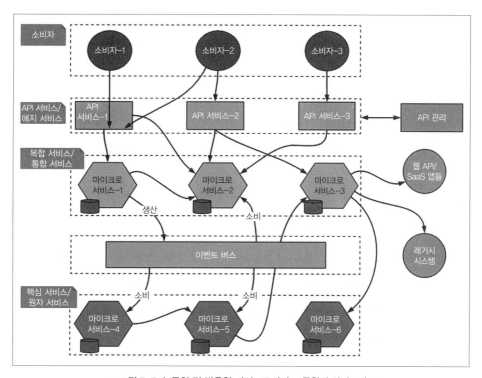

▲ 그림 7-7 능동형 및 반응형 마이크로서비스 통합의 하이브리드

소비자에게 완전히 동기식 API로 노출되는 서비스가 종종 있다. 이러한 API 호출은 반응형 접근 방식을 사용해 일부 호출을 수행하거나 수행해야 하는 다른 여러 마이크로서비스 호출을 발생시킨다. 3장에서 논의한 것처럼, 소매 비즈니스 사용 사례에서의 주문 접수와 처리 같은 시나리오는 반응형 스타일로 구현할 때 훨씬 더 우아하다. 따라서 비즈니스 사용 사례에 따라 사용하려는 스타일을 선정하고 선택해야 한다.

하이브리드 조합은 일반적으로 대부분의 엔터프라이즈 마이크로서비스 통합에서 좀 더 실용적인 방안이다.

손상 방지 계층

일부 서브시스템이 여전히 모놀리식 아키텍처를 기반으로 하는 경우에도 마이크로서비스 아키텍처를 엔터프라이즈에 도입할 수 있다. 마이크로서비스와 모놀리식 서브시스템 사이에는 파사드^{façade} 또는 어댑터 계층을 구축할 수 있다. 2장, '마이크로서비스 디자인'에서 마이크로서비스 구성 요소 또는 기존 단일 애플리케이션을 독립적으로 개발 가능하게 하는 손상 방지 계층을 설명했다. 이 두 가지 아키텍처 스타일 위에 구축된 애플리케이션은 손상 방지 계층을 통해 서로 상호작용할 수 있다. 모놀리식 부분과 마이크로서비스 부분에 사용되는 기술과 표준은 크게 다를 수 있다. 이것이 바로 마이크로서비스 통합을 구축할 때 손상 방지 계층을 구축해야 하는 이유다.

예를 들어, 그림 7-7에서 설명한 하이브리드 조합 사용 사례에서 마이크로서비스-3은 마이크로서비스 서브시스템을 모놀리식 서브시스템의 모든 부분인 독점 시스템, 레거시, 외부 웹 API와 통합한다. 이 서비스는 손상 방지 계층의 일부다. 일반적으로 통합 마이크로서비스를 구축하는 데 사용하는 기술은 손상 방지 계층에서 서비스를 구축하는 데 사용될 수 있다.

스트랭글러 파사드

엔터프라이즈 마이크로서비스와 관련해 종종 마이크로서비스가 아닌 기존의 서브시스템을 처리해야 한다. 마이크로서비스 아키텍처를 도입하면 대부분의 기존 서브시스템이 점차 대체된다. 그러나 이것은 하룻밤 사이에 일어날 일이 아니다. 스트랭글러 패턴strangler pattern은 특정 기능을 점진적으로 새로운 마이크로서비스로 대체함으로써 비마이크로서비스non-microservice 서브시스템을 점진적으로 마이그레이션하는 데 도움이 되는 접근법을 제안한다. 엔터프라이즈에 마이크로서비스를 도입하는 경우, 현대식 시스템과 레거시 시스템 간의 트래픽을 선택적으로 라우팅할 수 있는 스트랭글러 파사드strangler façade를 구축하게 될 것이다. 시간이 지남에 따라 레거시 시스템을 새로운 마이크로서비스로 완전히 대체한 후 스트랭글러 계층을 제거한다.

통합 서비스의 주요 요구 사항

이제 통합 마이크로서비스와 마이크로서비스 통합 패턴의 중요성을 잘 이해했을 것이다. 이러한 패턴을 구현하기 위해 활용할 수 있는 기술을 자세히 알아보자. 그러나 그렇게 하기 전에 통합 마이크로서비스를 구축하기 위한 특정 요구 사항을 명확하게 이해하는 것이 좋다.

네트워크 통신 추상화

3장에서 자세히 설명했듯이 마이크로서비스 기반 통신은 마이크로서비스 기반 애플리케이션을 구축하는 데 절대적으로 필요하다. 서비스는 자율적이며, 서비스와 상호 작용하고 비즈니스 기능을 공식화하는 유일한 방법은 서비스 간 통신이다. 따라서 통합 서비스의 경우에는 동기식 및 비동기식 통신, 관련 네트워크 프로토콜과 같은 다른 통신 패턴을 지원해야 한다.

실제로 동기식 통신의 경우 RESTful 서비스가 많이 사용되고 RESTful 서비스와

HTTP 1.1에 대한 기본 지원이 중요하다. 또한 많은 서비스 구현 프레임워크는 현재 HTTP2를 기본 통신 프로토콜로 사용해 HTTP2에 도입된 모든 새로운 기능을 활용할 수 있다.

동기식 통신에서 gRPC 서비스가 급증하고 있으며, 대부분의 마이크로서비스 구현은 이를 내부 마이크로서비스 통신의 사실상의 표준으로 사용한다. gRPC와 프로토콜 버퍼[2]는 폴리글랏 마이크로서비스 구현을 수용하기 위해 본질적으로 서로 다른 언어로 제작된 마이크로서비스 간 통신의 요구 사항을 대부분 충족한다.

비동기식 서비스 통합은 주로 대기열 기반 통신(단일 수신기)을 중심으로 구축되며 AMQP와 같은 기술이 실제로 널리 사용된다. 게시-구독(이벤트 중심 다중 수신기 통신)의 경우 카프카는 서비스 간 통신을 위한 사실상의 표준이 됐다.

지금까지 논의한 내용은 마이크로서비스 간 통신에 일반적으로 사용되는 표준과 최신 기술을 다룬다. 엔터프라이즈 마이크로서비스 생태계에서 레거시 시스템 또는 독점 시스템과 어떻게 통신할까? 실제로, 마이크로서비스 구현 기술은 레거시 시스템과 독점 시스템의 통합 사용 사례도 지원할 수 있어야 한다. 예를 들어, 기업에서 ERP 시스템을 사용하는 경우 상호작용 없이는 유용한 애플리케이션을 구축할 수 없다. 따라서 필요한 경우 마이크로서비스는 이러한 레거시 시스템이나 독점 시스템과 통신할 수 있어야 한다. 이는 마이크로서비스 구현 기술이 ESB가 지원하던 모든 네트워크 통신 프로토콜을 처리해야 한다고 생각하게 한다.

> 중앙 집중식 ESB에서 개발한 것을 이제 통합 마이크로서비스에서 구현해야 한다. 마이크로서비스 구현 기술은 ESB가 제공하는 모든 기능을 충족해야 한다.

기본 네트워크 통신 프로토콜 외에도 마이크로서비스는 종종 트위터[Twitter], 세일즈포스[Salesforce], 구글 독스[Google Docs], 페이팔[PayPal], 트윌리오[Twilio] 등과 같은 웹 API와 통합

---

2   https://developers.google.com/protocol-buffers/

돼야 한다. 네트워크에 접근할 수 있는 API를 제공하는 SaaS 애플리케이션이 있지만, ESB와 같은 대부분의 통합 제품은 최소한의 노력으로 이러한 시스템과 통합할 수 있는 고급 추상화를 제공한다. 궁극적으로 통합 마이크로서비스 구현 기술에는 이러한 웹 API와 통합하기 위해 특정 추상화 세트가 있어야 한다(예를 들어 트위터 API, 페이팔 API 등과 같은 웹 API에 접근하기 위한 라이브러리 또는 커넥터 등).

복원력 패턴

2장에서 논의했듯이 분산 컴퓨팅에 대한 주요 오해 중 하나는 네트워크가 안정적이라는 것이다. 마이크로서비스 간 통신이나 통합 마이크로서비스에서는 항상 신뢰할 수 없는 네트워크를 통한 마이크로서비스 통신을 걱정해야 한다.

> 지금 그리고 영원히, 네트워크는 항상 불안정할 것이다.
>
> — 마이클 나이가드(Michael Nygard), 『Release It』

마이클 나이가드는 저서 『Release It』에서 신뢰할 수 없는 네트워크를 통한 애플리케이션 간 통신과 관련된 몇 가지 패턴을 설명한다. 7장에서는 실제 사용 사례를 통해 패턴을 이해하고 구현 세부 사항을 살펴보기 위해 이러한 패턴의 동작을 자세히 알아본다.

타임아웃

서비스 간 동기식 통신을 사용하는 경우 한 서비스(호출자)가 요청을 보내고 적시에 응답하는 것을 기다린다. 타임아웃은 발신자 서비스 수준에서 응답 대기를 중지할 시점을 결정하는 것이다. 특정 프로토콜(예: HTTP)을 사용해 다른 서비스나 시스템을 호출할 때 타임아웃을 지정할 수 있으며, 해당 타임아웃에 도달하면 해당 이벤트를 처리할 특정 로직을 정의할 수 있다.

타임아웃은 애플리케이션 수준의 일이며 프로토콜 수준에서 유사한 구현들과 혼동해서는 안 된다는 점을 명심해야 한다. 예를 들어, 특정 통합 마이크로서비스가 두 개의 마이크로서비스 A와 B를 호출할 때 통합 마이크로서비스는 서비스 A와 B의 타임아웃 값을 개별적으로 정의할 수 있다. 타임아웃은 서비스가 장애를 격리시키는 데 도움이 된다. 다른 시스템 또는 서비스의 오작동이나 이상이 특정 서비스의 문제가 될 필요는 없다. 외부 서비스를 호출하는 동안 타임아웃을 설정하고 이러한 이벤트를 처리하기 위한 특정 로직이 있다면, 장애를 좀 더 쉽게 격리하고 정상적으로 처리할 수 있다.

회로 차단기

외부 서비스나 시스템을 호출할 때 다양한 오류로 인해 실패할 수 있다. 이러한 경우에는 시스템의 추가 손상을 모니터링하고 방지하는 오브젝트로 해당 호출을 래핑 wrapping할 수 있다. 회로 차단기circuit breaker는 이러한 래퍼wrapper 객체이며 외부 서비스와 시스템을 호출할 때 사용할 수 있다. 회로 차단기 사용의 주요 아이디어는 서비스 호출이 실패하고 특정 임계값에 도달하면 회로 차단기 래퍼가 외부 서비스의 추가 호출을 방지하는 것이다. 그 이상의 값이면 오류와 함께 즉시 회로 차단기에서 반환된다. 그림 7-8은 회로 차단기가 닫힘 및 열림 상태일 때의 동작을 보여준다.

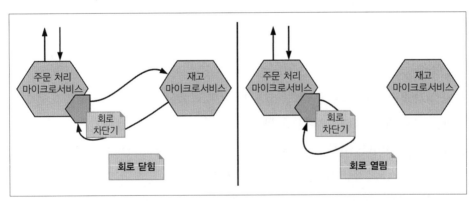

▲ 그림 7-8 회로 차단기의 동작 회로가 닫히면 회로 차단기 래퍼 오브젝트를 통해 서비스 호출이 외부 서비스로 전달될 수 있다. 회로가 열리면 외부 서비스의 호출을 막고 즉시 반환된다.

호출 실패가 발생하면 회로 차단기는 해당 상태를 유지하고 임계값 카운트를 업데이트하며, 임계값 카운트 또는 실패 횟수의 빈도에 따라 회로를 연다. 회로가 열려 있으면, 외부 서비스의 실제 호출이 방지되며 회로 차단기가 오류를 생성하고 즉시 반환한다.

회로가 일정 기간 동안 열린 상태에 있을 때는 적절한 간격 후에 서비스 호출을 다시 시도하고, (새 요청에 대해) 차단기가 재설정되면 자체 재설정 동작을 적용할 수 있다. 이 시간 간격을 회로 재설정 타임아웃이라고 한다. 이 동작을 통해 그림 7-9에 설명된 것처럼 회로 차단기의 세 가지 상태를 식별할 수 있다.

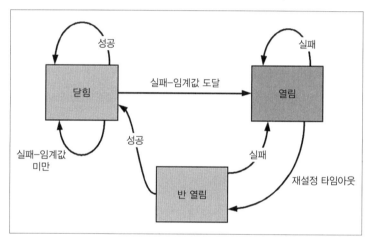

▲ 그림 7-9 회로 차단기 상태

재설정 타임아웃에 도달하면 회로 상태가 반 열림 상태로 변경되는데, 여기서 회로 차단기는 마이크로서비스를 향하는 새로운 요청에 대한 외부 서비스 호출을 허용한다. 성공하면 회로 차단기가 다시 닫힌 상태로 바뀌고, 그렇지 않으면 열린 상태로 바뀐다.

디자인상 회로 차단기는 성능이 떨어지거나 실패할 때 (시스템 전체가 실패하도록 만들기보다는) 시스템의 성능을 저하시키는 메커니즘이며, 시스템에 대한 추가 손상이나 중첩된 실패를 방지한다. 다양한 백오프 메커니즘, 타임아웃, 재설정 간격, 직접 열린 상태로 들어가야 할 오류 코드, 또는 무시해야 하는 오류 코드 등으로 회로 차단기를 조정할 수 있다. 이러한 동작은 다양한 회로 차단기 구현을 사용해 다른 복잡성으로 다른 수준에서 구현된다. 회로 차단기 동작은 특정 마이크로서비스 기반 애플리케이션의 비즈니스 요구 사항과 더 밀접한 관계가 있다는 점을 명심해야 한다.

빠른 실패

빠른 실패 패턴에서 핵심 목표는 가능한 한 빨리 실패를 감지하는 것이다. 이는 실패에 대한 빠른 응답이 실패에 대한 느린 응답보다 훨씬 낫다는 개념에서 비롯된다. 따라서 서비스 간 통신의 초기 단계에서 장애를 감지하는 것이 중요하다. 서비스 간 통신의 여러 단계에서 오류를 감지할 수 있으며, 특정 상황에서는 요청/메시지의 내용만 살펴보면 이 요청이 유효하지 않은지 결정할 수 있다. 다른 경우에는 시스템 리소스(예: 스레드 풀, 연결, 소켓 제한, 데이터베이스)와 요청 수명 주기의 다운스트림 구성 요소 상태를 통해 확인 가능하다.

빠른 실패는 타임아웃과 함께 안정적이고 응답성이 뛰어난 마이크로서비스 기반 애플리케이션을 개발하는 데 도움이 된다.

격벽

격벽은 파티션에서 발생하는 오류가 하나의 파티션에만 국한되도록 애플리케이션을 분할하는 메커니즘이다. 이를 이용하면, 시스템 전체가 불안정한 상태가 되지는 않으며 해당 파티션만 실패한다. 마이크로서비스의 핵심 디자인 원칙에서는 격벽 패턴이 많이 사용된다. 마이크로서비스를 디자인할 때 유사한 동작을 마이크로서비스로 그룹화하고 독립적인 비즈니스 기능은 별도의 마이크로서비스로 구현한다. 따라서 마이크로서비스는 다른 런타임(VM 또는 컨테이너)에 독립적으로 배포되므로 지정된 기능의 장애가 다른 기능에 영향을 미치지 않는다.

그러나 어떤 이유로 단일 서비스 내에 두 개 이상의 비즈니스 기능을 구현해야 한다면, 특정 비즈니스 동작 세트의 실패가 나머지 동작들에 영향을 미치지 않도록 서비스를 분할하기 위한 예방 조치를 취해야 한다. 일반적으로 이러한 독립적인 동작들을 식별하고 가능하면 마이크로서비스로 변환하는 것이 좋다. 그러나 서비스로 분할할 수 없는 경우에는 단일 서비스/애플리케이션 내에 격벽을 구현하는 특정 기술이 존재한다. 예를 들어, 서비스의 다른 파티션을 처리하기 위한 전용 리소스(예: 스레드 풀, 스토리지, 또는 데이터베이스)를 가질 수 있다.

로드 밸런싱과 페일오버

로드 밸런싱과 페일오버의 핵심 아이디어는 매우 간단하다. 로드 밸런싱은 여러 마이크로서비스 인스턴스에 부하를 분배하기 위해 사용되는 반면, 지정된 서비스가 실패할 경우 대체 서비스로 요청을 다시 라우팅하기 위해 페일오버가 사용된다. ESB와 같은 기존의 미들웨어 구현에서 이들 기능은 또한 서비스 로직의 일부로 구현된다. 그러나 쿠버네티스와 같은 컨테이너 및 컨테이너 관리 시스템이 발전함에 따라 이러한 기능의 대부분은 이제 배포 생태계 자체에 내장됐다. 또한 AWS, 구글 클라우드, 애저와 같은 대부분의 클라우드 인프라 공급 업체는 IaaS$^{Infrastructure as a Service}$ 제품의 일부로 이러한 기능을 제공한다. 컨테이너와 쿠버네티스는 8장, '마이크로서비스의 배포 및 실행'에서 자세히 설명한다.

능동형 또는 반응형 조합

마이크로서비스 통합 패턴을 다룬 절에서 논의했듯이, 능동형 또는 반응형 서비스 조합을 구축하는 것은 실제 마이크로서비스 구현에 절대적으로 중요하다. 따라서 마이크로서비스 통합 기술은 능동형과 반응형을 조합한 구축을 지원해야 한다. 이는 구현 수준에서 서로 다른 프로토콜을 통해 서비스를 호출하고 회로 차단기와 같은 지원 구성 요소를 사용하며 복합 비즈니스 로직을 만드는 기능을 의미한다. 능동형 조합의 경우에는 동기식 서비스 호출에 대한 지원(콜백을 사용해 비블로킹 스레드 위에 구현)이 매우 중요하다. 반응형 조합의 경우에는 카프카 또는 RabbitMQ와 같은 메시징 백본과의 원활한 통합과 함께 게시-구독 및 큐 기반 메시징과 같은 메시징 스타일에 대한 지원이 필요하다. 또한 서비스 수준에서 서로 다른 메시지 교환 패턴을 구현해야 한다. 이러한 패턴을 혼합하고 일치시키는mix and match 기능이 필요하다. 예를 들어, 인바운드 요청은 비동기 메시지일 수 있지만 외부(아웃바운드) 서비스 호출은 동기적이다. 따라서 이러한 메시지 교환 패턴을 혼합하고 일치시킬 수 있어야 한다.

데이터 형식

조합을 구축할 때는 서로 다른 데이터 형식에 상관없는 조합을 만들어야 한다. 예를 들어, 특정 마이크로서비스는 특정 데이터 형식(인바운드 요청의 경우)을 통해 노출되는 반면, 다른 데이터 형식을 사용하는 다른 서비스(아웃바운드)를 호출한다. 이러한 서비스의 조합을 만들 때는 이러한 데이터 형식 간에 형식 일치를 수행하고 형식에 안전한 방식으로 서비스를 구현해야 한다. 따라서 사용할 서비스 구현 기술은 모든 다른 데이터 형식을 고려해야 하고 이러한 형식을 처리하는 편리한 방법을 제공해야 한다. JSON, 에이브로, CSV, XML, 프로토콜 버퍼와 같은 데이터 형식이 실제로 널리 사용된다.

컨테이너 네이티브 및 데브옵스 지원

사용하는 마이크로서비스 개발 기술은 클라우드 네이티브cloud-native 및 컨테이너 네이티브container-native여야 한다. 이는 통합 서비스에도 동일하게 적용된다. 통합 서비스를 구축할 때 사용하는 개발 기술은 클라우드 네이티브와 컨테이너 네이티브여야 한다. 마이크로서비스 통합을 위한 안티 패턴을 논의할 때 마이크로서비스 통합을 위해 ESB를 사용하는 것은 전적으로 권장되지 않았었다. 그 배후에 있는 주요 이유는 거의 모든 ESB 기술이 클라우드 또는 컨테이너 네이티브가 아니기 때문이다.

기술이 클라우드 네이티브 또는 컨테이너 네이티브가 되려면 런타임이 몇 초(또는 그 이하) 이내에 시작돼야 하며, 필요한 메모리 풋 프린트, CPU 소비 및 스토리지 요구량이 매우 낮아야 한다. 따라서 마이크로서비스 통합을 위한 기술을 선택할 때 이러한 모든 측면을 고려해야 한다.

런타임의 컨테이너 네이티브 측면 외에도 통합 마이크로서비스 개발 기술은 컨테이너와 쿠버네티스 같은 컨테이너 관리 시스템과의 기본 통합을 걱정해야 한다. 이는 개발한 애플리케이션이나 서비스로부터 컨테이너를 얼마나 쉽게 만들 수 있는지를 의미한다. 서비스 개발 기술로 컨테이너 관련 아티팩트artifact를 구성하고 작성하도록 지원하면 마이크로서비스 개발 프로세스의 민첩성이 크게 향상된다. 컨테이너, 도커, 쿠버네티스의 세부 사항은 8장에서 다룬다.

통합 서비스 거버넌스

6장, '마이크로서비스 거버넌스'에서는 마이크로서비스의 거버넌스 측면을 다뤘다. 관찰 가능성과 같은 일부 거버넌스 측면은 마이크로서비스 통합을 구축할 때 매우 중요하다. 예를 들어 앞에서 설명한 하이브리드 조합 시나리오를 다시 살펴보자(그림 7-10 참조).

그림 7-10은 마이크로서비스 간의 모든 상호작용을 명확하게 볼 수 있으며 모든 비즈니스 사용 사례에 대한 아이디어를 얻을 수 있다는 것을 보여준다. 그러나 이러한 상호작용이 운영 수준에서 어떻게 보이는지 생각해보자. 적절한 관찰 메커니즘이 없다면 이러한 뷰를 갖지 못할 것이다. 통합 서비스 개발 기술의 일부로 기존 관찰 도구를 통합해 통합 서비스에 대한 메트릭, 추적, 로깅, 서비스 시각화, 경고를 얻을 수 있는 완벽한 방법이 필요하다.

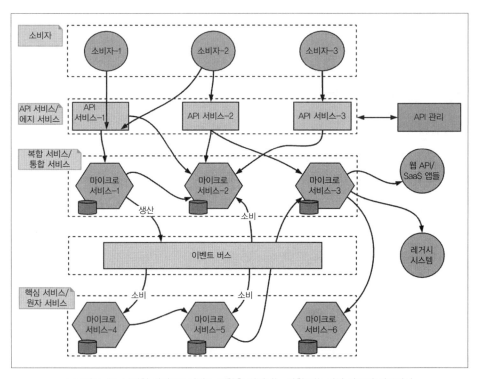

▲ 그림 7-10 복잡한 마이크로서비스 조합을 위해서는 관찰 가능성이 반드시 필요하다.

상태 없음, 상태 저장, 또는 장기 실행 서비스

마이크로서비스 디자인은 상태 없는 불변 서비스^{stateless immutable service}를 선호하며 대부분의 사용 사례는 상태 없는 서비스를 사용해 실현할 수 있다. 그러나 비즈니스 프로세스, 워크플로 등과 같이 상태 저장 및 장기 실행 서비스가 필요한 많은 사용 사례가 존재한다. 기존의 통합 미들웨어와 관련해 이러한 요구 사항은 ESB 또는 비즈니스 프로세스 솔루션 레벨에서 구현되고 지원된다. 마이크로서비스를 사용하면 이러한 요구 사항을 처음부터 구축해야 하므로 통합 마이크로서비스 수준에서 이러한 기능을 기본적으로 지원하는 것이 효과적이다.

사가와의 워크플로, 비즈니스 프로세스, 사가(5장. '데이터 관리'에서 설명함)와의 분산 트

248

랜잭션을 구축하는 기능은 상태 저장 및 장기 실행 서비스의 핵심 요구 사항이다.

통합 서비스 구축을 위한 기술

7장에서 지금까지 설명한 내용에 따르면, 마이크로서비스를 구축하는 데 사용할 수 있는 만능 기술이 없다는 것은 분명하다. 다양한 유형의 마이크로서비스가 있으며 각 마이크로서비스는 크게 다른 요구 사항을 다룬다. 따라서 이러한 마이크로서비스를 실현하려면 폴리글랏 마이크로서비스 개발 기술을 활용해야 한다. 이 절에서는 가장 일반적으로 사용되는 마이크로서비스 개발 기술들을 설명한다. 이 기술들은 마이크로서비스 조합이나 통합 마이크로서비스를 구축하는 데 더 적합하다.

자바와 같은 일반 프로그래밍 언어를 기반으로 구축된 마이크로서비스 프레임워크가 있으며, 다양한 기술을 통한 추상화를 제공해 마이크로서비스 조합을 제공한다. 반면에 통합 프레임워크는 전적으로 마이크로서비스 구축만을 목표로 하지는 않지만(일반적인 엔터프라이즈 통합 요구 사항을 해결하기 위해 구축됐지만), 마이크로서비스를 통합하는 데 여전히 사용될 수 있다. 또한 마이크로서비스 통합을 제공하는 특정 프로그래밍 언어가 기본적으로 필요하다.

실제로 사용되는 일부 마이크로서비스 개발 프레임워크, 통합 프레임워크, 일반 프로그래밍 언어를 자세히 살펴보자.

노트 이 책에 제공된 예제를 빌드하거나 실행하는 데 문제가 있다면, 깃 저장소(https://github.com/microservices-for-enterprise/samples.git)에 있는 해당 장의 README 파일을 참조하자. 이 책에서 사용된 도구, 라이브러리, 프레임워크와 관련된 변경 사항을 반영하기 위해 깃 저장소의 예제와 해당 README 파일에 대한 업데이트가 제공된다.

스프링 부트

스프링 부트는 스프링 플랫폼과 서드 파티 라이브러리에 대한 의견을 바탕으로 스프링 플랫폼 위에 구축된 마이크로서비스 프레임워크이므로 최소한의 번거로움만으로 시작할 수 있다. 스프링 부트를 사용하면, 바로 실행할 수 있는 독립형 프로덕션 등급의 스프링 기반 애플리케이션을 쉽게 만들 수 있다. 또한 스프링 구성이 전혀 없거나 최소한으로 해서 대부분의 스프링 부트 마이크로서비스를 작성할 수 있다. 스프링 부트는 다음 기능을 제공해 마이크로서비스를 간단하게 구현하고자 노력한다.

- 독립형 스프링 애플리케이션을 만든다.
- 톰캣, 제티Jetty, 또는 언더토Undertow를 직접 내장한다(WAR 파일을 배포할 필요가 없음).
- 메이븐 구성을 단순화하기 위해 사전 작성된 스타터 POM을 제공한다.
- 가능한 한 스프링을 자동으로 구성한다.
- 메트릭, 상태 확인, 외부화된 구성과 같은 프로덕션 수준 기능들을 제공한다.
- 코드 생성이 없고 XML 구성이 필요하지 않다.

스프링 부트가 제공하는 마이크로서비스를 통합하는 데 필요한 주요 기능 중 일부를 살펴보자.

RESTful 서비스

스프링 부트의 서비스 개발 기능을 사용해 조합 마이크로서비스를 구축할 수 있다. 예를 들어, 다음과 같이 스프링 부트를 사용해 간단한 RESTful 서비스를 구축할 수 있다.

선택적으로 질의 문자열에 name 매개변수를 사용해 /greeting 엔드포인트에 대한 GET 요청을 처리하는 HTTP RESTful 서비스를 구축해야 한다고 가정하자. GET 요청은 인사말을 나타내는 JSON 페이로드 본문과 함께 200 OK 응답을 반환해야 한다. 첫 번째 단계로 인사말을 모델링하려면 다음과 같이 인사말 표현을 정의해야 한다.

```java
package com.apress.ch07;

public class Greeting {

  private final long id;
  private final String content;

  public Greeting(long id, String content) {
    this.id = id;
    this.content = content;
  }

  public long getId() {
    return id;
  }

  public String getContent() {
    return content;
  }
}
```

그런 다음 인사말 요청을 처리할 서비스와 리소스를 만들 수 있다. RESTful 웹 서비스 구축에 대한 스프링의 접근 방식에는 HTTP 요청을 처리하는 컨트롤러가 존재한다. 이러한 구성 요소는 @RestController 어노테이션으로 쉽게 식별할 수 있으며, GreetingController 클래스는 Greeting 클래스의 새 인스턴스를 반환해 /greeting 엔드포인트(컨텍스트)에 대한 GET 요청을 처리한다.

```java
package com.apress.ch07;

import java.util.concurrent.atomic.AtomicLong;
import org.springframework.web.bind.annotation.RequestMapping;
import org.springframework.web.bind.annotation.RequestParam;
```

```
import org.springframework.web.bind.annotation.RestController;

@RestController
public class GreetingController {

  private static final String template = "Hello, %s!";
  private final AtomicLong counter = new AtomicLong();

  @RequestMapping("/greeting")
  public Greeting greeting(@RequestParam(value="name",
        defaultValue="World") String name) {

    return new Greeting(counter.incrementAndGet(),
        String.format(template, name));
  }
}
```

응답 형식은 POJO이므로 명시적으로 JSON으로 변환된다. 이를 제어하려면, 요청 매핑 레벨에서 @GetMapping (path = "/hello", produce = MediaType.APPLICATION_JSON_VALUE)를 적용하면 된다.

예제 코드의 ch07/sample01에서 이 예제를 실행해볼 수 있다.

네트워크 통신 추상화

다음에 설명하는 것처럼 네트워크를 통한 데이터의 소비와 생성은 스프링 부트에서 수많은 추상화를 통해 지원된다.

HTTP

스프링 REST 템플릿으로 RESTful 서비스를 사용할 수 있다. 여기서는 응답을 변환할 POJO를 지정했다. getForObject는 URL에서 GET을 수행해 표현을 검색한다. 응답 (존재하는 경우)이 변환돼 반환된다.

```
RestTemplate restTemplate = new RestTemplate();
Quote quote = restTemplate.getForObject("http://gturnquist-quoters. cfapps.io/api/
random", Quote.class);
log.info(quote.toString());
```

마찬가지로 RestTemplate은 POST, PUT, DELETE와 같은 다른 HTTP 메서드도 지원한다. RESTful 서비스를 제공하는 서비스를 작성할 때는 외부 인스턴스에 배포하는 대신 톰캣 서블릿 컨테이너를 HTTP 런타임으로 임베드하는 스프링 지원을 사용할 수도 있다. 예제 코드의 ch07/sample02에서 이 예제를 실행해볼 수 있다.

JMS

스프링 부트는 다른 네트워크 통신 프로토콜 및 시스템과 통합하기 위한 추상화도 제 공한다. 예를 들어 다음과 같이 JMS를 통해 메시지를 사용하는 서비스를 작성할 수 있다.

```
@JmsListener(destination = "mailbox", containerFactory = "myFactory")
public void receiveMessage(Email email) {
  System.out.println("Received <" + email + ">");
}
```

JmsListener 어노테이션은 이 메서드가 리스닝해야 하는 대상의 이름을 정의하며 Jms ListenerContainerFactory에 대한 참조는 기본 메시지 리스너 컨테이너를 작성하는 데 사용된다. 필요한 경우에는 스프링 부트가 기본 팩토리를 등록하므로, 컨테이너 빌 드 방식을 사용자 정의하지 않으면 containerFactory 속성에 값을 전달할 필요가 없다.

메시지는 JMSTemplate을 사용해 생성할 수 있다.

```
public class JmsQueueSender {
  private JmsTemplate jmsTemplate;
  private Queue queue;
```

```
  public void setConnectionFactory(ConnectionFactory cf) {
    this.jmsTemplate = new JmsTemplate(cf);
  }

  public void setQueue(Queue queue) {
    this.queue = queue;
  }

  public void simpleSend() {
    this.jmsTemplate.send(this.queue, new MessageCreator() {
      public Message createMessage(Session session) throws JMSException {
        return session.createTextMessage("hello queue world");
      }
    });
  }
}
```

JmsTemplate에는 메시지를 보내는 편리한 메서드가 많이 있다. javax.jms.Destination 객체를 사용해 대상을 지정하는 send 메서드와 JNDI 조회에 사용하기 위해 문자열을 사용해 대상을 지정하는 send 메서드가 있다. 예제 코드의 ch07/sample03에서 이 예제를 실행해볼 수 있다.

데이터베이스/JDBC

스프링은 JDBC를 통한 마이크로서비스와 데이터베이스를 통합하기 위해 SQL 관계형 데이터베이스와 JDBC로 쉽게 작업할 수 있는 JdbcTemplate이라는 템플릿 클래스를 제공한다. 대부분의 일반 JDBC 코드는 리소스 획득, 연결 관리, 예외 처리, 코드의 목적과 완전히 무관한 일반적인 오류 검사로 가득하다. JdbcTemplate이 이 모든 것을 처리한다.

```
jdbcTemplate.query(
    " SELECT id, first_name, last_name FROM customers WHERE
      first_name = ?", new Object[] { "Josh" },
```

```
       ( rs, rowNum) -> new Customer(rs.getLong("id"),
         rs.getString("first_name"), rs.getString("last_name"))
  ).forEach(customer -> log.info(customer.toString()));
```

예제 코드의 ch07/sample04에서 이 예제를 실행해볼 수 있다. 언급한 것 외에도 스프링은 수많은 다른 네트워크 프로토콜과 통합하는 기능을 제공한다.

웹 API: 트위터

트위터 같은 웹 API와 통합하는 것은 각 웹 API 전용 스프링 부트 라이브러리에서 지원된다. 예를 들어 스프링 부트 마이크로서비스에서 연결하고 트윗하는 것은 매우 간단하다. TwitterTemplate을 시작하고 필요한 작업을 호출하기만 하면 된다. 예제 코드의 ch07/sample05에서 이 예제를 실행해볼 수 있다.

```
Twitter twitter = new TwitterTemplate(consumerKey, consumerSecret); twitter.
timelineOperations().updateStatus("Microservices for Enterprise.!")
```

보다시피 스프링 부트는 마이크로서비스를 다른 시스템 및 API와 통합할 수 있는 가장 포괄적인 기능 중 하나를 제공한다.

복원력 패턴

스프링 부트는 넷플릭스 히스트릭스와 같은 라이브러리를 활용해 복원력 있는 마이크로서비스 통신을 가능하게 한다. 스프링 클라우드 넷플릭스 히스트릭스 구현은 @HystrixCommand 어노테이션이 달린 모든 메서드를 찾고 히스트릭스가 모니터링할 수 있도록 회로 차단기에 연결된 프록시에서 해당 메서드를 래핑한다. 예를 들어, 다음 코드 스니펫에서 외부 RESTful 서비스를 호출하는 메서드에는 @HystrixCommand 어노테이션이 달린다.

```
package hello;

import com.netflix.hystrix.contrib.javanica.annotation.HystrixCommand;
import org.springframework.stereotype.Service;
import org.springframework.web.client.RestTemplate;
import java.net.URI;

@Service
public class BookService {

  private final RestTemplate restTemplate;

  public BookService(RestTemplate rest) {
    this.restTemplate = rest;
  }

  @HystrixCommand(fallbackMethod = "reliable")
  public String readingList() {
    URI uri = URI.create("http://localhost:8090/recommended");
    return this.restTemplate.getForObject(uri, String.class);
  }

  public String reliable() {
    return "Microservices for Enterprise (APress)";
  }
}
```

@HystrixCommand를 원래의 readingList() 메서드에 적용했다. 여기서는 trusted()라는
새로운 메서드가 보인다. @HystrixCommand 어노테이션에 실패 처리 메서드로 reliable()
을 지정했으므로, 어떤 이유로 히스트릭스가 readingList()에서 회로를 열면 기본 결
과가 표시된다. 예제 코드의 ch07/sample06에서 이 예제를 실행해볼 수 있다.

데이터 형식

스프링 부트를 사용하면 주로 잭슨[3] 데이터 처리 도구를 사용해 여러 데이터 형식을 생성, 소비, 변환할 수 있도록 마이크로서비스를 작성할 수 있다.

```java
// 자바 객체에서 JSON으로
ObjectMapper objectMapper = new ObjectMapper();
Car car = new Car("yellow", "renault");
objectMapper.writeValue(new File("target/car.json"), car);

// JSON에서 자바 객체로
String json = "{ \"color\" : \"Black\", \"type\" : \"BMW\" }";
Car car = objectMapper.readValue(json, Car.class);
```

잭슨은 플래그십 스트리밍 JSON 파서/제너레이터 라이브러리, 상응하는 데이터 바인딩 라이브러리(JSON과의 POJO)와 에이브로, BSON, CBOR, CSV, 스마일[Smile], (자바) Properties, Protobuf, XML 또는 YAML로 인코딩된 데이터를 처리하기 위한 추가 데이터 형식 모듈 등 다양한 데이터 유형에 대한 포괄적인 데이터 처리 기능을 제공한다. 또한 Guava, Joda, Pcollections 등과 같은 널리 사용되는 데이터 형식의 데이터 타입을 지원하기 위한 대규모 데이터 형식 모듈 세트를 제공한다. 예제 코드의 ch07/sample07에서 이 예제를 실행해볼 수 있다.

관찰 가능성

스프링 부트 마이크로서비스 애플리케이션에 대해 메트릭, 로깅, 분산 추적을 활성화할 수 있다. 스프링 부트 통합 마이크로서비스를 관찰 가능하게 하려면 마이크로서비스 애플리케이션에 최소한의 변경이 필요하다. 13장, '관찰 가능성'에서 관찰 가능성 개념을 심층적으로 살펴보고 기능을 자세히 설명한다.

---

3   https://github.com/FasterXML/jackson

드롭위저드

드롭위저드Dropwizard는 널리 사용되는 또 하나의 마이크로서비스 개발 프레임워크다. 드롭위저드의 주요 목표는 프로덕션용 웹 애플리케이션에 필요한 모든 것을 성능이 우수하면서 안정적으로 구현하는 것이다. 이 기능은 재사용 가능한 라이브러리로 추출되기 때문에 애플리케이션의 성능이 유지되고 집중돼 시장에 출시하기까지 걸리는 시간과 유지 관리 부담을 줄여준다.

드롭위저드는 제티 HTTP 라이브러리를 사용해 튜닝된 HTTP 서버를 프로젝트에 직접 내장한다. 저지는 RESTful 웹 애플리케이션 개발 엔진으로 사용되는 반면, 잭슨은 데이터 형식을 처리한다. 기본적으로 드롭위저드와 함께 번들로 제공되는 몇 가지 다른 라이브러리가 있다. 그러나 스프링 부트와 달리, 다중 네트워크 프로토콜 및 웹 API와의 통합이 필요한 특정 마이크로서비스 통합의 경우 기본적으로 제공되는 기능이 제한된다.

아파치 카멜과 스프링 통합

아파치 카멜Apache Camel은 중앙 집중식 통합/ESB 요구를 해결하도록 디자인된 기존 통합 프레임워크다. 아파치 카멜 통합 프레임워크의 주요 목표는 콘텐츠 기반 라우팅, 변환, 프로토콜 전환, 분산-수집scatter-gather 등과 같은 엔터프라이즈 통합 패턴(EIP)을 구현하기 위한 기존 마이크로서비스에 포함시킬 수 있도록 작은 설치 공간과 오버헤드가 작은 사용하기 쉬운 메커니즘을 제공하는 것이다.

자바, 스칼라Scala 등과 같은 여러 언어와 함께 작동하는 도메인 특화 언어Domain Specific Language(DSL) 기능과 간단한 통합 프레임워크 특성을 고려할 때 아파치 카멜이 해결할 수 있는 마이크로서비스 사용 사례는 상당히 많다. 아파치 카멜에는 거의 모든 인기 있는 네트워크 프로토콜, 웹 API, 시스템을 통해 메시지를 소비하고 생성할 수 있는 구성 요소가 포함돼 있다. 컨테이너에서 실행할 수 있는 카멜 기반의 독립형 런타임을 빌드할 수도 있다(실제로 카멜-K$^{Camel-K}$라고 하는, 쿠버네티스에서 기본적으로 실행되는 컨테이너 기본 런타임을 구축하기 위한 노력이 진행 중이다). 예를 들어, 다음 예에서는 여러 EIP가 포함된 통합 사용 사례의 카멜 DSL을 찾을 수 있다.

```java
public void configure() {
  from("direct:cafe")
    .split().method("orderSplitter")
    .to("direct:drink");

  from("direct:drink").recipientList().method("drinkRouter");

  from("seda:coldDrinks?concurrentConsumers=2")
    .to("bean:barista?method=prepareColdDrink")
    .to("direct:deliveries");

  from("seda:hotDrinks?concurrentConsumers=3")
    .to("bean:barista?method=prepareHotDrink")
    .to("direct:deliveries");

  from("direct:deliveries")
  .aggregate(new CafeAggregationStrategy())
    .method("waiter", "checkOrder").completionTimeout(5 * 1000L)
  .to("bean:waiter?method=prepareDelivery")
  .to("bean:waiter?method=deliverCafes");
}
```

또한 아파치 카멜은 스프링 부트와의 완벽한 통합을 제공해 마이크로서비스 통합을 돕는 강력한 조합을 제공한다. 예제 코드의 ch07/sample08에서 이 예제를 실행해볼 수 있다.

스프링 통합$^{Spring\ Integration}$은 아파치 카멜과 매우 유사하며 스프링 프로그래밍 모델을 확장해 잘 알려진 EIP를 지원한다. 스프링 통합은 스프링 기반 애플리케이션 내에서 경량 메시징을 가능하게 하며, 선언적 어댑터$^{declarative\ adapter}$를 통해 외부 시스템과의 통합을 지원한다. 이러한 어댑터는 원격 지원, 메시징, 스케줄링에 대한 스프링의 지원과 비교해서 높은 수준의 추상화를 제공한다. 스프링 통합의 주요 목표는 유지 보수 가능하고 테스트 가능한 코드를 생성하는 데 반드시 필요한 개념의 분리seperation of concerns를 유지하면서 엔터프라이즈 통합 솔루션을 구축하기 위한 간단한 모델을 제공하는 것이다.

다음 코드는 스프링 통합 기반 사용 사례의 예제 DSL이며 카멜에서 본 것과 유사하다.

```
@MessagingGateway
public interface Cafe {
  @Gateway(requestChannel = "orders.input")
  void placeOrder(Order order);
}

private AtomicInteger hotDrinkCounter = new AtomicInteger();
private AtomicInteger coldDrinkCounter = new AtomicInteger();

@Bean(name = PollerMetadata.DEFAULT_POLLER)
public PollerMetadata poller() {
  return Pollers.fixedDelay(1000).get();
}

@Bean public IntegrationFlow orders() {
  return f -> f
    .split(Order.class, Order::getItems)
    .channel(c -> c.executor(Executors.newCachedThreadPool()))
    .<OrderItem, Boolean>route(OrderItem::isIced, mapping -> mapping
      .subFlowMapping("true", sf -> sf
        .channel(c -> c.queue(10))
        .publishSubscribeChannel(c -> c
          .subscribe(s ->
            s.handle(m -> sleepUninterruptibly(1, TimeUnit.SECONDS)))
...
```

카멜과 스프링 통합을 비교하고 대조해보면, 스프링 통합 DSL은 하위 레벨 EIP(예: 채널, 게이트웨이 등)를 노출시키는 반면에 카멜 DSL은 상위 레벨 통합 추상화에 더 집중한다.

카멜 또는 스프링 통합을 사용하면 잘 정의된 DSL을 기반으로 마이크로서비스 통합을 구축할 수 있다. 그러나 이 DSL에 제약을 받으므로 DSL 위에 실제 프로그래밍 로직을 구축할 때는 많은 조정 작업을 수행해야 한다.

또한 이 두 가지 DSL은 실질적으로 복잡한 통합 시나리오에서 상당히 어수선해질 수 있다. 마이크로서비스 통합의 경우, EIP 사용을 완전히 생략하고 서비스 코드의 일부로 처음부터 구현할 수 있다는 주장도 있다. 따라서 사용 사례가 기존 EIP와 커넥터 대부분을 다양한 시스템에 사용해야 하는 경우에는 카멜 또는 스프링 통합이 적합하다.

Vert.x

이클립스 Vert.x는 이벤트 중심, 비블로킹, 반응성 및 폴리글랏 소프트웨어 개발 툴킷으로, 마이크로서비스를 구축하고 통합하는 데 사용할 수 있다. Vert.x는 제한된 프레임워크(비선택적 툴킷)가 아니며 특정 방식으로 애플리케이션을 작성하도록 강요하지 않는다. Vert.x는 자바, 자바스크립트, 그루비, 루비, 실론, 스칼라, 코틀린Kotlin을 포함한 여러 언어와 함께 사용할 수 있다.

Vert.x는 마이크로서비스 통합을 위한 다양한 기능을 제공한다. 여기에는 여러 가지 주요 구성 요소가 있으며, 각 구성 요소는 특정 요구 사항을 다룬다. Vert.x 코어는 HTTP 처리를 위한 상당히 낮은 수준의 기능과 충분한 애플리케이션들을 제공한다. 그러나 RESTful 서비스 개념을 깊이 활용하는 마이크로서비스의 경우에는 Vert.x 웹 구성 요소가 필요하다. Vert.x-Web은 Vert.x 코어를 기반으로 웹 애플리케이션을 좀 더 쉽게 구축할 수 있도록 다양한 기능을 제공한다.

```
HttpServer server = vertx.createHttpServer();
Router router = Router.router(vertx);
```

```
router.route().handler(routingContext -> {

    // 이 핸들러는 모든 요청에 대해 호출된다
    HttpServerResponse response = routingContext.response();
    response.putHeader("content-type", "text/plain");

    // 응답을 쓴 후 끝낸다
    response.end("Hello World from Vert.x-Web!");
});

server.requestHandler(router::accept).listen(8080);
```

우선 HTTP 서버와 라우터를 만들었다. 이 작업을 완료하면 매칭 기준이 없는 간단한 경로를 만들어 서버에 도착하는 모든 요청과 매칭시킨다. 그런 다음 해당 경로에 대한 핸들러를 지정한다. 해당 핸들러는 서버에 도착하는 모든 요청에 대해 호출되며, 경로 매개변수와 HTTP 메서드 등을 캡처하는 라우팅 로직을 추가할 수 있다(예제 코드의 ch07/sample09에서 이 예제를 실행해볼 수 있다).

```
Route route = router.route(HttpMethod.POST, "/catalogue/products/:productty
pe/:productid/");

route.handler(routingContext -> {
    String productType = routingContext.request().getParam("producttype");
    String productID = routingContext.request().getParam("productid");
    // 그것들로 무언가를 수행한다...
});
```

Vert.x가 클라이언트와 상호작용할 수 있는 추상화를 제공하기 때문에 클라이언트 측 코드도 간단하다(예제 코드의 ch07/sample10에서 이 예제를 실행해볼 수 있다).

```
WebClient client = WebClient.create(vertx);
client
    .post(8080, "myserver.mycompany.com", "/some-uri")
```

```
  .sendJsonObject(new JsonObject()
  .put("firstName", "Dale")
  .put("lastName", "Cooper"), ar -> {
   if (ar.succeeded()) {
     // Ok
   }
});
```

Vert.x-Web API 계약은 API를 개발하는 데 도움이 되는 두 가지 기능인 HTTP 요
청 유효성 검사와 자동 요청 유효성 검사를 통한 OpenAPI 3 지원을 제공한다. 또한
Vert.x는 마이크로서비스에서 다양한 데이터 저장소에 접근하기 위한 다양한 비동기
식 클라이언트를 제공한다(예제 코드의 ch07/sample11에서 이 예제를 실행해볼 수 있다).

```
SQLClient client = JDBCClient.createNonShared(vertx, config);
client.getConnection(res -> {
  if (res.succeeded()) {
    SQLConnection connection = res.result();
    connection.query("SELECT * FROM some_table", res2 -> {
      if (res2.succeeded()) {
        ResultSet rs = res2.result();
        // 결과로 무언가를 수행한다
        connection.close();
      }
    });
  } else {
    // 커넥션 획득에 실패 - 처리 필요
  }
});
```

마찬가지로 Vert.x를 사용해 레디스, MongoDB, MySQL 등으로 서비스를 연결할
수도 있다. 마이크로서비스 통합의 경우 회로 차단기와 같은 복원력 있는 서비스 간
의 통신 기능도 Vert.x의 일부로 포함된다(예제 코드의 ch07/sample12에서 이 예제를 실행
해볼 수 있다).

```
CircuitBreaker breaker = CircuitBreaker.create("my-circuit-breaker", vertx,
  new CircuitBreakerOptions().setMaxFailures(5).setTimeout(2000)
);

breaker.<String>execute(future -> {
  vertx.createHttpClient().getNow(8080, "localhost", "/", response -> {
    if (response.statusCode() != 200) {
      future.fail("HTTP error");
    } else {
      response
          .exceptionHandler(future::fail)
          .bodyHandler(buffer -> {
            future.complete(buffer.toString());
          });
    }
  });
}).setHandler(ar -> {
  // 결과로 무언가를 수행한다
});
```

Vert.x 통합 기능에는 gRPC, 카프카, RabbitMQ 기반 AMQP, MQTT, STOMP, 인증 및 권한 부여, 서비스 검색 등도 포함된다. 기능 구성 요소 외에도 테스트, 클러스터링, 데브옵스, 도커와의 통합, 메트릭과 상태 확인 등의 관찰 기능 같은 모든 생태계 관련 기능은 Vert.x를 포괄적인 마이크로서비스와 통합 프레임워크 중 하나로 만든다.

아카

아카Akka는 프로세서 코어와 네트워크에 걸친 확장 가능하고 복원력 있는 시스템을 디자인하기 위한 오픈소스 라이브러리 세트다. 아카는 액터를 동시 계산의 범용 기본 요소로 취급하는 수학적 동시 계산 모델인 액터 모델을 기반으로 한다. 수신된 메시지에 대한 응답으로 액터는 로컬 결정을 내리고 더 많은 액터를 생성하며, 더 많은 메시지를 보내고 수신된 다음 메시지에 응답하는 방법을 결정할 수 있다. 액터는 자신의 내부 상태를 수정할 수 있지만 메시지를 통해서만 서로에게 영향을 미칠 수 있다. 액터는 락ock의 필요성을 없앤다.

아카는 원자성 또는 락과 같은 저수준 동시성 구성 요소를 사용하지 않고도 마이크로 서비스에 멀티스레드 동작을 제공해 메모리 가시성 문제, 시스템과 구성 요소 간의 투명한 원격 통신, 그리고 탄력적이며 필요에 따라 확장되거나 축소되는 클러스터링된 고가용성 아키텍처를 제공한다.

아카 HTTP 모듈을 활용해 HTTP 기반 서비스를 구현할 수 있으며 Akka-actor와 Akka-stream 위에 완전한 서버 및 클라이언트 측 HTTP 스택을 제공한다. 아카는 웹 프레임워크가 아니라 HTTP 기반 서비스를 제공하고 소비하기 위한 좀 더 일반적인 툴킷이다.

아카 HTTP 외에도 아카는 HTTP 경로와 처리 방법을 기술하는 DSL을 제공한다. 이 DSL은 한 가지 특정 유형 요청 처리로 특정 경로의 처리 범위를 한정하는 하나 이상의 지시문으로 구성된다.

예를 들어 하나의 라우트는 /order와 매칭되는 것을 찾은 경우에만 요청의 경로를 매치시키는 것으로 시작하고, HTTP GET 요청을 처리하기 위해 범위를 좁힌 다음, 본문의 문자열과 함께 HTTP OK로 응답하는 문자열 리터럴을 사용해 완료한다. 그런 다음, Route DSL을 사용해 생성된 경로는 포트에 바인딩돼 HTTP 요청 서비스를 시작한다. 잭슨을 사용하면 Akka-http에서 JSON 지원이 가능해진다.

다음 사용 사례에는 분리된 두 개의 아카 경로가 있다. 첫 번째 라우트는 비동기로 데이터베이스를 조회하고 CompletionStage <Optional <Item >> 결과를 JSON 응답으로 마샬링한다. 두 번째는 들어오는 요청에서 Order를 언마샬링하며, 이를 데이터베이스에 저장하고 완료되면 OK로 응답한다(예제 코드의 ch07/sample13에서 이 예제를 실행해볼 수 있다).

```
public class JacksonExampleTest extends AllDirectives {

  public static void main(String[] args) throws Exception {
    ActorSystem system = ActorSystem.create("routes");
    final Http http = Http.get(system);
    final ActorMaterializer materializer = ActorMaterializer.
    create(system);
    JacksonExampleTest app = new JacksonExampleTest();
    final Flow<HttpRequest, HttpResponse, NotUsed> routeFlow = app.
    createRoute().flow(system, materializer);
    final CompletionStage<ServerBinding> binding = http.
    bindAndHandle(routeFlow,
      ConnectHttp.toHost("localhost", 8080), materializer);

    binding
      .thenCompose(ServerBinding::unbind) // 포트 해제를 트리거링한다
      .thenAccept(unbound -> system.terminate()); // 완료 후 셧다운한다
}

private CompletionStage<Optional<Item>> fetchItem(long itemId) {
  return CompletableFuture.completedFuture(Optional.of(new Item("foo", itemId)));
}

private CompletionStage<Done> saveOrder(final Order order) {
  return CompletableFuture.completedFuture(Done.getInstance());
}

private Route createRoute() {
  return route(
    get(() ->
      pathPrefix("item", () ->
        path(longSegment(), (Long id) -> {
          final CompletionStage<Optional<Item>> futureMaybeItem =
          fetchItem(id);
          return onSuccess(futureMaybeItem, maybeItem ->
            maybeItem.map(item -> completeOK(item, Jackson.marshaller()))
              .orElseGet(() -> complete(StatusCodes.NOT_FOUND, "Not Found"))
          );
```

```
      }))),
    post(() ->
      path("create-order", () ->
        entity(Jackson.unmarshaller(Order.class), order -> {
          CompletionStage<Done> futureSaved = saveOrder(order);
          return onSuccess(futureSaved, done ->
            complete("order created")
          );
        })))
    );
  }
}
```

아카는 마이크로서비스 통합에 관련된 요구 사항을 충족하며, 그 외의 통합은 Alpakka 이니셔티브를 이용해 처리한다. Alpakka를 사용하면 통합 사용 사례에 대한 다양한 아카 스트림즈^{Akka Streams} 커넥터, 통합 패턴, 데이터 변환을 아카 기반으로 통합할 수 있다. Alpakka는 HTTP, 카프카, 파일, AMQP, JMS, CSV, 웹 API(AWS S3, GCP 게시—구독, 슬랙), MongoDB 등과 같은 다양한 커넥터를 제공한다.

다음 예제에서는 Alpakka를 사용해 작성된 샘플 AMQP 생산자와 소비자를 찾을 수 있다(예제 코드의 ch07/sample14에서 이 예제를 실행해볼 수 있다).

```
// AMQP 생산자
final Sink<ByteString, CompletionStage<Done>> amqpSink = AmqpSink.createSimple(
  AmqpSinkSettings.create(connectionProvider)
      .withRoutingKey(queueName)
      .withDeclarations(queueDeclaration)
);

// AMQP 소비자
final Integer bufferSize = 10;
final Source<IncomingMessage, NotUsed> amqpSource = AmqpSource.
atMostOnceSource(
  NamedQueueSourceSettings.create(
    connectionProvider, queueName
```

```
  ).withDeclarations(queueDeclaration), bufferSize
);
```

여기서 AmqpSink는 싱크와 소스의 생성을 용이하게 하는 팩토리 메소드 모음으로 AMQP에서 메시지를 가져올 수 있다.

Node, Go, 러스트, 파이썬

Node.js는 자바스크립트 코드를 서버 측에서 실행하는 오픈소스, 크로스 플랫폼 자바스크립트 런타임 환경이다. Node.js는 즉시 사용 가능한 RESTful 서비스 개발을 지원하며, 이벤트 루프를 활용하는 전체 비블로킹 I/O 모델에서 서비스를 구축할 수 있다. (Node.js가 시작되면, 이벤트 루프를 초기화하고 제공된 입력 스크립트(비동기 API 호출, 타이머 예약, 또는 process.nextTick() 호출)를 처리한 다음 이벤트 루프 처리를 시작한다.)

다음 코드는 Node.js로 작성된 간단한 에코 서비스를 보여준다(예제 코드의 ch07/sample15에서 이 예제를 실행해볼 수 있다).

```
const http = require('http');

http.createServer((request, response) => {
  if (request.method === 'POST' && request.url === '/echo') {
    let body = [];
    request.on('data', (chunk) => {
      body.push(chunk);
    }).on('end', () => {
      body = Buffer.concat(body).toString();
      response.end(body);
    });
  } else {
    response.statusCode = 404;
    response.end();
  }
}).listen(8080);
```

표준 기능 세트 외에도 Node.js에는 Node.js 기반의 마이크로서비스를 거의 모든 다른 네트워크 프로토콜, 데이터베이스, 웹 API, 기타 시스템과 통합할 수 있는 다양한 생태계가 존재한다.

의미론적으로 정확한 Restful 웹 서비스를 프로덕션 환경에서 대규모로 구축하도록 최적화된 웹 서비스 프레임워크인 Restify처럼 Node.js를 기반으로 구축된 여러 프레임워크가 존재한다. 마찬가지로 NPM 기반의 Node.js에 사용할 수 있는 수많은 라이브러리와 패키지가 존재한다(NPM은 Node.js 패키지의 패키지 관리자다). 예를 들어, 널리 사용되는 관찰 도구의 카프카 통합(kafka-node), AMQP(node-amqp), 회로 차단기, 계측 라이브러리를 위한 NPM 패키지를 찾을 수 있다.

Go[4]는 마이크로서비스 개발에도 많이 사용되며 네트워크 통신을 위한 다양한 패키지를 제공한다.

마찬가지로 러스트와 파이썬 등의 다른 프로그래밍 언어는 마이크로서비스를 구축하고 마이크로서비스를 통합할 수 있는 기본 기능을 제공한다. 러스트는 유연성이나 형식 안전성을 희생하지 않고도 빠른 웹 애플리케이션을 간단하게 작성할 수 있는 웹 프레임워크인 로켓Rocket이 있다. 러스트 생태계 구성 요소는 러스트 애플리케이션을 다른 네트워크 프로토콜, 데이터, 웹 API, 기타 시스템과 통합하는 대부분의 문제를 해결한다. 그러나 일부 개발자는 러스트가 마이크로서비스 개발 언어로는 너무 저수준이라고 주장한다. 따라서 러스트를 완전히 채택하기 전에 일부 사용 사례를 시도해 보는 것이 좋다.

마찬가지로 파이썬에는 마이크로서비스 개발 및 통합을 위한 플라스크Flask와 같은 광범위한 프로덕션 수준 프레임워크 커뮤니티가 있다.

---

4   https://golang.org/pkg/

발레리나

발레리나^{Ballerina 5}는 프로그래밍 언어로 구축된 새로운 통합 기술이며, 분산형 마이크로서비스와 엔드포인트에서 타입 안전하고 복원력 있는 방식으로 통합하고 조정하는 프로그램 작성을 용이하게 해서 통합 제품과 범용 프로그래밍 언어의 차이를 메우는 것을 목표로 한다.

이 책을 저술하는 시점에서 발레리나는 0.981 버전이다. 대부분의 프로그래밍 구성 요소는 최종이지만 일부는 변경될 수 있으며, 아직 마이크로서비스 커뮤니티 전체에 널리 채택되지 않았다.

주의 이 책을 저술한 우리는 발레리나의 디자인과 개발에도 공헌했다. 따라서 이 책에서는 기술과 벤더 관련 내용을 공정하게 다루려는 노력의 일환으로 발레리나를 다른 유사한 기술과 비교하거나 대조하지 않을 것이다. 독자들이 사용 사례와 그러한 사용 사례를 실현하기 위한 잠재적 기술을 철저히 평가해보고 나서 가장 적합한 기술을 선택하도록 독려하고자 한다.

발레리나의 코드와 그래픽 구문은 독립된 당사자들이 시퀀스 다이어그램의 상호작용을 통해 통신하는 방식에서 영감을 얻었다.

그래픽 구문에서 발레리나는 클라이언트, 작업자, 원격 시스템을 시퀀스 다이어그램에서 다른 액터로 표현한다. 예를 들어 그림 7-11에 표시된 것처럼 클라이언트/호출자, 서비스, 작업자, 다른 외부 엔드포인트 간의 상호작용은 시퀀스 다이어그램을 사용해 나타낼 수 있다. 각 엔드포인트는 시퀀스 다이어그램에서 액터로 표시되며, 액션은 해당 액터 간의 상호작용으로 표시된다.

---

5 ballerina.io

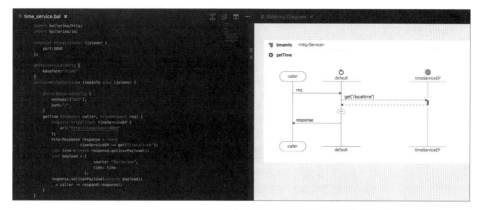

▲ 그림 7-11 발레리나 그래픽 구문과 소스 구문은 시퀀스 다이어그램 메타포를 기반으로 한다.

코드에서 원격 엔드포인트는 타입 안전 액션을 제공하는 엔드포인트를 통해 인터페이스되며, 작업자의 로직은 리소스 또는 함수 내부의 순차적 코드로 작성된다. 서비스를 정의하고 서버 엔드포인트에 바인딩할 수 있다(예: HTTP 서버 엔드포인트는 지정된 HTTP 포트를 청취할 수 있음). 각 서비스는 작업자 관련 순차 코드로 작성되고 전용 작업자 스레드에서 실행되는 하나 이상의 리소스를 포함한다.

다음 코드 스니펫은 HTTP GET 요청을 수락한 다음, 다른 외부 서비스를 호출해 정보를 검색하고 클라이언트로 다시 보내는 간단한 HTTP 서비스를 보여준다(예제 코드의 ch07/sample16에서 이 예제를 실행해볼 수 있다).

```
import ballerina/http;
import ballerina/io;

endpoint http:Listener listener {
  port:9090
};

@http:ServiceConfig {
  basePath:"/time"
}
service<http:Service> timeInfo bind listener {
```

```
@http:ResourceConfig {
  methods:["GET"],
  path:"/"
}
getTime (endpoint caller, http:Request req) {
  endpoint http:Client timeServiceEP {
    url:"http://localhost:9095"
  };
  http:Response response = check
                                timeServiceEP -> get("/localtime");
  json time = check response.getJsonPayload();
  json payload = {
    source: "Ballerina",
    time: time
  };
  response.setJsonPayload(untaint payload); _ = caller -> respond(response);
 }
}
```

네트워크 반영 추상화

발레리나는 이종 서비스, 시스템, 데이터의 통합을 위해 디자인됐다. 따라서 발레리
나는 서로 다른 네트워크 프로토콜을 통해 엔드포인트와 상호작용하기 위한 추상화
를 제공하는 네이티브 네트워크 반영 구성 요소들을 제공한다. 발레리나는 대부분의
표준 네트워크 통신 프로토콜을 즉시 지원한다.

```
endpoint http:Client timeServiceEP {
  url:"http://localhost:9095"
};
...
http:Response response = check
                              timeServiceEP -> get("/localtime");
endpoint mysql:Client testDB {
  host: "localhost",
  port: 3306,
```

```
  name: "testdb",
  username: "root",
  password: "root",
  poolOptions: { maximumPoolSize: 5 },
  dbOptions: { useSSL: false }
};
...
var selectRet = testDB->select("SELECT * FROM student", ());

// 카프카 생산자 엔드포인트
endpoint kafka:SimpleProducer kafkaProducer {
  bootstrapServers: "localhost:9092",
  clientID:"basic-producer",
  acks:"all",
  noRetries:3
};
...
// 메시지를 작성해 카프카 토픽에 게시
kafkaProducer->send(serializedMsg, "product-price", partition = 0);
```

이전의 경우처럼, 서버 커넥터를 활용해서 해당 프로토콜을 통해 메시지를 수신하고 해당 메시지를 사용하려는 서비스에 바인딩할 수 있다. 특정 프로토콜을 통한 메시지 소비에 대한 대부분의 구현 세부 사항은 개발자에게 투명하다.

```
// 서버 엔드포인트 구성
endpoint grpc:Listener ep {
  host:"localhost",
  port:9090
};

// 서버 엔드포인트에 바인딩하는 gRPC 서비스
service SamplegRPCService bind ep {
  // 문자열 메시지를 받는 리소스
  receiveMessage (endpoint caller, string name) {
    // 받은 메시지를 출력
    foreach record in records {
```

```
    blob serializedMsg = record.value;
    // 직렬화된 메시지를 문자열 메시지로 변환
    string msg = serializedMsg.toString("UTF-8");
    log:printInfo("New message received from the product admin");
...
endpoint jms:SimpleQueueReceiver consumer {
  initialContextFactory:"bmbInitialContextFactory",
  providerUrl:"amqp://admin:admin@carbon/carbon"
                  + "?brokerlist='tcp://localhost:5672'",
  acknowledgementMode:"AUTO_ACKNOWLEDGE",
  queueName:"MyQueue"
};

service<jms:Consumer> jmsListener bind consumer {
  onMessage(endpoint consumer, jms:Message message) {
    match (message.getTextMessageContent()) {
      string messageText => log:printInfo("Message : " + messageText);
...
    }
  }
};
```

복원력 있고 안전한 통합

발레리나를 사용해 작성한 통합 마이크로서비스는 본질적으로 복원력을 갖췄다. 따라서 복원력이 있고 타입에 안전한 방식으로 외부 엔드포인트를 호출할 수 있다.

예를 들어, 안정성 없는 외부 엔드포인트를 호출할 때 사용 중인 특정 프로토콜에 대한 상호작용을 회로 차단기를 통해 우회할 수 있다. 이는 클라이언트 엔드포인트 코드에 몇 가지 추가 매개변수를 전달하는 것만큼 간단하다.

```
// 회로 차단기 예제
endpoint http:Client backendClientEP {
  circuitBreaker: {
    rollingWindow : { // 실패 계산 윈도우
```

```
        timeWindowMillis:10000,
        bucketSizeMillis:2000
    },
    failureThreshold : 0.2, // 회로를 열기 위한 실패 백분율 임계값
    resetTimeMillis : 10000, // 회로를 열린 상태에서 반개방 상태로 만드는 데 걸리는 시간
    statusCodes : [400, 404, 500] // 실패로 간주되는 HTTP 상태 코드
  url: "http://localhost:8080",
  timeoutMillis:2000,
};
```

발레리나 코드는 취약점이나 사용 사례를 확인하는 데 특정 도구가 필요하지 않도록 디자인됐다. 예를 들어, 분산 시스템을 구축할 때 일반적으로 발생하는 문제는 통신으로 들어오는 데이터가 주입 공격을 포함하지 않는다고 신뢰할 수 없는 것이다. 발레리나는 통신을 통해 들어오는 모든 데이터가 오염된 것으로 가정한다. 컴파일 검사는 오염되지 않은 데이터가 필요한 코드가 오염된 데이터에 접근하지 못하도록 한다. 발레리나는 이러한 기능들을 언어의 내장 구문을 통해 제공하므로 프로그래머는 보안 코드를 작성하는 것을 강요받는다.

데이터 형식

발레리나는 기본형, 레코드형, 객체형, 튜플, 공용체union 유형을 가진 구조적 타입 시스템을 가지고 있다. 이 타입 안전type-safe 모델은 할당 시 타입 추론type inference을 통합하고 커넥터, 로직, 네트워크 바인딩 페이로드에 대한 수많은 컴파일 타임 무결성 검사를 제공한다. 서비스와 시스템을 통합하는 코드는 종종 복잡한 분산 오류를 처리해야 한다. 발레리나는 공용체 타입에 기반한 오류 처리 기능을 갖고 있다. 공용체 타입은 개발자가 불필요한 래퍼 유형을 작성하지 않아도 의미를 명시적으로 캡처한다. 오류를 호출자에게 다시 전달하기로 결정하면 check 연산자를 사용할 수 있다.

예를 들어, 메시지를 통해 받은 JSON 데이터가 있는 경우에는 로직의 일부로 정의한 타입으로 형 변환cast할 수 있다. 그런 다음, 해당 공용체 타입에 대해 작성된 match 절

의 일부로 가능한 오류를 처리해서 두 타입을 안전하게 형 변환할 수 있다.

```
// 이것은 발레리나의 간단한 구조화된 객체 정의다
// 자동으로 JSON에 매핑되고 다시 원래 객체로 복구될 수 있다
type Payment {
  string name,
  string cardnumber,
  int month,
  int year,
  int cvc;
};
...
json payload = check request.getJsonPayload();
    // 다음 줄은 JSON을 객체로 타입 안전하게 파싱하는 것을 보여준다
    Payment|error p = <Payment>payload;
    match p {
      Payment x => {
        io:println(x);
        res.statusCode = 200;

        // 생성된 JSON을 반환
        res.setJsonPayload(check <json>x);
      } error e => {
        res.statusCode = 400 ;
        // JSON을 파싱하지 못한 경우 오류 메시지를 반환
        res.setStringPayload(e.message);
      }
      _ = caller -> respond (res);
```

관찰 가능성

모니터링, 로깅, 분산 추적은 관찰 가능성을 제공하기 위해 발레리나 코드의 내부 상태를 나타내는 주요 방법이다. 발레리나는 최소한의 구성으로 프로메테우스Prometheus, 그라파나Grafana, 예거Jeager, 일래스틱 스택Elastic Stack과 같은 관찰 도구와 함께 사용할 수 있는 기본 기능을 제공한다.

워크플로 엔진 솔루션

워크플로를 필요로 하는 마이크로서비스를 위해 특별히 디자인된 기술(즉, 일부 인간 상호작용이 필요할 수도 있는 장기 실행 상태 저장 프로세스)을 마지막으로 마이크로서비스 통합 기술에 대한 논의를 마친다. 마이크로서비스 아키텍처에서 워크플로를 구축하는 것은 특별한 통합 요구 사항이다. 마이크로서비스 워크플로 도메인으로 변형된 새로운 솔루션과 기존 솔루션이 많이 있다. Zeebe, 넷플릭스 컨덕터Netflix Conductor, 아파치 나이파이Apache Nifi, AWS 스텝 펑션스AWS Step Functions, 스프링 클라우드 데이터 플로Spring Cloud Data Flow, 마이크로소프트 로직 앱스Microsoft Logic Apps가 좋은 예다.

Zeebe[6]는 시각적 워크플로(카문다Camunda에서 개발한 인기 있는 오픈소스 비즈니스 프로세스 모델 및 표기법Business Process Model and Notation(BPMN) 솔루션)를 사용해 작업자와 마이크로서비스의 상태 저장 오케스트레이션을 지원한다. Zeebe를 통해 BPMN 2.0 또는 YAML을 사용해서 오케스트레이션 흐름을 시각적으로 정의할 수 있다. Zeebe는 플로가 일단 시작되면, 항상 완전히 수행돼 실패 시 단계를 재시도하도록 보장한다. 그 과정에서 Zeebe는 완전한 감사 로그audit log를 유지하므로 흐름의 진행 상황을 모니터링하고 추적할 수 있다. Zeebe는 빅데이터 시스템이며 증가하는 트랜잭션 볼륨에 따라 완벽하게 확장된다(예제 코드의 ch07/sample017에서 Zeebe 예제를 실행해볼 수 있다).

넷플릭스 컨덕터[7]는 JSON DSL을 사용해 워크플로를 정의하는 오픈소스 워크플로 엔진이다. 컨덕터를 사용하면 마이크로서비스에서 개별 작업을 구현하는 복잡한 프로세스/비즈니스 플로를 생성할 수 있다. 아파치 나이파이[8]는 강력하고 확장 가능한 데이터 라우팅, 변환, 시스템 중개 로직의 방향성 그래프directed graph를 지원하는 일반적인 통합 프레임워크다.

---

6   https://zeebe.io/

7   https://netflix.github.io/conductor/

8   https://nifi.apache.org/

서비스 메시의 시작

7장에서는 마이크로서비스가 다른 마이크로서비스, 데이터, 웹 API, 기타 시스템과 함께 작동해야 한다는 점을 확인했다. 이러한 모든 서비스와 시스템을 연결하기 위해 중앙 집중식 ESB를 버스로 사용하지 않기 때문에 이제 서비스 간 통신은 서비스 개발자의 몫이다. 많은 마이크로서비스 프레임워크가 이러한 요구를 대부분 해결하지만, 서비스 개발자가 마이크로서비스 통합의 모든 요구 사항을 처리하는 것은 여전히 어려운 작업이다.

이 문제를 극복하기 위해 아키텍트들은 일부 서비스 간 통신 기능을 일차적인 기능 commodity feature으로 취급하고 코드를 서비스 독립적으로 작성할 수 있다는 것을 발견했다. 서비스 메시의 핵심 개념은 회로 차단기, 타임아웃, 기본 라우팅, 서비스 검색, 보안 통신, 관찰 가능성 등과 같은 상용 네트워크 통신 기능을 식별하고 개발한 마이크로서비스와 함께 실행되는 사이드카sidecar라는 구성 요소에서 이를 구현하는 것이다. 이 사이드카는 컨트롤 플레인control plane이라고 하는 중앙 집중식 관리에 의해 제어된다.

서비스 메시의 출현으로 마이크로서비스 개발자는 폴리글랏 서비스 개발 기술에 대해 더 많은 자유를 얻었으며 서비스 간 통신에 신경을 덜 쓰게 됐다. 따라서 개발하는 서비스의 비즈니스 기능에 더 집중할 수 있다.

9장, '서비스 메시'에서는 서비스 메시를 자세히 설명하고 기존 서비스 메시 구현을 더 깊이 살펴본다.

요약

7장에서는 마이크로서비스 통합이라는 과제를 심층 분석했다. ESB가 생략되면, 서비스를 개발할 때 스마트 엔드포인트와 멍청한 클라이언트 철학을 실천해야 한다. 이 접근 방식을 사용하면 대부분의 ESB 기능이 개발 중인 마이크로서비스에서 지원돼야 한다. 일반적으로 사용되는 마이크로서비스 통합 패턴 중 일부인 능동형 조합/오케스트레이션, 반응형 조합/코레오그래피, 하이브리드 방식도 확인했다. 마이크로서비스 통합의 하이브리드 접근 방식을 고수하고 사용 사례에 따라 통합 패턴을 선택하는 것이 더 실용적이다.

마이크로서비스 통합을 용이하게 하려면 마이크로서비스 개발 프레임워크에 내장 네트워크 통신 추상화, 복원력 패턴 지원, 데이터 타입에 대한 기본 지원, 통합 마이크로서비스 관리 기능, 클라우드 및 컨테이너 네이티브 특성 등과 같은 고유한 기능 세트가 존재해야 한다. 이러한 요구 사항과 관련해 주요 마이크로서비스 구현 기술을 자세히 설명했다. 서비스 메시가 적용되면 일부 마이크로서비스 통합 요구 사항이 분산 네트워크 통신 추상화로 오프로드될 수 있으며, 이는 각 서비스와 함께 사이드카로 실행되고 중앙 컨트롤 플레인에 의해 제어된다. 8장에서는 마이크로서비스를 배포하고 실행하는 방법을 설명한다.

8장

마이크로서비스의 배포 및 실행

마이크로서비스 아키텍처의 두 가지 주요 목표는 상용화 속도와 애플리케이션의 진화 능력이다. 모놀리식 애플리케이션과 달리 마이크로서비스 배포는 많은 개별(그리고 독립적) 배포를 포함하며, 하나의 단일 배포 대신 이제 수백 개의 배포가 존재한다. 자동화된 빌드 시스템이 없다면 배포 관리는 악몽이다. 자동화된 빌드 시스템은 배포 프로세스를 간소화하는 데 도움이 되지만, 대규모 배포의 모든 문제를 해결하지는 못한다. 또한 개발자가 테스트하는 환경이 테스트 및 프로덕션 환경과 다르지 않도록 모든 종속성을 함께 포함시켜서 마이크로서비스를 이식 가능하게 만드는 것을 고민해볼 필요가 있다. 이는 개발 주기 초기에 문제를 식별하는 데 도움이 되며 프로덕션에 문제가 생길 가능성이 매우 감소한다. 8장에서는 다양한 마이크로서비스 배포 패턴, 컨테이너, 컨테이너 오케스트레이션, 컨테이너 네이티브 마이크로서비스 프레임워크, 지속적인 전달 등을 설명한다.

컨테이너와 마이크로서비스

컨테이너의 기본 목표는 컨테이너가 실행할 애플리케이션에 컨테이너화된 환경을 제공하는 것이다. 컨테이너화된 환경은 격리된 환경이다. 하나 이상의 컨테이너가 동일한 물리적 호스트 시스템에서 실행될 수 있다. 그러나 한 컨테이너는 다른 컨테이너에서 실행되는 프로세스를 알지 못한다. 예를 들어 컨테이너에서 마이크로서비스를 실행하는 경우, 컨테이너는 파일시스템, 네트워크 인터페이스, 프로세스, 호스트 이름에 대한 자체적인 뷰를 가진다. foo 및 bar 컨테이너가 모두 동일한 호스트 시스템에서 실행 중인 경우, foo 컨테이너에서 실행되는 foo 마이크로서비스는 호스트 이름 localhost로 동일한 컨테이너에서 실행되는 다른 서비스를 참조할 수 있고, bar 컨테이너에서 실행되는 bar 마이크로서비스는 호스트 이름 localhost로 동일한 컨테이너에서 실행 중인 다른 서비스를 참조할 수 있다.[1]

컨테이너의 개념은 도커와 함께 몇 년 전부터 대중화됐다. 그러나 컨테이너는 좀 더 오랜 역사를 가진다. 1979년에 UNIX V7에서 chroot 시스템 콜을 사용하면 사용자는 실행 중인 프로세스의 루트 디렉터리를 변경할 수 있었기 때문에 루트를 넘어 파일시스템의 어떤 부분에도 접근할 수 없었다. 이 기능은 1982년 BSD에 추가됐으며, 오늘날에도 chroot는 컨테이너화된 환경이 아닌 프로세스를 실행할 때 시스템 관리자들 사이에서 모범 사례로 간주된다. 그로부터 수십 년이 지난 2000년에는 FreeBSD가 FreeBSD Jails라는 새로운 개념을 도입했다. Jails를 사용하면 동일한 호스트 환경을 여러 개의 격리된 환경으로 분할할 수 있으며, 각 환경마다 고유한 IP 주소를 가질 수 있다. 2001년에 Linux VServer는 FreeBSD Jails와 유사한 개념을 도입했다. Linux VServer를 사용하면 파일시스템, 네트워크, 메모리로 호스트 환경을 분할할 수 있다. 솔라리스는 2004년 솔라리스 컨테이너^{Solaris Container}를 출시했다. 구글은 2006년에 CPU, 디스크 I/O, 메모리, 네트워크를 통한 격리를 구축할 수 있도록 디자인된 프로

---

1   동일한 컨테이너에서 여러 마이크로서비스를 실행하는 것은 권장되지 않는다.

세스 컨테이너를 선보였다. 1년 후 이것은 제어 그룹^{control group}로 이름이 바뀌었고 리눅스 커널 2.6.24로 병합됐다.

리눅스 cgroup과 네임스페이스^{namespace}는 오늘날 우리가 보는 컨테이너의 기초다. 2008년 리눅스 컨테이너^{Linux Container}(LXC)는 cgroup과 네임스페이스를 사용해 리눅스 컨테이너 관리자^{Linux Container Manager}를 구현했다. 클라우드파운드리^{CloudFoundry}는 2011년 LXC 기반 컨테이너 기술인 와든^{Warden}을 개발했지만, 나중에는 자체 컨테이너 기반 구현으로 변경했다. 나중에 자체 구현으로 변경했다. 2013년에 처음 등장한 도커는 와든과 마찬가지로 LXC 기반으로 구축됐으며, 컨테이너 기술을 훨씬 더 유용하게 만들었다. 다음 절에서는 도커를 자세히 설명한다.

도커 소개

논의한 바와 같이 도커가 제공하는 컨테이너화는 리눅스 제어 그룹과 네임스페이스를 기반으로 한다. 리눅스 네임스페이스는 각 프로세스가 파일, 프로세스, 네트워크 인터페이스, 호스트 이름 등에 대한 시스템 자체의 뷰를 보는 방식으로 격리를 구축한다. cgroup이라고도 하는 제어 그룹은 각 프로세스가 소비할 수 있는 리소스 수를 제한한다. 이 두 가지를 조합하면, 동일한 호스트 시스템에서 격리된 환경을 구축해 다른 시스템에는 영향을 미치지 않고 동일한 CPU, 메모리, 네트워크, 파일시스템을 공유할 수 있다.

도커가 도입하는 격리 수준은 가상 머신의 격리 수준과는 다르다. 도커가 대중화되기 전에는 가상 머신을 사용해 모든 종속성과 함께 유사한 운영 환경을 복제했다. 실제로 해봤다면 아마 어떤 문제가 있는지 알고 있을 것이다! 가상 머신 이미지는 상당히 용량이 크다. 운영체제에서 시작해 애플리케이션 수준 바이너리 종속성에 이르기까지 필요한 모든 것을 포함한다. 이식성은 주요 관심사다. 그림 8-1은 가상 머신이 격리된 환경을 생성하는 방법을 보여준다.

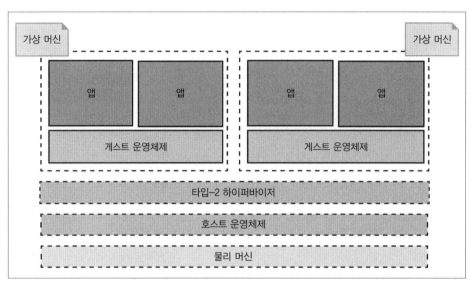

▲ 그림 8-1 타입-2 하이퍼바이저를 사용한 고급 가상 머신 아키텍처

가상 머신은 하이퍼바이저상에서 실행된다. 하이퍼바이저는 두 가지 타입이 있다. 타입-1 하이퍼바이저는 호스트 운영체제가 필요 없지만, 타입-2 하이퍼바이저는 호스트 운영체제상에서 실행된다. 각 가상 머신에는 고유한 운영체제가 존재한다. 동일한 호스트 운영체제에서 여러 가상 머신을 실행하려면 강력하고 우수한 컴퓨터가 필요하다. 마이크로서비스당 하나의 가상 머신을 사용해 격리된 환경을 구축하는 것은 과잉이며 리소스 낭비다. 가상 머신에 익숙하다면 컨테이너를 경량 가상 머신으로 생각할 수 있다. 각 컨테이너는 격리된 환경을 제공하지만 호스트 시스템과 동일한 운영체제 커널을 공유한다. 그림 8-2는 컨테이너가 격리된 환경을 만드는 방법을 보여준다.

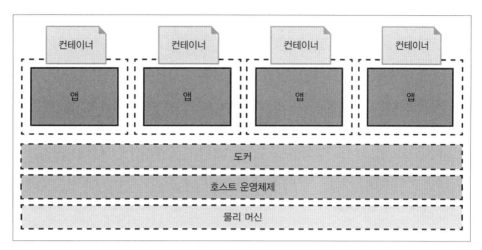

▲ 그림 8-2 동일한 호스트 운영체제에서 실행되는 다수의 컨테이너들

가상 머신과 달리 동일한 호스트 시스템에 배포된 모든 컨테이너는 동일한 운영체제 커널을 공유한다. 컨테이너는 실제로는 격리된 프로세스며, 컨테이너를 부팅하기 위해 운영체제를 부팅할 때 오버헤드가 없다. 컨테이너에서 실행되는 애플리케이션일 뿐이다. 또한 컨테이너는 운영체제를 포장하지 않으므로 동일한 호스트 시스템에서 많은 컨테이너를 실행할 수 있다. 이들은 마이크로서비스를 배포하고 분배하는 가장 보편적인 방법으로서 컨테이너가 선택되는 주요 원동력이다.

도커는 리눅스 커널에 포함된 제어 그룹과 네임스페이스 위에 프로세스 격리를 구축한다. 도커 없이 리눅스 커널만으로도 동일한 작업을 수행할 수는 있다. 그렇다면 왜 도커가 가장 인기 있는 컨테이너 기술이 됐을까? 도커는 프로세스 격리와는 별개로 개발자 커뮤니티에 더 매력적인 몇 가지 새로운 기능을 추가했다. 컨테이너를 이식 가능하게 만들고, 도커 허브Docker Hub 주변에 생태계를 구축하고, 컨테이너 관리를 위한 API를 노출하고, 관련 도구들을 개발하고, 컨테이너 이미지를 재사용 가능하게 만드는 것 등이 이러한 기능들 중 일부다. 8장에서 각각을 자세히 설명한다.

도커 설치

도커는 도커 클라이언트와 도커 호스트(도커 엔진이라고도 함)로 구성된 클라이언트 서버 아키텍처 모델을 따른다. 컴퓨터에 도커를 로컬로 설치하면 클라이언트와 호스트가 모두 설치된다. 사용 중인 플랫폼 기반으로 도커를 설치하는 방법에 관한 모든 지침은 도커 웹사이트[2]에서 확인할 수 있다. 이 책을 저술하는 시점에서 도커는 맥 OS, 윈도우, 센트오에스CentOS, 데비안Debian, 페도라Fedora, 우분투Ubuntu에서 사용할 수 있다. 다음 명령이 도커 설치를 테스트하는 데 도움이 될 것이다. 설치가 완료되면 관련 시스템 정보가 반환된다.

```
:\> docker info
```

다음 명령은 도커 클라이언트와 엔진에 관련된 버전도 반환한다.

```
:\> docker version
Client:
  Version: 18.03.1-ce
  API version: 1.37
  Go version: go1.9.5
  Git commit: 9ee9f40
  Built: Thu Apr 26 07:13:02 2018
  OS/Arch: darwin/amd64
  Experimental: false
  Orchestrator: swarm
Server:
  Engine:
    Version: 18.03.1-ce
    API version: 1.37 (minimum version 1.08)
    Go version: go1.9.5
    Git commit: 9ee9f40
    Built: Thu Apr 26 07:22:38 2018
```

---

2   https://docs.docker.com/install/#supported-platforms

```
OS/Arch: linux/amd64
Experimental: true
```

도커 아키텍처

그림 8-3은 도커 클라이언트, 도커 호스트(또는 엔진), 레지스트리가 포함된 고수준 도커 아키텍처를 보여준다. 도커 클라이언트는 상호작용에 사용할 명령줄 도구다. 도커 호스트에서 실행되는 도커 데몬은 클라이언트의 요청에 따라 작동한다. 클라이언트는 REST API, 유닉스 소켓, 또는 네트워크 인터페이스를 통해 데몬과 통신한다. 다음 절에서는 통신이 정확히 수행되는 방식과 이벤트의 순서를 설명한다.

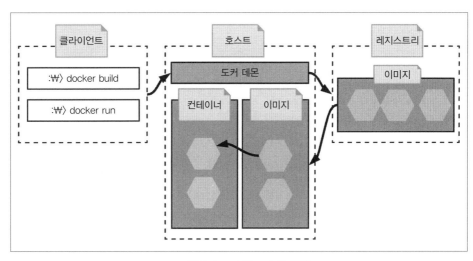

▲ 그림 8-3 고수준 도커 아키텍처

도커 이미지

도커 이미지는 마이크로서비스(또는 애플리케이션)와 함께 모든 종속성을 포함하는 패키지다. 애플리케이션은 도커 이미지에 포함된 종속성만 볼 수 있다. 이미지 내에서 파일시스템을 정의하며, 호스트의 파일시스템에는 접근할 수 없다. 도커 이미지는 도커파일Dockerfile을 사용해 생성된다. 도커파일은 도커 이미지를 빌드하기 위한 모든 종속성을 정의한다.

다음 코드는 샘플 도커파일의 내용을 보여준다. 첫 번째 줄은 openjdk:8-jdk-alpine이
라는 기본 이미지를 사용해 새로운 이미지를 빌드한다고 말한다. 도커가 제공하는 도
구들을 사용해 이 도커파일에서 도커 이미지를 빌드하면 우선 openjdk:8-jdk-alpine
이미지가 로드된다. 먼저 도커 엔진은 이미지가 로컬 이미지 레지스트리에 있는지 확
인하고, 그렇지 않다면 원격 레지스트리(예: 도커 허브)에서 로드한다. 또한 openjdk:8-
jdk-alpine 이미지가 다른 도커 이미지에 종속성을 가진 경우에는 종속된 이미지들을
가져와서 로컬 레지스트리에 저장한다.

```
FROM openjdk:8-jdk-alpine
ADD target/sample01-1.0.0.jar /sample01-1.0.0.jar
ENTRYPOINT ["java", "-jar", "sample01-1.0.0.jar"]
```

두 번째 줄은 sample01-1.0.0.jar을 파일시스템의 현재 위치 아래에 있는 대상 디렉
터리(실제로 도커 이미지를 만드는 데 사용하는 호스트 파일시스템임)에서 생성할 이미지의 파
일시스템 루트로 복사한다고 선언한다. 세 번째 줄은 누군가 이 도커 이미지를 실행
할 때 실행할 진입점 또는 명령을 정의한다.

도커파일에서 도커 이미지를 빌드하려면 다음 명령을 사용한다. 8장의 뒷부분에서
이 과정을 수행하므로 지금 시도하지 않아도 된다. 이 명령은 도커 이미지를 생성하
며 기본적으로 로컬 이미지 레지스트리에 저장한다. 로컬 이미지 레지스트리는 실제
로는 도커 클라이언트다. 명령을 실행하면, 도커 엔진에서 실행되는 도커 데몬은 모

3　https://docs.docker.com/get-started/#docker-concepts

든 종속 이미지를 로컬로 로드하고 새 이미지를 생성한다.

```
:\> docker build -t sample01 .
```

도커 레지스트리

메이븐에 익숙하다면 메이븐 저장소의 작동 방식을 이미 알고 있을 것이다. 도커 레지스트리도 비슷한 개념을 따른다. 도커 레지스트리는 도커 이미지의 저장소다. 메이븐 저장소와 도커 레지스트리는 서로 다른 수준에서 작동한다. 도커 허브는 누구나 이미지를 저장하고 다운로드할 수 있는 공용 도커 레지스트리다. 8장의 뒷부분에서 도커 허브에 이미지를 게시하고 검색하는 방법을 설명한다. 모든 이미지에 대한 중앙 레지스트리가 있다면 공유와 재사용에 도움이 된다. 또한 이 방법이 소프트웨어를 널리 배포하는 방법이 되고 있다. 조직의 직원에 대해서만 제한된 도커 레지스트리가 필요한 경우에도 사용 가능하다.

다음 명령은 로컬 컴퓨터에 저장된 모든 도커 이미지를 나열한다. 여기에는 로컬로 빌드한 이미지와 도커 레지스트리에서 가져온 모든 이미지가 포함된다.

```
:\> docker image ls
```

다음 명령은 호스트 시스템에서 사용 가능한 모든 컨테이너와 해당 상태를 나열한다. 다음 절에서는 이미지와 컨테이너의 차이점을 설명한다.

```
:\> docker ps
```

컨테이너

컨테이너는 도커 이미지의 실행 중인 인스턴스다. 실제로 이미지는 도커 엔진에서 실행될 때 컨테이너가 된다. 로컬 시스템에 많은 이미지가 존재할 수 있지만, 명시적으로 실행하지 않으면 모든 이미지가 항상 실행되지는 않는다. 컨테이너는 실제로 네임스페이스와 컨트롤 그룹으로 정의된 일반 리눅스 컨테이너다. 다음 명령을 사용해 도커 이미지에서 도커 컨테이너를 시작한다. 여기서 sample01은 이미지 이름이다. 이 명령은 먼저 sample01 이미지와 다른 모든 기본 이미지가 로컬 도커 레지스트리에 있는지 확인하고, 그렇지 않으면 원격 레지스트리에서 누락된 이미지를 모두 가져온다. 마지막으로 모든 이미지가 있으면, 컨테이너가 해당 도커파일에서 ENTRYPOINT로 설정된 프로그램 또는 명령을 시작하고 실행한다.

```
:\> docker run sample01
```

도커를 사용해 마이크로서비스 배포

이 절에서는 마이크로서비스로 도커 이미지를 생성하고 실행한 다음 도커 허브에 게시하는 방법을 살펴본다. 먼저 마이크로서비스를 로컬에서 실행해야 한다. 이 책의 깃 저장소에서 모든 예제를 다운로드하면 ch08/sample01 디렉터리에서 이 샘플과 관련된 소스 코드를 찾을 수 있다. ch08/sample01 디렉터리에서 다음 명령을 실행해 샘플을 빌드하자.

```
:\> mvn clean install
```

그럼 target/sample01-1.0.0.jar 파일이 생성된다. 이것이 마이크로서비스이므로 이제 도커 이미지를 만들어야 한다.

노트 8장의 예제를 실행하려면 자바 8 이상 버전, 메이븐 3.2 이상 버전, 깃 클라이언트가 필요하다. 해당 도구를 성공적으로 설치했으면 깃 저장소(https://github.com/microservices-for-enterprise/samples.git)를 복제해야 한다. 이 장의 샘플은 ch08 디렉터리에 있다.

```
:\> git clone https://github.com/microservices-for-enterprise/samples.git
```

마이크로서비스로 도커 이미지 생성

도커 이미지를 생성하려면 먼저 도커파일을 만들어야 한다. 이전 절에서 논의했듯이, 이 파일은 다른 모든 종속 이미지, 다른 바이너리 종속성, 마이크로서비스 시작 명령을 정의한다. 다음 코드는 ch08/sample01 디렉터리에 작성된 도커파일의 내용을 나열한다. 스프링 부트를 사용해 마이크로서비스를 빌드하므로 이미지에 자바가 있어야 한다. 여기에는 두 가지 옵션이 있다. 하나는 자바 바이너리를 가져와서 이미지에 처음부터 설치하는 것이고, 다른 하나는 자바 환경에 이미 존재하는 도커 컨테이너를 찾아 재사용하는 것이다. 그중에서 두 번째 방법이 권장되며, 여기서 사용한다. 이미지를 빌드할 때 도커 허브에서 가져오는 openjdk:8-jdk-alpine을 기본 이미지로 사용한다.

```
FROM openjdk:8-jdk-alpine
ADD target/sample01-1.0.0.jar /sample01-1.0.0.jar
ENTRYPOINT ["java", "-jar", "sample01-1.0.0.jar"]
```

ch08/sample01 디렉터리에서 다음 명령을 사용해 이름(명령의 -t로 지정)이 sample01인 도커 이미지를 만든다. openjdk:8-jdk-alpine 이미지가 도커 엔진에 이미 로드돼 있지 않은 경우에는 표시되는 출력이 여기에 표시된 것과 조금 다를 수 있다.

```
:\> docker build -t sample01 .
Sending build context to Docker daemon 17.45MB
Step 1/3: FROM openjdk:8-jdk-alpine
 ---> 83621aae5e20
Step 2/3: ADD target/sample01-1.0.0.jar /sample01-1.0.0.jar
 ---> f3448272e3a9
Step 3/3: ENTRYPOINT ["java", "-jar", "sample01-1.0.0.jar"]
 ---> Running in ec9a9f91c950
```

```
Removing intermediate container ec9a9f91c950
 ---> 35188a2bfb00
Successfully built 35188a2bfb00
Successfully tagged sample01:latest
```

이 출력에서 배워야 할 중요한 것이 있다. 여기서는 도커 엔진이 세 단계로 작업을 수행하는 것을 볼 수 있으며, 도커파일의 각 줄에 해당 단계가 존재한다. 도커는 이미지를 계층으로 만든다. 이 작업의 각 단계는 계층을 만든다. 이 계층은 읽기 전용이며 여러 컨테이너 간에 재사용할 수 있다. 컨테이너의 동작을 더 명확히 이해한 후 8장의 후반부에서 이 개념을 다시 살펴보자.

도커 엔진의 모든 이미지를 나열하려면 다음 명령을 사용한다.

```
:\> docker image ls
```

마이크로서비스를 도커 컨테이너로 실행

마이크로서비스에 도커 이미지를 사용 가능하게 되면, 다음 명령을 사용해 도커 컨테이너를 시작할 수 있다.

```
:\> docker run -p 9000:9000 sample01
```

이 명령은 도커 엔진이 sample01 이미지에서 새 도커 컨테이너를 시작하고 호스트 시스템의 포트 9000을 도커 컨테이너의 포트 9000에 매핑하도록 지시한다. 컨테이너의 마이크로서비스가 포트 9000에서 시작하기 때문에 여기서 9000을 선택했다. 컨테이너 포트를 호스트 시스템 포트에 매핑하지 않으면 컨테이너에서 실행 중인 마이크로서비스와 통신할 수 없다.

이 명령을 실행하면 컨테이너에서 실행 중인 마이크로서비스의 출력이 호스트 시스템의 콘솔에 출력돼 있는 것을 볼 수 있다. 또한 Ctrl + C를 사용하면 컨테이너가 종료된다. 이는 이 명령을 실행하는 방식에서 컨테이너가 호스트 시스템의 터미널에 연결돼 있기 때문이다. docker run 명령에 -d 옵션을 사용하면 호스트 시스템 터미널에서 컨테이너를 분리할 수 있다. 이렇게 하면 방금 시작한 컨테이너 ID에 해당하는 컨테이너 ID를 반환한다.

```
:\> docker run -d -p 9000:9000 sample01 9a5cd90b714fc5a27281f94622c1a0d8f1dd1a344f4f4fc
c6609413db39de000
```

컨테이너에서 실행 중인 마이크로서비스를 테스트하려면 호스트 시스템에서 다음 명령을 실행하자.

```
:\> curl http://localhost:9000/order/11 {"customer_id":"101021","order_id":"11",
"payment_method":{"card_type": "VISA","expiration":"01/22","name":"John Doe","billing_
address":"201, 1st Street, San Jose, CA"},"items":[{"code":"101","qty":1},{"code":
"103", "qty":5}],"shipping_address":"201, 1st Street, San Jose, CA"}>
```

힌트 도커 엔진에서 실행 중인 모든 컨테이너를 보려면 docker ps 명령을 사용하면 된다. 실행 중인 컨테이너를 중지하려면 docker stop ⟨container id⟩ 명령을 사용해야 한다. 컨테이너를 제거하려면 docker rm ⟨container id⟩ 명령을 사용하자. 컨테이너를 제거하고 나면, docker rmi ⟨image name⟩ 명령을 사용해 로컬 레지스트리에서 해당 도커 이미지를 삭제할 수 있다.

도커 이미지를 도커 허브에 게시

도커 허브는 누구나 도커 이미지를 푸시하고 가져올 수 있는 공개 도커 레지스트리다. 먼저 https://hub.docker.com/에서 도커 ID를 생성해야 한다. 예를 들어 다음 예제에서는 도커 ID prabath를 사용한다. 비밀번호를 사용해 도커 ID를 생성하고 나면, 다음 명령을 사용해 도커 ID를 로컬로 실행 중인 도커 클라이언트에 등록하자.

```
:\> docker login --username=prabath
```

이 명령은 비밀번호를 입력하라는 프롬프트를 표시하며 도커 클라이언트는 인증 정보를 키체인^{keychain}에 저장한다. 다음 명령을 사용해 이전에 만든 도커 이미지의 이미지 ID를 찾고 sample01 이미지에 해당하는 `IMAGE ID` 필드의 값을 복사하자. 예를 들어 `35188a2bfb00` 같은 값이다.

```
:\> docker images
```

이제 다음 명령과 같이 도커 허브의 도커 ID로 이미지에 태그를 지정해야 한다. 태그를 지정하면 이미지에 좀 더 의미 있는 이름을 붙일 수 있으며, 이 이미지를 도커 허브에 게시할 계획이므로 태그가 도커 허브 계정 이름으로 시작하는 관례를 따르자. 도커 허브 계정 이름으로 prabath를 교체해야 한다.

```
:\> docker tag 35188a2bfb00 prabath/sample01
```

마지막으로, 다음 명령을 사용해 이미지를 도커 허브로 푸시하면 게시된 도커 허브 계정 아래에 이미지가 나타난다.

```
:\> docker push prabath/sample01
```

이제 누구나 다음 명령을 사용해 어디서나 이 이미지를 가져올 수 있다.

```
:\> docker pull prabath/sample01
```

도커 컴포즈

실제로 마이크로서비스 배포에는 각 서비스마다 자체 컨테이너를 갖는 둘 이상의 서비스가 존재한다. 예를 들어, 그림 8–4에서 주문 처리 마이크로서비스는 재고 마이크로서비스와 통신한다. 또한 하나의 마이크로서비스가 데이터베이스와 같은 다른 서비스에 의존하는 경우도 있다. 그 데이터베이스는 다른 컨테이너이지만 여전히 동일한 애플리케이션의 일부다. 도커 컴포즈Docker Compose는 이러한 다중 컨테이너 환경을 정의하고 관리하는 데 유용하며, 클라이언트 및 도커 엔진(호스트)과는 별도로 설치해야 하는 또 다른 도구다.

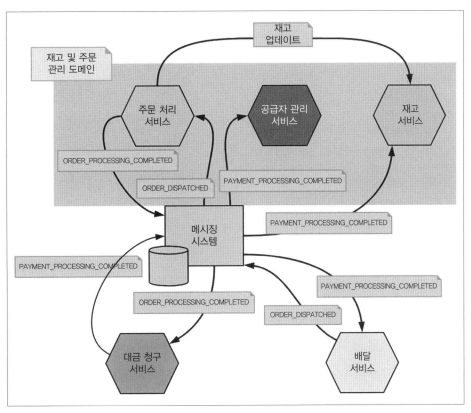

▲ 그림 8-4 다중 컨테이너 마이크로서비스 배포

도커 컴포즈는 YAML 파일을 사용해 애플리케이션 구성을 정의한다. 다음은 이름이 docker-compose.yml인 YAML 파일의 예이며, 주문 처리(sample01) 및 재고 (sample02) 마이크로서비스를 표시한다. ch08/sample02 디렉터리에서 전체 파일을 찾을 수 있다.

```
version: '3.3'

services:
  inventory:
    image: sample02
    ports:
      - "9090:9090"
    restart: always
  orderprocessing:
    image: sample01
    restart: always
    ports:
      - "9000:9000"
    depends_on:
      - inventory
```

여기서는 재고와 주문 처리라는 두 가지 서비스를 정의한다. 각 서비스 아래의 port 태그는 포트 전달 규칙(앞서 논의한)을 정의한다. image 태그는 도커 이미지를 가리킨 다. orderprocessing에 정의된 depends_on 태그는 재고 서비스에 의존한다는 것을 나

4　https://docs.docker.com/compose/overview/

5　https://docs.docker.com/compose/install/#install-compose

타낸다. depend_on 태그 아래에 여러 서비스를 정의할 수 있다. 마지막으로, 두 서비스 모두에서 서비스가 중단된 경우 도커 엔진이 서비스를 항상 다시 시작하도록 지시하는 restart 태그의 값이 설정돼 있음을 알 수 있다.

재고 마이크로서비스용 도커 이미지 빌드

주문 처리 마이크로서비스에 대한 도커 이미지는 이미 가지고 있다. 지금부터는 재고 마이크로서비스를 위한 또 하나의 이미지를 만들어보자. 도커 이미지를 만들려면 먼저 도커파일을 생성해야 한다. 이전 절에서 논의한 것처럼, 이 파일은 다른 모든 종속 이미지, 다른 바이너리 종속성, 마이크로서비스를 시작하는 명령을 정의한다. 다음은 ch08/sample02 디렉터리에서 작성된 도커파일의 내용을 나열한다.

```
FROM openjdk:8-jdk-alpine
ADD target/sample02-1.0.0.jar /sample02-1.0.0.jar
ENTRYPOINT ["java", "-jar", "sample02-1.0.0.jar"]
```

ch08/sample02 디렉터리에서 다음 명령을 사용해 이름이 sample02인 도커 이미지를 빌드하자. 이 명령을 실행하기 전에 메이븐으로 샘플을 빌드했는지 확인하자.

```
:\> docker build -t sample02 .
```

이제 이 이미지를 도커 허브로 푸시하자. 이 예제에서는 유용하지 않지만, 이 책의 뒷부분에서 도커 허브의 이미지를 직접 참조할 것이다. 다음 명령을 사용해 이전에 만든 도커 이미지의 이미지 ID를 찾고 sample02 이미지에 해당하는 IMAGE ID 필드의 값을 복사하자. 예를 들어 35199a2bfb00이다.

```
:\> docker images
```

이제 다음 명령과 같이 도커 허브의 도커 ID로 이미지에 태그를 지정해야 한다. 마지막으로, 다음 명령을 사용해 이미지를 도커 허브로 푸시하면 게시된 도커 허브 계정 아래에 이미지가 나타난다. `docker push` 명령을 실행하기 전에 `docker login` 명령을 사용해 도커 허브에 로그인돼 있는지 확인하자.

```
:\> docker tag 35199a2bfb00 prabath/sample02
:\> docker push prabath/sample02
```

주문 처리 마이크로서비스를 이미 실행 중인 경우에는 실행 중인 컨테이너를 중지하자. 도커 호스트에서 실행되는 모든 컨테이너를 찾고자 할 경우, 다음 명령을 사용하면 모든 컨테이너의 컨테이너 ID가 반환된다. sample01 이미지와 관련된 컨테이너 ID(예: e1039667db1a)를 찾자.

```
:\> docker ps
```

실행 중인 컨테이너를 제거하려면 먼저 컨테이너를 중지한 다음 제거해야 한다.

```
:\> docker container stop e1039667db1a
:\> docker container rm e1039667db1a
```

도커 컴포즈로 애플리케이션 시작

도커 컴포즈를 사용해 애플리케이션을 시작할 준비를 모두 마쳤다. ch08/sample02에서 다음 명령을 실행하자. 여기에 이전에 만든 docker-compose.yml이 있다.

```
:\> docker-compose up
```

연결된 모드에서(-d 없이) docker-compose를 시작하므로 터미널의 두 컨테이너에서 출력을 볼 수 있다. 또한 두 마이크로서비스의 각 로그에 docker-compose.yml 파일에 정의된 해당 서비스 이름이 태그돼 있음을 알 수 있다.

cURL을 사용해 애플리케이션 테스트

이제 모든 마이크로서비스가 도커 컴포즈와 함께 실행됐다. 먼저 다음 cURL 명령을 사용해 주문 처리 마이크로서비스를 테스트해보자. 이 호출은 주문 처리 마이크로서비스에만 적용되고 결과를 반환한다.

```
:\> curl http://localhost:9000/order/11
{"customer_id":"101021","order_id":"11","payment_method":{"card_type": "VISA",
"expiration":"01/22","name":"John Doe","billing_address":"201, 1st Street, San Jose,
CA"},"items":[{"code":"101","qty":1},{"code":"103", "qty":5}],"shipping_address":"201,
1st Street, San Jose, CA"}>
```

재고 처리 마이크로서비스를 호출하는 주문 처리 마이크로서비스에 대한 다른 요청을 시도해보자. 요청은 주문 처리 마이크로서비스로 이동하고 재고 마이크로서비스를 호출한다. 여기서는 주문 처리 마이크로서비스에 JSON 요청을 게시한다.

```
:\> curl -v -H "Content-Type: application/json" -d '{"customer_id":"101021", "payment_
method":{"card_type":"VISA","expiration":"01/22","name":"John Doe", "billing_address":
"201, 1st Street, San Jose, CA"},"items":[{"code":"101","qty":1}, {"code":"103","qty":5
}],"shipping_address":"201, 1st Street, San Jose, CA"}' http://localhost:9000/order
```

이제 두 컨테이너에 연결된 터미널을 보면, 다음 출력이 표시돼 요청이 재고 마이크로서비스에 도달했음을 확인할 수 있다.

```
inventory_1 | 101
inventory_1 | 103
```

컨테이너 간 통신은 어떻게 이뤄질까?

이전 예제에서 두 마이크로서비스가 정확히 어떻게 연결돼 있는지 확인하려면 ch08/ sample01/src/main/java/com/apress/ch08/sample01/service/OrderProcessing. java에서 주문 처리 마이크로서비스의 소스 코드를 확인해야 한다. IP 주소나 호스트 이름 대신 재고 마이크로서비스의 서비스 이름(docker-compose.yml에 정의된 대로)을 사용한다는 것을 알 수 있다(http://inventory:9090/inventory).

```
@RequestMapping(method = RequestMethod.POST)
public ResponseEntity<?> createOrder(@RequestBody Order order) {
  if (order != null) {
    RestTemplate restTemplate = new RestTemplate();
    URI uri = URI.create(
          "http://inventory:9090/inventory");
    restTemplate.put(uri, order.getItems());
    order.setOrderId(UUID.randomUUID().toString());
    URI location = ServletUriComponentsBuilder
            .fromCurrentRequest().path("/{id}")
            .buildAndExpand(order.getOrderId())
            .toUri(); return ResponseEntity.created(location).build();
  }
  return ResponseEntity.status(
      HttpStatus.BAD_REQUEST).build();
}
```

노트 기본적으로 컴포즈는 앱을 위해 단일 네트워크를 설정한다. 서비스의 각 컨테이너는 기본 네트워크에 연결되며 해당 네트워크의 다른 컨테이너에서 접근할 수 있을 뿐만 아니라 컨테이너 이름과 동일한 호스트 이름으로 검색할 수 있다.[6]

---

6   https://docs.docker.com/compose/networking/

컨테이너 오케스트레이션

컨테이너와 도커는 마이크로서비스 작업에서 대부분의 고통을 해결했다. 도커가 아니라면 오늘날 마이크로서비스는 인기를 얻지 못했을 것이다. 그런데 컨테이너는 대규모 마이크로서비스 배포 문제의 일부만 해결한다. 컨테이너의 시작 시점부터 종료 시점까지 컨테이너의 수명 주기를 관리하는 것은 어떤가? 컨테이너의 네트워크에 있는 서로 다른 물리적 시스템에서 실행되도록 컨테이너를 예약하고, 실행 상태를 추적하고, 지정된 클러스터의 여러 컨테이너 간에 로드 밸런싱을 수행하는 것은 어떤가? 다양한 요청이나 컨테이너 로드를 충족시키기 위해 컨테이너를 자동 확장하는 것은 어떤가? 이것들은 컨테이너 오케스트레이션 프레임워크에서 다루는 문제다. 쿠버네티스와 아파치 메소스Apache Mesos가 가장 널리 사용되는 컨테이너 오케스트레이션 프레임워크다. 8장에서는 그중 쿠버네티스에만 초점을 맞춘다.

쿠버네티스 소개

간단히 말해 도커는 머신(또는 컴퓨터)을 추상화하고 쿠버네티스는 네트워크를 추상화한다. 구글은 2014년에 쿠버네티스를 오픈소스 프로젝트로 공개했다. 쿠버네티스 이전에 구글은 수년 동안 내부 개발자와 시스템 관리자가 대규모 데이터 센터에 배포된 수천 개의 애플리케이션/서비스를 관리할 수 있도록 보그Borg라는 프로젝트를 진행했었다. 쿠버네티스는 보그의 다음 단계다.

쿠버네티스를 사용하면 컨테이너에서 실행되는 모든 유형의 애플리케이션을 수천 개의 노드로 손쉽게 배포하고 확장할 수 있다. 예를 들어, (쿠버네티스가 이해하는) 배포 설명자deployment descriptor에서 필요한 주문 처리 마이크로서비스의 인스턴스 수를 지정할 수 있다.

쿠버네티스 아키텍처

도커와 마찬가지로 쿠버네티스도 클라이언트–서버 기반 아키텍처를 따른다. 하나의 쿠버네티스 마스터 노드와 이에 연결된 작업자 노드 세트가 존재한다. 마스터 노드는 전체 쿠버네티스 클러스터를 제어하는 쿠버네티스 컨트롤 플레인이라고도 한다. 쿠버네티스 컨트롤 플레인에는 API 서버, 스케줄러, 컨트롤러 관리자, etcd와 같은 네 가지 주요 구성 요소가 존재한다. API 서버는 API 세트를 모든 작업자 노드와 컨트롤 플레인 자체의 다른 구성 요소에 노출한다. 스케줄러는 작업자 노드를 애플리케이션의 각 배포 단위에 할당한다. 애플리케이션은 실제로 작업자 노드에서 실행된다.

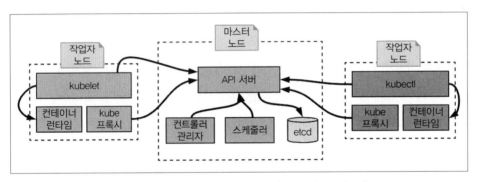

▲ 그림 8-5 고수준 쿠버네티스 아키텍처(쿠버네티스 클러스터)

컨트롤러 관리자는 쿠버네티스 배포의 모든 노드를 관리하고 추적한다. 이를 통해 구성 요소가 올바르게 복제되고 자동 확장되며, 장애가 정상적으로 처리되고 다른 많은 작업이 수행된다. etcd는 쿠버네티스 클러스터 구성을 저장하는 고가용성의 일관된 데이터 저장소다. 작업자 노드는 kubelet, 컨테이너 런타임, kube 프록시^{kube-proxy}라는 세 가지 요소로 구성된다. 컨테이너 런타임은 도커 또는 rkt를 기반으로 할 수 있다. 쿠버네티스 컨테이너 런타임이 초기에는 도커와 rkt에 연결됐지만, 이제는 컨테이너 런타임 인터페이스(CRI)를 통해 모든 OCI^{Open Container Initiative} 기반 컨테이너 런타임을 지원하도록 확장할 수 있다. kubelet의 책임은 마스터 노드에서 실행되는 API 서버와 통신해 노드를 관리하는 것이다. kubelet은 각 작업자 노드에서 실행되며 마스터 노드에 대한 노드 에이전트 역할을 한다. kube 프록시 또는 쿠버네티스 네트워크 프록시는 일련의 백엔드에서 간단한 TCP 및 UDP 스트림 전달 또는 라운드 로빈

TCP 및 UDP 전달을 수행한다.

kubectl 설치

쿠버네티스 마스터 노드는 어디에서나 실행할 수 있다. 마스터 노드와 상호작용하려면 컴퓨터에 kubectl을 로컬로 설치해야 한다. kubectl 설치 방법은 https://kubernetes.io/docs/tasks/tools/install-kubectl/에 있다. kubectl의 버전이 클러스터의 마이너 버전과 한 버전 차이 내에 있는지 확인하자.

미니큐브 설치

미니큐브^{Minikube}는 로컬 컴퓨터에서 쿠버네티스를 시작하는 가장 좋은 방법이다. 프로덕션 쿠버네티스 클러스터와 달리 미니큐브는 단일 노드 쿠버네티스 클러스터만 지원한다. 8장에서는 미니큐브를 사용해 쿠버네티스 클러스터를 설정한다. 미니큐브 설치에 관한 세부 사항은 https://kubernetes.io/docs/tasks/tools/install-minikube/에 있다. 프로덕션 환경에서는 미니큐브를 사용하지 않지만, 미니큐브를 통해 배우는 쿠버네티스 개념은 여전히 모든 유형의 쿠버네티스 배포에서 유효하다.

쿠버네티스 설정 테스트

로컬 컴퓨터에 kubectl과 미니큐브를 모두 설치했으면 다음 명령으로 미니큐브 서버를 시작해야 한다.

```
:\> minikube start
minikube config set WantUpdateNotification false
Starting local Kubernetes v1.9.0 cluster...
Starting VM...
Getting VM IP address...
Moving files into cluster...
Setting up certs...
Connecting to cluster...
Setting up kubeconfig...
```

```
Starting cluster components...
Kubectl is now configured to use the cluster.
Loading cached images from config file.
```

미니큐브가 시작되면 다음 명령을 실행해 kubectl과 쿠버네티스 클러스터 간의 통신을 확인하자. kubectl 클라이언트와 쿠버네티스 클러스터의 버전을 출력한다.

```
:\> kubectl version
Client Version: version.Info{Major:"1", Minor:"11", GitVersion:"v1.11.0", GitCommit:"91
e7b4fd31fcd3d5f436da26c980becec37ceefe", GitTreeState:"clean", BuildDate:"2018-06-27T22
:30:22Z", GoVersion:"go1.10.3", Compiler:"gc", Platform:"darwin/amd64"}
Server Version: version.Info{Major:"", Minor:"", GitVersion:"v1.9.0", Git Commit:"925c1
27ec6b946659ad0fd596fa959be43f0cc05", GitTreeState:"clean", BuildDate:"2018-01-26T19:04
:38Z", GoVersion:"go1.9.1", Compiler:"gc", Platform:"linux/amd64"}
```

또한 다음 명령을 사용해 쿠버네티스 클러스터가 실행 중인 위치를 확인할 수 있다.

```
:\> kubectl cluster-info
Kubernetes master is running at https://192.168.99.100:8443
```

이제 다음 명령을 사용해 쿠버네티스 클러스터의 모든 노드를 볼 수 있다. 미니큐브를 실행 중이므로 하나의 노드만 찾을 수 있다.

```
:\> kubectl get nodes
NAME        STATUS     ROLES      AGE     VERSION
minikube    Ready      <none>     24d     v1.9.0
```

주어진 노드에 대한 자세한 내용을 찾으려면 다음 명령을 사용하자. 그러면 노드와 관련된 많은 메타데이터가 반환된다.

```
:\> kubectl describe nodes minikube
```

쿠버네티스 핵심 개념

이 절에서는 쿠버네티스와 관련된 기본 개념을 설명한다. 설명하기 전에 쿠버네티스가 컨테이너와 작동하는 방식을 살펴보자.

쿠버네티스에 배포하기 전에 가장 먼저 할 일은 애플리케이션을 식별하고 컨테이너 이미지로 패키징하는 것이며, 런타임에서 각 애플리케이션은 자체 격리된 컨테이너를 가진다. 그런 다음 이러한 컨테이너를 그룹화하는 방법을 식별해야 한다. 예를 들어 항상 함께 실행되는 마이크로서비스가 있을 수 있으며, 그중 하나의 마이크로서비스만 기능을 외부로 노출한다. 다른 모든 경우에 마이크로서비스 간의 통신은 내부적이다. 또 다른 예는 하나의 마이크로서비스에서만 사용하는 컨테이너 형태로 보유한 데이터베이스다. 이 경우에는 데이터베이스 컨테이너와 해당 마이크로서비스를 함께 그룹화할 수 있다. 물론 누군가는 이것을 안티 패턴이라고 주장할 수도 있다. 우리도 이를 부인하지는 않는다. 쿠버네티스에서 사용되는 파드^{pod}라는 용어를 정의한 후 이 예를 다시 살펴보자.

파드

쿠버네티스에서는 컨테이너 그룹을 파드라고 한다. 파드는 쿠버네티스에서 가장 작은 배포 단위다. 컨테이너만 배포할 수는 없다. 먼저 하나 이상의 컨테이너를 파드로 그룹화해야 한다. 파드는 쿠버네티스에서 가장 작은 배포 단위이므로 컨테이너가 아닌 파드만 확장할 수 있다. 즉, 파드로 그룹화된 모든 컨테이너는 동일한 확장성 요구 사항을 가져야 한다. 이전 예제를 다시 방문하면 마이크로서비스 세트를 파드로 그룹화할 수 있다. 그 서비스들이 모두 동일한 확장성 요구 사항을 갖는 경우라면 그렇다. 그러나 파드에서 데이터베이스와 마이크로서비스를 그룹화하는 것은 이상적인 사용 사례가 아니다. 일반적으로 데이터베이스에는 마이크로서비스와는 다른 확장성 요구 사항이 존재한다.

파드의 일반적인 사용 사례는 마이크로서비스 자체와 함께 사이드카 프록시를 사용하는 것이다(그림 8-6 참조). 여기서 마이크로서비스에 대한 모든 인바운드 및 아웃바운드 요청은 프록시를 통해 흐른다. 이 모델은 9장, '서비스 메시'에서 자세히 설명한다.

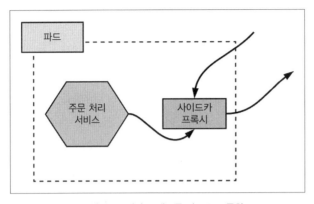

▲ 그림 8-6 서비스 세트를 파드로 그룹화

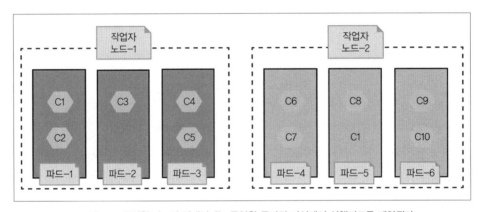

▲ 그림 8-7 동일한 파드의 컨테이너는 동일한 물리적 머신에서 실행되도록 예약된다.

파드에는 여러 컨테이너가 존재할 수 있지만 모든 컨테이너는 동일한 네트워크 인터페이스와 스토리지를 공유한다. 파드 내의 컨테이너는 localhost를 호스트 이름으로 사용해 서로 통신할 수 있으며, 기본적으로 서비스는 파드 외부에 노출되지 않는다. 또한 동일한 파드의 모든 컨테이너가 동일한 네트워크 인터페이스를 공유하므로 두 컨테이너가 동일한 포트에서 서비스를 가동시킬 수는 없다. 작업자 노드에서 파드를 예약할 때 쿠버네티스는 동일한 파드의 모든 컨테이너가 동일한 물리적 머신에서 실행되도록 예약돼 있는지 확인한다(그림 8-7 참조).

파드 생성

주문 처리 마이크로서비스와 재고 마이크로서비스를 사용해 파드를 만드는 데 사용할 다음 배포 설명자를 살펴보자. 먼저 kind 속성 값을 Pod로 설정하고, 나중에 spec 속성 아래에서 이 파드로 그룹화할 이미지 세트를 정의한다.

중요 여기서는 주문 처리 마이크로서비스와 재고 마이크로서비스가 모두 파드에 적합하고 모두 동일한 확장성 요구 사항을 가졌다고 가정했다. 예제를 간단하게 만들고 개념을 설명하기 위한 단순한 가정이다.

```
apiVersion: v1
kind: Pod
metadata:
  name: ecomm-pod
  labels:
    app: ecommapp
spec:
  containers:
    - name: orderprocessing
      image: prabath/sample04
      ports:
    - containerPort : 9000
    - name: inventory
  image: prabath/sample02
  ports:
    - containerPort : 9090
```

애플리케이션 개발자가 배포 설명자를 찾으면, API 서버를 통해 kubectl을 사용해서 쿠버네티스 컨트롤 플레인에 이를 제공한다. 그런 다음, 스케줄러는 작업자 노드에서 파드를 예약하고 해당 컨테이너 런타임은 컨테이너 이미지를 도커 레지스트리에서 가져온다.

노트 쿠버네티스 배포 설명자에서 sample01 대신 sample04라는 약간 수정된 주문 처리 마이크로서비스 버전(이전에 논의한 것)을 가리킨다.

복제셋

쿠버네티스 환경에서 파드를 배포할 때 항상 지정된 파드의 인스턴스 수를 계속 지정할 수 있다. 다른 많은 확장 요구 사항도 있을 수 있으며 8장의 뒷부분에서 예를 통해 설명한다. 실행 중인 파드 수를 모니터링하고 예상 수를 유지하는 것은 복제셋 ReplicaSet[7]의 책임이다. 어떤 이유로 인해 하나의 파드가 다운되면 복제셋에서 새 파드를 기동시킨다. 8장의 뒷부분에서 복제셋의 작동 방식을 설명한다.

서비스

어떤 의미에서 쿠버네티스의 서비스[8]는 동일한 기능을 제공하는 파드들의 그룹이다. 이 파드들은 실제로 동일한 파드의 다른 인스턴스다. 예를 들어, 트래픽이 많은 경우 동일한 주문 처리 마이크로서비스의 다섯 개 인스턴스를 다섯 개의 파드로 실행할 수 있다. 이 파드는 서비스를 통해 외부 세계에 노출된다. 서비스는 자체 IP 주소와 포트를 갖고 있으며, 수명 동안 변경되지 않고 트래픽을 연결된 파드로 라우팅하는 방법을 알고 있다. 마이크로서비스 클라이언트 애플리케이션은 파드와 직접 통신하는 것을 걱정할 필요가 없으며, 서비스만 고려하면 된다. 동시에 확장성 요구 사항과 기타 이유로 인해 파드가 올라오고 내려갈 수 있다. 파드가 올라오고 내려갈 때마다 다른 IP 주소를 전달할 수 있으며, 클라이언트 애플리케이션에서 파드로 연결하기가 어렵다. 쿠버네티스의 서비스는 이 문제를 해결한다. 8장의 뒷부분에는 쿠버네티스에서

---

7 https://kubernetes.io/docs/concepts/workloads/controllers/replicaset/

8 https://kubernetes.io/docs/concepts/services-networking/service/

서비스를 생성하는 방법을 보여주는 예제가 있다.

배포

배포deployment [9]는 쿠버네티스 환경에서 애플리케이션을 배포하고 관리하는 데 사용 가능한 상위 구조다. 배포는 (낮은 수준의 구성 요소인) 복제셋을 사용해 파드를 만든다. 8장의 뒷부분에서 배포 구성 요소를 사용하는 방법을 설명한다.

그림 8-8은 파드, 서비스, 복제셋, 배포가 어떻게 관련돼 있는지 보여준다.

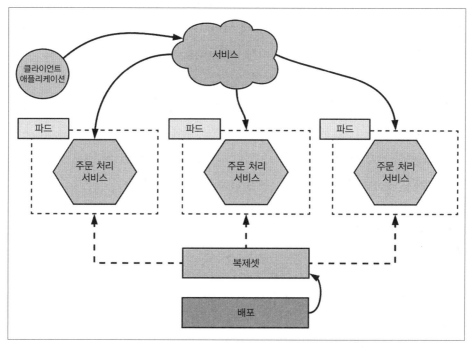

▲ 그림 8-8 파드, 서비스, 복제셋, 배포

---

9 https://kubernetes.io/docs/concepts/workloads/controllers/deployment/

쿠버네티스 환경에서 마이크로서비스 배포

이 절에서는 두 개의 마이크로서비스가 있는 파드를 생성하고 cURL을 사용해 호스트 시스템에서 하나의 마이크로서비스를 호출하는 한편, 두 개의 마이크로서비스가 동일한 파드에서 서로 통신하는 방법을 살펴본다.

YAML 파일로 파드 만들기

가장 먼저 해야 할 일은 파드에 대한 배포 설명자를 만드는 것이다. 배포 설명자는 이전 절에서 설명한 것과 동일한 YAML 파일이다. 여기서 prammth/sample04와 prabath/sample02라는 두 개의 컨테이너 이미지가 있는 ecomm-pod라는 파드를 만든다. 8장의 이전 부분에서 이 두 이미지를 만들어 도커 허브로 푸시했었다(sample04는 sample01의 약간 수정된 버전이다). YAML 구성의 각 컨테이너는 마이크로서비스가 실행 중인 포트를 정의한다. 예를 들어 주문 처리 마이크로서비스는 HTTP 포트 9000에서 실행되고, 재고 마이크로서비스는 HTTP 포트 9090에서 실행된다. ch08/sample03 디렉터리에서 전체 YAML 파일(ecomm-pod.yml)을 찾을 수 있다. 이 YAML 구성 파일로 파드를 만들려면 ch08/sample03에서 다음 명령을 실행하자.

```
:\> kubectl create -f ecomm-pod.yml
pod/ecomm-pod created
```

파드가 성공적으로 생성되면 다음 명령은 파드의 상태를 반환해야 한다.

```
:\> kubectl get pods
NAME        READY   STATUS    RESTARTS   AGE
ecomm-pod   2/2     Running   0          1m
```

처음 실행하면 상태가 Running으로 업데이트되는 데 시간이 다소 걸린다. 이는 작업자 노드의 컨테이너 환경이 도커 허브에서 컨테이너 이미지를 가져와야 하기 때문이다. Ready 열 아래의 값 2/2는 이 파드의 두 컨테이너가 모두 요청을 수락할 준비를 마쳤다는 것을 나타낸다. 이 파드에 대한 자세한 내용을 보려면 다음 명령을 사용하자. 주어진 파드에 대한 많은 유용한 정보가 다시 한 번 반환된다. 그림 8-9는 파드를 부팅하는 동안 생성된 모든 이벤트를 나열하는 출력 부분을 보여준다.

```
:\> kubectl describe pod ecomm-pod
```

```
Type     Reason                Age   From               Message
----     ------                ----  ----               -------
Normal   Scheduled             4m    default-scheduler  Successfully assigned ecomm-pod to minikube
Normal   SuccessfulMountVolume 4m    kubelet, minikube  MountVolume.SetUp succeeded for volume "default-token-4jpwq"
Normal   Pulling               4m    kubelet, minikube  pulling image "prabath/sample01"
Normal   Pulled                4m    kubelet, minikube  Successfully pulled image "prabath/sample01"
Normal   Created               4m    kubelet, minikube  Created container
Normal   Started               4m    kubelet, minikube  Started container
Normal   Pulling               4m    kubelet, minikube  pulling image "prabath/sample02"
Normal   Pulled                4m    kubelet, minikube  Successfully pulled image "prabath/sample02"
Normal   Created               4m    kubelet, minikube  Created container
Normal   Started               4m    kubelet, minikube  Started container
```

▲ 그림 8-9 ecomm-pod 시작 이벤트

파드를 삭제하려면 다음 명령을 사용하자.

```
:\> kubectl delete -f ecomm-pod.yml
```

YAML 파일을 사용한 서비스 생성

실행 중인 파드가 있지만 파드 외부에서 실행 중인 마이크로서비스는 없다. 파드 외부에 마이크로서비스를 노출시키려면 서비스를 만들어야 한다. 서비스를 다시 정의하려면 여기에 표시된 대로 서비스 설명자인 YAML 파일이 필요하다. 완전한 YAML 파일(ecomm-service.yml)은 ch08/sample03 디렉터리에 있다.

```
apiVersion: v1
kind: Service
metadata:
```

```
      name: ecomm-service
spec:
  selector:
    app: ecommapp
  ports:
    - port: 80
      targetPort: 9000
  type: NodePort
```

여기서 kind 속성 값이 Service로 설정돼 있고 selector/app 속성 아래에서 값이 이전에 만든 ecomm-pod의 레이블로 설정돼 있다는 것을 알 수 있다. 이 서비스는 HTTP 포트 80을 통해 외부에 노출되며, 이 서비스로 들어오는 트래픽은 주문 처리 마이크로서비스의 포트인 포트 9000(targetPort)으로 라우팅된다. 마지막으로 우리가 놓칠 수 없는 또 다른 중요한 속성은 값이 NodePort로 설정된 타입이다. 서비스 타입의 값이 NodePort로 설정되면 각 노드의 IP에 있는 서비스가 고정 포트에 노출된다.

ch08/sample03 디렉터리에서 다음 명령을 실행해 서비스를 생성한다.

```
:\> kubectl create -f ecomm-service.yml
service/ecomm-service created
```

서비스가 성공적으로 작성되면 다음 명령이 서비스 상태를 반환해야 한다. 서비스의 포트 80이 쿠버네티스 마스터 노드의 포트 32179에 매핑돼 있다는 것을 알 수 있다.

```
:\> kubectl get svc
NAME            TYPE        CLUSTER-IP      EXTERNAL-IP   PORT(S)
ecomm-service   NodePort    10.97.200.207   <none>        80:32179/TCP
kubernetes      ClusterIP   10.96.0.1       <none>        443/TCP
```

서비스를 삭제하려면 다음 명령을 사용하자. 이렇게 하면 해당 파드가 아닌 서비스만 제거된다.

```
:\> kubectl delete -f ecomm-service.yml
```

cURL을 사용한 파드 테스트

이제 호스트 시스템에서 주문 처리 서비스를 호출해보자. 여기서 쿠버네티스 클러스터 마스터 노드의 IP 주소를 사용한다(kubectl cluster-info 명령에서 얻을 수 있음).

```
:\> curl http://192.168.99.100:32179/order/11
{"customer_id":"101021","order_id":"11","payment_method":{"card_type": "VISA",
"expiration":"01/22","name":"John Doe","billing_address":"201, 1st Street, San Jose,
CA"},"items":[{"code":"101","qty":1},{"code":"103", "qty":5}],"shipping_address":"201,
1st Street, San Jose, CA"}
```

이 요청은 주문 처리 마이크로서비스에만 적용되며 두 마이크로서비스 간의 통신을 검증하지 않는다. 다음 요청을 사용해서 주문 처리 마이크로서비스를 통해 주문을 생성하면 재고 마이크로서비스도 업데이트된다.

```
curl -v -H "Content-Type: application/json" -d '{"customer_ id":"101021","payment_
method":{"card_type":"VISA","expiration":"01/22", "name":"John Doe","billing_address":
"201, 1st Street, San Jose, CA"}, "items":[{"code":"101","qty":1},{"code":"103","qty":5
}],"shipping_address": "201, 1st Street, San Jose, CA"}' http://192.168.99.100:32179/
order
```

로그를 살펴보면 요청이 재고 마이크로서비스에 도달했는지 확인할 수 있다. 다음 명령은 파드에서 실행 중인 컨테이너에서 로그를 가져오는 데 도움이 된다. 여기서 ecomm-pod는 파드 이름이고, inventory는 컨테이너 이름이다(파드 배포 설명자 YAML 파일에 정의됨). 재고 마이크로서비스의 로그는 주문 요청의 품목 코드를 출력한다.

```
:\> kubectl logs ecomm-pod -c inventory
101
103
```

동일한 파드의 컨테이너 간 통신은 어떻게 이뤄질까?

파드 내에서 마이크로서비스 간 통신은 다른 방식으로 발생할 수 있다. 이 예제에서 주문 처리 마이크로서비스는 ch08/sample04/src/main/java/com/apress/ch08/ sample04/service/OrderProcessing.java에서 사용 가능한 다음 코드베이스에 따라 재고 마이크로서비스와 통신하기 위해 호스트 이름으로 localhost를 사용한다. 여기 서는 IP 주소나 호스트 이름 대신 localhost(http://localhost:9090/inventory)를 사용하 고 있음을 알 수 있다.

```java
@RequestMapping(method = RequestMethod.POST)
public ResponseEntity<?> createOrder(@RequestBody Order order) {

    if (order != null) {
        RestTemplate restTemplate = new RestTemplate();
        URI uri = URI.create(
            "http://inventory:9090/inventory");
        restTemplate.put(uri, order.getItems());
        order.setOrderId(UUID.randomUUID().toString());
        URI location = ServletUriComponentsBuilder
            .fromCurrentRequest().path("/{id}")
            .buildAndExpand(order.getOrderId())
            .toUri();
        return ResponseEntity.created(location).build();
    }
    return ResponseEntity.status(
        HttpStatus.BAD_REQUEST).build();
}
```

로컬 호스트에서 HTTP를 사용하는 것 외에도 단일 파드 내에서 컨테이너 간 통신을

위해 널리 사용되는 두 가지 옵션으로 공유 볼륨 사용과 프로세스 간 통신(IPC) 사용
이 있다. 이 내용을 더 알고 싶다면 해당 주제에 대한 쿠버네티스 문서[10]를 참조하자.

다른 파드의 컨테이너 간 통신은 어떻게 이뤄질까?

다른 파드의 컨테이너는 파드 IP 주소와 해당 포트를 사용해 서로 통신한다. 쿠버네
티스 클러스터에서 각 파드는 고유한 IP 주소를 가진다.

배포와 복제셋

배포 설명자를 사용한 파드 생성을 논의했지만 실제로는 사용하지 않을 것이다. 대신
배포를 사용한다. 배포는 쿠버네티스의 개체 유형(파드처럼)으로 복제셋을 사용해 파
드를 관리하는 데 도움이 된다. 복제셋은 쿠버네티스 클러스터의 필수 구성 요소로,
특정 파드의 확장 및 축소 방법을 지정할 수 있다. 배포를 만들기 전에 생성한 파드와
해당 서비스를 삭제해 정리해보자.

다음 명령은 먼저 서비스를 삭제한 다음 파드를 삭제한다. ch08/sample03 디렉터리
에서 이 명령을 실행해야 한다.

```
:\> kubectl delete -f ecomm-service.yml
:\> kubectl delete -f ecomm-pod.yml
```

이제 배포를 생성하려면 배포 설명자(YAML 파일)에서 요구 사항을 정의해야 한다. 완
전한 YAML 파일(ecomm-deployment.yml)은 ch08/sample03 디렉터리에 있다. 여기
서 kind 속성 값이 Deployment로 설정돼 있음을 알 수 있다. spec/replicas의 값이 3으
로 설정됐으므로 이 배포는 템플릿 아래에 정의된 세 개의 파드 인스턴스를 생성한
다. 파드에 대한 배포 설명자(이전에 사용했음)에서와 마찬가지로 이 배포에서도 생성된
파드의 일부가 될 컨테이너 이미지를 정의한다.

---

10 https://kubernetes.io/docs/

```
apiVersion: apps/v1beta1
kind: Deployment
metadata:
  name: ecomm-deployment
spec:
  replicas: 3
  template:
    metadata: labels:
      app: ecomm-deployment
    spec:
      containers:
        - name: orderprocessing
          image: prabath/sample04
          ports:
            - containerPort : 9000
        - name: inventory
          image: prabath/sample02
          ports:
            - containerPort : 9090
```

ch08/sample03의 다음 명령을 사용해 배포를 생성해보자.

```
:\> kubectl create -f ecomm-deployment.yml
deployment.apps/ecomm-deployment created
```

배포가 성공적으로 생성되면 다음 명령이 배포의 상태를 반환해야 한다. 결과에 따라 해당 배포에서 정의된 파드의 세 개 복제본이 생성되고, 사용할 준비를 마쳤다.

```
:\> kubectl get deployments
NAME                DESIRED   CURRENT   UP-TO-DATE   AVAILABLE   AGE
ecomm-deployment    3         3         3            3           23m
```

다음 명령은 이 배포에서 생성된 모든 파드를 보여준다.

```
:\> kubectl get pods
NAME                                    READY  STATUS   RESTARTS AGE
ecomm-deployment-546f8c4d6b-67ttd       2/2    Running  1        24m
ecomm-deployment-546f8c4d6b-hldnf       2/2    Running  0        24m
ecomm-deployment-546f8c4d6b-m9vmt       2/2    Running  0        24m
```

이제 파드에서 실행되는 서비스는 외부에서 접근 가능하게 이 배포를 가리키는 서비스를 생성해야 한다. 여기서 ch08/sample03 디렉터리의 ecomm-dep-service.yml을 사용해 서비스를 생성한다. 이전 사례와의 유일한 차이점은 spec/select/app의 값이며, 이제 배포의 레이블/앱을 가리킨다.

```
apiVersion: v1
kind: Service
metadata:
  name: ecomm-service
spec:
  selector:
    app: ecomm-deployment
  ports:
    - port: 80
      targetPort: 9000
  type: NodePort
```

ch08/sample03의 다음 명령을 사용해 서비스를 생성하자.

```
:\> kubectl create -f ecomm-dep-service.yml
service/ecomm-service created
```

서비스가 성공적으로 작성되면 다음 명령이 서비스 상태를 반환해야 한다. 서비스의 포트 80이 쿠버네티스 마스터 노드의 포트 31763에 매핑돼 있음을 알 수 있다.

```
:\> kubectl get svc
NAME             TYPE        CLUSTER-IP       EXTERNAL-IP   PORT(S)
ecomm-service    NodePort    10.111.102.84    <none>        80:31763/TCP
kubernetes       ClusterIP   10.96.0.1        <none>        443/TCP
```

이제 호스트 시스템에서 주문 처리 서비스를 호출해보자.

```
:\> curl http://192.168.99.100:31763/order/11
{"customer_id":"101021","order_id":"11","payment_method":{"card_type": "VISA",
"expiration":"01/22","name":"John Doe","billing_address":"201, 1st Street, San Jose,
CA"},"items":[{"code":"101","qty":1},{"code":"103", "qty":5}],"shipping_address":"201,
1st Street, San Jose, CA"}
```

배포 확장

이전 절에서 배포 설명자에 정의된 세 개의 복제본 또는 세 개의 파드 인스턴스를 사용해 배포를 시작했다. 다음 명령은 복제본을 다섯 개로 확장하는 방법을 보여준다. 여기서 deployment.extensions/ecomm-deployment는 배포의 이름이다.

```
:\> kubectl scale --replicas=5 deployment.extensions/ecomm-deployment deployment.
extensions/ecomm-deployment scaled
```

이 명령을 실행한 후 다음을 실행하면, 새로운 두 개의 파드가 생성된다.

```
:\> kubectl get pods
NAME                                     READY   STATUS             RESTARTS
ecomm-deployment-546f8c4d6b-67ttd        2/2     Running            1
ecomm-deployment-546f8c4d6b-hldnf        2/2     Running            0
ecomm-deployment-546f8c4d6b-hsqnp        0/2     ContainerCreating  0
ecomm-deployment-546f8c4d6b-m9vmt        2/2     Running            0
ecomm-deployment-546f8c4d6b-vt624        0/2     ContainerCreating  0
```

몇 초 후에 동일한 명령을 다시 실행하면, 모든 파드가 성공적으로 생성된 것을 확인할 수 있다.

```
NAME                                READY   STATUS      RESTARTS
ecomm-deployment-546f8c4d6b-67ttd   2/2     Running     1
ecomm-deployment-546f8c4d6b-hldnf   2/2     Running     0
ecomm-deployment-546f8c4d6b-hsqnp   0/2     Running     0
ecomm-deployment-546f8c4d6b-m9vmt   2/2     Running     0
ecomm-deployment-546f8c4d6b-vt624   0/2     Running     0
```

배포 자동 확장

쿠버네티스를 사용하면 특정 매개변수를 기반으로 배포를 자동 확장할 수도 있다. 예를 들어, 다음 명령은 평균 CPU 사용률에 따라 ecomm 배포를 자동 확장으로 설정한다. 모든 파드의 평균 CPU 사용률이 50%를 초과하면 시스템에서 최대 열 개의 복제본까지 확장하기 시작한다. 동시에 CPU 사용률이 50% 미만으로 떨어지면 시스템은 하나의 복제본까지 축소해야 한다.

```
:\> kubectl autoscale deployment ecomm-deployment --cpu-percent=50 --min=1 --max=10
horizontalpodautoscaler.autoscaling/ecomm-deployment autoscaled
```

Helm: 쿠버네티스를 사용한 패키지 관리

Helm[11]은 쿠버네티스의 패키지 관리자이며, 누구나 한 번의 클릭으로 다운로드해 설치하거나 사용자 정의할 수 있는 애플리케이션 패키지로부터 쿠버네티스 개체를 구성할 수 있다. Helm에서 이러한 패키지는 차트chart라고 한다. Helm 차트를 사용하면 가장 복잡한 쿠버네티스 애플리케이션도 정의, 설치, 업그레이드할 수 있다.

---

11   https://helm.sh/

차트는 관련 쿠버네티스 리소스 세트를 설명하는 파일 모음이다. 단일 차트를 사용해 멤캐시드memcached 파드와 같이 단순하거나 HTTP 서버, 데이터베이스, 캐시 등을 아우르는 전체 웹앱 스택과 같은 복잡한 것을 배포할 수 있다. 차트를 설치하는 것은 Apt 또는 Yum과 같은 패키지 관리 도구를 사용해 패키지를 설치하는 것과 매우 유사하다. Helm을 설치하고 실행한 후에는 명령줄에서 `helm install steady/mysql`을 실행하는 것처럼 간단하게 패키지를 설치할 수 있다.

Helm 차트는 가장 복잡한 앱도 표현하고, 반복 가능한 애플리케이션 설치를 제공하며, 단일 권한 지점single point of authority 역할을 한다. 또한 공용 서버나 개인 서버에서 쉽게 버전을 지정하고 공유하고 호스팅할 수 있도록 쿠버네티스 기반 마이크로서비스에 대한 수명 주기 관리를 차트로 구축할 수 있다. 필요한 경우에는 특정 버전으로 롤백할 수도 있다.

마이크로서비스 배포 패턴

비즈니스 요구 사항에 따라 마이크로서비스에 대한 여러 가지 배포 패턴이 존재한다. 컨테이너가 주류로 인정받기 전에도 마이크로서비스가 있었으며, 이러한 배포 패턴은 시간이 지남에 따라 발전했다. 다음 절에서는 각 배포 패턴의 장단점을 비교한다.

호스트당 다중 서비스

이 모델은 마이크로서비스가 적고 각 마이크로서비스가 다른 마이크로서비스와 격리되지 않을 때 유용하다. 여기서 호스트는 물리 머신 또는 가상 머신일 수 있다. 이 패턴은 여러 마이크로서비스가 존재하는 경우 확장성이 없으며 마이크로서비스 아키텍처의 이점을 얻는 데 도움이 되지 않는다.

호스트당 서비스

이 모델을 사용하면 물리적 호스트 시스템이 각 마이크로서비스를 격리한다. 이 패턴은 열 개 정도의 마이크로서비스가 있을 때도 확장성이 없다. 이 패턴은 리소스 낭비이며 유지 보수를 매우 어렵게 만들 것이다. 또한 개발, 테스트, 스테이징, 프로덕션 설정에서 동일한 운영 환경을 복제하는 것이 점점 더 어려워지고 시간이 많이 걸릴 것이다.

가상 머신당 서비스

이 모델을 사용하면 가상 머신이 각 마이크로서비스를 격리한다. 이 패턴은 이전 호스트 모델당 서비스보다 우수하지만, 많은 마이크로서비스가 존재하는 경우라면 여전히 확장성이 없다. 가상 머신에는 많은 오버헤드가 발생하므로 단일 물리적 호스트에서 여러 개의 가상 머신을 실행하려면 강력한 하드웨어가 필요하다. 또한 증가한 크기로 인해 가상 시스템 이미지의 이식성이 떨어진다.

컨테이너당 서비스

가장 일반적이고 권장되는 배포 모델이다. 각 마이크로서비스는 자체 컨테이너에 배포된다. 이는 마이크로서비스를 좀 더 이식 가능하고 확장 가능하게 만든다.

컨테이너 네이티브 마이크로서비스 프레임워크

마이크로서비스를 구축하는 데 사용하는 대부분의 마이크로서비스 프레임워크와 프로그래밍 언어는 기본적으로 컨테이너 관리 및 오케스트레이션 기술과 작동하도록 디자인되지 않았다. 따라서 개발자 또는 데브옵스는 애플리케이션을 컨테이너로 배치하는 데 필요한 아티팩트/구성을 작성하기 위해 추가적인 노력을 기울여야 한다.

Metaparticle.io와 같은 특정 기술은 이러한 컨테이너 네이티브 기능을 사용자가 개발한 애플리케이션 또는 마이크로서비스 코드에 어노테이션으로 통합하기 위해 일정한 플러그인 세트를 구축하려고 시도한다. 그중 몇 가지를 살펴보자.

Metaparticle

Metaparticle[12]은 마이크로서비스를 개발할 때 컨테이너와 쿠버네티스에서 애플리케이션을 활용할 수 있는 흥미로운 기능을 제공하므로 어느 정도 인기를 얻고 있다.

Metaparticle은 쿠버네티스상의 클라우드 네이티브 애플리케이션을 위한 표준 라이브러리다. Metaparticle의 목표는 컨테이너와 쿠버네티스 위에 구축된 단순하지만 강력한 빌딩 블록을 제공해 분산 시스템 개발을 평준화하는 것이다.

Metaparticle은 친숙한 프로그래밍 언어 인터페이스를 통해 이러한 기본 요소에 접근할 수 있게 해준다. 개발자는 더 이상 컨테이너와 쿠버네티스의 기능을 활용하기 위해 여러 도구와 파일 형식을 마스터하지 않아도 된다. Metaparticle을 통해 다음을 수행할 수 있다.

- 애플리케이션을 컨테이너화한다.
- 쿠버네티스에 애플리케이션을 배포한다.
- 복제되고 로드 밸런싱된 서비스를 신속하게 개발한다.
- 분산 복제본 간의 잠금, 마스터 선택과 같은 동기화를 처리한다.
- 샤딩된 시스템과 같은 클라우드 네이티브 패턴을 쉽게 개발할 수 있다.

예를 들어, `hello world` HTTP 서비스를 위한 간단한 자바 코드가 포함된 다음 코드 스니펫을 검토해보자. ch08/sample05 디렉터리에서 전체 코드 예제를 찾을 수 있다.

---

12 https://metaparticle.io/tutorials/java/

```
public class Main {
  private static final int port = 8080;

  public static void main(String[] args) {
  // 간단한 HTTP 서비스 코드
  }
}
```

여기서는 Metaparticle을 사용해 자바 마이크로서비스를 컨테이너화한다. Metaparticle
로 프로그램을 빌드하려면 다음과 같은 메이븐 종속성이 있어야 한다.

```
<dependency>
  <groupId>io.metaparticle</groupId>
  <artifactId>metaparticle-package</artifactId>
  <version>0.1-SNAPSHOT</version>
</dependency>
```

도커와 쿠버네티스에서 코드를 활용하려면 Metaparticle 구문으로 HTTP 서비스 코
드를 래핑해야 한다.

```
@Package(repository = "docker.io/your_docker_id",

jarFile = "target/metaparticle-hello-1.0-SNAPSHOT.jar")

public static void main(String[] args) {
    Containerize(() -> {
      try {
        HttpServer server = HttpServer.create(new
        InetSocketAddress(port), 0);
...
```

여기서는 @Package 어노테이션을 사용해 애플리케이션을 패키징하고 도커 허브 사용

자 이름을 지정하는 방법을 설명한다. 또한 메인 서비스를 Containerize 함수로 감싸서 마이크로서비스 애플리케이션을 빌드할 때 Metaparticle 코드를 트리거한다.

이제 mvn compile로 애플리케이션을 빌드할 수 있고, 빌드가 성공하면 mvn exec:java -Dexec.mainClass = io.metaparticle.tutorial.Main으로 실행할 수 있다.

이렇게 하면 HTTP 마이크로서비스가 컨테이너로 시작된다. 이 서비스를 외부에서 접근하려면 마이크로서비스 애플리케이션의 포트를 노출해야 한다. 이를 위해서는 노출할 포트를 제공하기 위해 @Runtime 어노테이션을 추가해야 한다.

```
...
@Runtime(ports={port})
...
```

마지막 단계로 복제된 서비스를 인터넷에 노출하는 작업을 고려하자. 이렇게 하려면 @Runtime 및 @Package 어노테이션의 사용법을 확장해야 한다. @Package 어노테이션에는 값이 true로 설정된 publish 필드가 추가됐다. 이 필드는 빌드된 이미지를 도커 저장소로 푸시하는 데 필요하다. 그런 다음 executor 필드를 @Runtime 어노테이션에 추가해 실행 환경을 metaparticle로 설정하면, 현재 구성된 쿠버네티스 환경으로 서비스가 시작된다. 마지막으로 @Runtime 어노테이션에 replicas 필드를 추가한다. 이 필드는 예약할 복제본 수를 지정한다.

```
...
    @Runtime(ports={port},
        replicas = 4,
        executor = "metaparticle")
    @Package(repository = "kasunindrasiri",
        jarFile = "target/metaparticle-package-tutorial-0.1-SNAPSHOT-jar-with-
dependencies.jar",
        publish = true,
        verbose = true)
...
```

이를 컴파일한 후 실행하고 나면, 쿠버네티스 ClusterIP 서비스 뒤에 네 개의 파드 복제본이 실행되고 있음을 알 수 있다.

스프링 부트 서비스 컨테이너화

Metaparticle을 사용해 Metaparticle 의존성과 어노테이션으로 기존 스프링 부트 애플리케이션을 컨테이너화할 수 있다. 먼저 프로젝트의 pom 파일에 Metaparticle 의존성을 추가하고, Containerize 함수 내에 SpringApplicaiton.run을 추가해야 한다.

```
import static io.metaparticle.Metaparticle.Containerize;

@SpringBootApplication
public class BootDemoApplication {
    @Runtime(ports = {8080},
            replicas = 4,
            executor = "metaparticle")
    Package(repository = "your-docker-user-goes-here",
            jarFile = "target/boot-demo-0.0.1-SNAPSHOT.jar",
            publish = true,
            verbose = true)
    public static void main(String[] args) {
      Containerize(() -> SpringApplication.run(BootDemoApplication.class,
      args));
  }
}


@RestController
class HelloController {
  @GetMapping("/")
  public String hello(HttpServletRequest request) {
    System.out.printf("[%s]%n", request.getRequestURL());
    return String.format("Hello containers [%s] from %s",
        request.getRequestURL(), System.getenv("HOSTNAME"));
  }
}
```

완벽한 컨테이너화 외에도 분산 동기화, 샤딩 등과 같은 다른 기능도 제공한다. Metaparticle 외에, 발레리나(Ballerina.io)와 같은 언어도 어노테이션을 통해 이러한 기능을 지원한다. ch08/sample06 디렉터리에서 전체 예제를 찾을 수 있다.

스프링 부트와 도커 통합

스프링 부트는 컨테이너에 배포되고 실행돼야 한다. 스프링 부트는 개발한 스프링 부트 서비스에서 도커 이미지를 만들 수 있는 플러그인을 제공한다. 필요한 도커파일을 작성하고 docker-file 메이븐 플러그인을 프로젝트 빌드 단계에 추가해 도커 이미지를 생성할 수 있다. 예를 들어 도커파일은 다음과 같다.

```
FROM openjdk:8-jdk-alpine
VOLUME /tmp
ARG JAR_FILE
COPY ${JAR_FILE} app.jar
ENTRYPOINT ["java","-Djava.security.egd=file:/dev/./urandom","-jar","/app.jar"]
```

docker-file 플러그인[13]을 프로젝트의 pom 파일에 추가할 수 있다. 전체 코드 예제는 ch08/sample07 디렉터리에 있다.

스프링 부트 런타임에서는 톰캣과 같은 내장 웹 서버를 사용해 서비스를 배포하고 부팅한다. 내장된 톰캣 런타임으로 마이크로서비스를 쉽게 시작할 수 있다. 시작 시간(몇 초 수준)이 길고 메모리 사용량은 높지만, 여전히 스프링 부트를 컨테이너 네이티브 기술로 간주할 수 있다.

발레리나: 도커와 쿠버네티스 통합

7장, '마이크로서비스 통합'에서 소개한 발레리나는 언어 확장의 일부로서 컨테이너 네이티브 기능도 제공한다. 개발자가 원하는 배포 방법에 대한 적절한 어노테이션으

---

13 https://github.com/spotify/dockerfile-maven

로 코드에 주석을 달기만 하면, 발레리나 코드에 대한 배포 아티팩트를 생성할 수 있다. 예를 들어 다음 코드 스니펫에서는 Kubernetes 어노테이션으로 코드에 어노테이션을 달아 배포 아티팩트를 생성한다.

```
import ballerina/http;
import ballerinax/kubernetes;

@kubernetes:Deployment {
  enableLiveness: true,
  singleYAML: true
}

@kubernetes:Ingress {
  hostname: "abc.com"
}
@kubernetes:Service {name: "hello"}
endpoint http:Listener helloEP {
  port: 9090
};

@http:ServiceConfig {
  basePath: "/helloWorld"
}
service<http:Service> helloWorld bind helloEP {
  sayHello(endpoint outboundEP, http:Request request) {
    http:Response response = new;
    response.setTextPayload("Hello, World from service helloWorld ! \n");
    _ = outboundEP->respond(response);
  }
}
```

발레리나 빌드 단계에서 도커 이미지와 해당 쿠버네티스 배포 아티팩트를 생성한다. 전체 코드 예제는 ch08/sample08 디렉터리에 있다. 발레리나 배포 선택은 매우 다양하므로, 이스티오와 같은 서비스 메시를 사용하는 경우 기존 가상 머신(VM) 또는 베어 메탈 서버bare metal server, 도커, 쿠버네티스와 서비스 메시에 배포할 수 있다.

지속적인 통합, 전달, 배포

마이크로서비스 아키텍처의 주요 근거 중 하나는 생산 시간이 단축되고 피드백 주기가 짧아진다는 것이다. 자동화 없이는 그러한 목표를 달성할 수 없다. 데브옵스와 자동화에 관련된 도구가 적시에 발전하지 못했다면, 좋은 마이크로서비스 아키텍처도 종이(또는 화이트보드)상에서만 좋아 보였을 것이다. 마이크로서비스는 도커, 앤서블Ansible, 퍼펫Puppet, 쉐프Chef 등의 형태로 주류가 되기 시작했을 때 모든 도구화 지원을 제공하므로 좋은 아이디어가 됐다. 자동화 관련 도구화는 지속적인 통합 도구와 지속적인 배포 도구라는 두 가지 범주로 나눌 수 있다.

노트 다음의 웹 자료는 유용한 정보의 원천이며 지속적인 통합, 지속적인 배포, 지속적인 제공에 대한 다양한 성격의 아이디어를 포함한다.

https://bit.ly/2wyBLNW

지속적인 통합

지속적인 통합을 통해 소프트웨어 개발 팀은 소스 코드 무결성을 유지하기 위한 빌드와 소스 코드 통합을 자동화함으로써 서로를 방해하지 않고도 공동 작업을 수행할 수 있다. 또한 데브옵스 도구와 통합돼 자동화된 코드 전달 파이프라인을 만든다. 지속적인 통합을 통해 개발 팀은 소프트웨어가 개별 개발자의 컴퓨터에서만 작동하는 '통합 지옥'을 피할 수 있지만, 모든 개발자가 코드를 통합하면 실패한다. 최고의 분석 기관 중 하나인 포레스터는 지속적인 통합 도구에 관한 최신 보고서[14]에서 아틀라시안 뱀부Atlassian Bamboo, AWS 코드빌드AWS CodeBuild, 서클 CICircleCI, 클라우드비 젠킨스CloudBees Jenkins, 코드십Codeship, 깃랩 CIGitLab CI, IBM 어반코드 빌드IBM UrbanCode Build,

---

14 http://bit.ly/2IBWhEz

젯브레인즈 팀시티JetBrains TeamCity, 마이크로소프트 VSTSMicrosoft VSTS, 트래비스 CITravis CI를 지속적인 통합 도구 영역을 대표하는 열 가지 도구로 선정했다.

지속적인 전달

지속적인 전달continuous delivery 도구는 애플리케이션, 인프라, 미들웨어, 지원 설치 프로세스 및 종속성을 수명 주기 동안 전환되는 릴리스 패키지로 묶는다. 이것의 목적은 코드를 항상 배포 가능한 상태로 유지하는 것이다. 지속적인 배포 및 릴리스 자동화에 관한 최신 포레스터 보고서에서 아틀라시안Atlassian, CA 테크놀로지, 쉐프 소프트웨어Chef Software, 클라리브Clarive, 클라우드비CloudBees, 일렉트릭 클라우드Electric Cloud, 플렉사곤Flexagon, 휴렛팩커드 엔터프라이즈Hewlett Packard Enterprise(HPE), IBM, 마이크로 포커스Micro Focus, 마이크로소프트, 퍼펫Puppet, 레드햇, VM웨어, 세비아랩XebiaLabs 등이 주요 15개 벤더에 이름을 올렸다.

그러나 쿠버네티스를 주로 지원하는 지속적인 전달 도구로는 위브 클라우드Weave Cloud[15], (넷플릭스) 스피너커[16], 코드프레시Codefresh[17], 하네스Harness[18], GoCD[19] 등이 매우 유명하다.

지속적인 배포

지속적인 배포는 개발자가 코드를 업데이트할 때마다 지속적인 전달 프로세스에서 생성된 아티팩트를 가져와 프로덕션 설정에 배포하는 프로세스다! 지속적인 배포 방식을 따르는 조직은 하루에 100번 이상 프로덕션에 코드를 배포한다. 블루-그린, A/

---

15   https://www.weave.works/product/cloud/

16   https://www.spinnaker.io/concepts/

17   https://codefresh.io/

18   https://harness.io/

19   https://www.gocd.org/

B 테스트, 카나리아 릴리스canary release는 사람들이 지속적으로 배포할 때 따르는 세 가지 주요 접근 방식 또는 사례다.

블루-그린 배포

블루-그린 배포는 실행 중인 시스템에 변경 사항을 도입하기 위한 입증된 전략이다. 블루-그린은 거의 10년 동안 사용돼 왔으며, 많은 대기업에서 성공적으로 사용되고 있다. 블루-그린 전략하에서는 두 개의 유사 배포를 유지한다. 하나는 블루이고, 다른 하나는 그린이다. 특정 시간에 블루 또는 그린이 실시간 트래픽을 가져온다(일단 블루라고 가정하자). 이제 변경 사항을 배포하고 테스트할 수 있는 그린 환경이 조성됐다. 모두 제대로 작동하면 로드 밸런서에서 실시간 트래픽을 파란색에서 녹색으로 리디렉션한다. 그런 다음, 그린은 실시간 트래픽을 발생시키는 환경이 되고 블루에 새로운 변경 사항을 배포 가능하게 된다. 이슈가 발생한 경우에는 환경을 쉽게 전환할 수 있으므로 새로운 변경 사항을 자동으로 롤백할 수 있다.

카나리아 릴리스

카나리아의 개념은 석탄 광부가 사용하는 전술에서 유래했다. 그들은 카나리아를 광산으로 데려와서 대기 중의 일산화탄소 농도를 모니터링했다. 카나리아가 죽으면 대기 중의 일산화탄소 농도가 높으므로 탄광을 떠난다. 카나리아 릴리스를 사용하면 선택한 잠재 고객 세트(빌드 전체 트래픽 중 5~10%)가 빌드를 사용할 수 있게 되고, 제대로 작동하면(또는 죽지 않는 경우) 전체 사용자에게 제공된다. 이렇게 하면 소규모에서 프로덕션 롤아웃이 느리게 진행되므로 새로운 변경 사항이 발생할 위험이 최소화된다.

A/B 테스트

A/B 테스트는 기존 시스템에 대한 새로운 변경의 영향을 평가하거나 서로 다른 두 가지 변경의 영향을 동시에 평가하는 것이다. 이 테스트는 웹사이트에 도입된 일부 변경 사항에 대한 사용자 행동을 추적하는 데 주로 사용된다. 예를 들어, 가입 옵션으

로 소셜 로그인을 사용하도록 설정한 웹사이트 버전과 소셜 로그인이 없는 웹사이트 버전이 있을 수 있다. 또 다른 예는 웹사이트의 중요한 메시지에 대해 다른 색상이나 위치를 가지고 있으며 어떤 메시지가 더 클릭되는지를 보는 것이다. A/B 테스트는 실시간 트래픽이 있는 애플리케이션의 서로 다른 경쟁 기능을 측정하는 데 사용된다. 일정 시간이 지나면 승자만 유지되고 다른 경쟁 기능은 롤백된다.

노트 지속적인 배포를 더 자세히 알고 싶다면, 다닐로 사토(Danilo sato)의 '카나리아 릴리스'[20]와 마틴 파울러(Marin Fowler)의 '블루-그린 배포'[21]를 참조하자.

요약

8장에서는 컨테이너를 사용한 프로덕션 배포에서 마이크로서비스를 실행하는 방법을 설명했다. 컨테이너와 마이크로서비스는 최상의 조합이며, 컨테이너가 아니라면 마이크로서비스는 주류가 되지 못했다. 도커로 마이크로서비스를 배포하는 것을 살펴보고, 그 후 컨테이너 오케스트레이션이 쿠버네티스와 어떻게 작동하는지를 설명했다. 또한 주요 클라우드 네이티브 마이크로서비스 프레임워크 중 하나인 Metaparticle도 컨테이너 네이티브 기능을 어노테이션으로 개발한 기능들을 애플리케이션 또는 마이크로서비스 코드에 통합하는 데 도움을 준다는 점을 확인했다. 마지막으로는 지속적인 통합/전달과 배포를 논의했다.

9장에서는 마이크로서비스 아키텍처의 떠오르는 주제 중 하나이며 마이크로서비스 배포의 주요 요소인 서비스 메시를 설명한다.

---

20 https://martinfowler.com/bliki/CanaryRelease.html
21 https://martinfowler.com/bliki/BlueGreenDeployment.html

서비스 메시

7장, '마이크로서비스 통합'에서 마이크로서비스는 서로 통신해야 하며 서비스 간 통신은 마이크로서비스 아키텍처를 실현하기 위한 주요 과제 중 하나라고 설명했다. 기존의 SOA에서 중앙 집중식 ESB는 대부분의 서비스 간 통신 요구 사항을 용이하게 했지만, 마이크로서비스 아키텍처를 사용해 스마트 엔드포인트와 멍청한 파이프로 전환함으로써 이제 서비스 개발자가 서비스 간 통신의 모든 복잡성에 주의를 기울여야 한다. 서비스 메시는 이러한 문제를 대부분 극복하기 위한 패턴에 몰입한다. 서비스의 비즈니스 로직에 속하지 않는 서비스 간 통신의 필수 기능을 캡슐화하는 일반 분산 계층을 제공함으로써 이를 수행한다.

노트 9장의 일부 개념과 예는 도커와 쿠버네티스에 대한 사전 지식이 필요할 수 있다. 이러한 기술들 중 어느 하나라도 경험해보지 못했다면 먼저 8장, '마이크로서비스의 배포 및 실행'을 읽어볼 것을 권한다.

9장은 서비스 메시 패턴의 동기와 핵심 개념을 자세히 설명한다. 그런 다음 실제 예제를 통해 일부 주요 서비스 메시 구현을 논의한다.

왜 서비스 메시인가?

서비스 메시를 처음 등장하게 만든 주요 동기는 중앙 집중식 ESB 아키텍처를 제거한 후에 스마트 엔드포인트와 멍청한 파이프를 구축하게 되면서 발생한 문제들이다.

다른 새로운 기술과 마찬가지로 마이크로서비스 아키텍처에도 많은 '과장 광고^{hype}'가 존재한다. 대부분의 사람들은 마이크로서비스 아키텍처가 이전 SOA/ESB 아키텍처와 관련된 모든 문제에 대한 해답이라고 생각한다. 어쨌든 실제 마이크로서비스 구현을 관찰하면, 중앙 집중식 버스(ESB)가 지원하는 대부분의 기능이 이제 마이크로서비스 수준에서 구현되고 있음을 알 수 있다. 동일한 근본적인 문제를 해결하고 있지만, 마이크로서비스를 통해 다른 차원에서 문제를 해결하고 있다.

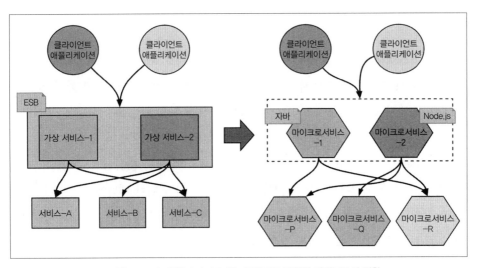

▲ 그림 9-1 ESB로부터 스마트 엔드포인트와 멍청한 파이프로의 전환

예를 들어, 복원력 있는 방식으로 여러 다운스트림 서비스를 호출하고 기능을 다른 마이크로서비스로 노출해야 하는 시나리오를 생각해보자. 그림 9-1과 같이 ESB 아키텍처를 사용하면, ESB의 내장 기능을 쉽게 활용해 통신 중에 유용한 ESB의 기본 기능으로 이미 제공되는 회로 차단기, 타임아웃, 서비스 검색 등과 같은 가상/복합

서비스 및 기능을 구축할 수 있다.

마이크로서비스를 사용해 동일한 시나리오를 구현하면 더 이상 중앙 집중식 통합/ESB 계층이 아닌 마이크로서비스 세트를 가진다. 각 마이크로서비스 수준에서는 이러한 모든 기능을 구현해야 한다.

따라서 다른 서비스와 통신하는 마이크로서비스는 비즈니스 로직과 네트워크 통신 로직을 모두 내장한다. 그림 9-2에서 볼 수 있듯이, 각 마이크로서비스에는 서비스의 비즈니스 로직과 무관한 네트워크 통신에 관련된 코드의 상당 부분이 포함된다. 애플리케이션 수준의 관점에서 마이크로서비스-P는 마이크로서비스-Q와 통신(점선으로 표시)하며, 실제 통신은 네트워크 스택을 통해 이뤄진다.

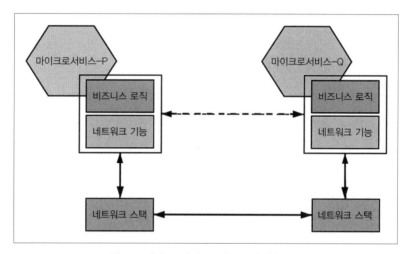

▲ 그림 9-2 마이크로서비스 구성 요소와 서비스 간 통신

이러한 각 계층의 주요 책임은 다음과 같이 식별할 수 있다.

- 비즈니스 로직은 비즈니스 기능, 계산, 서비스 조합/통합 로직을 구현한다.
- 네트워크 기능은 서비스 간 통신 메커니즘(주어진 프로토콜을 통한 기본 서비스 호출, 복원력 및 안정성 패턴 적용, 서비스 검색, 관찰 가능성을 위한 계측)을 관리한다. 이

러한 네트워크 기능은 기본 운영체제(OS) 수준 네트워크 스택 위에 구축된다.

이제 그러한 마이크로서비스 구현에 필요한 노력을 생각해보자. 서비스 간 통신과 관련된 기능을 처음부터 구현하는 것은 매우 힘들다. 비즈니스 로직에 초점을 맞추기보다는 서비스 간 통신 기능을 구축하는 데 많은 시간을 소비해야 한다. 여러 기술을 사용해 마이크로서비스를 구축하는 경우에는 다른 언어에서 동일한 노력을 복제해야 하기 때문에 더욱 악화된다(예: 회로 차단기를 자바, 노드, 파이썬 등으로 구현해야 함).

서비스 간 통신 요구 사항의 대부분은 모든 마이크로서비스 구현에서 매우 일반적이므로, 이러한 작업을 다른 계층으로 내려서 서비스 코드를 독립적으로 유지할 수 있다. 그 부분에서 서비스 메시가 등장한다.

서비스 메시란 무엇인가?

간단히 말해 서비스 메시는 서비스 간 통신 인프라다. 서비스 메시를 사용하면 특정 마이크로서비스가 다른 마이크로서비스와 직접 통신하지 않는다. 오히려 모든 서비스 간 통신은 서비스 메시 프록시(또는 사이드카 프록시)라는 소프트웨어 구성 요소 위에서 이뤄진다. 사이드카 또는 서비스 메시 프록시는 동일한 VM 또는 파드(쿠버네티스)에서 서비스와 함께 배치되는 소프트웨어 구성 요소다. 사이드카 프록시 계층을 데이터 플레인Data Plane이라고 하며, 이러한 모든 사이드카 프록시는 컨트롤 플레인을 통해 제어된다. 사이드카 프록시는 서비스 간 통신과 관련된 모든 구성이 적용되는 곳이다.

사이드카 패턴   사이드카는 기본 애플리케이션과 함께 배치되지만 자체 프로세스 또는 컨테이너에서 실행되는 소프트웨어 구성 요소이며, 사이드카에 연결하기 위한 네트워크 인터페이스를 제공하므로 언어에 구애받지 않는다. 모든 핵심 애플리케이션 기능은 기본 애플리케이션 로직의 일부로 구현되는 반면, 비즈니스 로직과 무관한 기타 기본 공통 중첩 기능은 사이드카에서 촉진된다. 일반적으로 애플리케이션의 모든 인바운드 및 아웃바운드 통신은 사이드카 프록시를 통해 이뤄진다.

서비스 메시는 복원력, 서비스 검색 등과 같은 일부 네트워크 기능을 기본적으로 지원한다. 따라서 서비스 개발자는 비즈니스 로직에 더 집중할 수 있으며, 네트워크 통신과 관련된 대부분의 작업은 서비스 메시로 내려온다. 예를 들어, 마이크로서비스가 다른 서비스를 호출할 때 회로 차단을 더 이상 걱정할 필요가 없다. 회로 차단은 서비스 메시의 일부로 제공된다.

서비스 메시는 언어에 구애받지 않는다. 마이크로서비스 대 서비스 메시 프록시 통신은 항상 HTTP1.x/2.x, gRPC 등과 같은 표준 프로토콜을 통해 발생한다. 모든 기술로 마이크로서비스를 작성할 수 있으며, 마이크로서비스는 여전히 서비스 메시와 함께 작동한다.

서비스 메시가 도입되면서 그림 9-3과 같이 서비스가 상호작용하는 방식이 변경된다. 예를 들어, 마이크로서비스-P는 더 이상 마이크로서비스-Q와 직접 통신하지 않는다. 그 대신에 특정 서비스의 모든 인바운드(인그레스^{ingress}) 및 아웃바운드(이그레스^{egress}) 트래픽은 서비스 메시 사이드카를 통과한다.

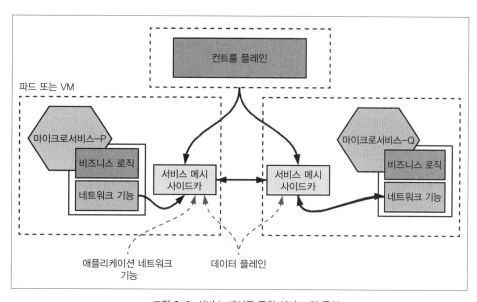

▲ 그림 9-3 서비스 메시를 통한 서비스 간 통신

서비스는 사이드카 프록시와 직접 통신하므로 기본 네트워크 기능(HTTP 서비스 호출과 같은)을 수행 가능해야 하지만, 애플리케이션 수준 네트워크 기능(회로 차단기 등)을 처리할 필요는 없다.

그림 9-4에 표시된 서비스 상호작용과 책임을 자세히 살펴보자.

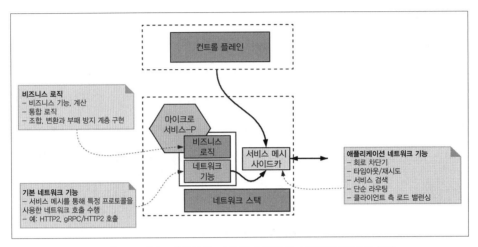

▲ 그림 9-4 서비스 메시 사이드카와 함께 실행되는 마이크로서비스의 책임

서비스와 사이드카 프록시 사이의 경계와 책임을 식별하는 것이 중요하다. 7장에서 논의한 것처럼, 서비스 메시에서 제공되는 일부 기능은 마이크로서비스 개발 언어에서도 제공된다. 각 계층에서 특정 기능을 구현할 때는 주의해야 한다. 지금부터는 이러한 각 계층과 해당 책임을 자세히 살펴본다.

비즈니스 로직

서비스 구현에는 특정 서비스의 비즈니스 기능 구현이 포함돼야 한다. 여기에는 비즈니스 기능, 계산, 다른 서비스/시스템(레거시, 독점, SaaS를 포함)과의 통합, 서비스 조합, 복잡한 라우팅 로직, 서로 다른 비즈니스 엔티티 간의 타입 매핑 로직 등과 연관된 로직이 포함된다.

기본 네트워크 기능

대부분의 네트워크 기능은 서비스 메시로 내려오지만 특정 서비스에는 서비스 메시 사이드카 프록시에 연결하기 위한 기본 고급 네트워크 상호작용이 포함돼야 한다. 따라서 특정 서비스 구현은 네트워크 호출을 시작하기 위해 (매우 간단한 추상화를 사용해야 하는 ESB 세계와 달리) 일종의 네트워크 라이브러리를 사용해야 한다(서비스 메시 프록시에 한함). 대부분의 경우, 마이크로서비스 개발 프레임워크는 이러한 기능(예: 기본 HTTP 전송)에 사용되는 필수 네트워크 라이브러리를 포함한다.

애플리케이션 네트워크 기능

회로 차단, 타임아웃, 서비스 검색 등과 같이 네트워크에 밀접하게 연결된 애플리케이션 기능들이 존재한다. 이것들은 서비스 코드/비즈니스 로직과 명시적으로 분리돼 있으며, 서비스 메시는 이러한 기능들을 기본적으로 활용할 수 있게 한다.

초기 마이크로서비스 구현의 대부분은 중앙 집중식 ESB 계층에서 제공되는 네트워크 기능의 무게를 무시하고 각 마이크로서비스 수준에서 모든 기능을 처음부터 구현했다. 이제 그들은 분산 메시와 유사한 공유 기능을 갖는 것의 중요성을 깨닫기 시작했다.

컨트롤 플레인

모든 서비스 메시 프록시는 컨트롤 플레인에 의해 중앙에서 관리된다. 이 점은 접근 제어, 관찰 가능성, 서비스 검색 등과 같은 서비스 메시 기능을 지원할 때 매우 유용하다. 컨트롤 플레인에서 변경한 모든 내용은 사이드카 프록시로 푸시된다.

서비스 메시의 기능

앞서 살펴본 것처럼 서비스 메시는 일련의 애플리케이션 네트워크 기능을 제공하지만, 기본 네트워크 기능(예: 로컬 호스트 네트워크를 통한 사이드카 호출)은 여전히 마이크로서비스 수준에서 구현된다. 서비스 메시에서 어떤 기능을 제공해야 하는지에 대한 엄격하고 빠른 규칙은 없다. 그러나 서비스 메시가 일반적으로 제공하는 기능 중 일부는 다음 절에서 언급한다.

서비스 간 통신을 위한 복원력

회로 차단, 재시도 및 타임아웃, 결함 주입fault injection, 결함 처리, 로드 밸런싱, 페일오버와 같은 네트워크 통신 기능이 서비스 메시의 일부로 지원된다. 마이크로서비스에서는 서비스 로직의 일부로 이러한 기능을 구현했다. 서비스 메시를 사용하면 서비스 코드 일부로 이러한 네트워크 기능을 구축할 필요가 없다.

서비스 검색

서비스 메시와 함께 실행되는 서비스는 논리적 이름 지정 체계(하드 코딩된 호스트 또는 포트 없음)를 통해 검색해야 한다. 따라서 서비스 메시는 지정된 서비스 검색 도구와 함께 작동해 서비스 등록 및 검색을 지원한다. 대부분의 서비스 메시 구현은 서비스 검색을 지원하기 위한 기본 제공 기능을 포함한다. 예를 들어, 이스티오는 기본 쿠버네티스와 etcd[1]를 사용해 서비스 검색을 기본적으로 지원한다. 컨설[2]과 같은 서비스 검색 솔루션을 이미 사용 중인 경우에는 서비스 메시와 통합할 수도 있다.

---

1   https://coreos.com/etcd/

2   https://www.consul.io/

라우팅

특정 헤더 및 버전 등에 기반한 라우팅 등과 같은 기본 라우팅 기능 중 일부는 서비스 메시에서 지원된다. 서비스 메시 라우팅 로직의 일부로 비즈니스 로직을 갖지 않도록 서비스 메시 라우팅 계층에서 구현하는 데 신중을 기해야 한다.

관찰 가능성

서비스 메시를 사용하면 코드를 변경하지 않고도 모든 서비스를 자동으로 관찰할 수 있다. 메트릭, 모니터링, 분산 로깅, 분산 추적, 서비스 시각화가 기본적으로 제공된다. 모든 트래픽 데이터가 사이드카 프록시 수준에서 캡처되므로 사이드카 프록시는 분석을 담당하는 관련 컨트롤 플레인 구성 요소에 해당 데이터를 게시할 수 있으며, 해당 관찰 도구에 게시된다.

보안

서비스 메시는 서비스 간 TLS^{Transport Level Security} 통신과 역할 기반 접근 제어^{Role-Based-Access Control}(RBAC)를 지원한다. 또한 기존 서비스 메시 구현 중 일부는 서비스 메시 구현에 보안 관련 기능을 지속적으로 추가하고 있다.

배포

거의 모든 서비스 메시 구현은 컨테이너와 컨테이너 관리 시스템에 밀접하게 통합돼 있다. 도커와 쿠버네티스는 서비스 메시를 사용한 배포 옵션의 사실상의 표준이다. 그러나 VM 내부에서 실행하는 것도 가능하다.

서비스 간 통신 프로토콜

서비스 메시는 HTTP1.x, HTTP2, gRPC와 같은 다양한 통신 프로토콜을 지원한다.

서비스는 프록시와 동일한 서비스 프로토콜로 사이드카와 통신해야 한다. 서비스 메시는 대부분의 저수준 통신 세부 정보를 처리하는 반면, 서비스 코드는 기본 네트워크 기능을 사용해 사이드카를 호출한다. 이제 인기 있는 서비스 메시 구현 중 일부를 살펴보자.

이스티오

이스티오[3]는 마이크로서비스를 연결, 관리, 보안하기 위한 개방형 플랫폼이다. 이스티오는 서비스 코드를 변경하지 않고도 복원력, 라우팅, 로드 밸런싱, 서비스 간 인증, 관찰 기능 등을 통해 마이크로서비스 간에 통신할 수 있게 해주는 통신 인프라를 제공한다.

서비스와 함께 이스티오 사이드카 프록시를 배포해 서비스를 이스티오 서비스 메시에 간단히 추가할 수 있다. 앞에서 설명한 것처럼, 이스티오 사이드카 프록시는 이스티오 컨트롤 플레인을 사용해 구성되고 관리되는 마이크로서비스 간의 모든 네트워크 통신을 담당한다. 이스티오 배포는 쿠버네티스와 밀접하게 관련돼 있지만 다른 시스템에도 배포할 수 있다.

이스티오 아키텍처

그림 9-5는 이스티오 서비스 메시의 고수준 아키텍처를 보여준다. 이스티오는 두 개의 논리적 구성 요소, 즉 데이터 플레인과 컨트롤 플레인으로 구성된다.

---

3   http://istio.io

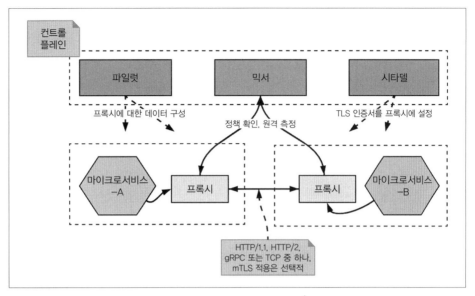

▲ 그림 9-5 이스티오 아키텍처[4]

- **데이터 플레인**: 데이터 플레인은 마이크로서비스 간의 모든 네트워크 통신을 라우팅하고 제어하는 사이드카 프록시 세트로 구성된다. 이스티오의 데이터 평면은 주로 인보이^{Envoy} 프록시(리프트에서 개발)로 구성된다.
- **컨트롤 플레인**: 컨트롤 플레인은 사이드카 프록시를 관리하고 구성해 네트워크 통신 동작을 변경한다. 컨트롤 플레인은 파일럿^{Pilot}, 믹서^{Mixer}, 시타델^{Citadel}과 같은 요소로 구성된다.

이스티오 프록시

이스티오는 데이터 플레인에서 서비스 메시의 모든 서비스에 대한 인바운드 및 아웃바운드 트래픽을 중재하기 위해 C++로 개발된 고성능 프록시인 인보이[5] 프록시의

---

4   https://istio.io/docs/concepts/what-is-istio/

5   https://www.envoyproxy.io/

향상된 버전을 사용한다. 이스티오는 동적 서비스 검색, 로드 밸런싱, TLS 적용, HTTP/2 및 gRPC 프록시, 회로 차단기, 상태 확인, 백분율 기반 트래픽 분할이 포함된 단계적 출시staged rollout, 결함 주입, 풍부한 메트릭과 같은 인보이의 여러 내장 기능을 활용한다.

인보이는 마이크로서비스와 함께 사이드카로 배포되며 마이크로서비스의 모든 수신 및 송신 네트워크 통신을 관리한다.

믹서

믹서는 서비스 메시에서 접근 제어 및 사용 정책을 시행하고 이스티오 프록시와 기타 서비스에서 원격 측정 데이터를 수집한다. 이스티오 프록시는 요청 수준 속성을 추출해서 평가를 위해 믹서로 전송한다. 그림 9-6은 믹서가 다른 이스티오 구성 요소와 상호작용하는 방법을 보여준다.

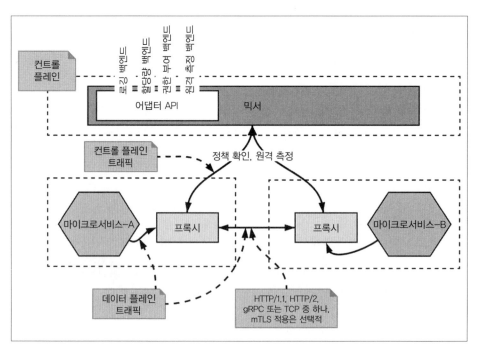

▲ 그림 9-6 이스티오 믹서

믹서를 사용하면 서비스/애플리케이션 코드를 정책 의사 결정과 완전히 분리 가능하므로 정책 결정을 애플리케이션 계층에서 운영자 제어하에 있는 구성으로 이동할 수 있다. 대신 애플리케이션 코드는 믹서와 매우 간단하게 통합되며, 믹서는 백엔드 시스템과의 인터페이스를 담당한다.

믹서는 이스티오 생태계에서 세 가지 주요 기능을 제공한다. 이스티오 프록시 사이드카는 각 요청 전에 사전 조건 확인을 수행하기 위해, 그리고 원격 요청을 보고하기 위해 각 요청 후에 믹서를 논리적으로 호출한다. 사이드카에는 로컬 캐싱이 있어 캐시를 사용해 많은 양의 전제 조건 검사를 수행할 수 있다. 또한 사이드카는 나가는 원격 측정을 버퍼링해 믹서가 자주 호출하지 않도록 한다.

파일럿

이스티오의 트래픽 관리에 사용되는 핵심 구성 요소는 파일럿(그림 9-7 참조)이며, 특정 이스티오 서비스 메시에 배포된 모든 이스티오 프록시 인스턴스를 관리하고 구성한다. 파일럿을 사용하면 이스티오 프록시 간에 트래픽을 라우팅하고 타임아웃, 재시도, 회로 차단기와 같은 오류 복구 기능을 구성하는 데 사용할 규칙을 지정할 수 있다. 또한 메시에 있는 모든 서비스의 정규 모델을 유지 관리하고, 이 모델을 사용해서 검색 서비스를 통해 메시의 다른 이스티오 프록시 인스턴스에 대해 이스티오 프록시 인스턴스에게 알린다.

파일럿은 기본 플랫폼과 독립적인 메시에서 서비스의 표준 표현을 유지한다. 파일럿은 플랫폼별 서비스 검색 메커니즘을 추상화하고 인보이 데이터 플레인 API를 준수하는 모든 사이드카에서 소비할 수 있는 표준 형식으로 이를 합성한다.

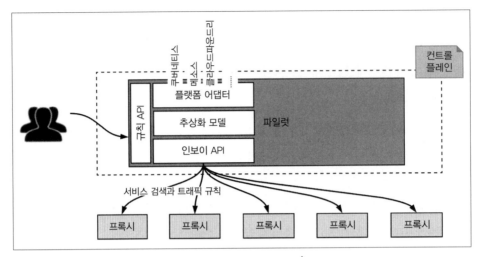

▲ 그림 9-7 이스티오 파일럿[6]

시타델

시타델은 내장된 자격 증명과 자격 증명 관리 기능을 통해 상호 TLS$^{mutual TLS}$를 사용해 강력한 서비스 대 서비스 및 최종 사용자 인증을 제공한다. 시타델은 서비스 메시에서 암호화되지 않은 트래픽을 업그레이드하고 운영자에게 네트워크 제어가 아닌 서비스 ID를 기반으로 정책을 시행 가능한 기능을 제공하는 데 사용할 수 있다.

노트 이 책의 범위는 이스티오를 서비스 메시 구현으로 소개하는 것이다. 이스티오에 대한 저수준 상세 정보와 추가 정보를 얻고자 한다면, 이스티오 문서[7]와 크리스트안 포스타(Christian posta), 버 셔터(Burr Sutter)의 저서 『Introducing Istio Service Mesh for Microservices』[8]를 읽어보자.

---

6   https://istio.io/docs/

7   https://istio.io/docs/

8   https://developers.redhat.com/books/introducing-istio-service-mesh-microservices/

이스티오 사용

이 절에서는 일부 사용 사례와 함께 이스티오의 일부 기능을 자세히 살펴본다. 여기서는 일반적으로 사용되는 선택된 마이크로서비스 시나리오 중 일부만 다룰 것이다. 다른 시나리오의 경우에는 이스티오 공식 문서를 참조하는 것이 좋다.

노트 이스티오 예제는 도커와 쿠버네티스에 크게 의존한다. 따라서 도커 또는 쿠버네티스에 익숙하지 않은 경우 8장을 읽어볼 것을 권한다.

이스티오로 서비스 실행

이스티오로 마이크로서비스를 운영하는 것은 굉장히 쉽다. 쿠버네티스에서 서비스를 실행하는 경우, 첫 번째 단계로 서비스의 도커 이미지를 생성해야 한다. 도커 이미지가 있으면 쿠버네티스 아티팩트를 작성해 서비스를 배포해야 한다.

예를 들어, 간단한 hello 서비스를 개발하고 도커 이미지와 쿠버네티스 아티팩트를 작성해 서비스를 배포한다고 가정하자. 여기에 표시된 것은 해당 서비스에 대한 일반적인 쿠버네티스 배포 아티팩트다.

다음 쿠버네티스 설명자에서 쿠버네티스 서비스 및 배포 구성 요소의 구성을 찾을 수 있다. 또한 두 개의 이스티오 특화 구성인 가상 서비스VirtualService와 게이트웨이Gateway를 포함해야 한다.

가상 서비스는 이스티오 서비스 메시에서 서비스 요청이 라우팅되는 방식을 제어하는 규칙을 정의한다. 게이트웨이는 HTTP/TCP 트래픽에 대한 로드 밸런서를 구성하며, 가장 일반적으로 애플리케이션의 수신 트래픽을 활성화하기 위해 메시의 에지에서 작동한다.

그림 9-8은 간단한 통신 시나리오에서 서비스와 사이드카 간의 요청 흐름을 보여준다. 외부 클라이언트를 사용해 마이크로서비스-A에 요청을 전송한 다음, 서비스의

외부 인터페이스 역할을 하는 이스티오 수신 게이트웨이를 노출해야 한다고 가정하자. 해당 가상 서비스에서 지정한 규칙에 따라 마이크로서비스-A용 가상 서비스를 작성할 때 메시지 라우팅이 발생한다. 마찬가지로, 마이크로서비스-A가 마이크로서비스-B를 호출하면, 마이크로서비스-B의 가상 서비스 구성에 따라 (마이크로서비스-A의 사이드카에서) 메시지 라우팅 규칙이 적용된다.

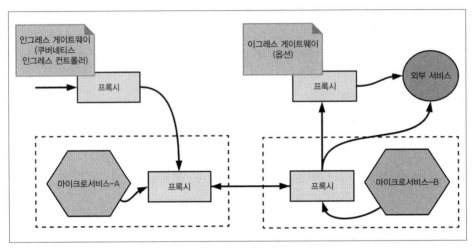

▲ 그림 9-8 요청 흐름

이 예에서는 외부 클라이언트가 로드 밸런서를 통해 호출할 수 있도록 에지 서비스를 제공하는 게이트웨이를 정의한다. HelloWorld 서비스용으로 생성된 가상 서비스는 단순히 /hello 경로를 확인해 서비스로 라우팅한다.

```
# Helloworld.yaml
apiVersion: v1
kind: Service
metadata:
  name: helloworld
  labels:
    app: helloworld
    spec:
```

```
      type: NodePort
      ports:
      - port: 5000
        name: http
      selector:
        app: helloworld
---
apiVersion: extensions/v1beta1
kind: Deployment
metadata:
  name: helloworld-v1
spec:
  replicas: 1
  template:
    metadata:
      labels:
        app: helloworld
        version: v1
    spec:
      containers:
        - name: helloworld
          image: kasunindrasiri/examples-helloworld-v1
      resources:
        requests:
          cpu: "100m"
          imagePullPolicy: IfNotPresent #Always
          ports:
          - containerPort: 5000
---
apiVersion: networking.istio.io/v1alpha3
kind: Gateway
metadata:
  name: helloworld-gateway
spec:
  selector:
    istio: ingressgateway # 이스티오 기본 컨트롤러 사용
  servers:
  - port:
```

```yaml
      number: 80
     name: http
     protocol: HTTP
   hosts: - "*"
---
apiVersion: networking.istio.io/v1alpha3
kind: VirtualService
metadata:
  name: helloworld
spec:
  hosts:
  - "*"
  gateways:
  - helloworld-gateway
  http:
  - match:
    - uri:
      exact: /hello
    route:
    - destination:
      host: helloworld
      port:
        number: 5000
```

이제 이 서비스를 이스티오에 배포하려고 한다. 이를 위해 배포에 이스티오 사이드카를 주입해야 하며, 이스티오 설치의 자동 기능 또는 수동 프로세스로 수행할 수 있다. 동작을 올바르게 이해하려면 수동 사이드카 주입을 사용하자.

다음을 사용해 사이드카를 서비스 배포 설명자에 주입할 수 있다.

```
istioctl kube-inject -f helloworld.yaml -o helloworld-istio.yaml
```

배포 설명자를 수정하고 생성하려는 동일한 파드에 이스티오 프록시를 추가한다. 이 시나리오에서 이스티오 프록시는 사이드카 역할을 한다. 사이드카 주입이 완료되면 다음과 같이 수정된 배포 설명자를 배포할 수 있다.

```
kubectl create -f helloworld-istio.yaml
```

이것이 해야 할 일의 전부다. 이제 노드 포트 또는 인그레스(존재하는 경우)를 통해 서비스에 접근할 수 있으며, 트래픽은 이스티오서비스 메시를 통해 흐른다(필요한 경우에는 이스티오 수준에서 추적을 활성화해 이를 확인할 수 있다. 다음 두 절에서 이를 수행하는 방법을 논의한다).

이스티오 예제의 대부분은 공식 사용 사례[9]를 기반으로 한다. 따라서 이 책에서도 동일한 예를 사용할 예정이다. 그림 9-9에 표시된 것은 이스티오에 배포된 BookInfo 예제다.

BookInfo 사용 사례는 제품 페이지, 리뷰, 상세 정보, 등급이라는 네 가지 폴리글랏 서비스로 구성된다. 이제 이 사용 사례에서 이스티오를 활용할 수 있는 몇 가지 요구 사항으로 넘어가자.

노트 이스티오 문서[10]에 제공된 지침에 따라 다음 이스티오 예제를 대부분 사용해볼 수 있다.

---

9 https://istio.io/docs/examples/bookinfo/

10 https://istio.io/docs/

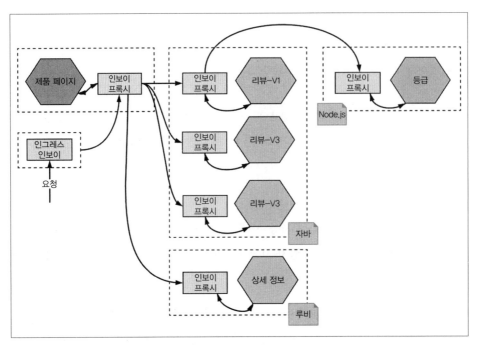

▲ 그림 9-9 이스티오의 BookInfo 사용 사례

이스티오를 통한 트래픽 관리

한 서비스가 다른 서비스를 호출하거나 지정된 서비스가 외부 클라이언트에 노출되면, 이스티오의 트래픽 관리 기능을 적용해 다른 메커니즘을 기반으로 트래픽을 라우팅할 수 있다. 트래픽 흐름과 인프라 스케일링을 분리해서 파일럿을 통해 트래픽을 수신해야 하는 특정 파드/VM이 아니라 트래픽이 따라야 하는 규칙을 지정할 수 있다. 트래픽 관리 기능에는 A/B 테스트를 위한 동적 요청 라우팅, 점진적 롤아웃, 카나리아 릴리스, 타임아웃을 사용한 장애 복구, 재시도, 회로 차단기, 결함 주입이 포함된다.

이스티오는 네 가지 트래픽 관리 구성 리소스를 정의한다.

- 가상 서비스는 호스트를 처리할 때 적용할 일련의 트래픽 라우팅 규칙을 정의한다. 각 라우팅 규칙은 특정 프로토콜의 트래픽에 대한 매칭 기준을 정의한다. 트래픽이 일치하면 레지스트리에 정의된 명명된 대상 서비스(또는 트래픽의 하위 집합/버전)로 전송된다. 라우팅 규칙에서 트래픽 소스를 매칭시킬 수도 있다. 이를 통해 특정 클라이언트 컨텍스트에 맞게 라우팅을 사용자 정의할 수 있다.

- 대상 규칙DestinationRule은 가상 서비스 라우팅이 발생한 후 정책 집합이 요청에 적용되도록 구성한다. 이 규칙은 로드 밸런싱 풀에서 비정상 호스트를 감지하고 제거하기 위해 로드 밸런싱, 사이드카의 커넥션 풀 크기, 이상치 감지 설정에 대한 구성을 지정한다.

- 서비스 엔트리ServiceEntry는 일반적으로 이스티오 서비스 메시 외부의 서비스에 대한 요청을 활성화하는 데 사용된다.

- 게이트웨이는 HTTP/TCP 트래픽에 대한 로드 밸런서를 구성하며, 가장 일반적으로 애플리케이션의 인그레스 트래픽ingress traffic을 활성화하기 위해 메시의 에지에서 작동한다.

요청 라우팅

이스티오의 BookInfo 예제를 사용해 간단한 요청 라우팅 시나리오를 작성해보자. 이스티오의 BookInfo 예제는 각각 여러 버전을 가지는 네 개의 개별 마이크로서비스로 구성된다. 모든 트래픽을 등급 서비스의 v1(버전 1)로 라우팅하는 라우팅 규칙을 적용해야 한다고 가정하자.

가상 서비스와 라우팅 규칙을 각 가상 서비스에 적용해 트래픽을 서비스 v1로 라우팅함으로써 이 예제를 구현할 수 있다. 다음 코드 스니펫에서는 등급 및 리뷰 서비스에 대한 규칙을 설명했다. 마찬가지로 BookInfo 예제에 있는 모든 서비스에서 이 작업을 수행해야 한다.

```
apiVersion: networking.istio.io/v1alpha3
kind: VirtualService
metadata:
  name: ratings
  ...
spec:
  hosts:
  - ratings
  http:
  - route:
    - destination:
        host: ratings
        subset: v1
---
apiVersion: networking.istio.io/v1alpha3
kind: VirtualService
metadata:
  name: reviews
  ...
spec:
  hosts:
  - reviews
  http:
  - route:
    - destination:
        host: reviews
        subset: v1
---
```

요청에 따라 콘텐츠 기반 라우팅을 수행해야 하는 특정 시나리오가 존재할 수 있다. 예를 들어, 리뷰 서비스의 다음 가상 서비스 구성은 명시적으로 HTTP 헤더를 찾고 트래픽을 서비스 v2로 라우팅하는 HTTP 헤더 기반 라우팅 시나리오를 보여준다.

```
apiVersion: networking.istio.io/v1alpha3
kind: VirtualService
```

```
metadata:
  name: reviews
  …
spec:
  hosts:
  - reviews
  http:
  - match:
    - headers:
        end-user:
          exact: jason
    route:
    - destination:
        host: reviews
        subset: v2
  - route:
    - destination:
        host: reviews
        subset: v1
```

복원력

복원력 있는 서비스 간 통신 기술의 일부로 이스티오 사이드카 프록시를 통해 다른 서비스를 호출할 때는 타임아웃을 사용할 수 있다. 예를 들어, 이스티오 Bookinfo 예제의 리뷰 서비스를 호출할 때 타임아웃을 적용한다고 가정하자. 그런 다음, 리뷰 서비스용으로 생성된 가상 서비스의 일부로 타임아웃 구성을 포함할 수 있다.

다음 구성은 리뷰 서비스를 호출할 때 타임아웃을 0.5초로 설정하고, 호출은 서비스 버전 v2로 라우팅한다.

```
apiVersion: networking.istio.io/v1alpha3
kind: VirtualService
metadata:
  name: reviews
spec:
```

```
hosts:
- reviews
http:
- route:
  - destination:
    host: reviews
    subset: v2
  timeout: 0.5s
```

특정 서비스를 호출하기 위한 회로 차단기 구성을 대상 규칙(가상 서비스 라우팅 후 적용)으로 적용할 수 있다. 예를 들어, Httpbin 서비스를 호출할 때 회로 차단기 구성을 적용해야 한다고 가정하자. 그런 다음 한 개보다 초과된 연결을 동시에 요청하는 경우, 회로를 여는 규칙이 포함된 다음 대상 규칙을 적용할 수 있다.

```
apiVersion: networking.istio.io/v1alpha3
kind: DestinationRule
metadata:
  name: httpbin
spec:
  host: httpbin
  trafficPolicy:
    connectionPool:
      tcp:
        maxConnections: 1
      http:
        http1MaxPendingRequests: 1
        maxRequestsPerConnection: 1
    outlierDetection:
      consecutiveErrors: 1
      interval: 1s
      baseEjectionTime: 3m
      maxEjectionPercent: 100
```

마찬가지로 이스티오를 통해 서비스를 호출할 때 적용 가능한 다른 서비스 복원력 관련 기능들이 많다.

오류 주입

경로 규칙은 HTTP 요청을 규칙의 해당 요청 대상으로 전달하는 동안 주입할 하나 이
상의 오류를 지정할 수 있다. 오류는 지연이거나 중단일 수 있다. 다음 예에서는 등급
서비스 v1로 이동하는 모든 요청에 대해 HTTP 400 응답을 주입한다.

```
apiVersion: networking.istio.io/v1alpha3
kind: VirtualService
metadata:
  name: ratings
spec:
  hosts:
  - ratings
  http:
  - fault:
    abort:
      percent: 10
      httpStatus: 400
    route:
    - destination:
      host: ratings
      subset: v1
```

정책 시행

9장의 앞부분에서는 정책 시행과 원격 측정 수집을 담당하는 이스티오 믹서를 이스
티오의 주요 구성 요소 중 하나로 소개했다. 속도 제한과 관련해 정책 시행을 활용할
수 있는 방법을 살펴보자.

예를 들어, 시작 클라이언트의 IP 주소를 기반으로 제품 페이지 서비스에 대한 트래
픽의 속도를 제한하도록 이스티오를 구성해야 한다고 가정하자. X-Forwarded-For

요청 헤더를 클라이언트 IP 주소로 사용한다.

이스티오 측에서는 속도 제한을 활성화하거나 프로덕션 사용 사례에 레디스 할당량을 사용하도록 메모리 할당량(memquota) 어댑터를 구성해야 한다. 여기에 표시된 대로 memquota 핸들러 구성을 적용할 수 있다.

```
apiVersion: config.istio.io/v1alpha2
kind: memquota
metadata:
  name: handler
  namespace: istio-system
spec:
  quotas:
    - name: requestcount.quota.istio-system
    maxAmount: 500
    validDuration: 1s
    - dimensions:
        destination: reviews
      maxAmount: 1
      validDuration: 5s
    - dimensions:
        destination: productpage
      maxAmount: 2
      validDuration: 5s
```

이 memquota 핸들러는 세 가지 다른 속도 제한 체계를 정의한다. 일치하는 재정의가 없는 경우, 기본값은 1초(1s)당 500개의 요청이다. 목적지가 리뷰인 경우에 첫 번째는 5초(validDuration)마다 한 개(maxAmount)의 요청이다.

두 번째는 대상이 제품 페이지 서비스인 경우 5초마다 두 개의 요청이다.

```
apiVersion: config.istio.io/v1alpha2
kind: quota
metadata:
```

```
  name: requestcount
  namespace: istio-system
spec:
  dimensions:
    source: request.headers["x-forwarded-for"] | "unknown"
    destination: destination.labels["app"] | destination.service.host |
      "unknown"
    destinationVersion: destination.labels["version"] | "unknown"
```

할당량 템플릿은 memquota 또는 redisquota에서 특정 속성과 일치하는 요청에 대한 재정의를 설정하는 데 사용되는 세 가지 차원을 정의한다. 대상은 destination.labels["app"], destination.service.host 또는 unknown 중에서 첫 번째 비어있지 않은 값으로 설정된다.

```
apiVersion: config.istio.io/v1alpha2
kind: rule
metadata:
  name: quota
  namespace: istio-system
spec:
  actions:
  - handler: handler.memquota
    instances:
    - requestcount.quota
```

이 규칙은 믹서에게 handler.memquota\handler.redisquota 핸들러를 호출하고 requestcount.quota 인스턴스를 사용해 생성된 객체를 전달하도록 지시한다. 할당량 템플릿의 차원을 memquota 또는 redisquota 핸들러로 매핑한다.

```
apiVersion: config.istio.io/v1alpha2
kind: QuotaSpec
metadata:
  name: request-count
```

```
  namespace: istio-system
spec:
  rules:
  - quotas:
    - charge: "1"
      quota: requestcount:
```

QuotaSpec은 청구량 1에 해당하는 requestcount 할당량을 정의한다.

```
kind: QuotaSpecBinding
metadata:
  name: request-count
  namespace: istio-system
spec:
  quotaSpecs:
  - name: request-count
    namespace: istio-system
  services:
  - name: productpage
  namespace: default
```

QuotaSpecBinding은 생성한 QuotaSpec을 적용하려는 서비스에 바인딩한다. 제품 페이지 서비스는 명시적으로 요청 횟수에 바인딩된다. QuotaSpecBinding의 네임스페이스와 다르므로 네임스페이스를 정의해야 한다는 점에 주의하자.

관찰 기능성

이스티오를 사용하는 경우에는 서비스를 쉽게 관찰하도록 만들 수 있다. 예를 들어, 마이크로서비스 애플리케이션에 대해 분산 추적을 사용하려 한다고 가정하자. 그런 다음, 해당 애드온(예: 집킨^{Zipkin}[11] 또는 예거^{Jaeger}[12])을 이스티오 설치본에 설치해야 한

---

[11] https://zipkin.io/

[12] https://www.jaegertracing.io/

다. 이제 마이크로서비스에 요청을 보내면 사이드카 프록시를 통과하게 된다. 사이드카 프록시는 추적 범위를 자동으로 집킨 또는 예거로 보낼 수 있다.

이스티오 프록시는 자동으로 스팬span(추적을 위한 단위)을 보낼 수도 있다. 전체 트레이스를 연결하기 위한 힌트가 필요하다. 프록시가 범위 정보를 집킨 또는 예거로 보낼 때 범위가 단일 추적으로 올바르게 연관될 수 있도록 애플리케이션은 적절한 HTTP 헤더를 전파해야 한다.

이와 유사하게, 코드에 대한 최소한의 변경 없이 관찰 가능성의 다른 측면도 지원할 수 있다. 이스티오로 서비스를 관찰 가능하게 만드는 방법을 자세히 알고 싶다면 이스티오 문서[13]를 참조하자. 13장, '관찰 가능성'에서 마이크로서비스와 관련된 관찰 가능성을 자세히 설명한다.

보안

이스티오의 보안 기능은 여전히 빠른 속도로 발전하고 있다. 이 책을 저술하는 시점에서 이스티오는 다음과 같은 보안 기능을 제공했다.

- 서비스 간 상호 TLS(mTLS) 인증
- 서비스 화이트리스트 및 블랙리스트
- 거부를 통한 접근 제어
- 역할 기반 접근 제어(RBAC)

보안 사용 사례를 자세히 알고 싶다면 이스티오 문서[14]를 참조하자. 이스티오를 자세히 살펴봤으므로 인기 있는 또 다른 서비스 메시 구현인 링커디를 살펴보자.

---

13 https://istio.io/docs/tasks/telemetry/

14 https://istio.io/docs/tasks/security/

링커디

링커디^{Linkerd}는 애플리케이션 내에서 서비스 간 통신을 관리, 제어, 모니터링하기 위한 전용 계층인 서비스 메시로 배포되도록 디자인된 오픈소스 네트워크 프록시다.

링커디는 대기 시간 인식 로드 밸런싱, 커넥션 풀링, TLS, 계측, 요청 수준 라우팅을 포함한 어렵고 오류가 발생하기 쉬운 교차 서비스 통신 부분을 처리한다. 링커디는 네티^{Netty}와 피네이글^{Finagle} 위에 구축됐다.

그림 9-10은 링커디가 여러 마이크로서비스를 연결하기 위해 서비스 메시로 사용되는 방법을 보여준다. 이스티오와 비슷한 방식으로 표준 서비스 메시 패턴을 사용하는 것을 알 수 있다.

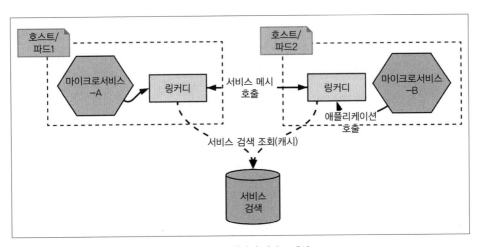

▲ 그림 9-10 링커디 서비스 메시

링커디를 시작하기 위해(https://linkerd.io/getting-started/locally/), 로컬 컴퓨터에서 링커디를 실행한 후 동일한 컴퓨터에서 서비스를 실행(동일한 호스트에서 두 런타임 모두)할 수 있다. 링커디를 실행할 때 다음 Yaml 구성 파일을 사용해 서비스 메시를 시작할 수 있다. 마이크로서비스가 HTTP의 포트 9999에서 실행되고 있다고 가정하자. 다음 구성은 HTTP 포트 4140에서 링커디를 시작한다.

```
#linkerd.yaml
routers:
- protocol: http
  dtab: |
    /svc => /#/io.l5d.fs
  servers:
  - ip: 0.0.0.0
    port: 4140
```

링커디는 기본적으로 파일 기반 서비스 검색 메커니즘을 사용한다. 링커디와 함께 제공되는 구성에서 서비스 엔드포인트를 해석할 때 가장 먼저 확인하는 위치는 disco/ 디렉터리다. 이 구성을 사용하면, 링커디는 대상의 구체적인 이름에 해당하는 이름을 가진 파일을 찾고 이러한 파일에 줄 바꿈으로 구분된 주소 목록을 호스트 포트 형식으로 포함한다고 예상한다.

```
 head disco/*
==> disco/thrift-buffered  <==
127.0.0.1 9997

==> disco/thrift-framed <==
127.0.0.1 9998

==> disco/web <==
127.0.0.1 9999
```

다음 URL을 사용해 링커디(포트 4140)에 요청을 보내면, 대상 HTTP는 Host HTTP 헤더를 보고 web이란 서비스를 검색한다.

```
$ curl -H "Host: web" http://localhost:4140/
```

이전 파일 기반 서비스 검색 구성에서 링커디는 서비스 웹의 호스트와 포트(9999)를 확인할 수 있다.

링커디의 failureAccrual 구성을 사용해 동일한 구성을 확장함으로써 백엔드 마이크로서비스에 복원력 있는 호출이 가능해진다.

```
- protocol: http
  label: io.l5d.consecutiveFailures
  dtab: /svc => /#/io.l5d.fs/service2;
  client:
    failureAccrual:
      kind: io.l5d.consecutiveFailures
      failures: 5
      backoff:
        kind: constant
        ms: 10000
  servers:
  - port: 4142
    ip: 0.0.0.0
  service:
    responseClassifier:
      kind: io.l5d.http.nonRetryable5XX
```

failureAccrual은 링커디 구성의 client 섹션에서 구성되므로 백엔드와 관련된 모든 오류는 해당 경로에 상주하며 클라이언트에 영향을 미친다.

서비스 메시를 사용해야 할까?

이 책을 저술하는 시점에서 서비스 메시 사용에 대한 관심은 높지만, 현재 프로덕션 환경에 서비스 메시를 적용하는 경우는 드물다. 따라서 실제 장단점을 아직 충분히 이해하기는 어렵다. 서비스 메시를 사용할 때 염두에 둬야 할 몇 가지 주요 영역을 살펴보자.

장점

서비스 메시는 컨테이너 네이티브 서비스 및 애플리케이션 개발 방식을 혁신할 수 있는 능력이 있다. 서비스 간 통신 컨텍스트에서 마이크로서비스 아키텍처가 가져오는 복잡성을 감안할 때 서비스 메시는 몇 가지 유망한 이점을 제공한다.

- **개발자는 서비스 간 통신보다는 비즈니스 기능에 더 집중할 수 있다**: 대부분의 기본 기능은 마이크로서비스 코드 외부에서 구현되며 재사용할 수 있다.
- **즉시 사용 가능한 관찰 가능성**: 사이드카를 통해 서비스를 본질적으로 관찰할 수 있다. 따라서 분산 추적, 로깅, 메트릭 등은 서비스 개발자의 추가 노력이 필요 없다.
- **폴리글랏-서비스 친화적**: 마이크로서비스 구현 언어를 선택할 때 더 많은 자유가 있다. 주어진 언어가 네트워크 애플리케이션 기능을 구축하기 위해 라이브러리를 지원하는지 또는 라이브러리를 가지고 있는지는 걱정하지 않아도 된다.
- **중앙에서 관리되는 분산 시스템**: 대부분의 기능은 컨트롤 플레인을 통해 중앙에서 관리하고 분산 사이드카 런타임으로 푸시할 수 있다.

엔터프라이즈에서 이미 쿠버네티스를 실행 중인 경우에는 아키텍처에 서비스 메시를 채택하는 것이 매우 간단하다.

단점

- **복잡성**: 서비스 메시를 사용하면 특정 마이크로서비스 구현에 사용되는 런타임 인스턴스 수가 대폭 증가한다.
- **통과해야 할 홉 추가**: 각 서비스 호출은 추가 홉(서비스 메시 사이드카 프록시를 통해)을 거쳐야 한다.
- **서비스 메시는 문제의 하위 집합을 해결한다**: 서비스 메시는 서비스 간 통신 문제의 하위 집합만 해결하며 복잡한 라우팅, 변환/타입 매핑, 기타 서비스 및 시스템

과의 통합 등과 같은 해결되지 않는 복잡한 문제를 많이 갖고 있다. 이러한 문제는 마이크로서비스의 비즈니스 로직으로 해결해야 한다.

- **미성숙**: 서비스 메시 기술은 대규모 배포를 위한 완전한 프로덕션 지원으로 선언되기에는 비교적 새롭다.

요약

9장에서는 서비스 메시의 개념과 서비스 메시가 등장한 주요 이유를 자세히 살펴봤다. 서비스 메시는 일부 서비스 간의 통신 복잡성과 서비스 거버넌스 요구 사항을 단순화하려고 한다. 서비스 메시를 사용할 때 개발자는 서비스 간 통신 및 보안, 관찰 가능성 등과 같은 서비스의 다른 공통 중첩 기능을 걱정하지 않아도 된다. 각 마이크로서비스는 중앙 제어 계획에 의해 제어되는 공존 사이드카로 실행된다. 사이드카는 사전 정의된 구성을 사용해 제어되며 컨트롤 플레인을 통해 푸시된다. 이스티오는 가장 일반적으로 사용되는 서비스 메시 구현 중 하나다. 서비스 메시 개념은 비교적 새롭지만 아직 완전히 테스트되지 않았다. 따라서 장단점을 잘 알고 있어야 한다.

10장

API, 이벤트, 스트림

10장에서는 마이크로서비스가 API, 이벤트, 스트림을 사용해 외부 서비스, 시스템, 데이터에 연결하는 방법에 중점을 둔다.

이전 장들에서 설명한 바와 같이, 개발된 모든 마이크로서비스 애플리케이션은 해당 기능을 생성, 관리, 보호, 분석, 확장할 수 있는 방식으로 소비자에게 비즈니스 기능을 노출시켜야 한다. 따라서 이러한 기능은 일반적으로 API 관리^{API management}라고 하는 프로세스에 의해 통제되는 API로 소비자에게 노출된다. 마찬가지로 마이크로서비스는 API 호출을 통해 외부 API를 사용할 수 있다. API는 다소 동기화된 요청-응답 메시징 유형 통신을 따른다.

또한 마이크로서비스는 애플리케이션이 서로 완전히 분리돼 비동기식 이벤트 또는 메시지를 통해 통신하는 최고 수준 이벤트 기반 아키텍처를 기반으로 구축될 수 있다. 특정 서비스 또는 시스템에서 이벤트를 생성할 수 있으며, 다른 서비스가 이벤트를 수행할 수 있다. 마이크로서비스는 내부 및 외부 서비스 경계와 함께 다양한 이벤트 기반 통신 스타일을 수용해야 한다.

스트림은 서비스가 지속적으로 처리하는 무제한 이벤트 집합이다. 특정 스트림의 소비자 서비스는 해당 스트림을 계속 처리하고 스트림 처리 로직을 기반으로 결과 이벤트를 생성할 수 있다.

마이크로서비스 기반 애플리케이션의 비즈니스 기능은 API, 이벤트, 또는 스트림을 사용해 노출될 수 있으며 외부 API, 이벤트, 스트림을 연결하고 사용할 수도 있다.

이러한 각 영역을 자세히 살펴보고, 마이크로서비스 아키텍처를 구축할 때 이러한 영역을 어떻게 활용할 수 있는지 알아보자.

API와 API 관리

소비자(내부 또는 외부)에게 노출하려는 모든 비즈니스 기능은 API로 간주될 수 있다. 이러한 비즈니스 기능을 생성, 관리, 보안, 분석, 확장할 수 있는 방식으로 노출하는 것을 API 관리라고 한다. API 관리 솔루션을 사용하면 마이크로서비스에 대해 정책 및 키 유효성 검사, 서비스 버전 관리, 할당량 관리, 기본 변환, 권한 부여 및 접근 제어, 관찰 가능성, 셀프 서비스 기능, 평가 등을 활성화할 수 있다.

API 관리와 관련해 API 관리 솔루션에 포함돼야 하는 몇 가지 주요 구성 요소는 다음과 같다.

- API 게시자
- API 개발자 포털/저장소
- API 게이트웨이
- API 분석/관찰 가능성
- API 상품화
- API 서비스 품질(보안, 스로틀링, 캐싱 등)

이러한 구성 요소의 대부분은 일반적이며 마이크로서비스 아키텍처와 밀접하게 연결돼 있지 않다는 점을 이해해야 한다. 따라서 마이크로서비스를 API로 노출하고 모놀리식 시스템을 위한 API를 노출하는 것은 거의 동일하다(마이크로서비스 아키텍처의 도입으로 분산될 특정 구성 요소 세트가 존재한다. 9장의 다음 몇 개 절에서 이를 논의한다).

그림 10-1은 이러한 주요 API 관리 구성 요소와 이들의 상호작용 방식을 보여준다.

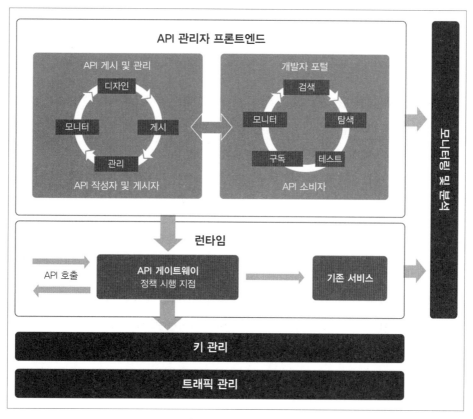

▲ 그림 10-1 API 관리의 구성 요소

각 구성 요소의 책임을 자세히 설명하기 전에 API 관리와 관련된 여러 가지 역할을 식별할 수도 있다. 역할은 다음과 같다.

- **API 작성자/API 개발자**: 작성자는 API의 기술적 측면(인터페이스, 설명서, 버전 등)을 이해하고 API 게시자를 사용해 API를 API 저장소에 프로비저닝하는 기술 측면을 담당하는 사람이다. 작성자는 API 저장소를 사용해 API 사용자가 제공하는 평가와 피드백을 참조한다. 작성자는 저장소에 API를 추가할 수 있지만 수명 주기를 관리할 수는 없다.
- **API 게시자**: 게시자는 엔터프라이즈 또는 사업부에서 API 집합을 관리하고 API 수명 주기, 구독, 상품화 측면을 제어한다. 게시자는 API 사용 패턴에 관심이 있으며 모든 API 통계에 접근할 수 있다(경우에 따라 API 작성자와 게시자의 역할이 단일 역할로 결합될 수 있다).
- **구독자/애플리케이션 개발자**: 구독자는 API 저장소를 사용해 API를 검색하고, 설명서와 포럼을 읽고, API에 대한 평가/설명을 작성하고, API를 구독하고, 접근 토큰을 얻고, API를 호출한다.
- **관리자**: API 관리 솔루션을 호스팅하고 관리하는 API 관리 공급자. 관리자는 시스템에서 사용자 역할 생성, 역할 할당, 데이터베이스 관리, 보안 활성화 등을 담당한다.

고수준 API 관리의 일반적인 실행 흐름은 API 게시자 계층에서 시작된다. 실제로 그 시점에 API로 노출할 마이크로서비스를 결정해야 한다. 작성된 API는 개발자 포털(API 저장소)과 API 게이트웨이 모두로 푸시된다. 소비자는 API 저장소에서 API를 발견하고 그것을 소비하는 데 필요한 모든 세부 사항을 찾을 수 있다. 소비자가 API를 호출하면 API 게이트웨이로 직접 전달된다. 게이트웨이는 QoS 유효성 검사(보안 토큰 유효성 검사, 스로틀링 등)를 담당한다.

이제 각 구성 요소를 자세히 살펴보고 해당 구성 요소의 책임을 알아보자.

API 게시자/API 수명 주기 관리자

마이크로서비스를 개발할 때는 비즈니스 기능을 중심으로 마이크로서비스를 디자인한다. 여러 마이크로서비스를 통합해서 서비스를 구축하기 위해 조합을 구성할 수 있다. 이 기능을 소비자에게 관리되는 기능으로 노출해야 하는 경우, 이를 수행하기 위한 API를 작성해야 한다.

API 제공 업체 또는 작성자는 디자인, 개발, 게시, 배포, 버전 관리, 관리, 가용성 모니터링, 성능 측정을 담당한다. API 관리 솔루션의 API 게시자/수명 주기 관리자 구성 요소가 이를 담당한다.

API 게시자 또는 API 수명 주기 관리자를 사용하면 API를 개발, 문서화, 확장하고 버전 관리를 할 수 있다. 또한 API 게시, 상품화, 통계 분석, 홍보와 같은 API 수명 주기 관리 관련 작업을 제공한다.

API 수명 주기 관리자의 각 수명 주기 상태와 관련된 몇 가지 주요 단계를 식별할 수 있다.

- **개발 단계**: 관리되는 API로 공개해야 하는 비즈니스 기능을 식별하고 개발한다. 이 작업은 여러 마이크로서비스를 결합하고, 복합 기능을 작성하고, 기존 마이크로서비스를 API로 노출시키는 것을 포함할 수 있다.
- **게시 단계**: API 기능을 구현한 후에 API 개발자 포털/저장소에서 볼 수 있도록 해당 API를 게시해야 한다. 또한 SLA와 기타 QoS 관련 (보안, 스로틀링) 기능을 게시한 API에 연결한다.
- **관리 단계**: API의 수명 주기 상태를 관리하는 API 버전 관리 전략이다.
- **관찰 가능성 단계**: 소비자가 API를 사용하면 메트릭, 추적, 로깅과 관련된 모든 데이터가 API 게이트웨이 구성 요소에 의해 캡처된다. API 제공 업체는 이 데이터를 사용해 API 소비를 개선, 변경하거나 상품화^{monetize}해야 한다.

API 게이트웨이

API 게시자에서 API를 게시하면 API 정의가 API 게이트웨이 구성 요소로 푸시된다. API 게이트웨이는 API 호출을 보안, 보호, 관리, 확장한다. API 소비자가 보내는 모든 요청은 API 게이트웨이가 가로챈다. 스로틀링과 보안 같은 정책을 핸들러를 사용해 적용하고 API 관찰 가능성 및 기타 API 관리 작업에 대한 데이터를 게시한다. 또한 특정한 경우에는 API 게이트웨이 수준에서 여러 비즈니스 기능의 조합을 구현할수 있다. 그러나 API 게이트웨이 수준에서 수행하는 조합 유형에 주의해야 하며 7장, '마이크로서비스 통합'에서 논의된 모놀리식 게이트웨이 안티 패턴을 피해야 한다.

노트 7장에서는 모놀리식 게이트웨이 수준에서 특정 마이크로서비스 조합을 개발하는 모놀리식 API 게이트웨이 안티 패턴을 논의했다(7장의 '마이크로서비스 통합을 위한 모놀리식 API 게이트웨이' 절 참조).

이를 피하는 가장 좋은 방법은 통합할 마이크로서비스 상위에 복합 서비스를 작성하고 이를 API 게이트웨이에 노출시키는 것이다. API 게이트웨이에서 조합을 수행하려면, API 게이트웨이가 API 게이트웨이에 배포되는 모든 API마다 독립적인 런타임을 가지는 마이크로 게이트웨이로 기능할 수 있어야 한다.

대부분의 API 관리 솔루션 공급 업체는 종종 전체 솔루션을 API 게이트웨이라고 한다. 다른 구성 요소의 다른 모든 기능은 단일 솔루션으로 통합될 수 있다는 점에 유의해야 한다.

API 마이크로 게이트웨이

대부분의 API 게이트웨이는 초기에 모놀리식 런타임으로 구축된다. 그러나 마이크로서비스 아키텍처의 출현으로 대부분의 API 관리 솔루션은 이제 마이크로 게이트웨이 기능도 제공한다. 마이크로 게이트웨이의 핵심 아이디어는 API를 개발해 컨테이너 네이티브 게이트웨이 런타임에 독립적으로 배포하는 것인데, 중앙 API 게시자/수명 주기 관리자가 관리/통제한다.

API 저장소/개발자 포털

API 제공 업체가 API 게시자를 통해 API를 게시하면 해당 API가 해당 API 저장소 또는 개발자 포털로 푸시된다. API 개발자는 API 저장소를 통해 보안, 보호, 인증된 API를 셀프 서비스, 검색, 평가, 구독, 사용한다. API 저장소와 관련된 일부 수명 주기 활동을 살펴보자.

- **검색 단계**: API 개발자의 비즈니스 기능과 일치하는 API를 찾는다.
- **탐색 단계**: API에 대한 평가와 설명을 보고, 설명서를 읽고, 일부 기능을 사용해본다.
- **구독 단계**: API를 호출하고 API 수명 주기 변경에 대한 알림을 구독하기 위해 애플리케이션을 등록하고, API를 구독하고, 필요한 보안 토큰 등을 얻는다.
- **평가 단계**: API 소비가 시작되면 평가, 의견 작성, 피드백을 제공할 수 있다.

API 분석/관찰 가능성

API 분석 또는 관찰 가능성은 기술과 비즈니스의 관점에서 중요한 요소다. 따라서 API 관리 솔루션은 기본적으로 다양한 API 분석 기능을 제공한다. 여기에는 API 호출, API 구독자, 상위 API, 상위 개발자, 느린/빠른 API, API 호출 오류, API 추세 등에 대한 메트릭이 포함된다. 또한 API 트래픽을 추적하는 기능은 병목 현상을 해결하고 문제를 식별하는 데 중요한 요소다. 또한 일반적인 런타임 모니터링 기능과 로깅도 필요하다. API 상품화와 같은 일부 다른 솔루션은 API 분석 데이터 위에 구축된다.

API QoS

서비스 품질(QoS)은 보안, 캐싱, 스로틀링, 기타 서비스 수준 계약(SLA)과 같은 여러 가지 관점을 포함한다. 이 책에서는 마이크로서비스 보안 기본 사항을 집중적으로 다루기 위해 두 개의 장(11장, '마이크로서비스 보안의 기본 사항'과 12장, '마이크로서비스 보안')을 할애했으며, API 보안을 그 장들의 일부에서 다룬다. 캐싱, 스로틀링 등과 같은 다른 QoS 측면은 모든 API 관리 솔루션으로 구현하기가 매우 간단하다(마이크로서비스와 관련된 특별한 개념이 없음). 대부분의 QoS 관련 시행은 API 게이트웨이 수준에서 수행되며 실제 의사 결정(예: 보안 토큰 유효성 검사)을 외부 엔티티로 내린다.

API 상품화

API는 비즈니스 기능에 관한 것이므로 고객/파트너에게 노출시켜 상품화할 수 있다. API 관리 솔루션은 이러한 기능을 기본적으로 제공해 API 관리 솔루션을 중심으로 화폐 생태계를 구축한다.

OpenAPI를 사용한 API 정의

마이크로서비스용 API를 디자인하는 핵심 아이디어는 구현 세부 사항을 숨기고 특정 비즈니스 기능을 처리하는 인터페이스만 노출하는 것이다. 이전에 스웨거로 알려진 OpenAPI 명세서(OAS)는 REST API에 대한 표준 프로그래밍 언어 독립적 인터페이스 설명을 정의한다. 이를 통해 사람과 컴퓨터 모두가 소스 코드에 대한 접근, 추가적인 문서, 또는 네트워크 트래픽에 대한 검사 없이도 서비스 기능을 검색하고 이해할 수 있다.

OpenAPI 문서는 API 서비스를 설명하며 YAML 또는 JSON 형식으로 표시된다. 이러한 문서는 정적으로 생성 및 제공되거나 애플리케이션에서 동적으로 생성될 수 있다.

먼저 API를 디자인(계약 우선)한 후 API를 구현하거나(코드 생성 플러그인을 사용할 수 있음)

먼저 API를 구현하고 서비스에 대한 OpenAPI 정의를 파생시키는 두 가지 방법 모두 사용할 수 있다. 그러나 OpenAPI가 가능한 모든 스타일의 RESTful 서비스 디자인을 다루지는 않는다는 점을 명심해야 한다. OpenAPI 샘플[1]을 참조해 OpenAPI 기반 API 정의 작성을 배울 수 있다.

API 질의 언어: GraphQL

3장, '서비스 간 통신'에서 설명한 대로 GraphQL은 API에 대한 질의 언어를 제공하며 반드시 REST 아키텍처를 기반으로 하지는 않는다. GraphQL 기반 서비스 위에 API 관리를 구현하고 이를 매니지드 API로 노출할 수 있다. GraphQL 기반 API는 API의 데이터에 대한 완전하고 이해하기 쉬운 설명을 제공하고, 클라이언트에게 필요한 것을 정확히 요구할 수 있도록 하는 기능을 제공하며, 시간이 지남에 따라 API 진화가 쉬워지고, 강력한 개발자 도구를 지원하기 때문에 기존 RESTful API보다 강력할 수 있다.

API 관리와 서비스 메시

API 게이트웨이/관리 솔루션과 서비스 메시는 비슷한 특성을 가지므로 커뮤니티에서 혼동이 발생하기도 한다. API 게이트웨이와 서비스 메시를 구별하기 위해 두 가지 주요 특성을 자세히 살펴보자. API 게이트웨이 및 서비스 메시 관리와 상호작용하는 사용자를 이해하는 것이 중요하다.

- **API 관리**: API 관리와 상호작용하는 사용자는 API로 공개하려는 비즈니스 기능을 작성하고 관리한다.
- **서비스 메시 관리**: 사용자는 서비스 메시와 상호작용해 주로 마이크로서비스 간 통신의 비즈니스 로직 측면을 관리한다. 더도 말고 덜도 말고, 서비스의 서비

---

1   https://github.com/OAI/OpenAPI-Specification/tree/master/examples/v3.0

스 간 통신 인프라를 관리한다.

이러한 차이점을 통해 그림 10-2는 서비스 메시와 함께 API 관리를 사용하는 방법을
보여준다.

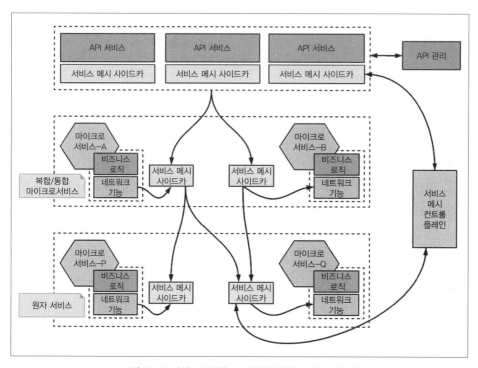

▲ 그림 10-2 서비스 메시와 API 게이트웨이의 서비스 간 통신

API 게이트웨이 계층에서 개발한 API/에지 서비스는 특정 비즈니스 기능을 제공한
다. 그 서비스들은 다운스트림 마이크로서비스를 호출하며 여러 서비스의 구성/매시
업mashup을 작성하는 일부 비즈니스 로직을 포함한다. 또한 API 서비스는 복원력 있
는 방식으로 다운스트림 서비스를 호출하고 회로 차단기, 타임아웃, 로드 밸런싱/페
일오버와 같은 다양한 안정성 패턴을 적용해야 한다. 그 서비스들은 이러한 기능을
서비스 메시에 내릴 수 있다. 따라서 각 API 서비스와 함께 서비스 메시 사이드카 프
록시가 실행된다(대부분의 API 게이트웨이 솔루션에는 이러한 기능이 내장돼 있지만, 여전히 이러

한 기능을 서비스 메시로 내릴 수 있다). 서비스 메시는 네트워크 통신 인프라이므로 애플리케이션의 네트워크 기능 대부분을 서비스에서 분리하고 내릴 수 있으며, 이러한 기능들을 관리하기 위해 별도의 컨트롤 플레인을 가진다. 서비스 메시와 API 관리의 관찰 기능 모두에서 사용 가능한 특정 API 서비스의 관찰 가능성과 같은 중복 기능이 존재할 수 있다. API 관리 계층은 비즈니스 기능을 위해 디자인됐지만, 서비스 메시 계층은 비즈니스 로직 서비스 간 통신 요구 사항을 위해 디자인됐으므로 여전히 두 가지 다른 요소로 유지할 수 있다. 또 다른 중요한 차이점은 API 관리 계층은 API 서비스만 관리하고 서비스 메시 컨트롤 플레인은 모든 서비스 인스턴스를 관리한다는 것이다.

노트 API 관리와 서비스 메시에는 겹치는 기능이 있지만, 이 두 개념이 근본적으로 다른 요구 사항을 충족한다는 점을 이해하는 것이 중요하다.

동일한 계층/구성 요소에서 API 관리와 서비스 메시 관리를 모두 지원하는 일부 API 관리 솔루션이 존재한다. 예를 들어 아피지^{Apigee}와 이스티오는 유사한 아키텍처 패턴을 지원한다. 아피지의 이스티오 통합 지원과 이스티오 기본 구성 메커니즘을 통해 API 관리 기능을 추가하고 하나 이상의 이스티오 메시 서비스를 API로 노출할 수 있다. 아피지 APIM은 이스티오 믹서를 통해 API 정책 등을 게시하고, 이러한 정책 적용은 각 사이드카에서 수행된다. 이 방법을 사용하면, 더 이상 API 마이크로 게이트웨이를 사용하지 않아도 모든 것이 사이드카 프록시로 내려온다. API 토큰 유효성 검사, 제한은 APIM UI를 통해 관리할 수 있다. 이 패턴은 비교적 새롭지만, 실제 프로덕션 사용 사례와 함께 실전 테스트를 거쳤다.

API 관리 구현

마이크로서비스를 위한 포괄적인 API 관리를 구현하려면 앞에서 설명한 모든 API 관리 측면을 충족해야 한다. API 관리 기능을 대폭 줄이고 마이크로서비스를 위한 API 게이트웨이로 승격시킨 솔루션이 극소수 존재한다. API 관리 솔루션을 선택할 때는 주의해야 하며 모든 API 관리 요구 사항을 용이하게 할 수 있는지 확인해야 한다. 또한 컨테이너 네이티브 아키텍처를 완전히 채택한 경우, API 게이트웨이와 같은 구성 요소도 컨테이너 네이티브여야 한다(즉, 마이크로 게이트웨이 아키텍처를 지원해야 함).

아피지, WSO2 API 관리자, 콩^{Kong}, 뮬소프트^{MuleSoft} 등과 같은 극소수의 API 관리 솔루션이 존재한다. 이 책에서는 솔루션을 비교하고 대조하거나 특정 솔루션을 추천하는 데 집중하지 않는다. 독자에게 솔루션을 평가하고 가장 적합한 기술을 선택할 수 있는 자유를 제공하고 싶다. 이러한 API 관리 솔루션으로 구축된 몇 가지 API 관리 사용 사례는 10장의 샘플에서 찾을 수 있다.

이벤트

이벤트 기반 아키텍처(EDA)는 소프트웨어 애플리케이션에서 널리 사용되는 아키텍처 패러다임이며, 특정 애플리케이션이 하나 이상의 이벤트 알림에 대한 응답으로 특정 형식의 코드/로직을 실행한다. EDA는 알림을 보내는 쪽에서 기다리거나, 이벤트를 소비하는 소비자에 의존해야 하는 클라이언트-서버 아키텍처에 비해 애플리케이션 서비스를 더욱 자율적으로 만든다.

마이크로서비스의 관점에서는 이미 비동기식 통신 스타일(2장, '마이크로서비스 디자인')과 반응형 조합/코레오그래피(7장)에서 여러 형태의 EDA를 논의했다. 기본적으로 마이크로서비스는 완전한 이벤트 기반 모델에서 작동하고 비동기 메시지 전달을 통해 좀 더 자율적인 운영이 가능하도록 마이크로서비스를 디자인할 수 있다. 10장에서는 마이크로서비스 아키텍처에서 일반적으로 사용되는 이벤트 기반 패턴 중 일부를 살펴본다.

이벤트 알림

이벤트 알림은 서비스가 다른 서비스에 도메인 변경을 알리기 위해 이벤트를 보내는 일반적인 EDA의 형태다. 종종 이벤트 수신자는 원하는 작업을 수행할 수 있는 자율권을 가지고 있어야 한다. 이벤트에는 많은 데이터가 필요하지 않으며, 종종 업데이트된 정보를 검색할 수 있는 위치에 대한 참조로 충분하다.

예를 들어, 그림 10-3에 표시된 것처럼 고객과 발송이라는 두 개의 마이크로서비스가 있다고 가정하자. 고객 주소와 같은 고객 정보가 변경되면 발송 서비스에 이벤트 알림을 보낼 수 있다. 이벤트 자체에는 변경에 대한 모든 세부 사항이 없을 수도 있지만 변경과 관련된 정보를 얻을 수 있는 위치에 대한 참조가 포함된다. 3장에서 논의한 것처럼, 비동기식 이벤트 기반 통신은 이러한 시나리오를 실현하는 데 사용될 수 있다. 대기열 기반 통신 또는 토픽 기반 통신을 사용해 이를 수행할 수 있다.

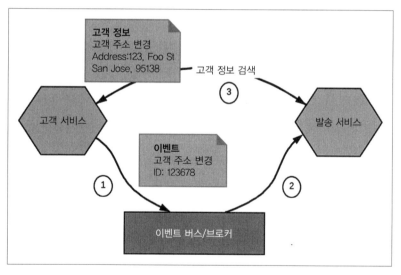

▲ 그림 10-3 이벤트 알림

분명히 대부분의 메시지/이벤트 브로커 솔루션은 이 패턴을 구현하는 백본으로 사용될 수 있으며 카프카, RabbitMQ, ActiveMQ가 이 도메인에서 가장 일반적으로 사용된다.

이벤트 알림의 일부로 실행되는 로직 흐름을 가지는 것은 안티 패턴이다. 예를 들어, 이벤트 게시자가 수신자가 이벤트를 수신한 후 특정 태스크를 수행할 것으로 예상하는 경우다. 그렇게 하면 이벤트 게시자와 수신자 사이에 로직 플로가 존재한다.

좀 더 이론에 치중한 마이크로서비스 관련 서적과 기타 자료 중 일부는 마이크로서비스의 모든 통합/조합이 비동기 이벤트 중심 통신을 사용해 수행돼야 한다고 제안한다. 말 그대로 이벤트 알림을 통해 실행되는 마이크로서비스들에 걸쳐 로직 흐름이 존재한다는 의미다.

이러한 종류의 로직 흐름을 갖는 것은 관리와 문제 해결이 매우 어렵기 때문에 실용적인 방법이 아니다. 이러한 논리 흐름을 도출할 수 있는 유일한 방법은 관찰 가능성(추적)을 통한 것일 수 있다. 따라서 명령을 전달(수신자가 이벤트를 수신하면 명확히 작업을 수행할 것으로 기대하는 경우)해야 하는 시나리오에서 이벤트 알림 패턴을 적용할 때는 주의가 필요하다.

이벤트 주도 상태 전이

이벤트 알림 패턴의 미묘한 변형이다. 이벤트가 트리거되면 가입자에게 변경된 데이터의 세부 사항이 포함된 이벤트가 통지된다. 따라서 수신 서비스는 다른 시스템이나 서비스에 접근하거나 참조하지 않아도 되며, 데이터가 이미 이벤트의 일부로 수신되고 있다. 그림 10-4는 앞에서 설명한 것과 동일한 시나리오를 보여준다.

이 방법의 발생 가능한 단점 중 하나는 모든 가입자가 동일한 데이터를 수신하기 때문에 여러 서비스에 걸친 데이터 중복이 발생하는 것이다. 구현 기술은 이벤트 알림과 유사할 수 있다. 반면, 이 방법에서는 발송 서비스가 업데이트된 주소를 얻기 위해 고객 서비스에 요청할 필요가 없으므로 네트워크 트래픽도 감소한다.

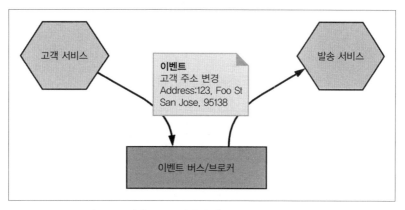

▲ 그림 10-4 이벤트 주도 상태 전이(event-carried state transfer)

이벤트 소싱

비동기 메시징 기술을 사용해 엔티티의 각 상태 변경 이벤트를 일련의 이벤트로 저장할 수 있다. 이러한 모든 이벤트는 이벤트 버스 또는 이벤트 로그에 저장되며, 가입자는 해당 엔티티에서 발생한 이벤트 시퀀스를 처리해 해당 엔티티의 상태를 도출할 수 있다. 예를 들어, 그림 10-5에 표시된 것처럼 주문 처리 서비스는 주문 엔티티에서 발생한 변경 사항을 이벤트로 게시한다. 주문 생성, 업데이트, 지불, 배송 등과 같은 상태 변경 이벤트는 이벤트 버스에 게시된다. 이벤트 소싱을 사용하면 이벤트 로그에 상태 변경 이벤트가 모두 있으므로 여러 소비자가 동일한 데이터의 다른 뷰를 구체화할 수 있으며, 해당 소비자는 빈 애플리케이션상에서 이벤트 로그로부터 이벤트를 다시 실행해 애플리케이션 상태를 완전히 버리고 다시 생성할 수 있다. 또한 이벤트가 순차적으로 기록될 때 언제든지 애플리케이션 상태를 확인할 수 있다. 이전에 실행된 이벤트를 재생해야 하는 경우(이벤트에 약간의 수정이 있을 수 있음)에는 이벤트 로그를 사용해 수행할 수도 있다.

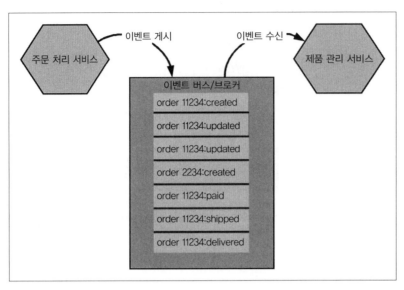

▲ 그림 10-5 이벤트 소싱

구독자 애플리케이션 및 서비스는 주문에서 발생하는 이벤트를 재생해 주문 상태를 다시 생성할 수 있다. 예를 들어, 주문 11234와 관련된 모든 이벤트를 검색하고 주문의 현재 상태를 도출할 수 있다.

명령 질의 책임 분리

대부분의 기존 서비스나 애플리케이션은 새 레코드를 만들고, 레코드를 읽고, 기존 레코드를 업데이트하고, 레코드를 삭제하는 것을 가정해 개발됐다. 이를 CRUD (Create, Read, Update, Delete) 작업이라고 하며, 이러한 모든 작업은 공통 모델 위에서 실행된다. 이 접근법을 CRUD 모델이라고 한다.

그러나 모두에게 공통된 서비스 모델을 갖춰야 하는 마이크로서비스와 현대의 정교한 엔터프라이즈 요구 사항으로 인해 이러한 작업이 항상 실현 가능하지는 않다. 예를 들어, 특정 서비스에 대해 테이블에서 레코드를 검색하고 읽는 기능과 테이블에서 레코드를 업데이트하는 두 개의 기능이 있다고 가정하자. 대부분의 경우, 이 두 기능은 크게 다르며 공통 데이터 모델을 사용하면 구현이 복잡해지는 경우가 많다. 이 경우에는 공통 데이터 모델을 질의 모델과 명령 모델로 분할할 수 있다. 이것이 명령 질의 책임 분리^{Command Query Responsibility Segregation}(CQRS)의 기본 개념이다.

CQRS(그림 10-6 참조)에서 질의 모델은 주로 데이터 저장소에서 데이터를 읽는 데 사용되는 반면, 명령 모델은 데이터 저장소의 레코드를 관리하는 데 사용된다.

이러한 모델은 동일한 데이터베이스에서 작동할 수 있지만, 종종 상당한 이점이 있는 전용 데이터베이스를 사용하는 경우도 있다. 각 모델별로 총 두 개의 전용 데이터베이스를 사용한다고 가정하면, 데이터를 동기화하기 위해 일종의 이벤트 기반 메시징 메커니즘이 필요하다. 대부분의 경우, CQRS 시나리오는 최종 일관성(5장에서 자세히 설명한다.)으로 충분하므로 앞에서 설명한 이벤트 기반 메시징 기술을 사용해 CQRS를 구축할 수 있다.

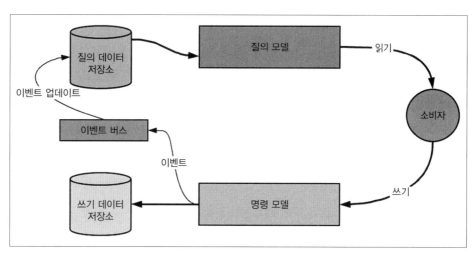

▲ 그림 10-6 CQRS는 데이터 모델을 두 개로 분할하고 전용 데이터베이스에서 운영하며, 이벤트를 통해 일관성을 유지한다.

마이크로서비스의 컨텍스트에서 각 질의와 명령 모델이 서로 다른 두 개의 마이크로서비스의 일부라고 생각할 수 있다. 그 서비스들은 전용 데이터베이스와 잘 정의된 기능을 가지므로 대부분의 마이크로서비스 데이터 관리 기술을 준수하고 있다. 질의 모델과 명령 모델의 완전한 분리를 통해 명령 및 질의 서비스에 대해 완전히 다른 두 가지 지속성 계층(데이터베이스)을 사용할 수 있다. 예를 들어, 질의 모델에서는 읽기에 최적화된 데이터베이스를 사용하고 명령 모델에서는 쓰기에 최적화된 데이터베이스를 사용할 수 있다. CQRS는 애플리케이션의 읽기/쓰기 구성 요소에 대한 독립적인 확장 및 관리와 같은 몇 가지 장점이 있지만, 여러 데이터 저장소/캐시에서 데이터를 동일하게 동기화하는 복잡성이 추가되므로 명령 모델과 질의 모델을 반드시 분리해야 하는 경우에만 이를 사용해야 한다. 대부분의 일반적인 사용 사례에는 CRUD 모델이 잘 맞는다.

스트림

스트림stream은 시간이 지남에 따라 사용 가능한 일련의 이벤트/데이터 요소다. 금융 거래 시스템, 날씨 데이터, 교통 정보 등과 같은 많은 사용 사례들을 통해 연속적인 스트림이 생성되는 현대 엔터프라이즈 애플리케이션에서는 시간의 흐름에 따른 일련의 이벤트가 매우 일반적이다. 이벤트 기반 아키텍처와 스트림 사이의 연결 방법은 스트림 처리 개념을 깊이 탐구하지 않으면 결정하기 어렵다.

스트림 처리

데이터 스트림을 송수신하고 비즈니스 로직을 실행하는 소프트웨어 구성 요소를 스트림 프로세서stream processor라고 한다. 기존의 이벤트 기반 아키텍처와 달리, 스트림의 처리 로직은 하나의 이벤트가 아니라 여러 이벤트에 걸쳐 작성된다.

마이크로서비스와 관련해 마이크로서비스에 대한 일부 입력은 스트림 또는 특정 스트림에 게시해야 하는 마이크로서비스로부터 제공될 수 있다. 따라서 서비스와 함께 스트림 처리를 통합하는 기능은 공통적인 요구 사항이다.

프로그램을 통한 스트림 처리

소스 이벤트 스트림에서 순차적으로 이벤트를 처리하는 코드를 작성해 스트림 처리를 수행할 수 있다. 그림 10-7에 표시된 것처럼 액터 또는 에이전트가 이벤트를 수락하고, 이벤트를 처리하고, 새 이벤트를 생성한다. 스트림 프로세서를 사용하면 데이터 수집, 각 액터에 전달, 정렬, 결과 수집, 스케일링, 오류 처리와 같은 대부분의 어려운 작업을 처리하는 각 액터에 대한 로직을 작성할 수 있다.

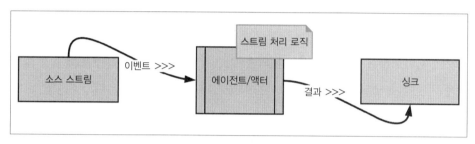

▲ 그림 10-7 코드를 사용한 스트림 처리

아파치 스톰[Apache Storm 2], 아파치 플링크[Apache Flink 3], 카프카 스트림[Kafka Streams 4]을 비롯한 몇 가지 스트림 프로세서 솔루션이 있으며, 이것들은 스트림 처리를 위한 코딩 방식을 기반으로 한다.

스트리밍 SQL

스트림 처리를 위한 코드를 작성하는 대신 SQL과 같은 구문을 사용해 스트림을 처리할 수도 있다. 이것을 스트리밍 SQL이라고 한다. 스트리밍 SQL을 사용하면 스트림 처리 사용 사례를 구축하기 위해 코드를 작성할 필요가 없다. 오히려 대부분의 필수 기능은 스트리밍 SQL 엔진으로 추상화할 수 있다.

---

2 http://storm.apache.org/

3 https://flink.apache.org/

4 https://kafka.apache.org/documentation/streams/

따라서 스트리밍 SQL을 사용하면 코드를 작성하지 않고도 스트리밍 데이터를 선언적으로 조작할 수 있다. 스트리밍 SQL 지원을 제공하는 아파치 플링크, 카프카(KSQL)와 같은 많은 스트림 처리 솔루션이 있다.

API, 이벤트, 스트림이 포함된 마이크로서비스 아키텍처

실용적인 마이크로서비스 아키텍처는 종종 API, 이벤트, 스트림을 기반으로 구축된다. 6장, '마이크로서비스 거버넌스'에서 핵심 서비스, 통합 서비스, API 서비스를 중심으로 서비스를 구성하는 방법을 논의했으며, 동일한 모델을 확장해 이벤트와 스트림을 지원할 수 있다. 그림 10-8에서는 API 서비스를 사용해 비즈니스 기능을 소비자에게 노출하고 그 API 서비스 구성 요소가 API 관리 구성 요소에 의해 중앙에서 관리되고 있음을 알 수 있다. API 서비스는 마이크로 게이트웨이 노드에 배포되므로 각 API 서비스에는 독립적인 런타임이 존재하지만 중앙 API 관리 계층에 의해 제어된다.

마이크로서비스는 액티브/오케스트레이션 및 리액티브(코레오그래피) 패턴을 사용해 통합되며 이벤트 버스는 메시징 백본으로 사용된다.

마이크로서비스는 외부 이벤트 소스로부터 이벤트를 수신할 수 있으며, 각 소비자 서비스는 해당 이벤트를 처리하는 비즈니스 로직을 가진다. 마찬가지로 스트림 처리 로직도 소스 스트림을 소비하는 서비스의 일부다. 스트리밍 SQL 런타임을 사용해 구현하거나 프로그래밍 방식으로 이벤트 스트림을 처리할 수 있다. API 관리와 달리 이벤트 및 스트림 소비는 서비스가 소비자에게 이벤트를 게시할 때 관리된다. 필요한 경우, 이벤트 또는 스트림을 싱크할 때 이벤트 및 스트림 싱크 서비스를 이벤트 및 스트림 관리 계층을 통해 관리할 수 있다. 또한 API 관리 생태계와 유사하게, 이벤트 및 스트림 관리 계층을 구축해 마이크로서비스 구현의 이벤트 싱크 또는 스트림 싱크(게시) 채널을 완벽하게 관리할 수 있다.

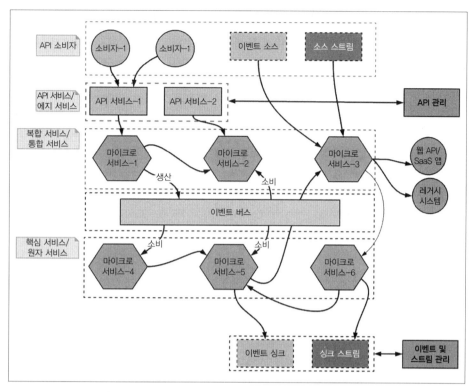

▲ 그림 10-8 API, 이벤트, 스트림을 사용하는 마이크로서비스 참조 아키텍처

요약

10장에서는 마이크로서비스를 매니지드 API로 노출하는 방법을 배웠다. API 관리 계층은 비즈니스 기능을 API로 노출하며 마이크로서비스 소비자의 주요 진입점이다. API 관리 솔루션의 주요 구성 요소인 API 게이트웨이, API 저장소/개발자 포털, API 게시자/수명 주기 관리자, API 분석/관찰 가능성, API 보안 솔루션을 논의했다. API 게이트웨이와 서비스 메시 프록시의 차이점을 확인했고, API 관리와 서비스 메시가 공존하는 방법도 논의했다.

이벤트 기반 아키텍처는 서비스를 자율적으로 만드는 데 매우 유용하다. 이벤트 기반 아키텍처(이벤트 알림, 이벤트 상태 전송, 이벤트 소싱, CQRS)에 일반적으로 사용되는 패턴도 논의했다. 대부분의 이벤트 기반 통신 패턴은 메시징 큐와 게시자-가입자 메시징 인프라에 사용되는 기술로 구현된다.

스트림은 시간의 흐름에 따라 일련의 이벤트가 처리되는 이벤트 기반 아키텍처의 특별한 경우다. 스트림 처리는 종종 스트리밍 SQL이라는 전용 질의 언어를 사용해 수행되는 반면, 일부 솔루션은 스트림을 처리하는 순수한 코딩 방식을 기반으로 한다.

API, 이벤트, 스트림은 엔터프라이즈 마이크로서비스 구현의 '정문' 역할을 하며, 외부 시스템을 내부 마이크로서비스와 연결해 API, 이벤트, 스트림으로 마이크로서비스 참조 아키텍처를 확장할 수 있다.

## 11장

마이크로서비스 보안의 기본 사항

마이크로서비스 아키텍처는 여러 마이크로서비스가 서로 원격으로 통신하므로 공격 표면attack space이 확장된다. 하나 또는 두 개의 진입점 대신 이제 수백 개의 진입점을 고민해야 한다. 특정 시스템의 강도는 가장 약한 링크의 강도에 좌우된다는 것이 보안의 일반적인 원칙이다. 진입점이 많을수록 공격 범위가 넓어지고 공격 위험이 증가한다. 모놀리식 애플리케이션과 달리 마이크로서비스 보안에 대해 걱정해야 할 깊이와 폭은 훨씬 크다. 마이크로서비스 보안은 다양한 개발 수명 주기 및 테스트 자동화, 데브옵스의 보안, 애플리케이션 수준의 보안 등 여러 가지 관점을 포함한다.

노트 강력한 진공 청소기로 무장한 강도 단체가 2006년 이래 프랑스의 모노프릭스(Monoprix) 슈퍼마켓 체인에서 60만 유로 이상을 훔친 것으로 2010년 밝혀졌다. 가장 흥미로운 것은 그들의 수법이었다. 그들은 시스템에서 가장 약한 링크를 찾아 공격했다. 상점의 현금 금고로 직접 돈을 옮기기 위해 계산원은 돈으로 가득찬 튜브를 공기압 흡입 파이프를 통해 미끄러지게 했다. 강도들은 트렁크 근처의 파이프에 구멍을 뚫고 진공 청소기를 연결하기만 하면 돈을 낚아챌 수 있다는 사실을 알아냈다. 그들은 금고의 보호 장치에 손댈 필요조차 없었다.

마이크로서비스 아키텍처의 주요 원동력은 상용화 속도(또는 출시 시간)다. 서비스에 변경 사항을 도입하고 테스트한 후 즉시 프로덕션 환경에 배포 가능해야 한다. 코드 수준에서 보안 취약점이 발생하지 않도록 적절한 보안 개발 수명 주기와 테스트 자동화 전략이 있어야 한다. 정적 코드 분석과 동적 테스트를 위한 적절한 계획이 필요하다(가장 중요한 것은 이러한 테스트가 지속적인 전달(CD) 프로세스의 일부여야 한다는 점이다). 모든 취약점은 개발 주기 초기에 식별돼야 하며 피드백 주기가 짧아야 한다.

마이크로서비스 배포 패턴은 여러 가지가 있지만, 가장 일반적으로 사용되는 것은 호스트별 서비스 모델이다. 호스트가 반드시 물리적 시스템을 의미하지는 않는다. 대부분 컨테이너(도커)일 것이다. 데브옵스 보안은 컨테이너 수준 보안을 고려해야 한다. 컨테이너를 다른 컨테이너와 어떻게 격리시켜야 하고, 컨테이너와 호스트 운영체제 사이의 격리 수준은 어떻게 해야 할까? 컨테이너 이외에도 컨테이너 오케스트레이션 플랫폼인 쿠버네티스는 파드 형태로 또 다른 격리 수준을 도입했다. 이제 컨테이너와 파드 사이의 통신 보안도 걱정해야 한다. 8장, '마이크로서비스의 배포 및 실행'에서는 컨테이너와 보안을 자세히 설명했다. 마이크로서비스 배포와 관련된 또 다른 중요한 패턴은 9장, '서비스 메시'에서 자세히 논의한 서비스 메시다. 쿠버네티스의 일반적인 컨테이너화된 배포에서 파드 간의 통신은 항상 서비스 메시를 통해 이뤄지며, 정확하게는 서비스 메시 프록시를 통해 수행된다. 서비스 메시 프록시는 두 마이크로서비스 사이에 보안을 적용하고 시행한다.

마이크로서비스에 대한 사용자 인증과 접근 제어를 하는 것은 어떻게 해야 하고, 마이크로서비스 간의 통신 채널은 어떻게 보호해야 할까? 이 모든 것이 애플리케이션 수준 보안에 해당한다. 11장에서는 애플리케이션 수준에서 마이크로서비스를 보호할 때 직면하는 문제를 해결하기 위해 일련의 패턴으로 보안 기본 사항을 다룬다. 마이크로서비스를 보호한다는 것은 무엇을 의미할까? 마이크로서비스 보안은 다른 서비스 보안과 어떻게 다를까? 마이크로서비스의 특별한 점은 무엇인가? 이 모든 문제를 11장에서 다룰 것이다. 개발 시점과 배포 프로세스(도커와 쿠버네티스를 사용한)에서의 보안은 이 책에서 다루지 않는다. 마이크로서비스 보안의 모든 측면을 알고 싶다면 마이크로서비스 보안에 중점을 둔 책을 참조하길 바란다.

모놀리스 대 마이크로서비스

모든 서비스가 동일한 애플리케이션 서버에 배포되는 모놀리식 애플리케이션에서는 애플리케이션 서버 자체가 세션 관리 기능을 제공한다. 서비스 간 상호작용은 로컬 호출을 통해 이뤄지며, 모든 서비스는 사용자의 로그인 상태를 공유할 수 있다. 각 서비스(또는 구성 요소)는 사용자를 독립적으로 인증할 필요가 없다. 인증은 모든 서비스 호출을 가로채는 인터셉터interceptor의 중앙에서 수행된다. 인증이 완료되면 서비스(또는 구성 요소) 간 사용자의 로그인 컨텍스트를 전달하는데, 해당 프로세스는 플랫폼마다 다르다. 그림 11-1은 단일 애플리케이션에서 여러 구성 요소 간의 상호작용을 보여준다. 단일 애플리케이션은 단일 애플리케이션 컨테이너, 아마도 베어 메탈 호스트 시스템bare metal host machine 또는 가상 시스템에 배포된다.

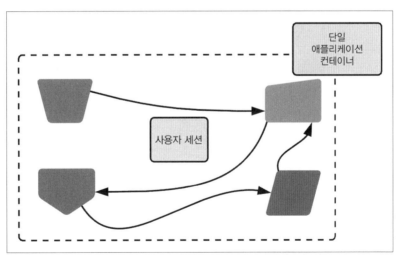

▲ 그림 11-1 모놀리식 애플리케이션에서의 사용자 세션 공유

자바 EE 환경에서 인터셉터는 서블릿 필터servlet filter일 수 있다. 이 서블릿 필터는 등록된 컨텍스트로 들어오는 모든 요청을 차단하고 인증을 시행한다. 서비스 호출자는 유효한 자격 증명이나 사용자에게 매핑할 수 있는 세션 토큰을 가져야 한다. 서블릿 필터가 사용자를 찾으면, 로그인 컨텍스트를 작성해 다운스트림 구성 요소로 전달할 수 있다. 각 다운스트림 구성 요소는 로그인 컨텍스트에서 사용자를 식별해 권한을 부여할 수 있다.

마이크로서비스 환경에서는 보안이 어려워진다. 마이크로서비스 세계에서 서비스는 분산된 설정의 다중 컨테이너를 대상으로 범위가 지정되고 배포된다. 더 이상 서비스 상호작용이 로컬 환경에서 이뤄지지 않고, 대부분 HTTP를 통해 원격 환경에서 상호작용이 이뤄진다. 그림 11-2는 여러 마이크로서비스 간의 상호작용을 보여준다.

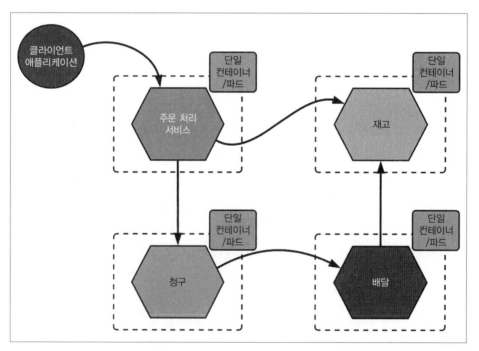

▲ 그림 11-2 다중 마이크로서비스 간의 상호작용

여기서는 사용자를 인증한 다음 마이크로서비스 간 로그인 컨텍스트를 균형 잡힌 방식으로 전달하는 방법과 각 마이크로서비스가 서로 인증하고 사용자에게 권한을 부여하는 방법이 해결해야 할 과제로 떠오른다. 다음 절에서는 인증과 권한 부여를 위해 마이크로서비스 아키텍처에서 서비스 간 통신을 보호하고 다른 마이크로서비스에 사용자 컨텍스트를 전파하는 다양한 기술을 설명한다.

서비스 간 통신 보호

서비스 간 통신은 HTTP를 통해 동기적으로 발생하거나 이벤트 기반 메시징을 통해 비동기적으로 발생할 수 있다. 3장, '서비스 간 통신'에서는 마이크로서비스 간 동기식 및 비동기식 메시징을 설명했다. 서비스 간 통신을 보호하는 두 가지 일반적인 접근 방식이 존재한다. 하나는 JSON 웹 토큰^{JSON Web Token}(JWT)을 기반으로 하는 방식이고, 다른 하나는 TLS^{Transport Layer Security} 상호 인증을 기반으로 하는 방식이다. 다음 절에서는 마이크로서비스 아키텍처의 서비스 간 통신 보안에서 JWT의 역할을 살펴본다.

JSON 웹 토큰

JSON 웹 토큰(JWT)은 이해 당사자 간에 데이터를 전송하기 위한 컨테이너를 정의한다(그림 11-3 참조). JWT는 RFC 7519[1]로 2015년 5월 IETF 표준이 됐다. JWT는 다음에 사용될 수 있다.

- 이해 당사자 간에 신원 정보를 전파한다. 예를 들어 이름, 성, 이메일 주소, 전화 번호 등과 같은 사용자 속성이 해당된다.
- 이해 당사자 간에 권한을 전파한다. 인타이틀먼트^{entitlement}는 사용자가 대상

---

1   https://tools.ietf.org/html/rfc7519

시스템에서 수행 가능한 작업을 정의한다.

- 안전하지 않은 채널을 통해 이해 당사자 간에 안전하게 데이터를 전송한다.
  JWT는 서명 또는 암호화된 메시지를 전송하는 데 사용될 수 있다.

- JWT의 수신자가 검증^{assertion} 당사자(토큰 발행자^{token issuer})를 신뢰하는 경우에
  는 신원을 주장한다. 예를 들어, JWT 발행자는 개인 키로 페이로드에 서명해
  무결성을 보호하므로 중간에 있는 사람이 메시지를 변경할 수 없다. 수신자는
  JWT의 서명을 발급자의 해당 공개 키로 확인해 JWT의 서명을 확인할 수 있
  다. 수신자가 알려진 공개 키를 신뢰한다면 JWT 발행자 역시 신뢰하는 것이다.

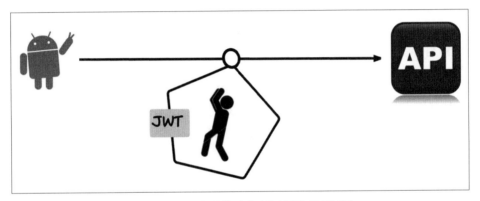

▲ 그림 11-3 JWT를 통한 이해 당사자 간의 데이터 전송

JWT는 서명되거나 암호화될 수 있으며, 혹은 둘 다 가능하다. 서명된 JWT는 JWS
JSON Web Signature²라고 하고, 암호화된 JWT는 JWE^{JSON Web Encryption3}라고 한다. 실제
로 JWT 자체는 존재하지 않는다(JWS 또는 JWE 형태여야 한다). JWT는 추상 클래스
abstract class와 유사하고, JWS와 JWE는 구체화된 구현^{concrete implementation}이다. 좀 더
정확하게 설명해본다. JWS와 JWE는 JWT를 넘어 좀 더 넓은 의미를 가진다. JWS는

---

2   https://tools.ietf.org/html/rfc7515

3   https://tools.ietf.org/html/rfc7516

서명된 메시지 페이로드를 직렬화(또는 표현)하는 방법을 정의한다. 페이로드는 JSON, XML이거나, 아니면 어떤 다른 형식도 될 수 있다. 같은 방식으로 JWE는 암호화된 페이로드를 직렬화하는 방법을 정의한다. JWS와 JWE 모두 컴팩트 직렬화와 JSON 직렬화라는 두 가지 직렬화 유형을 지원한다. JWE, JWS가 컴팩트 직렬화를 사용해야만 JWT다. 모든 JWT는 컴팩트 직렬화를 따라야 한다. 즉, JSON으로 직렬화한 JWS 또는 JWE 토큰을 JWT라고 할 수 없다.

노트 JWS와 JWE에 대한 자세한 내용은 이 책에서 다루지 않는다. 따라서 JWS와 JWE를 좀 더 자세히 알고 싶다면, https://medium.facilelogin.com/jwt-jws-and-jwe-b63310d201a3에 있는 '너무 멍청하지 않은 이들을 위한 JWT, JWS, JWE!(JWT, JWS and JWE for not so dummies!)' 블로그를 참조하자.

다음 샘플 JWT를 자세히 살펴보자.

---

eyJhbGciOiJSUzI1NiIsImtpZCI6Ijc4YjRjZjIzNjU2ZGMzOTUzNjRmMWI2YzAyOTA3NjkxZj JjZGZmZTEifQ
.eyJpc3MiOiJhY2NvdW50cy5nb29nbGUuY29tIiwic3ViIjoiMTEwNTAyMjUxMT U4OTIwMTQ3NzMyIiwiYXpwI
joiODI1MjQ5ODM1NjU5LXRlOHFnbDcwMWtnb25ub21ucDRzcXY3 ZXJodTEyMTFzLmFwcHMuZ29vZ2xldXNlcmN
vbnRlbnQuY29tIiwiZW1haWwiOiJwcmFiYXRoQH dzbzIuY29tIiwiYXRfaGFzaCI6InpmODZ2TnVsc0xCOGdGY
XFSd2R6WWciLCJlbWFpbF92ZXJp ZmllZCI6dHJ1ZSwiYXVkIjoiODI1MjQ5ODM1NjU5LXRlOHFnbDcwMWtnb25
ub21ucDRzcXY3ZX JodTEyMTFzLmFwcHMuZ29vZ2xldXNlcmNvbnRlbnQuY29tIiwiaGQiOiJ3c28yLmNvbSIs
mlhd CI6MTQwMTkwODM3MSwiZXhwIjoxNDAxOTEyMTcxfQ.TVKv-pdyvk2gW8sGsCbsnkqsrS0T- H00xn Y6ET
kIfgIxfotvFn5IwKm3xyBMpy0FFe0Rb5Ht8AEJV6PdWyxz8rMgX2HROWqSo_RfEfUpBb4iO sq4W28KftW5H0IA
44VmNZ6zU4YTqPSt4TPhyFC9fP2D_Hg7JQozpQRUfbWTJI

위의 샘플은 각 부분을 마침표(.)로 나누고 base64url-decode할 때까지 횡설수설하는 것처럼 보인다. 여기에는 두 개의 마침표가 있으며, 전체 줄을 세 부분으로 나눈다(그림 11-4 참조). 첫 번째 부분을 base64url-decode하면 다음과 같이 나타난다.

```
{"alg":"RS256","kid":"78b4cf23656dc395364f1b6c02907691f2cdffe1"}
```

| BASE64URL-ENCODE
(UTF8(JOSE 헤더)) | · | BASE64URL-ENCODE
(JWS 페이로드) | · | BASE64URL-ENCODE
(JWS 서명) |

▲ 그림 11-4 JWS(JWT를 나타내는 컴팩트 직렬화)

JWT의 첫 번째 부분(마침표로 나눈 부분)을 JOSE 헤더라고 한다. JOSE는 JavaScript Object Signing and Encryption의 약어로, JSON 데이터 구조를 사용해 무결성으로 보호된 데이터 표현을 표준화하기 위한 IETF 워킹 그룹[4]의 이름이다.

JOSE 헤더는 alg 매개변수에 명시된 알고리즘으로 서명된 메시지임을 나타낸다. 토큰 발급자는 사용자의 신원과 관련된 데이터를 전달하는 JWT에 서명해 최종 사용자의 신원을 검증한다. alg 및 kid 요소는 모두 JWT 스펙이 아니라 JSON 웹 서명(JWS) 스펙에 정의돼 있다. JWT 스펙은 JOSE 헤더에서 두 가지 요소(typ와 cty)만 정의하며, JWS 및 JWE 스펙은 이를 더 적절한 요소를 추가해 확장한다.

노트 JWS와 JWE 컴팩트 직렬화는 모두 base64url 인코딩을 사용한다. base64url 인코딩은 널리 사용되는 base64 인코딩을 조금 변형한 것이다. base64 인코딩은 이진 데이터(binary data)를 아스키(ASCII) 문자열 형식으로 나타내는 방법을 정의한다. 그 목적은 키 또는 디지털 인증서와 같은 이진 데이터를 출력 가능한 형식으로 전송하는 것이다. 이러한 유형의 인코딩은 이러한 객체가 이메일 본문, 웹 페이지, XML 문서, 또는 JSON 문서의 일부로 전송되는 경우에 필요하다.

base64 인코딩을 수행하면, 먼저 이진 데이터가 24비트 그룹으로 그룹화된다. 그런 다음 각 24비트 그룹은 네 개의 6비트 그룹으로 나뉜다. 출력 가능한 문자는 비트 값을 10진수로 해서 각 6비트 그룹을 표현할 수 있다. 예를 들어, 6비트 그룹 000111의 10진수 값은 7이다. 그림 11-5에 따라 문자 h는 이 6비트 그룹을 나타낸다. 그림 11-5에 표시된 문자를 제외하고, 문자 =은 특수 처리 기능을 지정하는 데 사용되며, 이진 데이터는 패딩돼야 한다. 원래 이진 데이터의 길이가 24의 정확한 배수가 아닌 경우에는 패딩이 필요하다. 길이가 24의 배수가 아닌 232라고 가정해보자. 이제 이 이진 데이터를 채워서 24의 다음 배수인 240과 동일하게 만들어야 한다. 즉, 이 이진 데이터를 8만큼 채워 길이를 240으로 만들어야 한다. 이 경우, 이진 데

---

4   https://datatracker.ietf.org/wg/jose/about/

이터의 끝에 여덟 개의 0을 추가해 패딩이 수행된다. 이제 240비트를 6으로 나눠 6비트 그룹을 만들면 마지막 6비트 그룹은 모두 0이 되고, 이 전체 그룹은 패딩 문자 =로 표시된다.

base64 인코딩의 한 가지 문제점은 URL에서 제대로 작동하지 않는다는 것이다. base64 인코딩의 + 및 / 문자(그림 11-5 참조)는 URL 내에서 사용될 때 특별한 의미를 가진다. base64로 인코딩된 이미지를 URL 질의 매개변수로 보내려 하고 base64로 인코딩된 문자열이 이 두 문자 중 하나를 포함하면, 브라우저는 URL을 잘못 해석한다. 문제를 해결하기 위해 base64url 인코딩이 도입됐다. base64url 인코딩은 두 가지 예외를 제외하고 base64 인코딩과 정확히 동일하게 작동한다. 문자 -가 문자 + 대신 base64url 인코딩에 사용되고, 문자 _는 문자 / 대신 base64url 인코딩에 사용된다.

그림 11-4에 표시된 JWT의 두 번째 부분을 JWT 클레임^{claim} 세트라고 한다(그림 11-6 참조). JWT 클레임 세트를 작성하는 동안 공백을 명시적으로 유지할 수 있으며, base64url 인코딩 또는 디코딩 전에 정규화^{cannonicalization}가 필요하지 않다. 정규화는 서로 다른 형식의 메시지를 단일 표준 형식으로 변환하는 프로세스다. 정규화는 주로 XML 메시지에 서명하기 전에 사용된다.

0	A	16	Q	32	g	48	w
1	B	17	R	33	h	49	x
2	C	18	S	34	I	50	y
3	D	19	T	35	j	51	z
4	E	20	U	36	k	52	0
5	F	21	V	37	l	53	1
6	G	22	W	38	m	54	2
7	H	23	X	39	n	55	3
8	I	24	Y	40	o	56	4
9	J	25	Z	41	p	57	5
10	K	26	a	42	q	58	6
11	L	27	b	43	r	59	7
12	M	28	c	44	s	60	8
13	N	29	d	45	t	61	9
14	O	30	e	46	u	62	+
15	P	31	f	47	v	63	/

▲ 그림 11-5 Base64 인코딩

```
{ ⊟
    "iss":"accounts.google.com",
    "sub":"110502251158920147732",
    "azp":"825249835659-np4sqv7erhu1211s.apps.googleusercontent.com",
    "email":"prabath@wso2.com",
    "at_hash":"zf86vNulsLB8gFaqRwdzYg",
    "email_verified":true,
    "aud":"825249835659-np4sqv7erhu1211s.apps.googleusercontent.com",
    "hd":"wso2.com",
    "iat":1401908271,
    "exp":1401912171
}
```

▲ 그림 11-6 JWT 클레임 세트

JWT 클레임 세트는 오브젝트의 멤버가 JWT 발행자가 주장한 클레임이 되는 JSON 오브젝트를 나타낸다. JWT 내의 각 클레임 이름은 고유해야 한다. 중복된 클레임 이름이 존재하는 경우, JWT 구문 분석기는 구문 분석 오류를 반환하거나 마지막 중복된 클레임으로 설정된 클레임을 반환한다. JWT 사양에서는 어느 클레임이 필수적인지 또는 선택적(옵션)인지를 명시적으로 정의하지 않는다. 필수적 클레임과 선택적 클레임을 정의하는 것은 JWT의 각 애플리케이션에 달려 있다. 예를 들어 OpenID Connect 사양은 필수적 클레임과 선택적 클레임을 정의한다. OpenID Connect 핵심 사양에 따르면 iss, sub, add, exp, iat는 필수적 요소로 취급되는 반면에 auth_time, nonce, acr, amr, azp는 선택적 요소다. 사양에 정의된 필수적 클레임과 선택적 클레임 외에도 토큰 발급자는 JWT 클레임 세트에 추가 요소를 포함할 수 있다.

JWT의 세 번째 부분(그림 11-4에 표시)은 서명이며 base64url로 인코딩된다. 서명과 관련된 암호화 요소는 JOSE 헤더에 정의돼 있다. 이 특정 예에서는 발행된 토큰이 SHA-256 해시 알고리즘과 함께 RSASSA-PKCS1-V1_5를 사용하며, 이는 JOSE 헤더의 alg 요소 값인 RS256으로 표시된다. 서명은 JWS의 처음 두 부분인 JOSE 헤더와 JWT 클레임 세트에 대해 계산된다.

신뢰와 사용자 신원 전파

한 마이크로서비스에서 다른 마이크로서비스로의 사용자 컨텍스트는 JWS와 함께 전달될 수 있다(그림 11-7 참조). 발신 마이크로서비스에 알려진 키가 JWS에 서명하므로, JWS는 최종 사용자 신원(JWT에 청구된)과 발신 마이크로서비스의 신원(서명을 통해)을 모두 전달한다. 즉, 호출 마이크로서비스 자체가 JWS의 발행자다. JWS를 수락하려면, 수신자 마이크로서비스는 먼저 JWS 자체에 포함되거나 다른 메커니즘을 통해 검색된 공개 키에 대해 JWS 서명을 검증해야 한다. 그것으로 충분하지는 않다. 그 키를 신뢰할 수 있는지 여부를 확인해야 한다. 마이크로서비스 간 신뢰는 여러 가지 방법으로 확립될 수 있다. 한 가지 방법은 서비스별로 신뢰할 수 있는 인증서를 각 마이크로서비스에 프로비저닝하는 것이다. 이렇게 하면 마이크로서비스 배포에서 확장성이 없을 것이라는 점은 깊이 생각해보지 않아도 알 수 있다. 여기서 제안하고자 하는 접근 방식은 사설 인증 기관(CA)을 구축하고 필요에 따라 다른 마이크로서비스 팀이 중간 인증 기관을 사용하는 것이다. 이제 모든 개별 인증서를 신뢰하는 대신, 수신 마이크로서비스는 루트 인증 기관 또는 중개자만 신뢰하면 된다. 그렇게 하면 인증서 프로비저닝의 오버헤드가 크게 줄어든다.

노트 신뢰의 부트스트랩은 해결하기 어려운 문제다. SPIFFE(Secure Production Identity Framework For Everyone)[5] 프로젝트는 이 문제에 대한 흥미로운 솔루션을 구축해 마이크로서비스 배포에서 서로 다른 노드 간의 신뢰를 부트스트랩하는 데 사용할 수 있다. SPIFFE를 사용하면, 각 노드는 통신하는 다른 노드를 인증하는 데 사용할 수 있는 식별자와 키 쌍을 받을 수 있다.

---

5   https://spiffe.io/

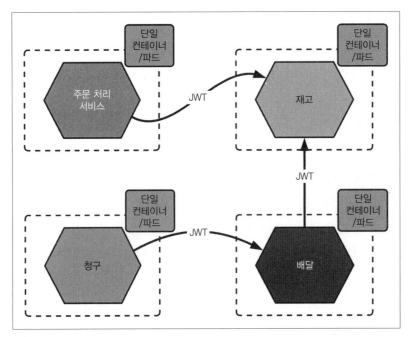

▲ 그림 11-7 마이크로서비스 간에 JWT로 사용자 컨텍스트 전달

JWT에서 토큰에 서명하는 데 사용된 키에 대응하는 공개 키는 호출자(또는 호출 마이크로서비스)를 나타낸다. 수신자 마이크로서비스는 최종 사용자 정보를 어떻게 찾을까? JWT는 클레임 세트에 JWT를 소유한 대상이나 사용자를 나타내는 sub라는 매개변수를 가진다. 마이크로서비스가 작업 중에 사용자를 식별해야 하는 경우에는 sub 속성을 살펴봐야 한다. sub 속성의 값은 주어진 발행자에 대해서만 고유하다. 여러 발행자의 토큰을 허용하는 마이크로서비스가 존재하는 경우, 사용자의 고유성은 발행자와 하위 속성의 조합으로 결정돼야 한다. JWT는 대상 식별자 외에도 이름, 성, 이메일 등과 같은 사용자 속성을 전달할 수 있다.

참고 JWT를 통해 마이크로서비스 간에 사용자 컨텍스트를 전달할 때 각 마이크로서비스는 JWT 유효성 검증 비용을 부담해야 하며, 여기에는 토큰 서명의 유효성을 검증하는 암호화 조작도 포함된다. 마이크로서비스 수준에서 JWT에서 추출한 데이터를 키로 JWT를 캐시하면 반복 토큰 유효성 검증의 영향이 줄어

든다. 캐시 만료 시간은 JWT 만료 시간과 일치해야 한다. 다시 말해, JWT 만료 시간이 상당히 짧으면 캐싱의 영향이 크게 감소한다.

토큰 발행자로부터 JWT를 발행[issue]할 때는 지정된 대상에게 JWT를 발행해야 한다. 청중은 토큰의 소비자다. 예를 들어, 마이크로서비스 foo가 마이크로서비스 bar와 대화하길 원하는 경우, 토큰은 foo(또는 제3자 발행자)에 의해 발행되고 토큰의 청중은 bar 다. JWT 클레임 세트의 aud 매개변수는 토큰의 의도된 청중을 지정한다. 그것은 단일 수신자 또는 수신자 세트일 수 있다. 유효성 검사를 수행하기 전에 토큰 수신자는 먼저 JWT가 해당 용도에 맞게 발행됐는지 확인해야 한다. 그렇지 않은 경우, 즉시 거부해야 한다. 토큰 발행자는 토큰을 발행하기 전에 토큰의 의도된 수신자(또는 수신자들)가 누구인지 알아야 한다. aud 매개변수의 값은 토큰 발행자와 수신자 사이의 사전 합의된 값이어야 한다. 마이크로서비스 환경에서는 정규식을 사용해 토큰의 대상을 검증할 수 있다. 예를 들어 토큰의 aud 값은 *.facilelogin.com이 될 수 있지만, facilelogin.com 도메인의 각 수신자는 foo.facilelogin.com, bar.facilelogin.com 등과 같이 고유한 aud 값을 가질 수 있다.

TLS 상호 인증

클라이언트 인증 또는 양방향 SSL[Secure Socket Layer]이라고도 하는 TLS 상호 인증은 TLS 핸드셰이크 프로세스의 일부다. 단방향 TLS에서는 서버만 클라이언트에 대한 ID를 증명한다. 이는 전자상거래 공급 업체의 적법성을 보장함으로써 소비자에게서 신뢰를 얻기 위해 전자상거래에서 주로 사용된다. 반대로 상호 인증은 클라이언트와 서버 모두를 인증한다. 마이크로서비스 환경에서는 마이크로서비스 간에 TLS 상호 인증을 사용해 서로를 인증할 수 있다.

TLS 상호 인증 및 JWT 기반 접근 방식에서 각 마이크로서비스는 자체 인증서를 가져야 한다. 두 접근 방식의 차이점은 JWT 기반 인증에서는 JWS가 최종 사용자 ID와 업스트림 서비스 ID를 전달할 수 있다는 데 있다. TLS 상호 인증을 사용하면, 최종 사용자 ID가 애플리케이션 수준(아마도 HTTP 헤더)으로 전달돼야 한다.

인증서 해지

TLS 상호 인증과 JWT 기반 접근 방식 모두에서 인증서 해지는 다소 까다롭다. 그것은 CRL(인증 해지 목록, Certification Revocation List/RFC 2459), OCSP(온라인 인증서 상태 프로토콜, Online Certificate Status Protocol/RFC 2560), OCSP 스테이플링[OCSP Stapling](RFC 6066), OCSP 스테이플링 필수 사항[OCSP Stapling Required] 등과 같은 다양한 옵션이 존재함에도 불구하고 풀기 어려운 문제다.

CRL을 사용하면 인증 기관(CA)은 해지된 인증서 목록을 유지 관리해야 한다. TLS 핸드셰이크를 시작한 클라이언트는 해당 인증 기관으로부터 폐기된 인증서의 긴 목록을 가져와서 서버 인증서가 폐기된 인증서 목록에 있는지 확인해야 한다. 각 요청에 대해 이를 수행하는 대신 클라이언트는 CRL을 로컬로 캐시할 수 있다. 그렇게 하면 오래된 데이터를 기반으로 보안 결정을 내린다는 문제가 발생한다. TLS 상호 인증을 사용하는 경우, 서버는 클라이언트에 대해서도 동일한 인증서 확인을 수행해야 한다. CRL은 최근에는 자주 사용되지 않는 기술이다. 결국 CRL이 작동하지 않을 것이라는 사실이 밝혀졌고, OCSP라는 새로운 것을 만들기 시작했다.

OCSP 세계에서는 상황이 CRL의 경우보다 조금 낫다. TLS 클라이언트는 인증 기관에서 해지된 인증서의 전체 목록을 다운로드하지 않고 특정 인증서의 상태를 확인할 수 있다. 즉, 클라이언트가 서버(또는 서비스) 인증서의 상태를 확인하려면 새로운 다운스트림 마이크로서비스와 통신할 때마다 해당 OCSP 응답자[6]와 통신해야 하며, 서버는 클라이언트 인증서에 대해 동일한 작업을 수행해야 한다. 그것은 OCSP 응답자에 대한 광범위한 트래픽을 발생시킨다. 클라이언트는 다시 한 번 OCSP 결정을 캐시할

---

6 OCSP 응답자는 클라이언트 애플리케이션의 인증서 유효성 검사 요청에 응답하기 위해 인증 기관에서 호스팅하는 엔드포인트다.

수 있지만, 오래된 데이터에 대한 결정을 내리는 것과 같은 오래된 문제로 이어질 것이다.

OCSP 스테이플링을 사용하면 클라이언트는 다운스트림 마이크로서비스와 통신할 때마다 OCSP 응답자와 통신할 필요가 없다. 다운스트림 마이크로서비스는 해당 OCSP 응답자로부터 OCSP 응답을 받고, 응답을 인증서에 스테이플하거나 첨부한다. 해당 인증 기관이 OCSP 응답에 서명하므로 클라이언트는 서명의 유효성을 검사해 승인할 수 있다. 이것으로 상황이 조금 나아질 것이다. 클라이언트 대신 서비스가 OCSP 응답자와 대화해야 한다. 그러나 상호 TLS 인증 모델에서는 일반 OCSP와 달리 추가적인 이점을 얻을 수 없다.

OCSP가 스테이플해야 하는 경우, 서비스(다운스트림 마이크로서비스)는 클라이언트(업스트림 마이크로서비스)에게 OCSP 응답이 TLS 핸드셰이크 동안 수신한 서비스 인증서에 첨부돼 있다는 것을 보증한다. 복구 가능한 실패가 아니면서 OCSP 응답이 인증서에 첨부되지 않은 경우에는 클라이언트가 즉시 연결을 거부해야 한다.

단기 인증서

최종 사용자 관점에서 단기 인증서는 오늘날의 일반 인증서와 동일한 방식으로 작동하며 만료 기간이 매우 짧다. TLS 클라이언트는 수명이 짧은 인증서에 대한 CRL 또는 OCSP 유효성 검사를 걱정할 필요가 없으며 인증서 자체에 찍힌 만료 시간을 고수한다.

수명이 짧은 인증서의 문제점은 대부분 배포와 유지 관리의 어려움이며, 자동화야말로 문제를 해결해줄 구세주와 같은 존재다! 넷플릭스는 계층화된 접근 방식(그림 11-8 참조)을 사용한 단기 인증서 배포를 제안한다. TPM^Trusted Platform Module이나 많은 보안 기능이 있는 SGX^Software Guard Extension에 상주하는 시스템 ID 또는 오래 지속되는 자격 증명을 가질 수 있다. 그런 다음 해당 자격 증명을 사용해 수명이 짧은 인증서를 받는다. 이어서 다른 마이크로서비스가 사용하는 마이크로서비스에 단기 인증서를

사용한다. 각 마이크로서비스는 수명이 긴 자격 증명을 사용해 수명이 짧은 인증서를
정기적으로 새로 고칠 수 있다. 수명이 짧은 인증서만으로는 충분하지 않다. 서비스
(또는 TLS 터미네이터)를 호스팅하는 기본 플랫폼은 서버 인증서에 대한 동적 업데이트
를 지원해야 한다. 많은 TLS 터미네이터는 서버 인증서의 동적 재로드를 지원하지만,
대부분의 경우 다운타임이 0이 아니다.

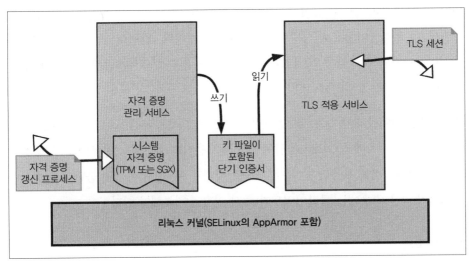

▲ 그림 11-8 넷플릭스가 단기 인증서를 사용하는 방법

에지 보안

7장, '마이크로서비스 통합'과 10장, 'API, 이벤트, 스트림'에서 마이크로서비스를 나
머지 세상에 노출시키는 다양한 기술을 논의했다. 그중 한 가지 일반적인 접근법은
API 게이트웨이 패턴을 사용하는 것이다. API 게이트웨이 패턴을 사용하면(그림 11-9
참조), 외부에 노출해야 하는 마이크로서비스는 API 게이트웨이에 해당 API를 갖는
다. 모든 마이크로서비스가 API 게이트웨이에서 노출될 필요는 없다.

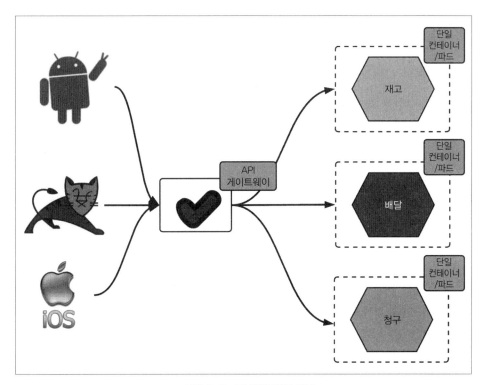

▲ 그림 11-9 API 게이트웨이 패턴

API를 통한 최종 사용자의 마이크로서비스 접근은 에지 또는 API 게이트웨이에서 검증해야 한다. API를 보호하는 가장 일반적인 방법은 OAuth 2.0이다. 시간이 지남에 따라 OAuth 2.0은 API 보안의 사실상의 표준이 됐다.

OAuth 2.0

OAuth 2.0은 접근 위임을 위한 프레임워크다. OAuth 2.0은 누군가를 대신해 무언가를 할 수 있게 해준다. OAuth 2.0 플로에는 클라이언트, 권한 부여 서버, 리소스 서버, 리소스 소유자라는 네 가지 주요 캐릭터가 존재한다. 사용자가 플리커[Flickr] 사진을 해당 애플리케이션으로 내보낼 수 있는 웹 애플리케이션을 구축한다고 가정하

자. 이 경우에는 웹 애플리케이션이 실제로 사진을 소유한 사용자 대신에 사진을 내보내려면 플리커 API에 접근해야 한다. 웹 애플리케이션은 OAuth 2.0 클라이언트이고, 플리커는 리소스 서버(사용자의 사진을 보유하고 있음)이며, 웹 애플리케이션으로 사진을 내보내려는 플리커 사용자는 리소스 소유자다. 애플리케이션이 플리커 사용자 대신 플리커 API에 접근하려면 일종의 권한 부여가 필요하다. 권한 서버는 권한 허가를 발급하며 이 경우에는 플리커 자체다. 그러나 실제로 권한 서버와 리소스 서버가 서로 다른 두 엔티티인 경우가 많다. OAuth 2.0은 이 두 가지를 함께 묶지 않는다.

노트 OAuth 2.0 클라이언트는 웹 애플리케이션, 기본 모바일 애플리케이션, 단일 페이지 애플리케이션, 또는 데스크톱 애플리케이션일 수 있다. 클라이언트가 무엇이든 간에 권한 서버는 클라이언트를 알고 있어야 한다. 각 OAuth 클라이언트에는 권한 부여 서버가 제공한 식별자(클라이언트 ID라고 함)가 있다. 클라이언트가 권한 부여 서버와 통신할 때마다 클라이언트 ID를 전달해야 한다. 경우에 따라 클라이언트는 자격 증명을 사용해 어떤 클라이언트인지 증명해야 한다. 가장 널리 사용되는 자격 증명은 클라이언트 시크릿이다. 클라이언트 시크릿은 비밀번호와 같다. 그러나 OAuth 클라이언트는 인증서 또는 JWT와 같은 강력한 자격 증명을 사용하는 것이 좋다.

OAuth 2.0에는 여러 허가 유형이 도입됐다. OAuth 2.0의 허가 유형은 프로토콜을 설명한다. 클라이언트는 접근하려는 리소스 소유자의 동의를 얻어야 한다. 또한 자신을 대신해 토큰을 가져오는 프로토콜을 정의하는 일부 허가 유형(client_credentials)도 존재한다(즉, 클라이언트 역시도 리소스 소유자일 수 있다). 그림 11-10은 매우 높은 수준의 OAuth 2.0 프로토콜을 보여준다. 그림 11-10은 OAuth 클라이언트, 리소스 소유자, 인증 서버, 리소스 서버 간의 상호작용을 설명한다.

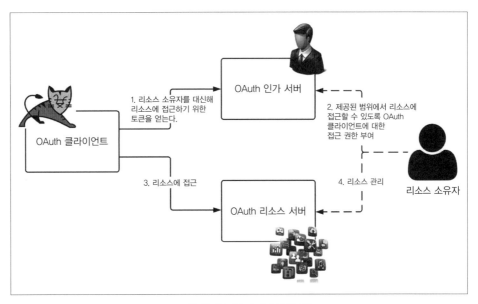

1. 리소스 소유자를 대신해 리소스에 접근하기 위한 토큰을 얻는다.

OAuth 인가 서버

2. 제공된 범위에서 리소스에 접근할 수 있도록 OAuth 클라이언트에 대한 접근 권한 부여

OAuth 클라이언트

3. 리소스에 접근

4. 리소스 관리

리소스 소유자

OAuth 리소스 서버

▲ 그림 11-10 OAuth 2.0 프로토콜

노트 OAuth 2.0 핵심 사양(RFC 6749[7])은 인가 코드(authorization code), 암시적(implicit), 비밀번호(password), 클라이언트 자격 증명(client credentials), 갱신(refresh)이라는 다섯 가지 허가 유형을 정의한다. 인가 코드 허가 유형은 웹 애플리케이션의 70% 이상이 사용하는 가장 보편적인 허가 유형이다. 실제로 웹 애플리케이션, 기본 모바일 애플리케이션, 또는 단일 페이지 애플리케이션(SPA) 등과 같은 다양한 사용 사례에 권장되는 허가 유형이다.

API 게이트웨이를 통해 마이크로서비스에 접근하려면 먼저 유효한 OAuth 토큰을 가져와야 한다(그림 11-11 참조). 시스템 자체 또는 다른 사용자를 대신해 마이크로서비스에 접근할 수 있다. 후자의 경우, 사용자가 웹 애플리케이션에 로그인하고 웹 애플리케이션이 로그인한 사용자 대신 마이크로서비스에 접근하는 경우를 예로 들 수 있다. 시스템이 다른 사용자 대신 API에 접근하려고 할 때 인가 코드가 권장되는 허가

---

7   https://tools.ietf.org/html/rfc6749

유형이다. 시스템 자체가 API에 접근하는 다른 경우에는 클라이언트 자격 증명 허가 유형을 사용할 수 있다.

노트　OAuth 2.0 접근 토큰에는 참조 토큰(reference token)과 자체 포함 토큰(self-contained token)이라는 두 가지 유형이 있다. 참조 토큰은 권한 서버가 클라이언트 애플리케이션에 발행해서 리소스 서버에 대해 사용되는 임의의 문자열이다. 참조 토큰은 적절한 길이를 가져야 하며 예측할 수 없어야 한다. 또한 리소스 서버가 참조 접근 토큰을 볼 때마다 해당 권한 부여 서버와 통신해 유효성을 검증해야 한다. 자체 포함 접근 토큰은 서명된 JWT(또는 JWS)다. 자체 포함 접근 토큰의 유효성을 검증하기 위해 리소스 서버는 권한 서버와 통신할 필요가 없으며, 서명을 확인해 토큰의 유효성을 검사할 수 있다.

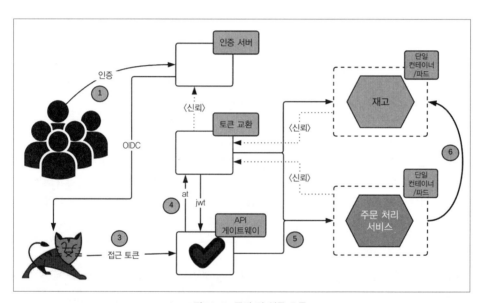

▲ 그림 11-11 종단 간 인증 흐름

그림 11-11과 같이 종단 간 통신이 작동하는 방식을 살펴보자.

1. 사용자는 OpenID Connect(SAML 2.0일 수도 있음)를 통해 웹앱/모바일 앱이 신뢰하는 아이덴티티 공급자를 통해 웹앱/모바일 앱에 로그인한다. OpenID Connect는 OAuth 2.0 위에 구축된 자격 증명 연동 프로토콜이다. SAML 2.0

은 다른 유사한 자격 증명 연동 프로토콜이다.

2. 웹앱은 OAuth 2.0 access_token, refresh_token, id_token을 얻는다. id_token은 웹앱의 최종 사용자를 식별한다. OpenID Connect는 id_token을 OAuth 플로에 도입한다. SAML 2.0을 사용하는 경우, 웹앱은 OAuth 권한 부여 서버의 토큰 엔드포인트와 통신하고 OAuth 2.0에 대한 SAML 2.0 권한 부여 유형에 따라 SAML 토큰을 신뢰하고 OAuth access_token으로 교환해야 한다. 각 access_token에는 만료가 있으며, access_token이 만료되거나 만료에 가까워지면 OAuth 클라이언트는 refresh_token을 사용해 권한 부여와 대화하고(최종 사용자일 필요 없음) 새로운 access_token을 얻을 수 있다.

3. 웹앱은 최종 사용자 대신 API를 호출해 API 요청과 함께 access_token을 전달한다.

4. API 게이트웨이는 웹앱의 요청을 가로채고 access_token을 추출한 후, 토큰 교환 엔드포인트(또는 STS)와 통신해 access_token의 유효성을 검사하고 API 게이트웨이에 서명된 JWT를 발행한다. 이 JWT는 또한 사용자 컨텍스트를 전달한다. STS가 access_token의 유효성을 검사하는 동안 API(RFC 7662[8]에 정의된 내부 검사 API)를 통해 해당 OAuth 인가 서버와 통신한다.

5. API 게이트웨이는 요청과 함께 JWT를 통해 다운스트림 마이크로서비스로 전달한다.

6. 각 마이크로서비스는 수신한 JWT를 검증한 후 다운스트림 서비스 호출에 대해 자체 서명한 새 JWT를 작성해서 요청과 함께 보낼 수 있다. 또 다른 방법은 중첩된 JWT를 사용하는 것이다(따라서 새 JWT도 이전 JWT를 전달한다). 또한 각 마이크로서비스가 보안 토큰 서비스와 통신하고 새 토큰으로 얻은 토큰을 교환해 다른 다운스트림 마이크로서비스와 통신하는 세 번째 접근 방법도 있다.

---

8 https://tools.ietf.org/html/rfc7662

노트 OAuth 2.0과 OpenID Connect에 대한 자세한 설명은 이 책에서 다루지 않는다. 관련 내용이 궁금하다면, 이 책의 저자 중 한 명이 저술한 『Advanced API Security』(Apress, 2019)를 읽어볼 것을 권한다.

이 방법을 사용하면 외부 클라이언트에서 들어오는 API 호출만 API 게이트웨이를 통과한다. 한 마이크로서비스가 다른 마이크로서비스와 통신할 때는 게이트웨이를 통과할 필요가 없다. 또한 특정 마이크로서비스 관점에서는 외부 클라이언트로부터 요청을 받든, 다른 마이크로서비스를 받든 상관없이 JWT를 받는 동일한 보안 모델이다.

접근 제어

인가는 비즈니스 기능이다. 각 마이크로서비스는 해당 작업에 접근할 수 있는 기준을 결정할 수 있다. 가장 간단한 형태의 권한 부여에서 특정 사용자가 특정 리소스에 대해 지정된 작업을 수행 가능한지 확인한다. 행동과 리소스의 조합을 권한이라고 한다. 권한 검사는 주어진 사용자가 주어진 리소스에 접근하는 데 필요한 최소 권한 세트를 가지고 있는지 평가한다. 리소스는 수행할 수 있는 사람과 수행할 수 있는 행동을 정의할 수 있다. 주어진 리소스에 필요한 권한을 선언하는 방법은 여러 가지가 있다. 가장 일반적인 방법은 정책 또는 접근 제어 목록(ACL)을 리소스에 첨부하는 것이다. 이러한 접근 제어 요구 사항을 표현하기 위해 여러 정책 언어가 사용된다. AWS에 익숙한 경우, 매우 간단하지만 강력한 JSON 기반 정책 언어[9]가 다음과 같이 사용된 것을 알 수 있다.

```
{
  "Version": "2012-10-17",
  "Statement": {
```

---

9   https://docs.aws.amazon.com/IAM/latest/UserGuide/access_policies.html

```
      "Effect": "Allow",
      "Action": "s3:ListBucket",
      "Resource": "arn:aws:s3:::example_bucket"
   }
}
```

OPA^{Open Policy Agent}[10]는 클라우드 네이티브 환경에 대한 정책 기반 제어를 주로 목표로 하는 다른 정책 언어를 도입했다. 다음은 OPA에 정의된 모든 HTTP 요청에 대한 접근을 허용하는 샘플 정책을 보여준다.

```
package http.authz
allow = true
```

XACML^{eXtensible Access Control Markup Language}은 접근 제어 정책을 정의하는 다른 방법을 제공하며, 지금까지 정책 언어에 대한 유일한 표준(OASIS 기준)이다. 다음 절에서는 XACML을 자세히 설명한다.

XACML

XACML은 세분화된 접근 제어를 위한 사실상의 표준이다. XACML은 XML 기반의 DSL^{Domain-Specific Language}에서 매우 세분화된 방식으로 리소스에 접근하는 데 필요한 권한 집합을 나타내는 방법을 소개한다.

XACML은 참조 아키텍처, 요청 응답 프로토콜, 정책 언어를 제공한다. 참조 아키텍처는 PAP^{Policy Administration Point}, PDP^{Policy Decision Point}, PEP^{Policy Enforcement Point}, PIP^{Policy Information Point}를 설명한다. 이것은 어느 구성 요소도 밀접하게 결합되지 않은 고도로 분산된 아키텍처다. PAP는 정책을 작성하는 곳이다. PDP는 정책을 평가하고

---

10 http://www.openpolicyagent.org/

결정을 내리는 곳이다. 정책을 평가하는 동안 XACML 요청에서 도출할 수 없는 누락된 정보가 있는 경우에는 PDP가 PIP를 호출한다. PIP의 역할은 PDP에 사용자 특성 또는 기타 필요한 세부 정보 같은 누락된 정보를 제공하는 것이다. 정책은 클라이언트와 서비스 사이에 있고 모든 요청을 가로채는 PEP를 통해 시행된다. 클라이언트 요청에서 대상, 리소스, 행동과 같은 특정 속성을 추출한다. 이어서 표준 XACML 요청을 작성하고 PDP를 호출한다. 그런 다음 PDP에서 XACML 응답을 받는다. 이런 내용들은 XACML 요청/응답 모델에 정의돼 있다. XACML 정책 언어는 접근 제어를 위한 XACML 정책을 작성하기 위해 스키마를 정의한다.

그림 11-12는 XACML 구성 요소 아키텍처를 보여준다. 정책 관리자는 먼저 PAP를 통해 XACML 정책을 정의해야 하며, 이러한 정책은 정책 저장소에 저장된다. 지정된 엔티티에 지정된 리소스에 대한 접근 권한이 있는지 확인하려면, PEP가 접근 요청을 가로채고 XACML 요청을 만든 다음 XACML PDP로 보내야 한다. XACML 요청은 PDP에서 의사 결정 프로세스에 도움이 되는 모든 속성을 전달할 수 있다.

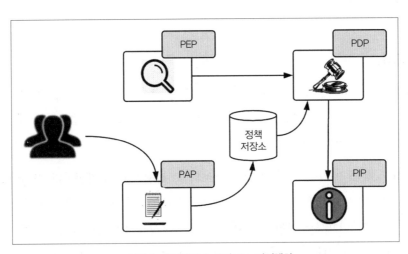

▲ 그림 11-12 XACML 구성 요소 아키텍처

예를 들어 대상 식별자, 리소스 식별자, 특정 대상이 리소스에 대해 수행할 행동을 포함할 수 있다. 사용자에게 권한을 부여해야 하는 마이크로서비스는 JWT에서 관련 속성을 추출해 PAC와 통신함으로써 XACML 요청을 작성해야 한다. PDP가 정책 평가에 필요한 특정 속성이 XACML 요청에서 누락됐다는 것을 발견하면 PIP가 등장한다. 그런 다음 PDP는 PIP와 통신해 누락된 속성을 찾는다. PIP는 관련 데이터 스토어에 연결하고 속성을 찾은 다음 PDP에 공급할 수 있다.

노트 XACML은 OASIS XACML 기술위원회에서 개발한 정책 기반 접근 제어를 위한 XML 기반 개방형 표준이다. 최신 XACML 3.0 사양은 2013년 1월에 표준화됐다. www.oasis-open.org/Committees/tc_home.php?wg_abbrev=xacml을 참조하자.

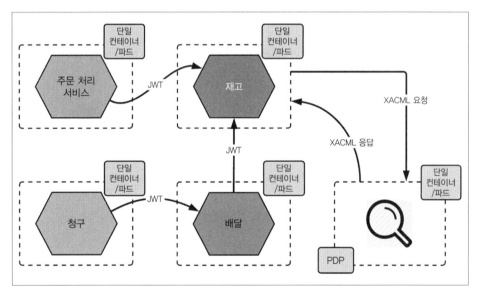

▲ 그림 11-13 중앙 집중식/원격 XACML PDP

마이크로서비스 아키텍처에 PDP를 도입하는 두 가지 주요 방법이 있다. 실제로 PDP는 구현에 구애받지 않는 용어다. PDP는 구조적 관점에서 정책 언어와 밀접한 관련이 없다. 그림 11-13에서 볼 수 있듯이, 한 가지 방법은 PDP를 모든 마이크로서비스가 연결돼 접근 요청을 승인하는 단일 원격 엔드포인트로 취급하는 것이다. 각 마이크로서비스는 자체 XACML 요청을 생성하고, 이를 통신 채널을 통해 PDP로 전달한다. PDP는 해당 정책에 대해 요청을 평가하고 XACML 응답을 다시 보낸다.

그림 11-14는 JSON의 XACML 요청 예제를 보여준다. 여기서 누군가 맥주를 사기 위해 bar 마이크로서비스를 호출한다고 가정할 수 있다. bar 마이크로서비스는 요청과 함께 제공되는 JWT로부터 서비스를 호출하는 대상 또는 사용자를 추출하고, 그에 따라 XACML 요청을 구축한다.

```
{
  "Request":{
    "Action":{
      "Attribute":[
        {
          "AttributeId":"urn:oasis:names:tc:xacml:1.0:action:action-id",
          "Value":"buy"
        }
      ]
    },
    "Resource":{
      "Attribute":[
        {
          "AttributeId":"urn:oasis:names:tc:xacml:1.0:resource:resource-id",
          "Value":"beer"
        }
      ]
    },
    "AccessSubject":{
      "Attribute":[
        {
          "AttributeId":"urn:oasis:names:tc:xacml:1.0:subject:subject-id",
          "Value":"peter"
        }
      ]
    }
  }
}
```

▲ 그림 11-14 JSON 포맷의 XACML 요청

내장형 PDP

기본 마이크로서비스 원칙을 쉽게 위반할 수 있는 원격 또는 중앙 집중식 PDP 모델에는 몇 가지 단점이 있다.

- **성능 비용**: 접근 제어 검사를 수행해야 할 때마다 해당 마이크로서비스는 네트워크로 PDP와 통신해야 한다. 클라이언트 측에서 의사 결정 캐싱을 사용하면 전송 비용과 정책 평가 비용을 줄일 수 있다. 그러나 캐싱을 사용하면 오래된 데이터를 기반으로 보안 결정을 내릴 수 있다.

- **PIP의 소유권**: 각 마이크로서비스는 접근 제어를 수행하는 데 필요한 데이터를 가져올 위치를 알고 있는 PIP의 소유권을 가져야 한다. 이 접근 방식을 통해 모든 마이크로서비스에 해당하는 모든 PIP가 존재하는 중앙 집중식 PDP를 구축한다.

- **모놀리식 PDP**: 중앙 집중식 PDP가 또 다른 모놀리식 애플리케이션이 된다. 모든 마이크로서비스와 관련된 모든 정책은 모놀리식 PDP의 중앙에 저장된다. 모든 정책이 동일한 정책 엔진에서 평가되므로, 하나의 정책을 변경하면 모든 정책에 영향을 줄 수 있어 변경 사항을 도입하기가 어렵다.

그림 11-15에 설명된 것처럼 내장형 PDP는 각 마이크로서비스와 함께 실행된다. 내장형 PDP는 각 마이크로서비스가 관심 있는 토픽을 구독해 PAP에서 적절한 접근 제어 정책을 얻은 다음 포함된 PDP를 업데이트하는 정책 배포를 위한 이벤트 모델을

따른다. 다중 테넌트 모드 PAP는 마이크로서비스 팀별로 보유할 수도 있고, PAP 하나가 전체를 관장할 수도 있다. 새 정책을 사용할 수 있거나 정책 업데이트가 있을 경우에 PAP는 해당 토픽에 이벤트를 게시한다. 내장형 PDP 모델은 마이크로서비스 아키텍처에 메시지 브로커를 도입한다.

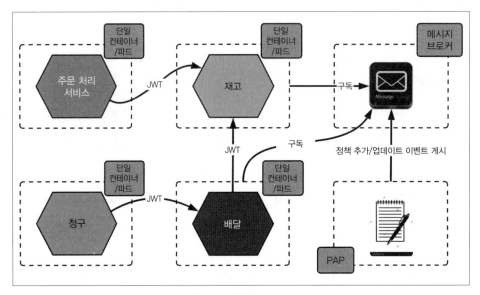

▲ 그림 11-15 내장형 XACML PDP

이 방법은 마이크로서비스의 불변 서버 개념을 위반하지 않는다. 불변 서버는 연속 전달 프로세스가 끝날 때 리포지토리에서 로드된 구성에서 서버 또는 컨테이너를 직접 빌드하고 동일한 구성으로 동일한 컨테이너를 반복해서 빌드할 수 있음을 의미한다. 따라서 서버에 로그인해 구성을 변경할 필요가 없다. 내장 PDP 모델을 사용할 경우(서버가 실행되는 동안 서버가 해당 정책을 로드하더라도), 새 컨테이너를 가동하면 해당 PAP에서 동일한 정책 세트를 가져온다.

아직 답하지 않은 중요한 질문이 남아있다. 권한 부여 컨텍스트에서 API 게이트웨이의 역할은 무엇인가? 정책 시행에는 두 가지 수준이 있다. 하나는 API 게이트웨이(정책 시행 지점 또는 PEP로 작동)를 통과하는 모든 요청에 대한 전역이고, 다른 하나는 서비스 수준이다. 서비스 수준 정책은 컨테이너 또는 서비스 수준에서 일종의 인터셉터를 통해 시행돼야 한다.

보안 사이드카

2장, '마이크로서비스 디자인'에서 사이드카의 개념을 소개했다. 그 내용을 여기서 잠시 요약해보자. 그림 11-16에 표시된 것처럼 사이드카 패턴은 사이드카가 모터사이클에 장착된 차량에서 파생된다. 원하는 경우, 둘 사이의 인터페이스가 변경되지 않았다면 (서로 다른 색상이나 디자인의) 다른 사이드카를 동일한 모터사이클에 부착할 수 있다. 보안 처리 계층은 사이드카와 유사한 반면, 마이크로서비스는 모터사이클과 유사한 마이크로서비스 세계에서도 마찬가지로 적용된다. 마이크로서비스와 사이드카 사이의 통신은 원격 채널(로컬, 프로세스 내 호출이 아님)을 통해 이뤄지지만, 마이크로서비스와 사이드카는 모두 동일한 물리/가상 머신에 배포되므로 네트워크로 라우트되지는 않는다. 또한 사이드카 자체는 또 다른 마이크로서비스라는 것을 명심하자.

▲ 그림 11-16 사이드카

마이크로서비스 아키텍처에서 사이드카로 보안을 구현하면 많은 이점이 따른다. 다음은 그중 일부를 설명한다.

- 마이크로서비스 구현은 보안 구현 내부를 걱정하지 않아도 되며 동일한 프로그래밍 언어일 필요가 없다.
- 사이드카로 구현되면 개별 구현 세부 정보를 걱정하지 않고 다른 마이크로서비스에서 보안 기능을 재사용할 수 있다.
- 도메인별 비즈니스 기능을 고려하는 마이크로서비스 개발자 이외의 보안 도메인 관련 전문 지식을 갖춘 다른 팀이 보안 사이드카의 소유권을 관리할 수 있다.

보안 사이드카가 마이크로서비스 아키텍처에 어떻게 적합한지 확인해보자. 그림 11-17에서 볼 수 있듯이 보안 사이드카는 토큰 유효성 검증(instrospection), 사용자 정보 가져오기(userinfo), 토큰 발급(token), 접근 요청 승인(pdp)이라는 네 가지 주요 기능을 가진다. 각 마이크로서비스에 모든 요청을 가로채고 토큰 유효성 검증 엔드포인트와 통신해 제공된 토큰이 해당 마이크로서비스에 접근하기에 충분한지를 확인하는 자체 인터셉터가 있어야 한다. 사이드카를 상호운용 가능하게 하려면, 토큰의 유효성을 검사하기 위해 OAuth 2.0 내부 검사 엔드포인트[12]를 노출하는 것이 좋다. 이 엔드포인트는 요청에서 토큰을 수락하고 제공된 토큰과 관련된 정보가 포함된 JSON 페이로드로 응답한다.

---

11   https://istio.io/docs/concepts/security/

12   https://tools.ietf.org/html/rfc7662

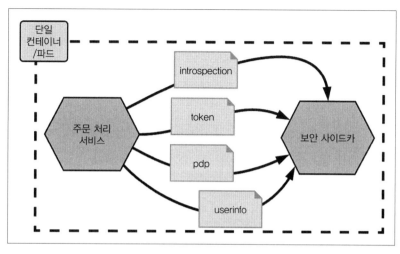

▲ 그림 11-17 보안 사이드카

다음 텍스트는 내부 검사 엔드포인트에 대한 요청과 응답을 보여준다.

```
POST /introspect
HTTP/1.1 Host: sidecar.local
Accept: application/json
Content-Type: application/x-www-form-urlencoded

token=2YotnFZFEjr1zCsicMWpAA
HTTP/1.1 200 OK
Content-Type: application/json

  {
    "active": true,
    "client_id": "l238j323ds-23ij4",
    "username": "jdoe",
    "scope": "read write dolphin",
    "sub": "jdoe",
    "aud": "https://foo.com",
    "iss": "https://issuer.example.com/",
    "exp": 1419356238,
    "iat": 1419350238
  }
```

토큰의 유효성 검사가 완료되면, 마이크로서비스가 마이크로서비스를 호출한 최종 사용자에 대한 자세한 정보를 찾기 위해 보안 사이드카에 의해 노출된 userinfo 엔드포인트와 통신할 수 있다. 이것은 OpenID Connect 스펙[13]에 정의된 또 다른 표준 엔드포인트다. 이 엔드포인트는 유효한 토큰으로 요청을 수락하고 연관된 사용자 정보를 JSON 메시지로 반환한다. 다음 텍스트는 userinfo 엔드포인트에 대한 요청과 응답을 보여준다.

```
GET /userinfo
HTTP/1.1
Host: sidecar.local
Authorization: Bearer SlAV32hkKG
HTTP/1.1 200 OK
Content-Type: application/json

  {
    "sub": "jdoe",
    "name": "Jane Doe",
    "given_name": "Jane",
    "family_name": "Doe",
    "preferred_username": "j.doe",
    "email": "janedoe@example.com",
  }
```

pdp 엔드포인트는 인터셉터 또는 마이크로서비스 자체에서 호출되며, 수신 요청이 수행하려는 행동을 수행하기에 충분한지를 알 수 있다. 이는 XACML에 대한 JSON 프로파일[14]과 XACML에 대한 REST 프로파일[15]을 통해 표준화될 수 있다. XACML을 통한 요청과 응답을 표준화했지만, 반드시 XACML의 사이드카에서 접근 제어 정책을

---

13 http://openid.net/specs/openid-connect-core-1_0.html#UserInfo

14 http://docs.oasis-open.org/xacml/xacml-json-http/v1.0/xacml-json-http-v1.0.html

15 http://docs.oasis-open.org/xacml/xacml-rest/v1.0/xacml-rest-v1.0.html

유지해야 한다는 것을 의미하지는 않는다. 그것은 원하는 방식으로도 할 수 있다. 다음 텍스트는 pdp 엔드포인트에 대한 요청과 응답을 보여준다.

```
POST /pdp HTTP/1.1
Host: sidecar.local
Accept: application/json
Content-Type: application/x-www-form-urlencoded
[xacml request in json, see figure 11-4]
HTTP/1.1 200 OK
Content-Type: application/json
{
  "Response": [{
    "Decision": "Permit"
  ]]
}
```

보안 사이드카에 의해 노출된 token 엔드포인트는 새로운 토큰을 얻기 위해 마이크로서비스에 의해 호출될 수 있으며, 이는 다른 다운스트림 마이크로서비스와 통신하기에 충분하다. 이 엔드포인트는 OAuth 2.0 token 엔드포인트에서 표준화할 수 있으며, OAuth 2.0 토큰 교환[16] 프로파일을 지원한다. token 엔드포인트에 대한 요청은 원래 토큰과 통신하려는 다운스트림 마이크로서비스를 나타내는 식별자를 전달한다. 이에 대한 응답으로 새로운 토큰을 얻는다. 다음 텍스트는 token 엔드포인트에 대한 요청과 응답을 보여준다.

```
POST /token HTTP/1.1
Host: sidecar.local
Content-Type: application/x-www-form-urlencoded

grant_type=urn:ietf:params:oauth:grant-type:token-exchange
&resource=foo
```

---

16 https://tools.ietf.org/html/draft-ietf-oauth-token-exchange-10

&subject_token=SlAV32hkKG &subject_token_type=urn:ietf:params:oauth:token-type:access_
token
HTTP/1.1 200 OK
Content-Type: application/json
Cache-Control: no-cache, no-store
{
  "access_token":"eyJhbGciOiJFUzI1NiIsImtpZCI6Ijllc",
  "issued_token_type": "urn:ietf:params:oauth:token-type:access_token",
  "token_type":"Bearer",
  "expires_in":60
}

요약

11장에서는 마이크로서비스 보안과 관련된 일반적인 패턴과 기본 사항을 설명했다. 서비스 간 통신 보안은 마이크로서비스 보안에서 가장 중요한 부분으로, JWT와 인증 서라는 두 가지 옵션이 있다. 에지 보안은 대부분 OAuth 2.0이 포함된 API 게이트웨이에서 처리한다. 접근 제어 마이크로서비스에는 중앙 집중식 PDP와 내장형 PDP라는 두 가지 모델이 있다. 11장의 끝부분에서는 마이크로서비스 아키텍처의 보안 사이드카가 지닌 가치도 논의했다. 마이크로서비스 보안의 기본 원리를 이해하는 것은 상용 수준의 마이크로서비스 배포를 구축하는 핵심이다. 12장에서는 스프링 부트를 사용해 마이크로서비스 보안을 구현하는 방법을 설명한다.

12장

마이크로서비스 보안

11장, '마이크로서비스 보안의 기본 사항'에서 마이크로서비스 보안과 관련된 일반적인 패턴과 기본 사항을 설명했다. 따라서 11장을 아직 읽지 않았다면, 11장부터 먼저 읽어보는 것이 좋다. 12장에서는 스프링 부트를 사용해 마이크로서비스 보안을 구현하는 방법을 설명한다. 최종 사용자 또는 시스템으로서 마이크로서비스를 직접 호출하는 법, 두 마이크로서비스 간 통신을 보호하는 법, 접근 제어 및 액추에이터 엔드포인트 접근을 보호하는 법을 설명한다.

OAuth 2.0으로 마이크로서비스 보안

일반적인 마이크로서비스 배포에서 OAuth 2.0은 에지 보안에 사용된다(그림 12-1 참조). 마이크로서비스 배포 앞에 있는 게이트웨이는 OAuth 2.0 접근 토큰의 유효성을 검사하고 다운스트림 마이크로서비스에 자체 토큰을 발행한다. 이 토큰은 모든 다운스트림 마이크로서비스에서 신뢰하는 내부 보안 토큰 서비스(STS)에서 발행한 다른 OAuth 토큰일 수 있다. 자체 포함 접근 토큰(또는 JSON 웹 토큰)인 경우, 마이크로서비스 자체는 서명을 확인해 토큰의 유효성을 검사할 수 있다. 그렇지 않은 경우에는 보안 토큰 서비스에 의해 노출된 토큰 유효성 검증 엔드포인트와 통신해야 한다. 12장의 예에서는 게이트웨이 상호작용을 생략하고, 접근 토큰을 수신하는 마이크로서비스가 토큰 발급자와 대화해 이를 검증하는 과정을 다룬다.

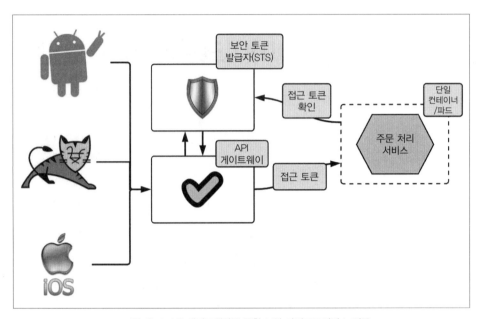

▲ 그림 12-1 API 게이트웨이를 통한 보안 마이크로서비스 접근

TLS 사용

그림 12-1에 사용된 OAuth 2.0 토큰은 무기명^{bearer} 토큰이다. 무기명 토큰은 현금과 같다. 누군가가 당신에게서 10달러를 훔쳐갔다고 할 때, 그 돈으로 스타벅스에서 커피 한 잔을 사지 못하도록 그 누구도 막을 수는 없다. 계산원은 그 사람에게 돈의 소유권을 증명하도록 요구하지 않을 것이다. 마찬가지로 무기명 토큰을 훔치는 사람은 누구나 토큰을 사용해 토큰 소유자를 가장하고 리소스(또는 마이크로서비스)에 접근할 수 있다. 무기명 토큰을 사용할 때마다 보안 통신 채널을 통해 토큰을 사용해야 하

므로 그림 12-1에 표시된 모든 통신 채널에 대해 TLS를 활성화해야 한다.

노트　12장의 예제를 실행하려면 자바 8 이상 버전, 메이븐 3.2 이상 버전, 깃 클라이언트가 필요하다. 해당 도구를 성공적으로 설치한 후에는 깃 저장소(https://github.com/microservices-for-enterprise/samples.git)를 복제해야 한다. 12장의 샘플은 ch12 디렉터리에 있다.

```
:\> git clone https://github.com/microservices-for-enterprise/samples.git
```

TLS를 활성화하려면 먼저 공개 키/개인 키 쌍을 만들어야 한다. 다음 명령은 기본 자바 배포본과 함께 제공되는 keytool을 사용해 키 쌍을 생성하고, 이를 keystore.jks 파일에 저장한다. 이 파일은 키 저장소라고도 하며 다른 형식일 수 있다. 가장 널리 사용되는 형식은 JKS^{Java Key Store}와 PKCS#12다. JKS는 자바에만 해당되는 반면, PKCS#12는 PKCS^{Public-Key Cryptography Standards}에 정의된 표준 가운데 하나다. 다음 명령에서 storetype 인수를 사용해 JKS로 설정함으로써 키 저장소 유형을 지정한다.

```
\> keytool -genkey -alias spring -storetype JKS -keyalg RSA -keysize 2048 -keystore keystore.jks -validity 3650
```

이 명령의 alias 인자는 키 저장소에 저장된 생성된 키를 식별하는 방법을 지정한다. 지정된 키 저장소에 여러 키가 저장될 수 있으며 해당 별칭 값은 고유해야 한다. 여기서는 spring을 별칭으로 사용한다. validity 인자는 생성된 키가 10년 또는 3,650일 동안만 유효하다는 것을 지정한다. keysize 및 keystore 인자는 생성된 키의 길이와 키가 저장된 키 저장소의 이름을 지정한다. genkey 옵션은 keytool에게 새 키를 생성하도록 지시한다. genkey 대신 genkeypair 옵션을 사용할 수도 있다. 이 명령이 실행되면 키 저장소 비밀번호를 입력하라는 메시지가 표시되고, 여기에 표시된 대로 인증서를 생성하는 데 필요한 데이터를 입력하라는 메시지가 표시된다.

```
Enter keystore password: XXXXXXXX Re-enter new password: XXXXXXXX What is your first
and last name?
  [Unknown]: foo
What is the name of your organizational unit?
  [Unknown]: bar
What is the name of your organization?
  [Unknown]: zee
What is the name of your City or Locality?
  [Unknown]: sjc
What is the name of your State or Province?
  [Unknown]: ca
What is the two-letter country code for this unit?
  [Unknown]: us
Is CN=foo, OU=bar, O=zee, L=sjc, ST=ca, C=us correct?
  [no]: yes
```

이 예에서 생성된 인증서는 자체 서명 인증서[self-signed certificate]라고 한다. 즉, 인증 기관(CA)이 없는 인증서다. 일반적으로 프로덕션 배포에서는 공개 인증 기관이나 엔터프라이즈 수준의 인증 기관을 사용해 공개 인증서에 서명하므로, 인증 기관을 신뢰하는 모든 클라이언트가 이를 확인할 수 있다. 마이크로서비스 배포에서 인증서를 사용해 서비스 간 통신을 보호하는 경우에는 공개 인증 기관을 가질 필요가 없다. 자체 인증 기관을 가질 수 있기 때문이다.

노트   각 마이크로서비스마다 키 쌍과 함께 고유한 키 저장소를 생성해야 한다. 편의상 12장에서는 모든 마이크로서비스에 동일한 키 저장소를 사용한다.

스프링 부트 마이크로서비스에 대해 TLS를 사용하려면, 이전에 작성된 키 저장소 파일(keystore.jks)을 샘플의 홈 디렉터리(예: ch12/sample01/)에 복사하고 아래 코드를 [SAMPLE_HOME]/src/ main/resources/application.properties에 추가하자. 샘플 깃 저장소에서 다운로드한 샘플에는 이미 이러한 값이 있다. 샘플에서는 springboot

를 키 저장소와 개인 키의 암호로 사용하고 있다.

```
server.port: 8443
server.ssl.key-store: keystore.jks
server.ssl.key-store-password: springboot
server.ssl.keyAlias: spring
```

모든 것이 제대로 작동하는지 확인하려면 ch12/sample01/ 디렉터리에서 다음 명령을 사용해 TokenService 마이크로서비스를 시작하자. HTTPS 포트를 출력하는 행을 확인하자.

```
\> mvn spring-boot:run Tomcat started on port(s): 8443 (https) with context path "
```

노트 다음 절에서 소개하는 모든 예제에서는 TLS가 여기서 만든 것과 동일한 키 저장소를 사용해 구성됐다고 가정한다.

OAuth 2.0 인가 서버 설정

인가 서버의 책임은 클라이언트에 토큰을 발행하고 다운스트림 마이크로서비스의 유효성 검증 요청에 응답하는 것이다. 인가 서버는 그림 12-1에 표시된 것처럼 STS^Security Token Service의 역할도 한다. WSO2 아이덴티티 서버^WSO2 Identity Server, 키클락^Keycloak, 글루^Gluu 등 많은 오픈소스 OAuth 2.0 인가 서버가 존재한다. 프로덕션 배포에서 그중 하나를 사용할 수 있지만, 이 예에서는 스프링 부트를 사용해 간단한 OAuth 2.0 인가 서버를 설정한다. 그것은 또 다른 마이크로서비스며 개발자 테스트에 매우 유용하다. 인가 서버에 해당하는 코드는 ch12/sample01 디렉터리에 있다.

주목할 만한 메이븐 의존성에 대해 ch12/ sample01/pom.xml을 살펴보자. 이러한 종속성에는 스프링 부트 애플리케이션을 OAuth 2.0 인가 서버로 전환하기 위한 새로운 어노테이션 세트(@EnableAuthorizationServer 어노테이션과 @EnableResourceServer 어노테이션)가 도입됐다.

```xml
<dependency>
  <groupId>org.springframework.boot</groupId>
  <artifactId>spring-boot-starter-security</artifactId>
</dependency>
<dependency>
  <groupId>org.springframework.security.oauth</groupId>
  <artifactId>spring-security-oauth2</artifactId>
</dependency>
```

sample01/src/main/java/com/apress/ch12/sample01/TokenServiceApp.java 클래스는 프로젝트를 OAuth 2.0 인가 서버로 바꾸는 @EnableAuthorizationServer 어노테이션을 포함한다. 접근 토큰의 유효성을 검사하고 사용자 정보를 반환하기 위해 리소스 서버 역할도 해야 하므로 @EnableResourceServer 어노테이션을 동일한 클래스에 추가했다. 용어가 다소 혼란스럽지만, 그것이 스프링 부트에서 토큰 유효성 검사 엔드포인트(사실, 토큰 유효성 검사를 간접적으로 수행하는 사용자 정보 엔드포인트)를 구현하는 가장 쉬운 방법임을 알 수 있다. 자체 포함 접근 토큰(JWT)을 사용하는 경우에는 이 토큰 유효성 검증 엔드포인트가 필요하지 않다.

스프링 부트 인증 서버에 클라이언트를 등록하는 방법은 여러 가지가 있다. 이 예제는 sample01/src/main/java/com/apress/ch12/sample01/config/Authorization ServerConfig.java 파일에서 코드 자체에 클라이언트를 등록한다. Authorization ServerConfig 클래스는 AuthorizationServerConfigurerAdapter 클래스를 확장해 기본 동작을 대체한다. 여기서 클라이언트 ID를 10101010으로, 클라이언트 시크릿을 11110000으로, 사용 가능한 범위 값을 foo 또는 bar로, 권한 부여 유형을 client_credentials, password, refresh_token으로, 접근 토큰의 유효 기간을 60초로 설정했다. 여기

서 사용하는 대부분의 용어는 OAuth 2.0과 11장에서 설명했다.

```java
@Override
public void configure(ClientDetailsServiceConfigurer clients) throws Exception {
  clients.inMemory().withClient("10101010")
    .secret("11110000").scopes("foo", "bar")
    .authorizedGrantTypes("client_credentials", "password", "refresh_token")
    .accessTokenValiditySeconds(60);
}
```

password 허가 유형을 지원하려면 인가 서버가 사용자 저장소에 접속해야 한다. 사용자 저장소는 사용자 자격 증명 및 특성을 저장하는 데이터베이스 또는 LDAP 서버일 수 있다. 스프링 부트는 여러 사용자 저장소와의 통합을 지원하지만, 이 예제에 가장 적합하고 가장 편리한 저장소는 메모리 내 사용자 저장소라는 점을 다시 한 번 밝혀둔다. sample01/src/main/java/com/apress/ch12/sample01/config/WebSecurity Conguration.java 파일의 다음 코드는 USER 역할의 사용자를 시스템에 추가한다.

```java
@Override
public void configure(AuthenticationManagerBuilder auth) throws Exception {
  auth.inMemoryAuthentication()
    .withUser("peter").password("peter123").roles("USER");
}
```

스프링 부트에서 메모리 내 사용자 저장소를 정의한 후에는 다음에 표시된 대로 sample01/src/main/java/com/apress/ch12/sample01/config/AuthorizationSer verConfig.java 코드에서 OAuth 2.0 인가 플로와 연계해야 한다.

```java
@Autowired
private AuthenticationManager authenticationManager;
@Override
public void configure(AuthorizationServerEndpointsConfigurer endpoints) throws
```

```
Exception {
  endpoints.authenticationManager(authenticationManager);
}
```

인가 서버를 시작하려면 ch12/sample01/ 디렉터리에서 다음 명령을 사용해 Token Service 마이크로서비스를 시작하자.

```
\> mvn spring-boot:run
```

클라이언트 자격 증명 OAuth 2.0 허가 유형을 사용해 접근 토큰을 얻으려면 다음 명령을 사용하자. $CLIENTID 및 $CLIENTSECRET 값을 적절하게 바꾸자. 이 예에 사용된 클라이언트 ID와 클라이언트 시크릿의 하드 코딩된 값은 각각 10101010과 11110000이다.

```
\> curl -v -X POST --basic -u $CLIENTID:$CLIENTSECRET -H "Content-Type: application/
x-www-form-urlencoded;charset=UTF-8" -k -d "grant_type=client_ credentials&scope=foo"
https://localhost:8443/oauth/token {"access_token":"81aad8c4-b021-4742-93a9-
e25920587c94","token_ type":"bearer","expires_in":43199,"scope":"foo"}
```

노트 curl 명령에서 −k 옵션을 사용했다. https 엔드포인트를 보호하기 위해 자체 서명된(신뢰할 수 없는) 인증서가 있으므로 curl에게 신뢰 유효성 검증을 무시하도록 알리기 위해 −k 매개변수를 전달해야한다. 여기서 사용된 매개변수에 대한 자세한 내용은 OAuth 2.0 6749 RFC(https://tools.ietf.org/html/rfc6749)를 참조하자.

OAuth 2.0 passowrd 허가 유형을 사용해 접근 토큰을 얻으려면 아래 명령을 사용한다. 여기서 $CLIENTID, $CLIENTSECRET, $USERNAME, $PASSWORD 값을 적절히 바꿔야 한다는 점을 명심하자. 이 예에서 사용된 클라이언트 ID와 클라이언트 시크릿의 하드 코딩된 값은 각각 10101010과 11110000이다. 사용자 이름과 비밀번호로 peter와

peter123을 사용했다.

```
\> curl -v -X POST --basic -u $CLIENTID:$CLIENTSECRET -H "Content-Type: application/
x-www-form-urlencoded;charset=UTF-8" -k -d "grant_type=password& username=$USERNAME&
password=$PASSWORD&scope=foo" https://localhost:8443/ oauth/token

{"access_token":"69ff86a8-eaa2-4490-adda-6ce0f10b9f8b","token_ type":"bearer","refresh_
token":"ab3c797b-72e2-4a9a-a1c5- c550b2775f93","expires_in":43199,"scope":"foo"}
```

노트　OAuth 2.0 클라이언트 인증서 허가 유형과 패스워드 허가 유형에 대한 두 가지 응답을 주의 깊게 관찰하면, 클라이언트 인증서 허가 유형 흐름에 리프레시 토큰이 없는 것을 알 수 있다. OAuth 2.0에서 리프레시 토큰은 접근 토큰이 만료될 때 새 접근 토큰을 얻는 데 사용된다. 이것은 사용자가 오프라인 상태이고 클라이언트 애플리케이션이 자신의 자격 증명에 접근해 새 접근 토큰을 얻을 수 없는 경우에 매우 유용하다. 이 경우에 유일한 방법은 리프레시 토큰을 사용하는 것이다. 클라이언트 인증서 허가 유형의 경우에는 사용자가 관여하지 않으며 항상 자체 자격 증명에 접근할 수 있으므로, 새 접근 토큰을 얻으려면 언제든지 사용할 수 있다. 따라서 리프레시 토큰이 필요하지 않다.

인증 서버와 대화해 접근 토큰의 유효성을 검사하는 방법을 살펴보자. 리소스 서버가 일반적으로 이 작업을 수행한다. 리소스 서버에서 실행되는 인터셉터는 요청을 가로채고 접근 토큰을 추출한 다음 인가 서버와 통신한다. 다음 절에서 리소스 서버(OAuth 2.0으로 보호되는 다른 마이크로서비스)를 구성하는 방법을 살펴볼 것이다. 다음 명령은 이전 명령에서 얻은 접근 토큰을 검증하기 위해 인가 서버와 직접 통신하는 방법을 보여준다. $TOKEN 값을 해당 접근 토큰으로 바꾸자.

```
\> curl -k -X POST -H "Authorization: Bearer $TOKEN" -H "Content-Type: application/
json" https://localhost:8443/user
{"details":{"remoteAddress":"0:0:0:0:0:0:0:1","sessionId":null,"tokenValue": "9f3319a1-
c6c4-4487-ac3b-51e9e479b4ff","tokenType":"Bearer","decodedDetails": null},"authorities"
:[],"authenticated":true,"userAuthentication":null, "credentials":"","oauth2Request":
{"clientId":"10101010","scope":["bar"], "requestParameters":{"grant_type":"client_
```

credentials","scope":"bar"}, "resourceIds":[],"authorities":[],"approved":true,
"refresh":false, "redirectUri":null,"responseTypes":[],"extensions":{},"grantType":
"client_credentials","refreshTokenRequest":null},"clientOnly":true, "principal":
"10101010","name":"10101010"}

이 명령은 토큰이 유효한 경우 접근 토큰과 관련된 메타데이터를 반환한다. 응답은 다음 코드 스니펫에 표시된 대로 sample01/src/main/java/com/apress/ch12/sample01/TokenServiceApp.java 클래스의 user() 메서드 내에서 조립된다. @Request Mapping 어노테이션을 사용해 (요청의) /user 컨텍스트를 user() 메서드에 매핑한다.

```
@RequestMapping("/user")
public Principal user(Principal user) {
  return user;
}
```

노트 기본적으로 스프링 부트는 확장 없이 발행된 토큰을 메모리에 저장한다. 토큰을 발행한 후 서버를 다시 시작하고 유효성을 검증하면 오류 응답이 발생한다.

OAuth 2.0으로 마이크로서비스 보호

이 절에서는 OAuth 2.0으로 스프링 부트 마이크로서비스를 보호하는 방법을 설명한다. OAuth 용어에서는 리소스 서버다. OAuth 2.0으로 보호된 주문 처리 마이크로서비스에 해당하는 코드는 ch12/sample02 디렉터리에 있다. OAuth 2.0으로 마이크로서비스를 보호하기 위해 @EnableResourceServer 어노테이션을 sample02/src/main/java/com/apress/ch12/sample02/OrderProcessingApp.java 클래스에 추가하고, sample02/src/main/resources/application.properties 파일의 security.oauth2.resource.user-info-uri 속성이 인가 서버의 사용자 정보 엔드포인트를 가리키

도록 하자. 다음은 sample02에 해당하는 application.properties 파일을 보여준다. security.oauth2.resource.jwt.keyUri 속성은 기본적으로 주석 처리된다. 11장의 뒷부분에서 사용법을 설명한다.

```
server.port=9443
server.ssl.key-store: keystore.jks
server.ssl.key-store-password: springboot
server.ssl.keyAlias: spring
security.oauth2.resource.user-info-uri=https://localhost:8443/user #security.oauth2.
resource.jwt.keyUri: https://localhost:8443/oauth/token_key
```

주문 처리 마이크로서비스는 HTTPS를 통해 사용자 정보 엔드포인트를 호출하고 자체 서명된 인증서를 사용해 인가 서버를 보호하므로 이 호출로 인해 신뢰 유효성 검증 오류가 발생한다. 이를 극복하기 위해 ch12/sample01/keystore.jks에서 인가 서버의 공용 인증서를 새 키 저장소로 내보내고 주문 처리 마이크로서비스의 신뢰 저장소로 설정해야 한다.

다음 keytool 명령을 사용해 공용 인증서를 내보내고 cert.crt 파일에 저장하자. keystore.jks를 보호하는데 사용되는 비밀번호는 springboot다. keytool이 특정 별명으로 인증서를 내보내도록 지시하는 export 인자 대신 exportcert 인자를 사용할 수도 있다.

```
\> keytool -export -keystore keystore.jks -alias spring -file cert.crt
```

이어서 다음 keytool 명령을 사용해 cert.crt를 사용함으로써 새 신뢰 저장소를 작성하자. 여기서는 authserver를 별명으로 사용해 trust-store.jks에 인가 서버의 공개 인증서를 저장하고, 신뢰 저장소를 ch12/sample02 디렉터리에 복사한다(기본적으로 샘플 깃 저장소에서 코드를 복제할 때 샘플의 해당 디렉터리 아래에 샘플을 실행하는 데 필요한 모든 키 저장소와 신뢰 저장소가 있다). trust-store.jks를 보호하기 위해 동일한 비밀번호 spring boot를 사용한다. keytool이 지정된 별명으로 인증서를 가져오도록 지시하는 import 인자 대신 importcert 인자를 사용할 수도 있다.

```
\> keytool -import -file cert.crt -alias authserver -keystore trust- store.jks
```

또한 코드에서 신뢰 저장소의 위치와 비밀번호를 시스템 매개변수로 설정해야 한다. 시스템 특성을 설정하는 sample02/src/main/java/com/apress/ch12/sample02/ OrderProcessingApp.java 클래스에 다음 코드 스니펫이 있다.

```
static {
  String path = System.getProperty("user.dir");
  System.setProperty("javax.net.ssl.trustStore", path
                              + File.separator + "trust-store.jks");
  System.setProperty("javax.net.ssl.trustStorePassword", "springboot");

  HttpsURLConnection.setDefaultHostnameVerifier(new HostnameVerifier()
  {
    public boolean verify(String hostname, SSLSession session) {
      return true;
    }
  });
}
```

신뢰 저장소 시스템 특성을 설정하는 것 외에, 이 코드 스니펫 코드의 마지막 몇 줄은 다른 작업도 수행한다. 신뢰 유효성 검사 외에도 인가 서버에 HTTPS 연결을 생성하는 동안 다른 잠재적인 문제에 직면할 수 있다. 서버에 대한 HTTPS 호출을 수행할 때 클라이언트는 일반적으로 서버 인증서의 일반 이름Common Name(CN)이 서버 URL의 호스트 이름과 일치하는지 확인한다. 예를 들어, user-info-url(권한 부여 서버를 가리키는)에서 localhost를 호스트 이름으로 사용하는 경우, 인가 서버의 공개 인증서에는 일반 이름으로 localhost가 있어야 한다. 그렇지 않으면 오류가 발생한다. 이 코드는

verify 함수를 재정의해 호스트 이름 확인을 무시하고 true를 반환한다. 이상적으로 프로덕션 배포에서는 적절한 인증서를 사용하고 이러한 해결 방법을 피해야 한다.

ch12/sample02/ 디렉터리에서 다음 명령을 사용해 주문 처리 마이크로서비스를 시작하자. 그것은 HTTPS 포트 9443에서 시작된다.

```
\> mvn spring-boot:run
```

먼저 유효한 접근 토큰이 없다면 오류 응답을 반환할 것으로 기대되는 서비스를 다음 cURL 명령으로 호출해보자.

```
\> curl -k https://localhost:9443/order/11
{"error":"unauthorized","error_description":"Full authentication is required to access
this resource"}
```

이제 OAuth 2.0 인증 서버에서 얻은 유효한 접근 토큰으로 동일한 서비스를 호출해보자. $TOKEN의 값이 올바른 접근 토큰으로 적절히 대체됐는지 확인하자.

```
\> curl -k -H "Authorization: Bearer $TOKEN" https://localhost:9443/order/11
{"customer_id":"101021","order_id":"11","payment_method":{"card_type": "VISA",
"expiration":"01/22","name":"John Doe","billing_address":"201, 1st Street, San Jose,
CA"},"items":[{"code":"101","qty":1},{"code":"103","qty": 5}],"shipping_address":"201,
1st Street, San Jose, CA"}
```

이 응답이 표시되면 OAuth 2.0 인가 서버와 OAuth 2.0으로 보호된 마이크로서비스가 제대로 실행되고 있는 것이다.

자체 포함 접근 토큰(JWT)으로 마이크로서비스 보안

11장에서는 JWT와 그 사용법을 자세히 설명했다. 이 절에서는 OAuth 2.0 인가 서버에서 발행한 JWT를 사용해 보호된 마이크로서비스에 접근한다.

JWT를 발행하도록 인가 서버 설정

이 절에서는 이전 절에서 사용했던 인가 서버(ch12/sample01/)를 확장해 자체 포함된 접근 토큰이나 JWT를 지원하는 방법을 살펴본다. 첫 번째 단계는 키 저장소와 함께 새 키 쌍을 만드는 것이다. 이 키는 인가 서버에서 발행된 JWT에 서명하는 데 사용된다. 다음 keytool 명령은 키 쌍을 사용해 새 키 저장소를 작성한다.

```
\> keytool -genkey -alias jwtkey -keyalg RSA -keysize 2048 -dname "CN=localhost"
-keypass springboot -keystore jwt.jks -storepass springboot
```

이 명령은 이름이 jwt.jks이고 비밀번호 springboot로 보호되는 키 저장소를 작성한다. 이 키 저장소는 sample01/src/main/resources/에 복사해야 한다. 자체 포함 접근 토큰을 생성하려면 sample01/src/main/resources/application.properties 파일에서 다음 속성의 값을 설정해야 한다.

```
spring.security.oauth.jwt: true
spring.security.oauth.jwt.keystore.password: springboot
spring.security.oauth.jwt.keystore.alias: jwtkey
spring.security.oauth.jwt.keystore.name: jwt.jks
```

spring.security.oauth.jwt의 값은 기본적으로 false로 설정되며, JWT를 발행하려면 true로 변경해야 한다. 다른 세 가지 속성은 설명이 필요하므로 키 저장소를 만들 때 사용한 값을 기준으로 적절하게 설정해야 한다.

소스 코드에서 JWT를 지원하기 위한 눈에 띄는 변경 사항을 살펴보자. 먼저 pom.xml 파일에서 JWT 생성을 처리하는 다음 종속성을 추가해야 한다.

```
<dependency>
  <groupId>org.springframework.security</groupId>
  <artifactId>spring-security-jwt</artifactId>
</dependency>
```

sample01/src/main/java/com/apress/ch12/sample01/config/AuthorizationServerConfig.java 클래스에서는 키 저장소에서 개인 키를 검색하는 방법에 대한 세부 사항을 주입하는 다음 메소드를 추가했다. 이 개인 키는 JWT에 서명하는 데 사용된다.

```
@Bean
protected JwtAccessTokenConverter jwtConeverter() {
  String pwd = environment.getProperty(
                        "spring.security.oauth.jwt.keystore.password");
  String alias = environment.getProperty(
                        "spring.security.oauth.jwt.keystore.alias");
  String keystore = environment.getProperty(
                        "spring.security.oauth.jwt.keystore.name");

  KeyStoreKeyFactory keyStoreKeyFactory = new KeyStoreKeyFactory(
                               new ClassPathResource(keystore),
                                pwd.toCharArray());
  JwtAccessTokenConverter converter = new JwtAccessTokenConverter();
  converter.setKeyPair(keyStoreKeyFactory.getKeyPair(alias));
  return converter;
}
```

동일한 클래스 파일에서 JwtTokenStore를 토큰 저장소로 설정했다. 다음 함수는 spring.security.oauth.jwt 속성이 application.properties 파일에서 true로 설정된 경우에만 JwtTokenStore를 토큰 저장소로 설정하는 방식으로 이를 수행한다.

```
@Bean
public TokenStore tokenStore() {
  String useJwt = environment.getProperty("spring.security.oauth.jwt");
  if (useJwt != null && "true".equalsIgnoreCase(useJwt.trim())) {
    return new JwtTokenStore(jwtConeverter());
  } else {
    return new InMemoryTokenStore();
  }
}
```

마지막으로, 다음 함수에서 수행하는 것처럼 JWT를 사용하려는 경우를 확인해 토큰 저장소를 AuthorizationServerEndpointsConfigurer에 설정해야 한다.

```
@Autowired
private AuthenticationManager authenticationManager;

@Override
public void configure(AuthorizationServerEndpointsConfigurer endpoints) throws
Exception {
  String useJwt = environment.getProperty("spring.security.oauth.jwt");
  if (useJwt != null && "true".equalsIgnoreCase(useJwt.trim())) {
    endpoints.tokenStore(tokenStore()).tokenEnhancer(jwtConeverter())
                                .authenticationManager(authenticationManager);
  } else {
    endpoints.authenticationManager(authenticationManager);
  }
}
```

인가 서버를 시작하려면 ch12/sample01/ 디렉터리에서 다음 명령을 사용해 자체 포함 접근 토큰(JWT)을 발행하도록 TokenService 마이크로서비스를 시작하자.

```
\> mvn spring-boot:run
```

클라이언트 자격 증명 OAuth 2.0 허가 유형을 사용해 접근 토큰을 얻으려면 다음 명령을 사용하자. $CLIENTID 및 $CLIENTSECRET 값을 적절하게 바꾸자.

```
\> curl -v -X POST --basic -u $CLIENTID:$CLIENTSECRET -H "Content-Type: application/
x-www-form-urlencoded;charset=UTF-8" -k -d "grant_type=client_ credentials&scope=foo"
https://localhost:8443/oauth/token
```

이 명령은 base64-url로 인코딩된 JWT를 반환하며, 다음 내용은 디코딩된 버전을 보여준다.

```
{ "alg": "RS256", "typ": "JWT" }
{ "scope": [ "foo" ], "exp": 1524793284, "jti": "6e55840e-886c-46b2-bef7-
1a14b813dd0a", "client_id": "10101010" }
```

디코딩된 헤더와 페이로드만 여기에 표시된다. 서명(JWT의 세 번째 부분)은 생략한다. client_credentials 허가 유형을 사용했으므로 JWT에는 대상 또는 사용자 이름이 포함되지 않는다. 또한 JWT에는 토큰과 관련된 대상 범위 값도 포함된다.

JWT로 마이크로서비스 보호

이 절에서는 이전 절에서 사용한 주문 처리 마이크로서비스(ch12/sample02/)를 확장해 자체 발급 접근 토큰 또는 JWT를 지원하는 방법을 살펴본다. sample02/src/main/resources/application.properties 파일에서 security.oauth2.resource.user-info-uri 속성을 주석 처리하고, security.oauth2.resource.jwt.keyUri 속성을 주석 해제하면 된다. 완전한 application.properties 파일은 다음과 같다.

```
#security.oauth2.resource.user-info-uri:https://localhost:8443/user security.oauth2.
resource.jwt.keyUri: https://localhost:8443/oauth/token_key
```

여기서 security.oauth2.resource.jwt.keyUri의 값은 JWT에 서명하는 데 사용한 개인 키에 대응하는 공개 키를 가리킨다. 인증 서버에서 호스팅되는 엔드포인트인 https://localhost:8443/oauth/token_key를 브라우저에 입력하면 여기에 표시된 대로 공개 키가 표시된다. 리소스 서버, 여기서 주문 처리 마이크로서비스는 이 공개 키를 사용해 요청의 JWT 서명을 확인한다.

```
{
  "alg":"SHA256withRSA",
  "value":"-----BEGIN PUBLIC KEY-----\
nMIIBIjANBgkqhkiG9w0BAQEFAAOCAQ8AMIIBCgKCAQEA+WcBjPsrFvGOwqVJd8vpV+ gNx5onTyLjYx864mtIv
UxO8D4mwAaYpjXJgsre2dcXjQ03BOLJdcjY5Nc9Kclea09nhFIEJD G3obwxm9gQw5Op1TShCP30Xqf8b7I738E
HDFT6qABul7itIxSrz+AqUvj9LSUKEw/ cdXrJeu6b71qHd/YiElUIA0fjVwlFctbw7REbi3Sy3nWdm9yk7M3GI
Kka77jxw1MwIBg2klf DJgnE72fPkPi3FmaJTJA4+9sKgfniFqdMNfkyLVbOi9E3DlaoGxEit6fKTI9GR1SWX40
Fhh gLdTyWdu2z9RS2BOp+3d9WFMTddab8+fd4L2mYCQIDAQAB\n-----END PUBLIC KEY-----"
}
```

OAuth 2.0 인가 서버에서 얻은 JWT 접근 토큰이 있으면, 이전과 마찬가지로 다음 cURL 명령을 사용해 보호된 리소스에 접근할 수 있다. $TOKEN의 값이 유효한 접근 토큰으로 바뀌었는지 확인하자.

```
\> curl -k -H "Authorization: Bearer $TOKEN" https://localhost:9443/order/11
{"customer_id":"101021","order_id":"11","payment_method":{"card_type":"VISA",
"expiration":"01/22","name":"John Doe","billing_address":"201, 1st Street, San Jose,
CA"},"items":[{"code":"101","qty":1},{"code":"103","qty":5}], "shipping_address":"201,
1st Street, San Jose, CA"}
```

마이크로서비스에 대한 접근 제어

마이크로서비스에 대한 접근을 제어하는 방법은 여러 가지가 있다. 이 절에서는 접근 토큰과 사용자 역할에 관련된 범위를 기반으로 마이크로서비스에서 다른 작업에 대한 접근을 제어하는 방법을 살펴본다.

범위 기반 접근 제어

여기서는 자체 포함 접근 토큰(또는 JWT)을 사용하며, 먼저 OAuth 2.0 인가 서버에서 유효한 JWT를 가져와야 한다. 다음 명령은 범위가 foo인 JWT 접근 토큰을 가져온다. $CLIENTID 및 $CLIENTSECRET 값을 적절히 바꾸고 sample01(인가 서버)을 계속 실행하자.

```
\> curl -v -X POST --basic -u $CLIENTID:$CLIENTSECRET -H "Content-Type: application/
x-www-form-urlencoded;charset=UTF-8" -k -d "grant_type=client_ credentials&scope=foo"
https://localhost:8443/oauth/token
```

주문 처리 마이크로서비스(sample02)에 대한 범위 기반 접근 제어scope-based access control를 사용하려면, 여기에 표시된 대로 @EnableGlobalMethodSecurity 어노테이션을 sample02/src/main/java/com/apress/ch12/sample02/OrderProcessingApp.java 클래스에 추가해야 한다.

```
@SpringBootApplication
@EnableGlobalMethodSecurity(prePostEnabled = true)
@EnableResourceServer
public class OrderProcessingApp {
}
```

이제 메서드 수준에서 @PreAuthorize 어노테이션을 사용해 범위 기반 접근 제어를 시행한다. sample02/src/main/java/com/apress/ch12/sample02/service/OrderProcessing. java 클래스의 다음 메서드에 접근하려면 bar 범위가 필요하다.

```
@PreAuthorize("#oauth2.hasScope('bar')")
```

```
@RequestMapping(value = "/{id}", method= RequestMethod.GET)
public ResponseEntity<?> getOrder(@PathVariable("id") String orderId) {
}
```

이전에 얻은 foo 범위만 가지는 JWT 접근 토큰으로 다음 cURL 명령을 실행해보자. 토큰에 필요한 범위 값이 없으므로 명령에 오류가 발생한다.

```
\> curl -k -H "Authorization: Bearer $TOKEN" https://localhost:9443/ order/11
{"error":"access_denied","error_description":"Access is denied"}
```

역할 기반 접근 제어

이전 절과 마찬가지로 여기서는 자체 포함 접근 토큰(또는 JWT)을 사용해야 하며, 먼저 OAuth 2.0 인가 서버에서 유효한 JWT를 가져와야 한다.

다음 cURL 명령은 비밀번호 허가 유형을 사용해 JWT 접근 토큰을 제공한다. $CLIENTID, $CLIENTSECRET, $USERNAME, $PASSWORD 값을 적절히 바꿔야 한다는 것을 명심하자. 범위 기반 시나리오와 달리 클라이언트 자격 증명 허가 유형은 기본적으로 클라이언트와 연결된 역할이 없으며(사용자만 있음), 여기서는 작동하지 않는다.

```
\> curl -v -X POST --basic -u $CLIENTID:$CLIENTSECRET -H "Content-Type: application/
x-www-form-urlencoded;charset=UTF-8" -k -d "grant_type=passwor d&username=$USERNAME&
password=$PASSWORD&scope=foo" https://localhost:8443/ oauth/token
```

주문 처리 마이크로서비스(sample02)에 대한 역할 기반 접근 제어를 사용하려면, 여기에 표시된 대로 @EnableGlobalMethodSecurity 어노테이션을 sample02/src/main/java/com/apress/ch12/sample02/OrderProcessingApp.java 클래스에 추가해야 한다(이것은 이전 절에서 범위 기반 접근 제어를 설정하는 과정과 동일하다).

```
@SpringBootApplication
@EnableGlobalMethodSecurity(prePostEnabled = true)
@EnableResourceServer
public class OrderProcessingApp {
}
```

이제 메서드 수준에서 @PreAuthorize 어노테이션을 사용해 역할 기반 접근 제어를 시
행하자. sample02/src/main/java/com/apress/ch12/sample02/service/OrderProcessing.
java 클래스의 다음 메서드에 접근하려면 USER 역할이 필요하다. 기본적으로 인가 서
버에서 peter라는 사용자에게 USER 역할을 추가한다. 따라서 그에게 발행된 접근 토
큰은 이 작업에 접근하기에 충분해야 한다.

```
@PreAuthorize("hasRole(USER)")
@RequestMapping(value = "/{id}", method= RequestMethod.GET)
public ResponseEntity<?> getOrder(@PathVariable("id") String orderId) {
}
```

이전에 얻은 JWT 접근 토큰으로 foo 범위만 있는 다음 cURL 명령을 실행해보자.
USER 역할이 있는 사용자에게 발급된 경우에는 성공으로 응답해야 한다.

```
\> curl -k -H "Authorization: Bearer $TOKEN" https://localhost:9443/order/11
```

마지막으로, 범위와 역할 모두에 의해 메서드에 대한 접근을 제어하려는 경우에는 해
당 메소드에 대해 다음 어노테이션을 사용할 수 있다.

```
@PreAuthorize("#oauth2.hasScope('bar') and hasRole('USER')")
```

서비스 간 통신 보호

이전 절에서 OAuth 2.0 인증을 설정하고 OAuth 2.0으로 마이크로서비스를 보호하는 방법을 설명했다. 이 절에서는 하나의 마이크로서비스를 다른 마이크로서비스에서 안전하게 호출하는 방법을 살펴본다. 여기서 두 가지 접근 방식을 따르는데, 하나는 JWT를 기반으로 하고, 다른 하나는 TLS 상호 인증을 기반으로 한다.

JWT로 보호된 서비스 간 통신

이 절에서는 JWT를 전달해 다른 마이크로서비스에서 OAuth 2.0으로 보호된 마이크로서비스를 호출하는 방법을 살펴본다.

그림 12-2는 재고 마이크로서비스를 도입해 그림 12-1을 확장한다. 주문을 받으면 주문 처리 마이크로서비스가 재고 마이크로서비스와 통신해 재고를 업데이트한다. 여기서 주문 처리 마이크로서비스는 자신이 얻는 접근 토큰을 재고 마이크로서비스에 전달한다.

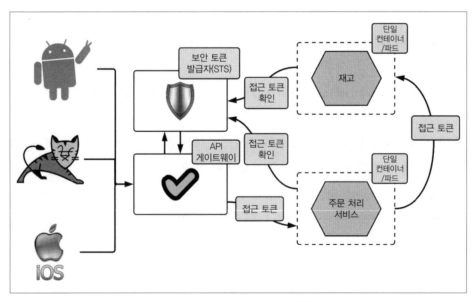

▲ 그림 12-2 OAuth 2.0으로 서비스 간 통신 보호

자체 포함(JWT) 접근 토큰을 사용하면 그림 12-2의 토큰 유효성 검사 단계가 변경된다. 이 경우에는 마이크로서비스에서 인가 서버(또는 보안 토큰 발행자)로의 유효성 검증 호출이 없다. 각 마이크로서비스는 인가 서버에서 해당 공개 키를 가져오고 JWT의 서명을 로컬에서 검증한다.

이 예에서는 JWT 접근 토큰을 사용한다. 이전 절에서는 JWT와 함께 작동하도록 인가 서버(sample01)와 주문 처리 마이크로서비스(sample02)를 이미 구성했다. 이제 재고 마이크로서비스를 설정하는 방법을 살펴보자. 재고 마이크로서비스에 해당하는 코드는 ch12/sample03 디렉터리에 있다. 재고 마이크로서비스의 작동 방식은 sample02의 주문 처리 마이크로서비스와 거의 동일하다. JWT 인증을 사용하려면 sample03/src/main/resources/application.properties 파일에서 다음 특성의 주석 처리를 제거하자.

```
security.oauth2.resource.jwt.keyUri: https://localhost:8443/oauth/token_key
```

이제 sample03 디렉터리에서 실행되는 다음 메이븐 명령으로 재고 마이크로서비스를 시작할 수 있다. 서비스는 HTTPS 포트 10443에서 시작된다.

```
\> mvn spring-boot:run
```

엔드 투 엔드end-to-end 플로를 실행하려면 주문 처리(sample02) 마이크로서비스에서 주문해야 한다. 주문 처리 마이크로서비스는 재고(sample03) 마이크로서비스와만 통신한다. 주문 처리 마이크로서비스에 대해 cURL 클라이언트를 실행하기 전에 재고 마이크로서비스와 통신하는 코드를 살펴보자. 클라이언트 애플리케이션에서 얻은 접근 토큰(주문 처리 마이크로서비스)을 자동으로 전달하는 OAuth2RestTemplate을 사용해 재고 마이크로서비스와 통신한다. 해당 코드는 sample02/src/main/java/com/apress/ch12/sample02/client/InventoryClient.java 파일에서 사용 가능하다. 주문 처리 마이크로서비스는 클라이언트 애플리케이션에서 전체 주문을 가져온 다음, 요청에서 품목 목록을 추출하고 재고 마이크로서비스와 대화해 재고를 업데이트한다.

```
@Component
public class InventoryClient {
  @Autowired
  OAuth2RestTemplate restTemplate;
  public void updateInventory(Item[] items) {
    URI uri = URI.create("https://localhost:10443/inventory");
    restTemplate.put(uri, items);
  }
}
```

OAuth 2.0 인증 서버(sample01)가 실행 중이라 가정하고 다음 cURL 명령을 실행해 접근 토큰을 가져오자. $CLIENTID, $CLIENTSECRET, $USERNAME, $PASSWORD 값을 적절히 바꿔야 한다는 점을 명심하자. 또한 foo와 bar를 범위 값으로 전달한다.

```
\> curl -v -X POST --basic -u $CLIENTID:$CLIENTSECRET -H "Content-Type: application/
x-www-form-urlencoded;charset=UTF-8" -k -d "grant_type=password &username=$USERNAME&
password=$PASSWORD&scope=foo bar"
https://localhost:8443/oauth/token
```

이 명령은 JWT 접근 토큰을 생성한다. 이 토큰과 함께 다음 cURL 명령을 실행하고 주문 처리 마이크로서비스(sample02)와 대화해 주문을 시작하자.

```
curl -v -k -H "Authorization: Bearer $TOKEN" -H "Content-Type: application/json" -d
'{"customer_id":"101021","payment_method":{"card_type": "VISA","expiration":"01/22","na
me":"John Doe","billing_address":"201, 1st Street, San Jose, CA"},"items":[{"code":"101
","qty":1},{"code":"103"," qty":5}],"shipping_address":"201, 1st Street, San Jose,
CA"}' https:// localhost:9443/order
```

모두 제대로 작동하면 cURL 클라이언트에서 201 HTTP 상태 코드를 볼 수 있으며,

재고 마이크로서비스를 실행하는 터미널에 주문 번호가 출력돼야 한다.

TLS 상호 인증으로 보호된 서비스 간 통신

이 절에서는 주문 처리 마이크로서비스와 재고 마이크로서비스 사이에서 TLS 상호 인증을 활성화하는 방법을 살펴본다. 대부분의 경우 TLS 상호 인증은 서버 간에 인증을 활성화하는 데 사용되는 반면, JWT는 마이크로서비스 간에 사용자 컨텍스트를 전달하는 데 사용된다.

상호 인증을 사용하기 위한 기본 요구 사항 중 하나는 각 서비스에 고유한 키 저장소 (keystore.jks)와 신뢰 저장소(trust-store.jks)가 있어야 한다는 것이다. 둘 다 키 저장소이지만 키 저장소라는 용어를 사용하면 서버의 개인 키/공개 키 쌍을 저장하는 키 저장소라는 점을 강조하는 것이고, 신뢰 저장소는 신뢰할 수 있는 서버와 클라이언트의 공개 인증서를 저장한다는 점을 강조한다. 예를 들어, 주문 처리 마이크로서비스가 TLS 상호 인증으로 보안 설정된 재고 마이크로서비스와 통신할 때는 주문 처리 마이크로서비스의 공개 키에 서명하는 인증 기관의 공개 인증서가 재고 마이크로서비스의 신뢰 저장소(sample03/trust-store.jks)에 존재해야 한다.

여기서는 자체 서명된 인증서를 사용하기 때문에 인증 기관이 없으므로 공개 인증서 자체를 포함한다. TLS 상호 인증 클라이언트 역할을 하는 주문 처리 마이크로서비스는 인증을 위해 TLS 데이터 교환 중에 키 저장소(sample02/keystore.jks)의 키를 사용한다. 또한 재고 마이크로서비스의 공개 키를 서명한 인증 기관의 공개 인증서를 신뢰 저장소(sample02/trust-store.jks)에 저장해야 한다. 다시 한 번 강조하지만, 인증 기관이 없기 때문에 공개 인증서 자체를 저장한다. 그림 12-3은 여기서 논의한 내용을 보여준다.

주문 처리 마이크로서비스에서 키 저장소 설정과 관련된 단계를 다시 살펴보자. 먼저 sample02/keystore.jks에 키 저장소가 있고 sample02/trust-store.jks에 신뢰 저장

소가 있는지 확인하자. 두 키 저장소와 관련된 다음 속성은 sample02/src/main/
java/com/apress/ch12/sample02/OrderProcessingApp.java 파일에서 적절하게
설정된다. 또한 재고 마이크로서비스의 공개 인증서를 sample02/trust-store.jks 파
일에 이미 추가했다.

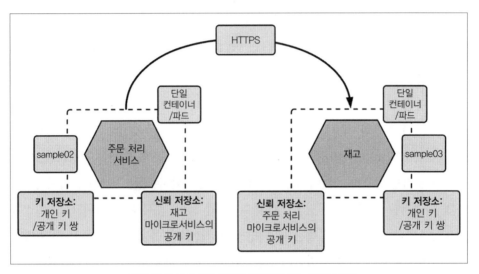

▲ 그림 12-3 TLS 상호 인증을 용이하게 하는 인증서 배포

```
System.setProperty("javax.net.ssl.trustStore", path + File.separator + "trust-store.
jks"); System.setProperty("javax.net.ssl.trustStorePassword", "springboot") System.
setProperty("javax.net.ssl.keyStore", path + File.separator + "keystore.jks"); System.
setProperty("javax.net.ssl.keyStorePassword", "springboot");
```

javax.net.ssl.keyStore와 javax.net.ssl.keyStorePassword 시스템 속성이 설정되면 클
라이언트는 TLS 핸드셰이크 중에 클라이언트 키를 요청하는 서버에 응답하기 위해
해당 키 쌍을 자동으로 선택한다.

이제 서버 측 구성을 살펴보자. 재고 마이크로서비스의 키 저장소가 /sample03/key
store.jks에 있고, 신뢰 저장소가 sample03/trust-store.jks에 있어야 한다. 신뢰 저

장소와 관련된 다음 속성은 sample03/src/main/java/com/apress/ch12/sample03/InventoryApp.java 파일에서 적절하게 설정된다. 여기서는 신뢰 저장소 속성만 설정했다. 키 저장소가 TLS 클라이언트 역할을 하지 않는 한, 키 저장소와 관련된 속성을 설정할 필요가 없다.

```
System.setProperty("javax.net.ssl.trustStore", path + File.separator + "trust-store.jks");
System.setProperty("javax.net.ssl.trustStorePassword", "springboot");
```

재고 마이크로서비스에 대해 TLS 상호 인증을 사용하려면 sample03/src/main/resources/application.properties 파일에서 다음 속성을 설정하자.

```
server.ssl.client-auth:need
```

이제 유효한 접근 토큰으로 주문 처리 마이크로서비스를 호출해 완전한 전체 흐름을 테스트할 수 있다. 요청을 처리하기 위해 주문 처리 마이크로서비스는 TLS 상호 인증으로 보호되는 재고 마이크로서비스와 통신한다.

```
curl -v -k -H "Authorization: Bearer $TOKEN" -H "Content-Type: application/json" -d
'{"customer_id":"101021","payment_method":{"card_type": "VISA","expiration":"01/22",
"name":"John Doe","billing_address":"201, 1st Street, San Jose, CA"},"items":[{"code":"
101","qty":1},{"code":"103", "qty":5}],"shipping_address":"201, 1st Street, San Jose,
CA"}' https://localhost:9443/order
```

액추에이터 엔드포인트 보안

스프링 부트는 액추에이터^{actuator}를 통해 즉시 사용 가능한 모니터링 기능을 제공한다. 스프링 부트 마이크로서비스의 경우, 다음 종속성을 추가해 액추에이터 엔드포인트를 활성화할 수 있다.

```
<dependency>
  <groupId>org.springframework.boot</groupId>
  <artifactId>spring-boot-starter-actuator</artifactId>
</dependency>
```

이 종속성이 포함된 샘플 마이크로서비스 프로젝트는 ch12/sample04에서 사용할 수 있다. 다음 명령을 사용해 sample04 디렉터리에서 주문 처리 마이크로서비스를 시작하자. 서비스는 HTTPS 포트 8443에서 시작된다.

```
\> mvn spring-boot:run
```

현재 보안을 설정하지 않았으므로 다음 cURL 명령을 실행하면 응답이 성공적으로 반환된다.

```
\> curl -k https://localhost:8443/health
{"status":"UP"}>
```

보안을 활성화하려면 sample04/pom.xml 파일에 다음 종속성을 추가해야 한다.

```
<dependency>
  <groupId>org.springframework.boot</groupId>
  <artifactId>spring-boot-starter-security</artifactId>
</dependency>
```

이제 sample04/src/main/java/com/apress/ch12/sample04/config/Security Config.java 파일에서 @Configuration 클래스 수준 어노테이션을 주석 해제하자. 기본적으로 주석 처리되므로, 스프링 부트가 해당 클래스에서 재정의한 구성을 사용하지 않고 보안되지 않은 시나리오를 시도할 수 있다. 같은 클래스에서 다음 코드 스니펫은 admin이라는 사용자를 ACTUATOR 역할로 시스템에 소개한다. 액추에이터 엔드포인트가 확보되면 ACTUATOR 역할의 사용자만 엔드포인트를 호출할 수 있다.

```
@Override
public void configure(AuthenticationManagerBuilder auth) throws Exception {
  auth.inMemoryAuthentication().withUser("admin")
                                .password("admin").roles("ACTUATOR");
}
```

이제 서비스를 다시 시작하고 admin/admin 자격 증명으로 동일한 cURL 명령을 시도하자.

```
\> curl -k --basic -u admin:admin https://localhost:8443/health
{"status":"UP"}
```

요약

11장에서는 마이크로서비스 보안과 관련된 일반적인 패턴과 기본 사항을 논의했다. 12장에서는 스프링 부트로 개발된 마이크로서비스로 이러한 패턴을 작성하는 데 중점을 뒀다. 13장에서는 마이크로서비스 배포에서 관찰 가능성의 역할을 설명한다.

13장

관찰 가능성

데이터를 수집하는 데는 많은 비용이 들지 않지만, 데이터가 필요할 때 가지고 있지 않다면 많은 비용이 든다. 2016년 3월 아마존은 20분 동안 서비스가 중단됐으며 예상 손실은 375만 달러였다. 또한 2017년 1월 델타 항공의 시스템 중단으로 인해 170편 이상의 항공편이 취소됐으며 약 850만 달러의 손실이 발생했다. 두 경우 모두 올바른 수준의 데이터를 수집했다면, 근본 원인을 식별해 이러한 동작을 예측하거나 데이터가 발생하자마자 복구할 수 있었을 것이다. 다시 말해, 정보가 많을수록 더 나은 결정을 내릴 수 있다.

관찰 가능성은 시스템의 내부 상태가 외부 출력에 대한 지식에서 얼마나 잘 추론될 수 있는지를 측정한 것이다.[1] 이는 가장 중요한 측면 중 하나이며 모든 마이크로서비스 디자인에 적용돼야 한다. 각 마이크로서비스의 처리량, 성공/실패한 요청의 수, CPU 사용률, 메모리와 기타 네트워크 리소스, 일부 비즈니스 관련 메트릭을 추적해야 한다. 13장에서는 관찰 가능성의 필요성, 역할 로깅, 메트릭, 관찰 가능성에서 추

---

1 https://en.wikipedia.org/wiki/Observability

적의 역할, 스프링 클라우드 슬루스^{Spring Cloud Sleuth}, 집킨, 예거를 사용한 분산 추적 시스템의 구축 방법, 프로메테우스와 그라파나를 통한 시각화, 모니터링, 경고의 작동 방법을 설명한다.

관찰 가능성의 세 기둥

관찰 가능성은 세 가지 관찰 방식으로 알려진 로깅, 메트릭, 추적을 이용해 달성할 수 있다. 로깅은 이벤트 기록에 관한 것이다. 이벤트는 무엇이든 될 수 있다. 마이크로서비스를 거치는 각 트랜잭션은 타임스탬프^{timestamp}, 상태(성공/실패), 개시자^{initiator} 등을 포함한 다른 관련 메타데이터로 기록될 수 있다. 이벤트 측정에서 데이터를 결합하면 메트릭이 도출된다. 예를 들어, 단위 시간에 처리된 트랜잭션의 수와 트랜잭션 성공/실패 비율은 마이크로서비스에 대한 메트릭이다. 메트릭은 서비스가 얼마나 잘(또는 얼마나 나쁘게) 수행되고 있는지 표시한다. 다른 예는 지연 시간이다. 로그는 마이크로서비스에 해당하는 모든 요청의 타임스탬프와 해당 응답을 캡처한다. 이 두 타임스탬프의 차이가 해당 요청의 지연 시간이다. 일종의 메트릭인 특정 서비스의 평균 지연 시간은 시간에 따른 이러한 모든 시간 차이를 고려해 도출된다. 여기서 메트릭으로서의 지연 시간은 마이크로서비스가 느린지, 빠른지를 결정하는 데 도움이 된다. 또한 경고를 설정하려는 경우 항상 메트릭을 선택한다. 시스템이 예상보다 느리게 작동하기 시작할 때 경고를 받으려면 지연 시간에 대한 경고를 설정할 수 있다. 평균 지연 시간이 사전 설정된 임계값보다 낮은 경우에는 시스템이 경고를 트리거한다. 요약하면 메트릭은 추세를 식별하는 데 도움이 된다.

추적은 로그에서도 파생된다. 추적은 시스템의 작동 방식에 대한 다른 견해로, 각 이벤트의 순서와 하나의 이벤트가 다른 이벤트에 미치는 영향을 고려한다. 예를 들어, 추적을 사용하면 주문 처리 마이크로서비스로 다시 추적해 청구 마이크로서비스에 대한 요청이 실패한 근본 원인을 찾을 수 있다. 추적이 항상 다른 시스템들에 걸쳐 있을 필요는 없으며, 하나의 시스템 내에 있을 수 있다. 예를 들어, 주문하는 데 90밀리초가 걸리는 경우라면 추적은 지연의 정확한 위치와 다른 구성 요소가 미친 영향을 보여준다.

스프링 클라우드를 사용한 분산 추적

분산 추적은 여러 마이크로서비스에 걸친 특정 요청을 추적하는 데 도움이 된다. 마이크로서비스의 특성에 따라, 대부분의 경우에는 클라이언트의 단일 요청을 처리하기 위해 둘 이상의 마이크로서비스가 소비된다. 그림 13-1은 단일 주문 요청 중에 발생할 수 있는 마이크로서비스 간의 모든 상호작용을 보여준다. 일부 요청은 직접 서비스 간의 호출이며, 다른 요청은 메시징 시스템을 기반으로 하는 비동기식 요청이다. 서비스 간 통신이 수행되는 방식에 관계없이 분산 추적은 클라이언트에 대한 응답을 구축하는 데 필요한 모든 마이크로서비스에 걸친 요청을 추적하는 방법을 제공한다.

분산 추적은 마이크로서비스뿐만 아니라 모든 분산 시스템에도 가치를 더한다. 요청이 네트워크의 다른 구성 요소(예: API 게이트웨이, ESB)를 통과할 때마다 모든 시스템에서 요청을 추적할 수 있어야 한다. 이는 지연 시간, 메시지 손실, 처리량 등과 관련된 문제를 식별하고 격리하는 데 도움이 된다.

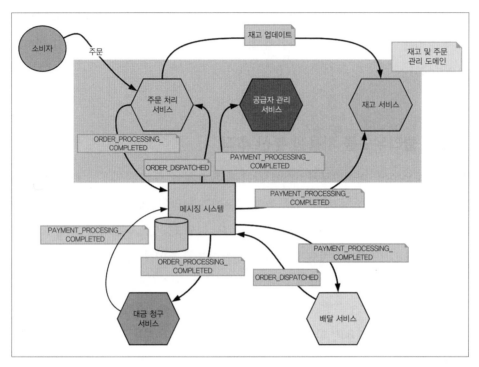

▲ 그림 13-1 마이크로서비스 간 통신

스프링 클라우드 슬루스

스프링 클라우드 슬루스는 스프링 마이크로서비스[2]에 대한 분산 추적 솔루션을 구현한다. 슬루스는 구글의 프로덕션 분산 시스템 추적 인프라인 대퍼[Dapper][3]에서 많은 개념과 용어를 차용한다. 슬루스의 기본 작업 단위는 스팬[span]이라고 한다. 스팬은 통신 네트워크의 두 지점 사이에서 수행된 작업을 나타낸다. 예를 들어 주문 처리 마이크로서비스(그림 13-1 참조)는 클라이언트로부터 주문을 받고 주문을 처리한다. 그런 다음, 재고 마이크로서비스와 동기적으로 통신하고 응답을 받으면 ORDER_PROCESSING_

---

2   https://cloud.spring.io/spring-cloud-sleuth/

3   https://storage.googleapis.com/pub-tools-public-publication-data/pdf/36356.pdf

COMPLETED 이벤트를 메시징 시스템에 게시한다. 그림 13-2는 전체 통신 네트워크에서 서로 다른 지점 간에 스팬이 식별되는 방법을 보여준다. 해당 요청이 주문 처리 마이크로서비스에 도달하면 스팬은 초기 값을 얻는다. 실제로 스팬의 값은 64비트 식별자다(그림 13-2에서 스팬을 나타내기 위해 알파벳 문자를 사용하더라도). 주문 처리 마이크로서비스 내부에 기록된 모든 메시지는 스팬 ID A를 전달한다. 주문 처리 마이크로서비스에서 전송되고 재고 마이크로서비스가 수신한 요청은 스팬 ID B를 전달하며, 요청이 재고 마이크로서비스 내부에서 처리되는 동안에는 스팬 ID C를 보유한다.

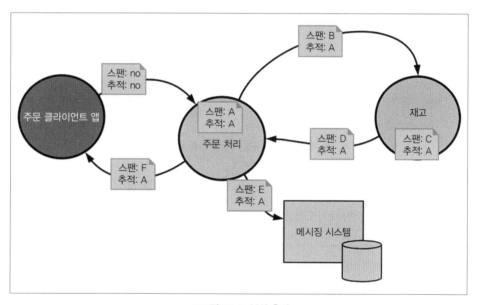

▲ 그림 13-2 분산 추적

각 스팬에는 부모 스팬이 존재한다. 예를 들어 스팬 B의 부모 스팬은 스팬 A이지만, 스팬 A의 부모 스팬은 null이다. 마찬가지로 스팬 A도 스팬 E의 부모다. 그림 13-3은 부모-자식 관계에 의해 스팬을 정렬한다. 트리와 같은 구조를 형성하는 스팬 세트를 추적trace이라고 한다. 지정된 요청에 대한 모든 스팬에서 추적 값이 동일하게 유지된다. 그림 13-2에 따라 추적 값은 A이며 모든 범위에서 동일한 값을 가진다. 추적

ID는 마이크로서비스 간에 메시지를 서로 연관시키는 데 도움이 된다. 추적 ID가 주어질 경우, 다른 마이크로서비스의 모든 로그가 중앙 추적 시스템에 게시되면 다른 시스템에서 메시지를 추적할 수 있다.

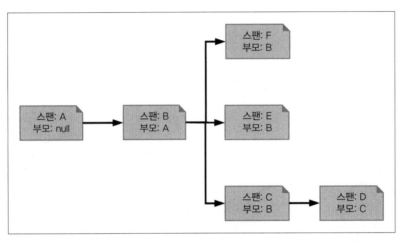

▲ 그림 13-3 트리와 같은 구조를 형성하는 스팬 세트

그럼 직접 한번 해보자! 스프링 클라우드 슬루스를 사용해 예제 스프링 마이크로서비스로 분산 추적을 수행하는 방법을 살펴본다.

노트 13장의 예제를 실행하려면 자바 8 이상 버전, 메이븐 3.2 이상 버전, 깃 클라이언트가 필요하다. 해당 도구를 성공적으로 설치하고 나면 깃 저장소(https://github.com/microservices-for-enterprise/samples.git)를 복제해야 한다. 13장의 예제는 ch13 디렉터리에 있다.

:\> git clone https://github.com/microservices-for-enterprise/samples.git

---

스프링 부트 마이크로서비스에 스프링 클라우드 슬루스 사용

스프링 부트로 슬루스를 사용하는 것은 매우 간단하다. 깃 저장소에서 모든 예제를 다운로드하면 ch13/sample01 디렉터리에서 이 예제와 관련된 소스 코드를 찾을 수 있다.

ch13/sample01/pom.xml 파일에 추가된 주목할 만한 메이븐 종속성을 살펴보자. spring-cloud-starter-sleuth 의존성은 슬루스와 관련된 모든 존속성을 가져온다. 메이븐 프로젝트에 한 번 추가하면 슬루스 스팬 및 추적이 모든 로그에 자동으로 추가된다. 슬루스는 지정된 마이크로서비스로 들어오는 모든 HTTP 요청을 가로채고, 모든 메시지를 검사해 추적 정보가 이미 사용 가능한지 여부를 확인한다. 추적 정보가 사용 가능하면, 이를 추출해 해당 마이크로서비스에서 사용 가능하게 한다. 또한 슬루스는 추적 정보를 스프링 MDC^{Spring Mapped Diagnostic Context}(스프링 매핑된 진단 컨텍스트)에 주입하므로 마이크로서비스에서 작성된 로그에 추적 데이터가 자동으로 포함된다. HTTP 요청이 마이크로서비스에서 나올 때, 슬루스는 다시 한 번 추적 정보를 아웃바운드 요청 또는 응답에 삽입한다.

```
<dependency>
  <groupId>org.springframework.cloud</groupId>
  <artifactId>spring-cloud-starter-sleuth</artifactId>
  <version>2.0.0.RC1</version>
</dependency>
```

주문 검색 요청과 관련된 데이터를 기록하는 소스 코드(ch13/sample01/src/main/java/com/apress/ch13/sample01/service/OrderProcessing.java)를 살펴보자. 여기서 메시지를 기록하는 데 사용되는 로깅 API는 슬루스와 무관하며 단순히 slf4j[4] API다.

---

4   https://www.slf4j.org/

```
import org.slf4j.Logger;
import org.slf4j.LoggerFactory;

@RequestMapping(value = "/{id}", method = RequestMethod.GET)
public ResponseEntity<?> getOrder(@PathVariable("id") String orderId) {
  Logger.info("retrieving order:" + orderId);
  Item book1 = new Item("101", 1);
  Item book2 = new Item("103", 5);

  PaymentMethod myvisa = new PaymentMethod("VISA", "01/22", "John Doe",
                                    "201, 1st Street, San Jose, CA");
  Order order = new Order("101021", orderId, myvisa, new Item[] { book1,
                          book2 }, "201, 1st Street, San Jose, CA");
  return ResponseEntity.ok(order);
}
```

코드를 실행하기 전에 ch13/sample01/src/main/resources/application.properties 파일에 구성해야 할 몇 가지 중요한 속성이 있다.

```
spring.application.name=sample01
spring.sleuth.sampler.percentage=0.1
```

spring.application.name 속성의 값은 추적 ID 및 스팬 ID와 함께 서비스 이름으로 로그에 추가된다. 슬루스를 사용하면 서비스 이름, 추적 ID, 스팬 ID와 집킨에 로그가 게시되는지 여부를 나타내는 플래그가 로그에 추가된다. 다음 예에서 sample01은 서비스 이름(등록 정보 파일에서 선택)이고, d25a633196c01c19(첫 번째 것)는 추적 ID이며, d25a633196c01c19(두 번째 것)는 스팬 ID이고, false는 이 로그가 집킨에 게시되지 않았음을 나타낸다. 13장의 뒷부분에서 집킨을 살펴보므로 당분간은 마이크로서비스 배포에서 모든 추적 정보를 캡처하는 서버로 생각하자.

```
INFO [sample01,d25a633196c01c19,d25a633196c01c19,false] 27437 --- [nio- 9000- exec-2]
c.a.c.sample01.service.OrderProcessing: retrieving order:11
```

application.properties 파일의 `spring.sleuth.sampler.percentage` 속성은 추적해야 하는 요청의 백분율을 나타낸다. 해당 값은 기본적으로 `0.1`로 설정돼 있으므로 모든 요청 중 10%만 집킨에 게시된다. 해당 값을 `1.0`으로 설정하면 모든 요청이 게시된다.

이제 주문 처리 마이크로서비스를 실행하고, 다음 cURL 명령(ch13/sample01 디렉터리에서 실행)으로 호출하는 방법을 살펴보자.

```
\> mvn clean install
\> mvn spring-boot:run
\> curl http://localhost:9000/order/11
```

이 cURL 명령은 주문 세부 사항을 출력하며, 주문 처리 마이크로서비스를 실행하는 명령 콘솔을 보면 추적 ID 및 스팬 ID와 다른 메타데이터가 포함된 다음 로그를 찾을 수 있다.

```
INFO [sample01,d25a633196c01c19,d25a633196c01c19,false] 27437 --- [nio- 9000- exec-2]
c.a.c.sample01.service.OrderProcessing: retrieving order:11
```

그 자체로 도움이 되는 예를 찾지 못한다면, 그다지 놀랍지 않은 일이다. 주문 처리 서비스는 (전혀 추적을 하지 않으며) 로깅 이상을 수행하지 않는다. 다음 절에서는 의심을 없애고 추적의 가치를 확신시켜줄 것이다.

스프링 클라우드 슬루스를 사용해 여러 마이크로서비스 간의 메시지 추적

지금까지 여러 마이크로서비스를 통해 논의한 예를 확장하고 통신 네트워크에서 특정 요청이 어떻게 추적되는지 살펴보자. 이전의 지시 사항에 따라 주문 처리 마이크로서비스(sample01)를 이미 시작한 경우에는 계속 실행하자. 또한 재고 마이크로서비스도 시작해야 한다. ch13/sample02 디렉터리에서 다음 명령을 실행해 재고 마이크로서비스를 시작하자.

```
\> mvn clean install
\> mvn spring-boot:run
```

이제 cURL 클라이언트를 실행해 주문 처리 마이크로서비스로 주문하면, 재고 마이크로서비스와 대화해 재고를 업데이트한다(그림 13-1 참조).

```
\> curl -v -k -H "Content-Type: application/json" -d '{"customer_ id":"101021",
"payment_method":{"card_type":"VISA","expiration":"01/22","nam e":"John Doe","billing_
address":"201, 1st Street, San Jose, CA"},"items":[{ "code":"101","qty":1},{"code":
"103","qty":5}],"shipping_address":"201, 1st Street, San Jose, CA"}' http://localhost:
9000/order
```

주문 처리 마이크로서비스를 실행하는 명령 콘솔을 살펴보자. 콘솔에서 추적 정보와 함께 다음 로그를 출력해야 한다.

```
INFO [sample01,76f19c035e8e1ddb,76f19c035e8e1ddb,false] 29786 --- [nio- 9000- exec-1]
c.a.c.sample01.service.OrderProcessing : creating order :10dcc849-3d8d-49fb-ac58-
bc5da29db003
```

재고 마이크로서비스를 실행하는 명령 콘솔은 다음 로그를 출력한다.

```
INFO [sample04,76f19c035e8e1ddb,be46d1595ef606a0,false] 29802 --- [io- 10000- exec-1]
c.a.ch13.sample02.service.Inventory : item code 101 INFO [sample04,76f19c035e8e1ddb,be4
6d1595ef606a0,false] 29802 --- [io- 10000- exec-1] c.a.ch13.sample02.service.Inventory
: item code 103
```

두 마이크로서비스에서 출력된 두 로그 모두에서 추적 ID(76f19c035e8e1ddb)는 동일하지만, 각각 고유한 스팬 ID(76f19c035e8e1ddb와 be46d1595ef606a0)가 있다. 다음 절에서는 이러한 로그를 집킨에 게시하고 여러 마이크로서비스에서 요청의 전체 경로를 시각화하는 방법을 살펴본다.

집킨을 통한 데이터 시각화와 상관관계

집킨[5]은 마이크로서비스 간의 통신 경로를 시각화하고 연관시키는 데 유용한 분산 추적 시스템이며, 타이밍 데이터를 수집해 지연 시간 문제를 진단하는 데 도움이 된다. 추적 정보와 함께 로그를 집킨에 게시하도록 하면 모든 마이크로서비스를 계측할 수 있다(그림 13-4 참조).

노트　집킨에 대한 포괄적인 소개는 이 책의 범위를 벗어나므로, 더 자세한 내용을 알고 싶다면 https://zipkin.io/에서 제공되는 집킨 문서를 읽어보는 것을 권장한다.

집킨 설정은 도커를 사용하면 매우 간단하다. 8장, '마이크로서비스의 배포 및 실행'에서 도커를 자세히 설명했으며, 컴퓨터에 도커가 설치돼 있다고 가정하면 다음 명령으로 집킨을 포함해 컨테이너를 시작할 수 있다.

도커 없이 집킨을 사용하려면 https://zipkin.io/pages/quickstart.html의 설치 안내서를 참조하자.

```
\> docker run -d -p 9411:9411 openzipkin/zipkin
```

5　https://zipkin.io/

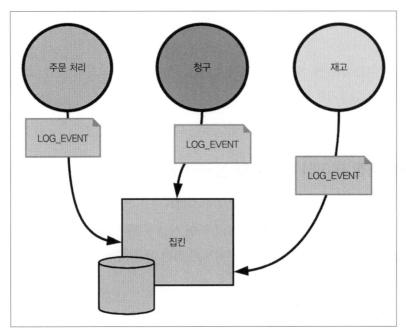

▲ 그림 13-4 각 마이크로서비스는 집킨에 로그를 게시해 측정된다.

이 명령은 호스트 시스템의 포트 9411을 도커 컨테이너의 포트 9411에 바인딩한다. 집킨 노드가 시작되면 http://localhost:9411/zipkin/을 통해, 또는 http://localhost:9411을 사용해 호스트 시스템에서 웹 기반 콘솔에 접근할 수 있다(그림 13-5 참조). 다음 단계는 주문 처리 및 재고 마이크로서비스(이전 절의 sample01과 sample02)의 구성을 업데이트해 로그를 집킨에 게시하는 것이다. 두 마이크로서비스가 모두 실행 중인 경우에는 먼저 중지하고 다음과 같이 application.properties 파일을 업데이트하자. 두 마이크로서비스 모두에 대해 이 작업을 수행해야 한다. spring.zipkin.baseUrl 속성은 집킨 서버의 서버 URL을 전달한다.

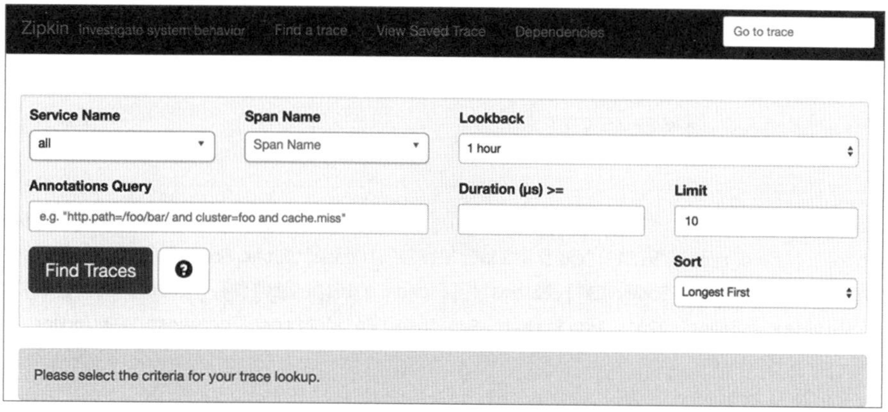

▲ 그림 13-5 집킨 웹 기반 콘솔

```
spring.zipkin.baseUrl=http://localhost:9411/
```

application.properties 파일에서 이 속성을 설정하는 것 외에도 집킨 통합을 완료하려면 두 마이크로서비스의 pom.xml 파일에 다음 종속성을 추가해야 한다. spring-cloud-sleuth-zipkin 의존성은 집킨 서버에 로그를 게시하는 것을 관리하며, 로그는 집킨이 이해하는 형식이어야 한다.

```
<dependency>
  <groupId>org.springframework.cloud</groupId>
  <artifactId>spring-cloud-sleuth-zipkin</artifactId>
  <version>2.0.0.RC1</version>
</dependency>
```

주문 처리 및 재고 마이크로서비스를 시작하고 다음 cURL 명령을 사용해 주문 처리 마이크로서비스로 주문하자. 몇 번을 실행해서 집킨에 충분한 로그를 모으자. 또한 모든 로그가 집킨으로 전송되지는 않는다(그것은 application.properties 파일의 spring.sleuth.sampler.percentage 속성에 설정한 값에 따라 다르다). 일반적인 마이크로서비스 배포에서 추적 데이터의 규모가 크므로 데이터 볼륨이 매우 커질 수 있다. 요청의 양과 마이크로서비스가 수행하는 작업의 비즈니스 중요도에 따라 집킨으로 샘플링하거나 보낼 요청의 비율을 결정할 수 있다.

```
\> curl -v -k -H "Content-Type: application/json" -d '{"customer_ id":"101021","payment
_method":{"card_type":"VISA","expiration":"01/22", "name":"John Doe","billing_address":
"201, 1st Street, San Jose, CA"},"items": [{"code":"101","qty":1},{"code":"103","qty":5
}],"shipping_address":"201, 1st Street, San Jose, CA"}' http://localhost:9000/order
```

각 마이크로서비스에서 집킨으로 게시된 추적 데이터의 경우, 각 마이크로서비스를 실행하는 명령 콘솔에 다음 로그가 출력된다. 추적 정보의 네 번째 매개변수가 각각에 추가돼 로그가 집킨에 게시되는지 여부를 나타내며 true로 설정된다.

```
INFO [sample01,bf581ac0009c6e48,bf581ac0009c6e48,true] 30166 --- [nio-9000- exec-1]
c.a.c.sample01.service.OrderProcessing : retrieving order:11
INFO [sample02,1a35024149ac7711,98239453fa5582ba,true] 30153 --- [io-10000- exec-7]
c.a.ch04.sample04.service.Inventory : item code 101
INFO [sample02,1a35024149ac7711,98239453fa5582ba,true] 30153 --- [io-10000- exec-7]
c.a.ch04.sample04.service.Inventory : item code 103
```

위에서 일어난 일은 슬루스가 애플리케이션 측정의 결과인 추적 정보를 집킨이 이해하는 형식으로 생성한 것이다. 집킨은 데이터 수집기이며, 모든 마이크로서비스가 추적된 데이터를 집킨에 게시하면 분산 추적을 수행하는 데 도움이 된다. 분산 추적을 수행하려면 두 파트가 모두 필요하다.

노트 예거[6]는 집킨과 대퍼에서 영감을 얻어 우버가 개발한 또 다른 오픈소스 분산 추적 시스템이다.

---

6   https://www.jaegertracing.io/

이제 게시된 추적 정보와 함께 집킨 서버에서 유용한 정보를 찾는 방법을 살펴보자. 집킨 웹 콘솔의 홈페이지에 있는 서비스 이름 드롭다운 상자에 sample01과 sample02라는 두 가지 이름이 있는 것을 알 수 있다. 이들은 두 개의 마이크로서비스와 관련된 서비스 이름이며, 여기서 하나의 서비스 이름을 선택하면 해당 마이크로서비스와 관련된 모든 추적 정보를 찾을 수 있다. 그림 13-6은 sample01 또는 주문처리 마이크로서비스와 관련된 추적 정보를 보여준다.

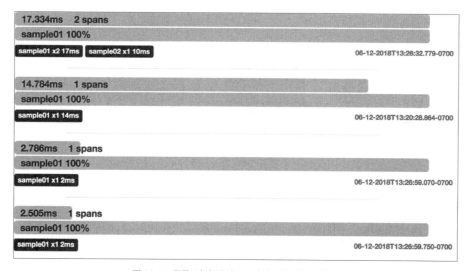

▲ 그림 13-6 주문 처리 마이크로서비스와 관련된 정보 추적

노트　집킨 아키텍처는 컬렉터, 스토리지, 검색, 웹 UI라는 네 가지 주요 구성 요소로 구축된다. 애플리케이션(또는 마이크로서비스)에서 게시된 추적 데이터가 먼저 수집기에 도달한다. 수집기는 조회할 데이터의 유효성을 검사, 저장, 인덱싱한다. 집킨의 스토리지는 교체가 가능하며 기본적으로 카산드라(Cassandra), 일래스틱서치(ElasticSearch), MySQL을 지원한다. 데이터가 색인화되고 저장되면, 집킨의 검색 구성 요소는 주로 웹 UI에서 사용되는 추적과 상호작용하기 위한 JSON API를 제공한다.

집킨에는 인바운드 및 아웃바운드 트래픽 패턴을 분석해 마이크로서비스에 대한 종속성 그래프를 작성하는 또 다른 멋진 기능이 있다. 이는 배포에 많은 마이크로서비

스가 있을 때 매우 유용하다. 아무튼 이 특정 예에서는 그림 13-7에 표시된 것처럼, 주문 처리(sample01) 마이크로서비스와 재고(sample02) 마이크로서비스 간의 매우 간단한 그래프다.

▲ 그림 13-7 주문 처리와 재고 마이크로서비스 간의 종속성 그래프

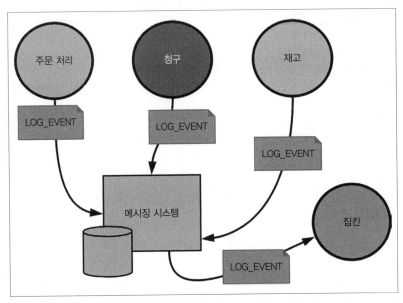

▲ 그림 13-8 이벤트 기반 로그 집계 아키텍처를 갖춘 집킨

이벤트 기반 로그 집계 아키텍처

이 절에서 논의할 내용의 고수준 디자인인 그림 13-4를 다시 살펴보자. 여기서의 디자인은 2장, '마이크로서비스 디자인'에서 제안한 것과 조금 다르다(그림 2-17 참조). 그림 13-8은 2장의 로그 수집기 아키텍처에 대한 권장 사항에 따라 재완료된 디자인

을 보여준다.

그림 13-4와 달리 여기서는 집킨 서버와 마이크로서비스 사이에 직접적인 연결이 없다. 각 마이크로서비스는 로그를 RabbitMQ 또는 카프카와 같은 메시징 시스템에 게시하며 집킨은 메시징 시스템에서 로그를 선택한다. 이 모델의 장점은 집킨 서버가 일정 시간 동안 다운돼도 마이크로서비스가 독립적으로 로그를 계속 게시할 수 있고 집킨이 재부팅될 때 메시징 시스템에서 로그를 모두 가져온다는 것이다.

오픈 트레이싱 소개

동일 마이크로서비스 배포의 서로 다른 마이크로서비스가 다른 추적 모듈을 사용하는 경우에는 분산 추적이 매우 까다로워진다. 예를 들어, 주문 처리 마이크로서비스는 슬루스를 사용해 범위와 추적을 생성할 수 있는 반면에 재고 마이크로서비스는 다른 모듈을 사용한다. 두 서비스 모두 추적된 데이터를 집킨에 게시할 수 있지만, 두 모듈이 범위와 추적에 대해 동일한 정의를 공유하고 생성된 추적 데이터를 서로 존중하지 않는 한 이 정보는 쓸모없다. 이로 인해 개발자는 모든 마이크로서비스에서 동일한 추적 모듈을 사용할 것을 강요받게 되는데, 이는 마이크로서비스와 관련해 자랑스럽게 말하는 폴리글롯 아키텍처를 위반한다. 오픈 트레이싱Open Tracing[7]은 공개 표준을 구축해 이 문제를 해결하기 위한 이니셔티브다. 오픈 트레이싱 데이터 모델은 스팬과 추적을 정확하게 정의한다.

오픈 트레이싱은 여러 프로그래밍 언어에서 작동해야 한다. 이 책을 저술하는 시점에서 Go, 파이썬, 자바스크립트, 자바, C#, 오브젝티브-C, C++, 루비, PHP와 같은 아홉 가지 프로그래밍 언어에 대한 언어 수준 API를 정의한다. 이러한 API에는 이미 여러 가지 구현이 있다. 우버가 개발한 오픈소스 분산 추적 시스템인 예거는 오픈 트

---

7 http://opentracing.io/

레이싱을 지원하며 자바, Go, 파이썬, Node.js, C++, C#과 같은 여러 프로그래밍 언어에 대한 오픈 트레이싱 클라이언트 라이브러리를 포함한다.

스프링 부트 마이크로서비스와 집킨을 사용한 오픈 트레이싱으로 분산 추적

집킨은 오픈 트레이싱을 지원하지만 슬루스는 지원하지 않는다. 슬루스는 추적 클라이언트로 생각할 수 있지만, 집킨은 추적된 모든 데이터를 수집하는 서버다. 이전 절에서 논의한 예에서 슬루스는 집킨의 추적 클라이언트로 사용됐고, 집킨 전용 포맷을 사용했으며, 오픈 트레이싱으로 작동하지 않는다. 이 절에서는 스프링 부트 마이크로서비스에서 오픈 트레이싱과 호환되는 추적 데이터를 게시하는 방법을 살펴보자. 이 예제와 관련된 소스 코드는 ch13/sample03 디렉터리에 있다.

ch13/sample03/pom.xml 파일에 추가된 주목할 만한 메이븐 종속성을 살펴보자. opentracing-spring-cloud-starter와 opentracing-spring-zipkin-starter 종속성은 오픈 트레이싱 호환 추적 정보를 집킨에 게시하는 데 필요한 모든 종속성을 가져온다.

```
<dependency>
  <groupId>io.opentracing.contrib</groupId>
  <artifactId>opentracing-spring-cloud-starter</artifactId>
  <version>0.1.13</version>
</dependency>
<dependency>
  <groupId>io.opentracing.contrib</groupId>
  <artifactId>opentracing-spring-zipkin-starter</artifactId>
  <version>0.1.1</version>
</dependency>
```

이전 절에서 집킨 노드를 계속 실행한다고 가정하면, opentracing.zipkin.http-sender.baseUrl 속성을 집킨 서버의 서버 URL을 전달하는 application.properties 파일에 추가하자.

```
opentracing.zipkin.http-sender.baseUrl=http://localhost:9411/
```

이어서 주문 처리 마이크로서비스를 실행하고, 다음 cURL 명령(ch13/sample03 디렉터리에서 실행)을 호출하자. 몇 번 수행한 후에 http://localhost:9411/zipkin/에서 실행되는 웹 콘솔을 통해 집킨에 기록된 데이터를 관찰하자.

```
\> mvn clean install
\> mvn spring-boot:run
\> curl http://localhost:9000/order/11
```

스프링 부트 마이크로서비스와 예거를 사용한 오픈 트레이싱으로 분산 추적

이전 절에서는 오픈 트레이싱 호환 추적을 집킨에 게시하는 방법을 설명했다. 집킨일 뿐만 아니라 오픈 트레이싱이므로 오픈 트레이싱을 지원하는 다른 제품들도 이를 받아들여야 한다. 이 절에서는 추적된 데이터를 스프링 부트 마이크로서비스에서 오픈 트레이싱과 호환되는 예거로 게시하는 방법을 보여준다(그림 13-9 참조). 예거는 집킨과 대퍼에서 영감을 얻어 우버가 개발한 또 하나의 오픈소스 분산 추적 시스템이다. 이 예제와 관련된 소스 코드는 ch13/sample04 디렉터리에 있다. HTTP 포트 16686과 UDP 포트 5775에서 실행을 시작하는 다음 명령으로 예거 도커 인스턴스를 가동시킬 수 있다. 시작되면 http://localhost:16686/을 통해 웹 콘솔에 접근할 수 있다.

```
\> docker run -d -p 5775:5775/udp -p 16686:16686 jaegertracing/all-in- one:latest
```

▲ 그림 13-9 예거 웹 콘솔

노트 예거에 대한 포괄적인 내용은 이 책에서 다루지 않는다. 따라서 자세한 내용을 알고 싶다면, https://www.jaegertracing.io/docs/에 있는 예거 문서를 참조하자.

---

ch13/sample04/pom.xml 파일에 추가된 주목할 만한 메이븐 종속성을 살펴보자. opentracing-spring-cloud-starter와 opentracing-spring-cloud-starter-jaeger 종속성은 오픈 트레이싱 호환 추적 정보를 예거에 공개하는 데 필요한 모든 종속성을 가져온다.

```
<dependency>
  <groupId>io.opentracing.contrib</groupId>
  <artifactId>opentracing-spring-cloud-starter</artifactId>
  <version>0.1.13</version>
</dependency>
<dependency>
  <groupId>io.opentracing.contrib</groupId>
  <artifactId>opentracing-spring-cloud-starter-jaeger</artifactId>
  <version>0.1.13</version>
</dependency>
```

스프링 부트 마이크로서비스에서 UDP 포트 5775를 사용해 예거 서버에 연결함으로써 추적을 게시한다. opentracing.jaeger.udp-sender.host와 opentracing.jaeger.udp-sender.host 속성을 application.properties 파일에 추가해야 한다.

```
opentracing.jaeger.udp-sender.host=localhost
opentracing.jaeger.udp-sender.port=5775
```

이어서 주문 처리 마이크로서비스를 실행하고, 다음 cURL 명령(ch13/sample04 디렉터리에서 실행)으로 호출하자. 몇 번 수행하고 http://localhost:16686/에서 실행되는 웹 콘솔을 통해 예거에 기록된 데이터를 관찰하자.

```
\> mvn clean install
\> mvn spring-boot:run
\> curl http://localhost:9000/order/11
```

프로메테우스가 포함된 메트릭

프로메테우스는 모니터링과 경고를 위한 오픈소스 시스템이다. 이 절에서는 프로메테우스를 사용해 마이크로서비스 배포를 모니터링하는 방법을 살펴본다. 작동 방식은 모든 마이크로서비스가 자체 엔드포인트를 노출해 메트릭을 외부에 노출시키고 프로메테우스가 주기적으로 해당 엔드포인트를 폴링하는 것이다(그림 13-10 참조).

노트 프로메테우스에 대한 포괄적인 내용은 이 책에서 다루지 않는다. 따라서 자세한 내용을 알고 싶다면 https://prometheus.io/에서 제공하는 프로메테우스 설명서를 참조하자.

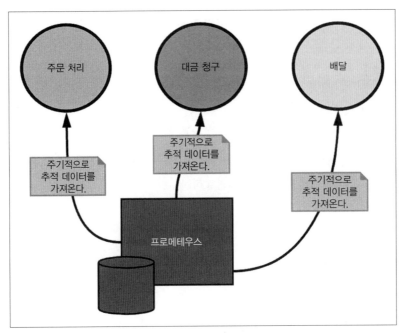

▲ 그림 13-10 프로메테우스가 연결된 마이크로서비스에서 추적 데이터를 가져온다.

스프링 부트 마이크로서비스 메트릭 노출하기

먼저 스프링 부트 마이크로서비스를 계측해 프로메테우스가 이해할 수 있는 형식으로 메트릭을 노출하는 방법을 살펴보자. 이 예제와 관련된 소스 코드는 ch13/sample05 디렉터리에 있다. ch13/sample05/pom.xml 파일에 추가된 주목할 만한 메이븐 종속성을 살펴보자. simpleclient_spring_boot와 simpleclient_hotspot 종속성은 메트릭을 프로메테우스에 노출하는 데 필요한 모든 종속성을 가져온다. simpleclient_spring_boot 종속성은 ch13/sample05/OrderProcessingApp.java 클래스 파일에 추가된 두 개의 클래스 레벨 어노테이션인 @EnablePrometheusEndpoint와 @EnableSpringBootMetricsCollector를 사용할 수 있게 해준다.

```
<dependency>
  <groupId>io.prometheus</groupId>
  <artifactId>simpleclient_spring_boot</artifactId>
  <version>0.1.0</version>
</dependency>
<dependency>
  <groupId>io.prometheus</groupId>
  <artifactId>simpleclient_hotspot</artifactId>
  <version>0.1.0</version>
</dependency>
```

스프링 부트 애플리케이션에서 보안 없이 메트릭을 노출하려면(네트워크 레벨 보안을 사용할 수 있음), ch13/sample05/src/main/resources/application.properties 파일에 다음 속성을 추가하자.

```
management.security.enabled=false
```

이제 모든 준비를 마쳤다. sample05 디렉터리에서 다음 명령을 사용해 주문 처리 마이크로서비스를 시작해보자.

```
\> mvn clean install
\> mvn spring-boot:run
```

서비스가 시작되면 http://localhost:9000/prometheus를 통해 서비스가 게시한 메트릭에 접근할 수 있다. 여기서 9000은 마이크로서비스가 실행 중인 포트다. 다음 텍스트는 이전 엔드포인트에서 잘려진 출력을 나열한다.

```
# HELP httpsessions_max httpsessions_max
# TYPE httpsessions_max gauge
httpsessions_max -1.0
#HELP httpsessions_active httpsessions_active
```

```
# TYPE httpsessions_active gauge
httpsessions_active 0.0
# HELP mem mem
# TYPE mem gauge
mem 549365.0
# HELP mem_free mem_free
# TYPE mem_free gauge
mem_free 211808.0
# HELP processors processors
# TYPE processors gauge
processors 8.0
# HELP instance_uptime instance_uptime
# TYPE instance_uptime gauge
instance_uptime 313310.0
# HELP uptime uptime
# TYPE uptime gauge
uptime 317439.0
# HELP systemload_average systemload_average
# TYPE systemload_average gauge
systemload_average 2.13720703125
# HELP heap_committed heap_committed
# TYPE heap_committed gauge
heap_committed 481280.0
# HELP heap_init heap_init
# TYPE heap_init gauge
heap_init 262144.0
# HELP heap_used heap_used
# TYPE heap_used gauge
heap_used 269471.0
# HELP heap heap
# TYPE heap gauge
heap 3728384.0
# HELP nonheap_committed nonheap_committed
# TYPE nonheap_committed gauge
nonheap_committed 71696.0
```

프로메테우스 설정

프로메테우스 설정은 도커에서 매우 간단하다. 먼저 프로메테우스가 모니터링할 모든 서비스를 포함하는 prometheus.yml 파일을 생성해야 한다. 다음 예제는 주문 처리 마이크로서비스(sample05)와 프로메테우스 인스턴스 자체를 포함하는 샘플 파일을 보여준다. 해당 prometheus.yml 파일은 여러 작업을 가질 수 있다. 프로메테우스 작업은 자체 모니터링(포트 9090에서 실행)을 처리하고, 주문 처리 작업은 10초마다 10.0.0.93:9000 엔드포인트를 폴링하도록 설정된다. 여기서 주문 처리 마이크로서비스를 실행하는 노드의 IP 주소를 사용해야 하고, 프로메테우스를 실행하는 도커 인스턴스에서 접근 가능해야 한다.

```
scrape_configs:
  - job_name: 'prometheus'
    scrape_interval: 10s
    static_configs:
      - targets: ['localhost:9090']
      - job_name: 'orderprocessing'
        scrape_interval: 10s
        metrics_path: '/prometheus'
        static_configs:
          - targets: ['10.0.0.93:9000']
```

이제 prometheus.yml 파일을 사용해 프로메테우스 도커 인스턴스를 시작하자.

```
:\> docker run -p 9090:9090 -v /path/to/prometheus.yml:/etc/prometheus/ prometheus.yml
prom/prometheus
```

프로메테우스 노드가 가동되면, URL http://localhost:9090/targets로 이동할 경우 모든 서비스, 프로메테우스 모니터, 개별 엔드포인트의 상태가 표시된다(그림 13-11 참조).

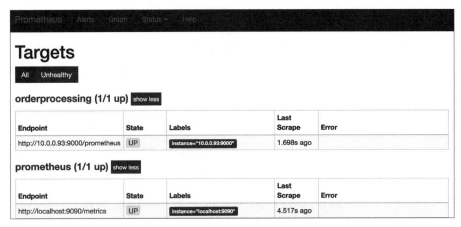

▲ 그림 13-11 프로메테우스 타깃과 개별 엔드포인트의 상태

프로메테우스를 사용한 그래프 작성

이제 스프링 부트 마이크로서비스의 모든 메트릭을 프로메테우스에 게시했다. 게시된 통계를 모니터링하기 위해 그래프를 작성하는 방법을 살펴보자.

먼저 http://localhost:9090/graph로 이동해 모니터링할 메트릭을 선택한다. 예를 들어 heap_used를 선택한다. 이어서 그래프 탭을 클릭하면, 시간에 따라 사용된 힙 그래프를 볼 수 있다(그림 13-12 참조). 이렇게 하면 원하는 수의 그래프를 추가할 수 있다.

노트 프로메테우스는 2012년 사운드 클라우드(SoundCloud)에서 아파치 2.0 라이선스에 따라 공개된 오픈소스 프로젝트로 탄생했다. 프로메테우스는 주로 Go 언어로 작성됐으며, 프로메테우스 주변 커뮤니티는 지난 몇 년 동안 성장했다. 2016년에 프로메테우스는 CNCF(Cloud Native Computing Foundation) 멤버십을 얻는 두 번째 프로젝트가 됐다.

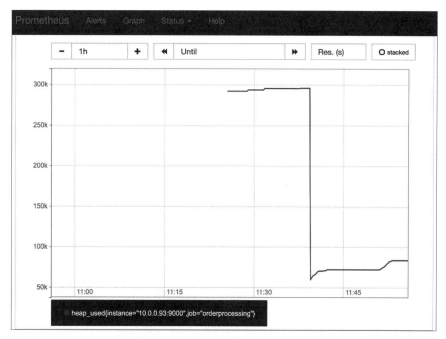

▲ 그림 13-12 프로메테우스로 스프링 부트 마이크로서비스의 사용된 힙 모니터링

그라파나를 사용한 분석과 모니터링

그라파나는 분석과 모니터링을 위한 오픈소스 제품이며 대시보드를 구축하는 데 프로메테우스보다 더욱 유용하다. 실제로 그라파나를 사용해 프로메테우스 대시보드를 구축하는 것이 좋다. 프로메테우스에는 Promdash라는 자체 대시보드 도구가 있었지만, 그라파나의 발전으로 프로메테우스 개발자는 그라파나를 홍보하기 시작했다.

노트　그라파나에 대한 포괄적인 내용은 이 책에서 다루지 않는다. 따라서 자세한 내용을 알고 싶다면 http://docs.grafana.org/에 있는 그라파나 문서를 참조하자.

그라파나로 대시보드 구축

그라파나 설정은 도커에서 매우 간단하다. HTTP 포트 3000에서 실행되는 그라파나 도커 인스턴스를 가동하려면 다음 명령을 사용하자.

```
:\> docker run -d -p 3000:3000 grafana/grafana
```

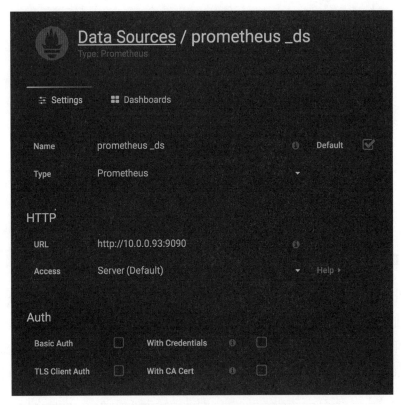

▲ 그림 13-13 그라파나 데이터 소스 속성들

서버가 시작되면, 관리자 admin/admin으로 http://localhost:3000을 통해 그라파나 관리 콘솔에 로그인할 수 있다. 가장 먼저 해야 할 일은 새로운 데이터 소스를 도입하는 것이다. 그라파나는 데이터 소스를 사용해 그래프를 작성한다. Add Data Source를 클릭하고, 데이터 소스 유형으로 Prometheus를 선택하자. prometheus_ds라고 이름을 지정하자. HTTP URL 속성을 제외한 나머지는 그대로 유지해도 된다. 이 URL은 그라파나를 실행하는 노드에서 접근할 수 있는 프로메테우스 서버를 가리켜야 한다. 데이터 소스 구성은 그림 13–13과 같다.

노트 그림 13–13에 표시된 구성에 따라 prometheus 엔드포인트가 열려 있거나 보호되지 않을 것으로 예상한다. 보호되는 경우, 그라파나는 기본 인증과 TLS 클라이언트 인증을 포함한 여러 보안 모델을 지원한다.

이제 http://localhost:3000/dashboard/new를 통해 새 대시보드를 만들 수 있다. Graph를 선택한 후에 Panel Title을 클릭하고 Edit를 클릭하자. 매트릭 항목에서 선택한 데이터 소스를 통해 사용 가능한 메트릭 항목을 선택한다. 그림 13–14에 표시된 것처럼 여러 질의를 정의할 수 있다. 여기서 heap과 heap_used를 선택했다. 질의는 프로메테우스 엔드포인트로부터 가져온 메트릭에서 선택해야 하는 정보를 정의하고, 그에 따라 그래프가 렌더링된다.

이 프로세스를 완료하면, 방금 생성한 대시보드가 그라파나 홈페이지의 Recently viewed dashboards 아래에 표시된다. 이를 클릭하면 그림 13–15와 같이 대시보드가 표시된다.

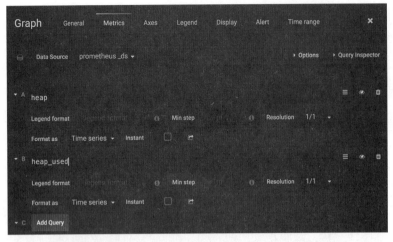

▲ 그림 13-14 그라파나를 사용해 대시보드를 구축하기 위한 질의 설정

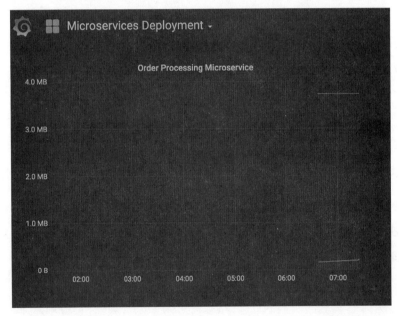

▲ 그림 13-15 마이크로서비스 배포를 모니터링하기 위한 그라파나 대시보드

그라파나로 경고 생성

그라파나를 사용하면 경고를 생성하고 이를 그래프(또는 대시보드 패널)와 연결할 수 있다. 이전 절에서 만든 대시보드에 해당하는 경고[alert]를 만들려면, 먼저 제목을 클릭하고 Edit를 선택해 그래프를 편집해야 한다(그림 13-16 참조). Alert 탭에서 시스템이 경고를 발생시킬 조건을 담은 규칙을 작성할 수 있다(그림 13-17 참조). 그라파나가 현재 지원하는 유일한 유형의 조건은 질의이며, 경고 규칙의 경우에는 AND 또는 OR로 서로 연결된 여러 질의를 추가할 수 있다.

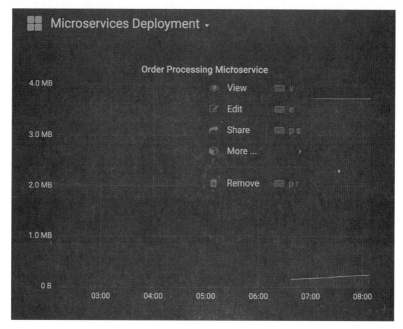

▲ 그림 13-16 그라파나 대시보드는 마이크로서비스 배포를 모니터링한다.

노트　그라파나의 경고 지원은 그라파이트(Graphite), 프로메테우스, 일래스틱서치, 인플럭스 DB(Influx DB), OpentsDB, MySQL, 포스트그레스(Postgres), 클라우드 와치(CloudWatch)와 같은 데이터 소스로만 제한된다.

다음 질의는 메트릭 A의 최댓값(이 경우에는 힙, 그림 13-14 참조)이 다음 5분 동안 3을 초과하면 경고를 발생시키는 것을 표현한다. 이 규칙은 60초마다 평가된다.

```
WHEN max() OF query(A, 5m, now) IS ABOVE 3
```

그라파나는 max() 함수 외에 avg(), min(), sum(), last(), count(), median(), diff(), percent_diff(), count_non_null()도 지원한다. 그림 13-17을 참조하자.

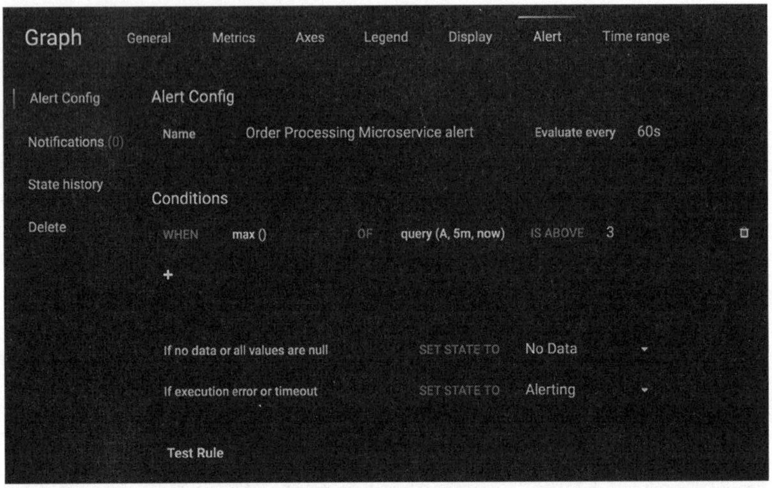

▲ 그림 13-17 경고 구성

경고 규칙이 설정되면, 경고가 발생할 때 Notifications 메뉴 아래에서 메시지와 함께 알림을 받을 사람을 설정할 수 있다(그림 13-18 참조). 그라파나는 이메일, 페이저듀티PagerDuty, 텔레그램Telegram, 슬랙Slack 등을 포함한 여러 알림 채널을 지원한다.

▲ 그림 13-18 알림 구성

도커와 함께 Fluentd 로그 수집기 사용

Fluentd는 데몬으로 실행되는 확장 가능한 데이터 수집 도구다. 마이크로서비스는 Fluentd에 로그를 게시할 수 있다. 여기에는 다양한 소스 세트에서 로그를 읽고 데이터를 구문 분석할 수 있는 다양한 플러그인 세트가 있다. 또한 스플렁크, 프로메테우스, MongoDB, 포스트그레스, AWS S3, 카프카 등과 같은 서드 파티 시스템에 로그를 형식화, 집계, 게시할 수 있다(그림 13-19 참조). Fluentd 아키텍처의 장점은 대상 시스템에서 데이터 소스를 분리한다는 것이다. Fluentd는 마이크로서비스를 변경하지 않고도 로그의 대상 시스템을 변경하거나 새로운 대상 시스템을 추가할 수 있다. 또한 로그 메시지에 대한 콘텐츠 필터링을 수행하고 특정 기준에 따라 로그를 게시할 시스템을 결정할 수 있다.

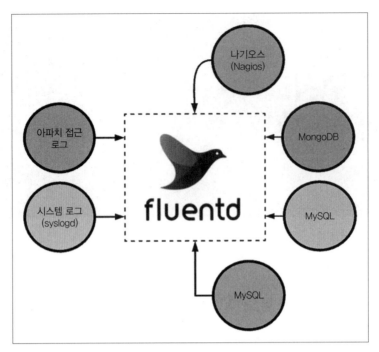

▲ 그림 13-19 Fluentd가 포함된 다중 입력 소스와 타 시스템

다음 절에서는 도커 컨테이너에서 실행되는 마이크로서비스에서 Fluentd에 로그를 게시하는 방법을 보여준다. 먼저 Fluentd를 설정한 후 마이크로서비스를 가동하고 로그를 Fluentd에 게시하는 방법을 살펴본다.

도커 컨테이너로 Fluentd 시작

Fluentd를 시동spin up시키는 가장 쉽고 간단한 방법은 도커 컨테이너를 사용하는 것이다. 실제로 이것은 가장 일반적인 방법이기도 하다. 모든 마이크로서비스가 쿠버네티스 환경에서 실행되는 프로덕션 설정(8장에서 논의한)에서 Fluentd 노드(데몬으로 작동)는 해당 마이크로서비스와 함께 동일한 파드에서 실행된다. 실제로 Fluentd를 실행하는 컨테이너를 마이크로서비스의 사이드카로 취급할 수 있다(그림 13-20 참조). 기본적으로 마이크로서비스는 로그를 Fluentd가 TCP를 통해 수신하는 포트인 localhost

:24224에 게시한다.

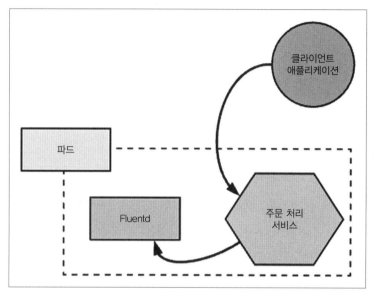

▲ 그림 13-20 마이크로서비스와 Fluentd 컨테이너가 동일한 파드에서 실행 중

다음 명령을 사용해 Fluentd 도커 컨테이너를 시동시킨다. 그에 앞서 호스트 파일시스템의 홈 디렉터리에 data라는 디렉터리가 있는지 확인하자(또는 ~/data 대신 고유한 디렉터리를 사용할 수도 있다).

```
:\> docker run -d -p 24224:24224 -v ~/data:/fluentd/log fluent/fluentd
```

8장에서 배운 것처럼 컨테이너는 불변이다. 다시 말해, 컨테이너가 다운되면 컨테이너가 실행되는 동안 파일시스템에 대한 변경 사항이 저장되지 않는다. 기본적으로 주문 처리 마이크로서비스가 Fluentd에 게시한 모든 로그는 컨테이너 파일시스템의 /fluent/log 디렉터리에 저장된다. 해당 데이터를 영구적으로 유지하려면 도커 볼륨을 사용해야 한다. 이전 명령에서 -v 옵션을 사용해 호스트 파일시스템의 ~/data 디렉터리를 컨테이너 파일시스템의 /fluent/log 디렉터리에 매핑한다. 컨테이너가 다운되더라도 ~/data 디렉터리에서 로그 파일을 찾을 수 있어야 한다. 이전 명령의 -p 옵션은 포트 24224를 도커 컨테이너(기본적으로 Fluentd가 청취하는 포트)에서 호스트 시스템의 포트 24224로 매핑한다. fluent/fluentd는 컨테이너 이미지의 이름이며 도커 허브에서 가져온다.

Fluentd를 시작하고 실행하면, 주문 처리 마이크로서비스로 도커 컨테이너를 시작할 수 있다.

도커 컨테이너에서 실행되는 마이크로서비스에서 Fluentd에 로그 게시

여기서는 이 책에서 설명했던 동일한 주문 처리 마이크로서비스를 사용할 것이며, 소스 코드에서 빌드하는 대신 도커 허브에서 가져온다. 다음 명령은 주문 처리 마이크로서비스와 함께 도커 컨테이너(이미지 이름이 prabath/sample01인)를 가동시킨다.

```
:\> docker run -d -p 9000:9000 --log-driver=fluentd prabath/sample01
```

이 명령에서는 log-driver 인수를 fluentd[8] 값과 함께 사용한다. 도커는 이 드라이버를 사용해 stdout[9]으로부터 (기본적으로는) Fluentd 데몬(또는 Fluentd를 실행한 컨테이너)으로 게시한다. 마이크로서비스 개발자는 여기서 변경하거나 Fluentd에 특정한 작업을 수행할 필요가 없다. 기본적으로 fluentd 로그 드라이버는 TCP를 통해 localhost: 24224에 연결된다. 다른 포트에서 Fluentd를 실행하는 경우, Fluentd 컨테이너를 가리키는 값으로 fluentd-address 인수를 docker run 명령에 전달해야 한다(예: fluentd-address=localhost:28444).

모두 제대로 작동하면, 주문 처리 서비스가 시작된 후 호스트 파일시스템의 ~/data

---

8   https://docs.docker.com/config/containers/logging/fluentd/

9   stdout(표준 출력)은 프로세스가 출력을 쓸 수 있는 기본 파일 디스크립터다.

디렉터리에서 일부 로그를 사용할 수 있다. 이것은 이전에 도커 볼륨을 만들 때 사용한 디렉터리다.

노트　Fluentd에 대한 포괄적인 내용은 이 책에서 다루지 않는다. 자세한 내용을 알고 싶다면 https://docs.fluentd.org/에서 제공하는 Fluentd 문서를 참조하자.

작동 원리

Fluentd는 입력 파일과 출력 대상을 정의하는 구성 파일을 사용한다. 기본적으로 구성 파일은 Fluentd가 실행 중인 컨테이너 파일시스템의 /fluentd/etc 디렉터리에 있다. 이 파일은 fluent.conf다. fluent.conf의 기본 내용을 살펴보자. source 태그는 데이터의 출처를 정의한다. Fluentd는 포트 24224에서 TCP를 통해 메시지를 받아들인다. 소스 태그의 책임은 메시지를 받아 Fluentd 라우팅 엔진에 이벤트로 전달하는 것이다. 각 이벤트에는 태그, 시간, 레코드라는 세 가지 요소가 있다. 송신자(이 경우 fluentd 드라이버)가 태그 값을 정의한다.

노트　Fluentd 도커 이미지와 관련된 모든 구성은 https://hub.docker.com/r/fluent/fluentd/에서 찾을 수 있다. 또한 이미지와 함께 제공되는 기본 Fluentd 구성 파일을 재정의하는 방법도 설명한다.

```
<source>
  @type forward
  @id input1
  @label @mainstream
  port 24224
</source>

<filter **>
  @type stdout
```

```
</filter>

<label @mainstream>
  <match docker.**>
    @type file
    @id output_docker1
    path /fluentd/log/docker.*.log
    symlink_path /fluentd/log/docker.log
    append true
    time_slice_format %Y%m%d
    time_slice_wait 1m
    time_format %Y%m%dT%H%M%S%z
  </match>

  <match **>
    @type file
    @id output1
    path /fluentd/log/data.*.log
    symlink_path /fluentd/log/data.log
    append true
    time_slice_format %Y%m%d
    time_slice_wait 10m
    time_format %Y%m%dT%H%M%S%z
  </match>
</label>
```

match 요소는 일치하는 메시지로 수행할 작업을 Fluentd에게 알려준다. 각 이벤트의 태그 요소 값을 match 요소에 정의된 기준과 일치시킨다. 이 경우에는 태그가 단어 docker로 시작하는지 확인한다. match 요소의 가장 일반적인 사용 사례는 출력 대상을 정의하는 것이다. 이전 구성에서 출력은 /fluentd/log 디렉터리(컨테이너)의 파일에 기록된다. 다른 시스템으로 출력을 보내려면 사용 가능한 Fluentd 플러그인[10]을 사용할 수 있다. 마지막으로 source 요소 아래에 정의된 label 요소가 참조 역할을 한다. 예를

---

10   https://www.fluentd.org/plugins/all#input—output

들어, `match` 요소가 실행될 때 소스 아래에 정의된 레이블이 있으면 해당 레이블 아래의 `match` 요소만 실행된다. `label` 요소의 목적은 구성 파일의 복잡성을 줄이는 것이다.

노트 로그스태시[11]는 잘 알려진 ELK(일래스틱서치(ElasticSearch), 로그스태시(Logstash), 키바나(Kibana)) 스택의 일부이며 Fluentd와 유사한 기능을 제공한다. 기업의 로깅 솔루션을 선택하기 전에 Fluentd와 로그스태시의 장단점을 평가하는 것이 좋다.

마이크로서비스 배포에서 Fluentd 사용하기

이 절에서는 이 Fluentd 예제를 프로덕션 마이크로서비스 배포에 맞게 아키텍처로 확장하는 방법을 살펴본다. 논의한 바와 같이(그리고 그림 13-21에서 볼 수 있듯이) 각 쿠버네티스 파드(8장에서 논의한)는 컨테이너로 실행되는 Fluentd 인스턴스를 가진다. 이 컨테이너는 사이드카로 취급될 수 있다. 배포 환경의 각 마이크로서비스는 비슷한 설정을 가진다. 각 Fluentd 노드는 필요한 로그를 필터링해 다른 Fluentd 노드에 게시함으로써 로그 집계를 수행할 수 있다. 이 Fluentd 노드는 로그를 게시할 다른 대상 시스템을 결정할 수 있다.

---

11   https://www.elastic.co/guide/en/logstash/

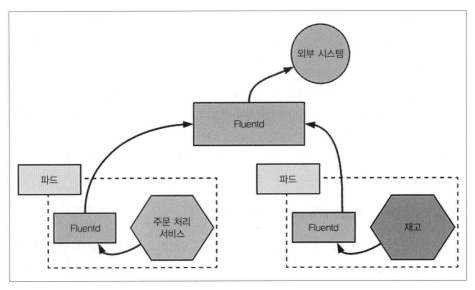

▲ 그림 13-21 프로덕션 배포상의 Fluentd

요약

13장에서는 마이크로서비스 아키텍처의 주요 측면 중 하나인 관찰 가능성과 관찰 가능성의 세 가지 기둥인 로깅, 메트릭, 추적을 설명했다. 또한 분산 추적^{distributed tracing}도 살펴봤는데, 이는 실제로 관찰의 가장 중요한 요소다. 분산 추적은 여러 시스템에 걸친 요청 추적을 도와준다. 스프링 클라우드 슬루스, 집킨, 예거를 사용해 분산 추적 시스템을 구축하고 시각화, 모니터링, 경고에 프로메테우스와 그라파나를 사용했다. 마지막으로, 컨테이너화된 배포에서 확장 가능한 로그 수집 도구인 Fluentd를 사용하는 방법도 설명했다.

찾아보기

엔터프라이즈 환경을 위한 마이크로서비스

마이크로서비스 아키텍처의 개념 이해부터 적용, 구현까지

발 행 | 2020년 3월 31일

지은이 | 카순 인드라시리 · 프라바스 시리와데나
옮긴이 | 이 상 근

펴낸이 | 권 성 준
편집장 | 황 영 주
편 집 | 이 지 은
디자인 | 박 주 란

에이콘출판주식회사
서울특별시 양천구 국회대로 287 (목동)
전화 02-2653-7600, 팩스 02-2653-0433
www.acornpub.co.kr / editor@acornpub.co.kr

한국어판 ⓒ 에이콘출판주식회사, 2020, Printed in Korea.
ISBN 979-11-6175-405-5
http://www.acornpub.co.kr/book/microservices-enterprise

이 도서의 국립중앙도서관 출판시도서목록(CIP)은 서지정보유통지원시스템 홈페이지(http://seoji.nl.go.kr)와
국가자료공동목록시스템(http://www.nl.go.kr/kolisnet)에서 이용하실 수 있습니다.(CIP제어번호: CIP2020011763)

책값은 뒤표지에 있습니다.